COLLECTION

DES

ARCHIVES HISTORIQUES

DU POITOU

publiée par la Société des Antiquaires de l'Ouest

Avec le concours du Conseil Général de Maine-et-Loire

ISSN : 1243 - 2547
ISBN édition complète : 2-9519441-4-4
ISBN tome II : 2-9519441-9-5

ARCHIVES HISTORIQUES DU POITOU
LXIV

GRAND CARTULAIRE DE FONTEVRAUD

(*Pancarta et Cartularium abbatissae et Ordinis Fontis Ebraudi*)

reconstitué et publié

PAR

Jean-Marc BIENVENU (†)

avec la collaboration de
Robert FAVREAU et Georges PON

TOME II

SOCIÉTÉ DES ANTIQUAIRES DE L'OUEST
Hôtel de l'Échevinage et des Grandes-Écoles
Rue PAUL-GUILLON - B.P. 179
86004 POITIERS CEDEX
Mél. : sao-ahp@wanadoo.fr
Site internet : www.sao.asso.fr

2005

609

[1149-1155]

Concession de la donation précédente par Bouchard, comte de Vendôme, Hervé de Beauvais, Thibaud des Roches et son épouse ainsi que par Sulpice d'Amboise et ses deux fils.

A. Original perdu.

B. Gd. Cart. perdu, fol. LXXXII, suite. Cahier XI*, 1er fol., suite. – *B'*. « Grand Cahier de parchemin » perdu. – *D*. *Ste Fam*., t. III, p. 338 (analyse). – *E*. Angers, 101 H 225 bis, p. 66-67, (avec des coupures) : n° 310. – *F*. Gaignières, t. II, p. 25 (avec des coupures) et p. 456 (analyse d'après *B'*). – *G*. Duchesne, t. XXII, fol. 414 r°-v° (avec des coupures, d'après *B*).

INDIQUÉ : *H*. Housseau, t. XII[1], fol. 147 v°, n° 5567.

V. le n° 608 (donation d'Eude de Saint-Amand) et les n°s 463, 610 et 899 (autres concessions). Passée, en ce qui concerne la concession du comte Bouchard, dans un pré de la vallée du Loir, près de Lavardin. Non datée. Postérieure de peu à la précédente.

D'après *E F* et *G*.

Hoc autem donum quia de feodo suo erat laudavit, confirmavit et ab omnibus consuetudinibus liberum[a)] Bochardus[b)], Vindocinensis comes, benigne concessit et haec concessio facta fuit in quodam prato quod est in valle quae est juxta Lavardinum[c)], videntibus[d)] istis : Bertolomeo scilicet filio Aufredi[e)], Auberto Turpino, Ugone Guineberto[f)], Goffrido Guntardo. Eodem modo[g)], ipsa die hoc donum Herveus de Bello Visu concessit, testibus[h)] Raginaudo Maleti[i)], Raginaudo de Genesteriis[j)], et Gaufrido Guntardo[k)], Willelmo de Bezaico[l)], Hoc totum autem[m)] donum supradictum[n)] confirmaverunt[o)] Theobaudus[p)] de Rochis et Mathildis uxor ejus de quorum feodo erat, testibus[q)] : Matheo de Bello Monte,

---

a) *Le début jusqu'à* liberum, *omis dans F*. – b) Boschardus *dans G*. – c) *De* et haec *à* Lavardinum, *omis dans F*. – d) audientibus *dans F*. – e) *De* istis *à* Aufredi, *omis dans F*. – f) Ugone Guineberto, *omis F*. – g) Golfrido Guntardo. Eodem modo, *seulement dans E*. – h) *De* ipsa die *à* testibus, *omis dans G* ; teste *dans E*. – i) Raginaudo Malet, *seulement dans E*. – j) Raginaudo de Genesteriis, *omis dans G*. – k) Gaufrido Guntardo, *seulement dans E*. – l) Willelmo de Bezaico, *seulement dans E*. – m) autem totum, *G*. – n) *De* Hoc supradictum, *omis dans F*. – o) concesserunt *dans F*. – p) Teobandus, *F*. – q) teste, *E*. – r) Gaufrido, *G*.

Gauffrido[r] Britone[s]. Similiter Supplicius[t] de Ambasio[u] et filii[v] ejus, Ugo videlicet et Herveus, si quid de suo jure ad istud donum[w] pertinebat, concesserunt ; testibus[x] Garnerio Bisol, Ugone fratre ejus, Roberto de Chonem[y], Giraudo de Plesiaco[z]. Hujus rei[aa] testes sunt[bb] : Robertus abbas Vindocinensis, Johannes archidiaconus Vindocinensis[cc], Goffredus de Carreto[dd], Volgrinus miles, Willelmus Luyseria et ejus filius Frodo[ee], Burellus de Capa[ff].

– s) Gauffrido Britone, *omis dans F.* – t) Supplicio (sic) *dans E.* – u) Ambazio, *F.* – v) filiis, *E.* – w) ad istum donum, *omis dans F.* – x. teste, *E.* ; *omis dans F.* – y) *De* Garnerio *à* Chonem, *seulement dans E.* – z) Giraudo de Plesiaco, *omis dans G.* – aa) Hujus rei *en interligne, de la même main dans E, omis dans F.* – bb) sunt, *omis dans F.* – cc) Johannes archidiaconus Vindocinensis, *seulement dans E et G.* – dd) Goffridus de Carreto, *omis dans G.* – ee) *De* Volgrinus *à* Frodo, *seulement dans E.* – ff) Burellus de Capa, *seulement dans F.*

610

[1149-1155]

Goslin, évêque de Chartres, confirme la donation d'Eude de Saint-Amand [-lès-Vendôme].

A. Original perdu.

B. Gd. Cart. perdu, fol. LXXXII (suite et fin) et fol. LXXXIII, cahier XI*, 1er fol. (suite et fin) et 2e fol. – *D. Ste Fam.*, t. III, p. 193 (ind. avec réf. : fol. 83), 310 (avec réf. : ch. 316) et p. 338 (analyse). – *E.* Angers, 101 H 225 bis, p. 67, n° 311 (avec des coupures). – *H.* Housseau, t. XII^{I}, fol. 164 r°, n° 5664 (avec des coupures).

INDIQUÉ : *C. T.L.*, p. 553.

V. les nos 608 (donation d'Eude de Saint-Amand), 463, 609 et 899 (autres concessions de ce don). Non daté. Même époque que les précédents (1150-1155).

D'après *E* et *H*.

Ego Goslenus, Dei gratia Carnotensis episcopus, omnibus in quorum manus presens scriptum pervenerit[a] notum fieri volo quod quidquid[b] habebat Odo de Sancto Amando apud Fraschenas, terram videlicet pla-

a) *De* in quorum *à* pervenerit *remplacé dans E par* etc. – b) quicquid *dans H.* – c) *De* ter-

nam... etc...[c] commune illi erat cum Ulgrino, fratre domini Engebaudi Turonensis archiepiscopi... etc...[d] quae omnia cum predictis Odo donavit ecclesiae Font[is Ebraudi] [...][e] talis fuit conventio. Statutum est... etc...[f]. Et ut ista conventio rata et illibata permaneat, praesentem qua annotata est cedulam[g] impressioni sigilli nostri roboravimus. Hujus conventionis quae facta est sunt testes isti : Supplicius de Ambazia, Hugo filius ejus, Herveus filius ejus... etc, Robertus de Choze, Girardus de Pesiaco. Domnus Teobaldus de cujus feodio est prebet assensum et Mathildis uxor ejus, Mattheus de Bello Monte[h]. Ultra[i] testes supranominatos[j] : Raginaudus de Monaio, Gausfridus frater Odonis de Sancto Amando et Burchardus frater ejus, Petrus de Priscaico, Robertus de Rocaico, Nemo prior Laudunii[k].

---

ram *à* etc, *omis dans H*. – d) *De* comune *à* etc, *omis dans E*. – e) (ut supra) *dans E*. – f) *De* quae omnia *à* etc, *omis dans H*. – g) scedulam, *H*. – h) *De* sunt testes *à* Monte, *omis dans E*. – i) Ultra *ajouté in interligne de la même mains dans E*. – j) Ultra testes supranominatos, *omis dans H*. – k) *De* et Burchardus *à* Laudunii, *omis dans H* ; *selon D*, p. 310, *Isembard, prieur de Fontevraud, figurait également parmi les témoins*.

611

[Deuxième quart du XIIe s. (?)]

Acte concernant Villeneuve.

A. Original perdu.
B. Gd. Cart. perdu, fol. LXXXIII, suite. Cahier XI*, 2e fol., suite.
INDIQUÉ : *C. T.L.*, p. 578.

V. les n°s 608 (donation d'Eude de Saint-Amand), 463, 609 et 899 (autres concessions de ce don). Non datée. Même époque que les précédentes (1150-1155).

D'après *C*.

Villa nova... 312.

612

[1133-1143, peut-être 1136]

Notice relatant qu'en présence du légat pontifical Geoffroi [de Lèves], *évêque de Chartres, et de Hugues* [de La Ferté], *archevêque de Tours,*

Geoffroi de Fougerais a reconnu à la communauté de Fontevraud la possession de la terre qu'il avait donnée lors de l'entrée de sa fille en religion ; ses trois fils et Aimeri Bossard duquel il tenait cette terre ont approuvé cette concession avec laquelle il a donné à l'abbesse Pétronille un quartaut annuel de châtaignes.

A. Original perdu.

B. Gd. Cart. perdu, fol. LXXXIII, suite. Cahier XI*, 2e fol., suite. – *D. Ste Fam.*, t. III, p. 191 et 193 (simples mentions avec réf. : fol. 83), et p. 284 (analyse avec réf. : ch. 318, fol. 83). – *E.* Angers, 101 H 225 bis, p. 67, n° 313 (avec des coupures). – *F.* Gaignières, t. II, p. 25, n° 313 (avec des coupures). – *H.* Housseau, t. XII[1], fol. 164 r°, n° 5665 (extraits).

Non daté. Passé entre 1133 (avènement de l'archevêque Hugues de Tours) et le 24 septembre 1143 (fin de la légation de Geoffroi de Lèves à la mort du pape Innocent II). Datable plus précisément de 1136 au plus tard si, comme l'a indiqué Lardier (source D, p. 284), furent présents le prieur Renaud (dont la dernière mention est de cette année là dans un accord entre les abbayes de Fontevraud et de l'Absie, Arch. dép. de Maine-et-Loire, 231 H I) et la prieure Agnès à laquelle (contrairement à ce qu'on peut lire dans le *Gallia Christiana*, t. II, col. 1329) succéda Florence (en fonctions dès cette même année 1136. V. n° 473).

D'après *E* et *F*, complété en note avec *D*.

Notum sit etc... quoniam[a)] Gaufridus de Faugeriaco[b)] illam terram quam primitus cum filia sua[c)], ut esset monacha, dederat, nunc dimisit quando fuit in curia ante domnum Gauffridum[d)] Carnotis legatum et ante[e)] archiepiscopum Hugonem[f)] Turonis et coram aliis religiosis etc...[g)] dono quod ante habuerat preportavit[h)]. Nunc vero praedictus[i)] Gauffridus[j)] cum tribus filiis suis, Petro, Willelmo et Giraudo[k)] terram concessit. Et Aimericus Bossardus[l)], domnus suus de quo eam tenebat similiter tali pactione[m)] concessit ut Gausfridus de Faugeriaco esset in observatione. Et tota domus domnae P[etronillae] abbatissae Font[is Ebraudi] totiusque conventus et ipse eam praebuit in unoquoque anno unum quarterium de castaneis[n)]. Audiente Gauffrido[o)] de Tefaugia et fratre ejus Willelmo Sauragiaco et matre ejus Amelina et Bernardo Arnaudo etc...[p)].

---

a) *De* sit *à* quoniam, *omis dans F.* – b) Faugerico *dans E.* – c) sua *omis dans E.* – d) Gaufridum *dans F.* – e) ant (sic) *E.* – f) Ugonem *dans F.* – g) Religiosisis etc, *omis dans F.* – h) *De* dono *à* preportavit, *omis E.* – i) Nunc dictus, *F.* – j) Gaufridus, *F.* – k) Girauduo (sic) *F.* – l) Borsardus *dans F.* – m) similiter tali partione, *omis F.* – n) *De* ut Gausfridus *à* castaneis, *omis dans F.* – o) Gaufrido *dans F.* – p) *De* Willelmo *à la fin, omis dans F* ; l'analyse de D. p. 284 signale, parmi les présents : « dame Agnès prieure et Renaud prieur, Marquise d'Auperais et frère Jean Pellepier ».

613

[1115-1149]

Notice relatant que l'abbesse Pétronille a concédé à Arnaud le Gros un bourg qu'elle avait à [la Madeleine de] Vézelay [à Mirebeau] et que ledit Arnaud a concédé à la communauté de Fontevraud douze deniers de cens que les moniales lui versaient à Lencloître en Gironde ainsi que deux autres à Mirebeau pour la terre dite du comte Bernard ; il a renoncé également à diverses revendications.

A. Original perdu.
B. Gd. Cart. perdu, fol. LXXXIII, suite et fin ; cahier XI*, 2e fol., suite et fin. – *E.* Angers, 101 H 225 bis, p. 67-68, n° 314 (la fin manque).
INDIQUÉ : *C. T.L.*, p. 535 et 578.

Passé sous l'abbatiat de Pétronille de Chemillé (28 oct. 1115 - 24 avril 1149).

D'après *E.*

Notum fieri cupimus quod ego Petronilla Font[is Ebraudi] abbatissa, concedo Arraudo Grasso quoddam burgum quod habebat[a)] apud Verzelaium et ipse Arraudus concessit nobis 12[b)] denarios de censu Girundiae quos ei sanctimoniales reddebant et 2[c)] denarios ad Mirabelium de terra Bernardi comitis. Concessit etiam quidquid clamabat adversus ecclesiam nostram et dabunt ecclesiae nostrae et de feodis a parentibus suis. Testibus : Willelmo de, Taunaio, Aimerico de Platea, Roberto de Monte, Gauffrido de[d)] Destilleio, Willelmo de Roiffe, etc...

a) Sic *pour* habebam. – b) *corr.* XII. – c) *corr.* II. – d) de *répété, E.*

614

[1149-1155]

Notice relatant un accord intervenu entre l'archevêque de Tours Engebaud et l'abbesse Mathilde [I d'Anjou] *au sujet d'un conflit ayant opposé la communauté de Fontevraud aux pontonniers du port de Candes : ceux-ci recevront annuellement des moniales deux setiers de seigle et quatre repas ; ils seront tenus de passer les frères et les sœurs, leurs* « famuli » *des deux sexes vivant quotidiennement du pain de l'abbaye et tous ceux demeurant à Véron tant dans les moulins et jardins de Fontevraud que dans le prieuré du Petit-Chouzé ; cet accord est ensuite renouvelé à Candes, devant les chanoines et bourgeois dudit lieu ainsi que les frères de Véron et la cellerière de Fontevraud.*

A. Original. Hauteur, 190 mm ; largeur, 345 mm. Arch. dép. de Maine-et-Loire, 189 H 1, n° 1 : chirographe endommagé par l'humidité à sa partie inférieure et portant au dos, d'une main du XIIe siècle, la mention : *Transcripta in XI quaterno novo*.

B. Gd. Cart. perdu, fol. LXXXIV, cahier XI*, 3e fol. – *E*. Angers, 101 H 225 bis, p. 68, n° 315 (avec des coupures). – *H*. Housseau, t. XII^{1}, fol. 164 r°, n° 5666 (simples extraits avec réf. : fol. 84 r°).

INDIQUÉ : *C. T.L.*, pp. 536 et 541 ; *D. Ste Fam.*, t. III, p. 191, avec réf. : fol. 84 ; *L*. Lardier, *Thrésor de l'Abbaye de Fontevraud*, t. I, fol. 99 r°.

D'après *A*.

CIROGRAPHUM.

/1/ Notum sit tam presentibus quam futuris quod totam querelam illam quę in-/2/-ter ęcclesiam Sanctę Marię Fontis Ebraudi et puntunnarios de portu /3/ Candatensis erat dominus Emiobaudus, venerabilis Turonensis archie-/4/-piscopus, et domina Mathildis, secunda per Domini voluntatem Fontis Ebraudi abbatissa, /5/ in hoc solummodo Deo juvante finierunt ut ęcclesia Fontis Ebraudi supra-/6/-dictis puntunnariis in unoquoque anno duo sextaria siliginis /7/ et quatuor receptus daret. Hac igitur mercede, omnes fratres et sorores, famu-/8/-los et famulas qui de cotidiano pane Fontis Ebraudi viverent et etiam /9/ omnes illos qui in Verrone, videlicet ad molendinos et ad aliam domum /10/ quę Choziacus nuncupatur et ad ortos et ubicumque in Verrone ad opus /11/ supradicte ęcclesię morantur sive morarentur, omnes istos, cum locus evenerit, in /12/ pace et sine dilatione transibunt. Hujus rei testes sunt : dominus Hugo /13/ thesaurarius et dominus Theovinus archidiaconus et Joslenus cellerarius et /14/ Mauricius de Super Ponte et Villanus Qualle et Mauricius frater presceti. /15/ De fratribus vero : Gumbertus et Paganus sacerdos. Istud etiam recapitulavi-/16/-mus apud Candatensem ante canonicos Sancti Martini et burgenses /17/ ipsius villę. De canonicis fuit unus, scilicet Ugo Senglerius et Matheus et Paga-/18/-nus de Coset et Willelmus de Doe. De burgensibus fuit Rabaste et /19/ Aimericus de Champeniaco, Girardus faber. De fratribus ecclesię : Isembardus /20/ prior et Drogo de Verrone et domina Ada, Fontis Ebraudi celleraria, /21/ et famuli dominarum : Raginaudus Brito et Lambertus Landricus. In presentia /22/ omnium istorum, supra[di]cti puntunarii sine diminu[tione] /23/ promiserunt sicut difinitum est se ten[turos].

615

[Second quart du XIIe s.]

Notice relatant que Péan de Montrevault a donné [à la communauté de Fontevraud] *la dîme de tout son bétail à Rocheteau.*

A. Original perdu.

B. Gd. Cart. perdu, fol. LXXXIV, suite, Cahier XI*, 3e fol., suite. – *E.* Angers, 101 H 225 bis, p. 68, n° 316 (avec des coupures).

INDIQUÉ : *C. T.L.*, p. 540 et 573. – *L.* Lardier, *Thrésor de l'Abbaye de Fontevraud*, t. I, fol. 403 r°.

Passé dans le cimetière de Loudun, devant la porte de Péan Arnaud. Non daté (second quart du XIIe siècle).

D'après *E* et *H*.

Litterarum custodiae etc... quod Paganus de Monte Revello, pro remedio animae suae, patris et matris etc..., dedit Deo etc... decimam omnium pecorum suorum commorantium in loco qui dicitur Rochetel. Hoc autem donum dedit et confirmavit in cymeterio Losdunensi castri ante hostium Pagani Arnaudi. Testes sunt frater ejus Gauffridus Boivin, Gislebertus de Losduno et abbas de Briolerio et Arnaudus de Mape et Acardus de Sancta Marcolia, Gauterius de Pegrolia etc...

616

[Avant 1120]

Charte concernant les nombreuses donations faites à Géraud de Sales et à Aimeri prieur de Bragerac.

A. Original perdu.

B. Gd. Cart. perdu, fol. LXXXIV, suite. Cahier XI*, 3e fol., suite.

INDIQUÉ : *C. T.L.*, p. 535. – *E.* Angers, 101 H 225 bis, p. 68, avec, en marge, la mention : « De 317 à 328 ».

V. le n° 701 (adhésion de la communauté de Bragerac à l'Ordre de Fontevraud). Date inconnue mais antérieure à 1120, année de la mort de Géraud de Sales.

D'après *C*.

Bragerac. De multis donis factis Giraudo de Salis et Aimerico priori de Bragerac, 317...

D'après E.

Carta de multis donis factis Giraudo de Salis priori de Bragerac, qua incipit : « In nomine Patris et Filii », quam omitto.

617

[XIIe siècle, sans doute avant 1122]

Charte concernant le don du bois de Fayet au prieur de Bragerac.

A. Original perdu.
B. Gd. Cart. perdu.
INDIQUÉ : *C. T.L.*, p. 535, 543, 554.

Date inconue mais probablement antérieure à 1122, date à laquelle le monastère de Bragerac s'affilia à Fontevraud (v. le n° 701).

D'après *C*. p. 543 (sous la rubrique : *Faieto*) et p. 554 (sous la rubrique : *Nemus*)

Nemus de Faieto datum priori de Bragerac, 318.

618

[Avant 1120]

Charte concernant cent conchades de terre à Bragerac.

A. Original perdu.
B. Gd. Cart. perdu, fol. LXXXIV, suite, Cahier XI*, 3e fol., suite.
INDIQUÉ : *C. T.L.*, p. 535.

Sans doute de la même époque que la précédente.

D'après *C*.

Bragerac : Centum concadae[1] terrae, 319.

---

1) Quantité de terre qu'on peut ensemencer avec une mesure (*concha*) de blé.

619

[Avant 1120]

Charte concernant le don de la terre dite de Mont Robat au prieur de Bragerac.

A. Original perdu.
B. Gd. Cart. perdu, fol. LXXXIV, suite, cahier XI*, 3e fol., suite.
INDIQUÉ : *C. T.L.*, p. 535 et 553.

Sans doute de la même époque que les précédentes.

D'après *C*, p. 535

Bragerac : Terra in Monte Robat, 320.

D'après *C*, p. 553

Mons Robat : Terra data priori de Bragerac, 318[1].

1) Sic *pour :* 320.

620

[Avant 1120]

Charte concernant l'alleu dit du Chêne à Bragerac.

A. Original perdu.
B. Gd. Cart. perdu, fol. LXXXIV, suite et fin, cahier XI*, 3e fol., suite et fin.
INDIQUÉ : *C. T.L.*, p. 535 et 558.

Sans doute de la même époque que les précédentes.

D'après *C*, p. 535

Bragerac : Praedium de Quercu, 321.

D'après *C*, p. 558

Praedium de Quercu apud Bragerac, 321.

621

[Avant 1120]

Charte concernant la terre dite de Rive Chien à Bragerac.

A. Original perdu.
B. Gd. Cart. perdu, fol. LXXXV, cahier XI*, 4e fol.
INDIQUÉ : *C. T.L.*, p. 535 et 560.

Sans doute de la même époque que les précédentes.

D'après *C*, p. 535

Bragerac : Terra de Rivo Cano, 322.

D'après *C*, p. 560

Rivo Cano : Terra de Rivo Cano apud Bragerac, 322.

622

[Avant 1120]

Charte concernant le pré dit du Palais à Bragerac.

A. Original perdu.
B. Gd. Cart. perdu, fol. LXXXV, suite, Cahier XI*, 4e fol., suite.
INDIQUÉ : *C. T.L.*, p. 535 et 557.

Sans doute de la même époque que les précédentes.

D'après *C*, p. 535

Bragerac : Pratum de Palatio, 323…

D'après *C*, p. 557

Prata de Palatio apud Bragera, 323…

623

[Avant 1120]

Autre charte concernant le pré dit du Palais à Bragerac.

A. Original perdu.
B. Gd. Cart. perdu, fol. LXXXV, suite, Cahier XI*, 4e fol., suite.
INDIQUÉ : *C. T.L.*, p. 535 et 557.

Sans doute de la même époque que les précédentes.

D'après *C*, p. 535

Bragerac : Pratum de Palatio... 324.

D'après *C*, p. 557

Prata de Palatio apud Bragerac... 324.

624

[Avant 1120]

Charte concernant l'édification de l'église du Fayet.

A. Original perdu.
B. Gd. Cart. perdu, fol. LXXXV, suite, Cahier XI*, 4e fol., suite.
INDIQUÉ : *C. T.L.*, p. 535 et 543.

Sans doute de la même époque que les précédentes.

D'après *C*, p. 535

Bragerac : Ecclesia de Faieto aedificanda, 325.

D'après *C*, p. 543

Faieto : Ecclesia aedificanda in Faieto, 325.

625

[Avant 1120]

Charte concernant neuf sétérées de terre au lieu dit « Cuneus *» à Bragerac.*

A. Original perdu.
B. Gd. Cart. perdu, fol. LXXXV, suite, Cahier XI*, 4ᵉ fol., suite.
INDIQUÉ : *C. T.L.*, p. 535 et 539.

Sans doute de la même époque que les précédentes.

D'après *C*, p. 535

Bragerac : 9 sextariatae terrae apud Cuneum, 326.

D'après *C*, p. 539

Cuneum : sextariatae terrae apud Cuneum in Brageriacum, 326.

626

[Avant 1120]

Charte concernant la donation par Sanche l'Anier de ce qu'il possédait au lieu dit Braiviac.

A. Original perdu.
B. Gd. Cart. perdu, fol. LXXXV, suite, Cahier XI*, 4ᵉ fol., suite.
INDIQUÉ : *C. T.L.*, p. 535.

Sans doute de la même époque que les précédentes.

D'après *C*, p. 535

Bragerac : Sancius Anerius data quam habebat in Braibiaco, 327.

627

[Avant 1120]

Charte concernant la donation, par Guillaume de « Doazac », de ce qu'il possédait à Braiviac.

A. Original perdu.
B. Gd. Cart. perdu, fol. LXXXV, suite et fin, Cahier XI*, 4e fol., suite et fin.
INDIQUÉ : *C. T.L.*, p. 535.

Sans doute de la même époque que les précédentes.

D'après *C*.

Bragerac : Guillelmus de Doazac dat quod habebat in Braiviaco, 328.

628

[1115-1149]

Charte relatant qu'Adèle, épouse de Bernier [Buseau] *s'est donné à Fontevraud avec ses biens.*

A. Original perdu.
B. Gd. Cart. perdu, fol. LXXXVI, Cahier XI*, 5e fol.
INDIQUÉ : *C. T.L.*, p. 531.

V. le n° 559 auquel cet acte était peut-être semblable. Très probablement passé, comme le n° 559, sous l'abbatiat de Pétronille de Chemillé (28 octobre 1115 - 24 avril 1149).

D'après *C*.

Adelda uxor Bernerii dat se et sua, 260, 329.

629

[Second quart du XIIe s.]

Notice relatant qu'à la demande de Guillaume Mullus *Ripaud d'Airvault, sa mère, son épouse et ses fils ont donné à la communauté de Fontevraud, à l'usage des religieuses de Montbertin, la dîme de la terre de ce lieu et celle de la terre de Lorgeboisseau ; Pierre et Simon Meigot, seigneurs du fief, ont concédé ce don.*

A. Original sur parchemin réglé. Hauteur, 175 mm ; largeur, 230 mm. Arch. dép. de Maine-et-Loire, 231 H 1, n° 1. Au dos, d'une main du XIIe siècle, l'indication : « Transcripta in XI quaterno novo » et, d'une main du XVIIe s., les mentions : « Valette, Fenestre 55, liasse 1, chartre 25 » et : « La dyxme de Montbertin ». Au bas du recto se lit, d'une main du XVIIe s. « V. Cartul., n° 330, 392 ».

B. Gd. Cart. perdu, fol. LXXXVI, suite, Cahier XI*, 5e fol., suite. – *E*. Angers, 101 H 225 bis, p. 68, n° 330 (avec des coupures). – *F*. Gaignières, t. I, p. 133 (d'après *A*, avec des coupures).

INDIQUÉ : *C. T.L.*, p. 540, 549, 553, 577.

V. les n°s 691 (qui était peut-être semblable) et 348 (contestation ultérieure). Non daté. Probablement deuxième quart du XIIe siècle.

D'après *A*.

/1/ Notificetur omnibus hominibus tam futuris quam presentibus quatinus /2/ Rispauz de Orivalle et mater sua et uxor sua et filii sui, rogatu /3/ et ammonicione Guillami Mullum, dederunt, pro remedio animarum /4/ suarum et suorum parentum, Deo et Sanctę Marię de Frontevaut (*sic*), ad opus /5/ sanctimonialium de Monte Bertini, decimam terre ipsius supradicti /6/ Montis Bertini et decimam tocius terre quam habent supradicte /7/ sanctimoniales de Loge Boissa. Hoc donum concesserunt Petrus Meigot et Simon Meigot /8/ de quorum feodo est. Horum concessione[a)] audivit /9/ Aimericus Brunais et Paganus de Caliga Rubea et Aimericus Suart /10/ et Raginaldus de Sanna solummodo concessionem Petri Meigot audivit.

---

a) *Corr.* concessionem.

630

[Deuxième quart du XIIe s.]

Charte concernant la donation d'un quartier de vigne par Gaifier de « Zache ».

A. Original perdu.

B. Gd. Cart. perdu, fol. LXXXVI, suite, Cahier XI*, 5e fol., suite.

C. *T.L.*, p. 579.

Probablement second quart du XIIe siècle.

D'après *C*.

Vinea : Quaternium vineae dono Gaiferi de Zacho, f°[a] 331.

---

a) Sic *pour* : Ch.

631

[Deuxième quart du XIIe s.]

Charte relatant le don, par Risende de la Selle, de sa personne, d'une part de vigne et de la terre dite de Folleville à la Gasconnière.

A. Original perdu.
B. Gd. Cart. perdu, fol. LXXXVI, suite, Cahier XI*, 5e fol., suite.
INDIQUÉ : *C*. *T.L.*, p. 544 et 545. – *L*. Lardier, *Thrésor de l'Abbaye de Fontevraud*, t. I, fol. 217 r°.

Sans doute deuxième quart du XIIe siècle.

D'après *C*, p. 544

Folleville : Risendis de Cella dat se et vineam et terram de Folleville in Gasconeria, 332.

D'après *C*, p. 545

Garnauderia terra : Risendis de Cella dat se et partem vinearum et terrae de Foleville, 332.

632

[1115-1149]

L'abbesse de Fontevraud Pétronille et sa communauté concèdent à l'abbaye de La Boissière, entre les mains de l'abbé Jacob, ce que Raoul Gulafre et son épouse avaient donné à celle de Fontevraud lors de l'entrée de leur fille en religion, excepté une acre de terre et un moulin assujetti à un cens annuel de six deniers payable le jour de la Saint-Michel (29 septembre).

A. Original perdu.

B. Gd. Cart. perdu, fol. LXXXVI, suite, Cahier XI*, 5e fol., suite. – *D*. *Ste Fam*., t. III, p. 201 et 202 (simple mention avec réf. : fol. 86), p. 276 (analyse avec réf. : ch. 339, fol. 86) et p. 314 (simple mention avec réf. : ch. 339). – *E*. Angers, 101 H 225 bis, p. 68, n° 333 (avec des coupures).

a. *Clypeus*, t. II, p. 269 (avec des coupures). – *b*. Cosnier, p. 172-173, avec des coupures et réf. : ch. 339, fol. 86 b.

INDIQUÉ : *C. T.L.*, p. 535.

V. le n° 782 (confirmation ultérieure par l'abbesse Mathilde I). Non daté. Passé sous l'abbatiat de Pétronille (28 octobre 1115 - 24 avril 1149) mais il doit s'agir d'un acte fautivement remanié : la prieure de Fontevraud Augarde, témoin, est décédée le 16 mai 1129 et l'abbaye de La Boissière n'a été fondée vraisemblablement qu'en 1131. Parmi les autres témoins figurent Serlon devenu 3e abbé de Savigny en 1147 et Galon, abbé du Louroux entre 1125 et 1134.

D'après *E*, *a* et *b*.

Noverint omnes quod ego Petronilla, Font[is Ebraudi][a] prima abbatissa, et totus ejusdem[b] loci[c] conventus[d] concedimus ecclesiae de Busseria[d], in manu abbatis ipsius Jacob, videlicet totam terram quam Radulfus[e] Gulafra et uxor ejus Domirissa[f] dederunt abbatiae nostrae cum filia sua moniali futura, excepta[g] una acra[h] terrae[i] et molendino, censu sex denariorum ad festum sancti Michaelis reddendo per annum[j]. Hujus rei[k] testes sunt[l] : Serlo[m], abbas de Savigneio, Galo, abbas de Oratorio, Raginaudus de Cocei[n], Fulcherius de Chanceles[o], Vuillelmus de Deserto, Algardis priorissa, Helizabeth[p] celleraria et etiam Gaufridus de Remefort et alii plures.

---

a) Font. *dans E*. – b) et totus ejusdem, *omis dans a*. – c) loci, *seulement dans b*. – d) conventus *omis dans b*. – d) Brusseria *dans b*. – e) Radulphus dans *a* et *b*. – f) Domitissa dans *a* ; *Domitilla dans b*. – g) etc dans *E*. – h) area *dans b qui donne* : una excepta area terrae. – i) una area terrae, *omis dans E*. – j. *De* et molendina *à* per annum, *seulement dans b*. – k) Hujus rei, *omis dans E*. – l) sunt, *omis dans E*. – m) Scolo, *dans b*. – n) Coce *dans a ; omis E* (etc.) *ainsi que la fin de l'acte* – o) Chancels *dans a*. – p) Helizabet *dans a*.

633

[Premier quart du XIIe s.]

Notice relatant que Gautier de Montsoreau a donné à la communauté de Fontevraud le droit de justice, relevant de la vigerie, qu'il avait aux Loges.

A. Original perdu.

B. Gd. Cart. perdu, fol. LXXXVI, suite et fin, Cahier XI*, 5e fol., suite et fin. – *C*. *T.L.*, p. 548 (analyse). – *E*. Angers, 101 H 225 bis, p. 68, n° 334 (simples extraits).
b. Cosnier, p. 215 (avec réf. : ch. 340).
INDIQUÉ : *D*. *Ste Fam.*, t. III, p. 232 (avec réf. : ch. 340).

Non daté. Premier quart du XIIe siècle.

D'après *E* complété par *b*.

Gauterius de Monte Sorello dedit Deo[a] et sanctae Mariae de Fonte Ebraudi illam justitiam quam habebat apud Logias[b] quae pertinet ad vigerium. Tunc erat vigerius Vuillelmus de Marolle. Testes nominantur Audeburgis priorissa Sanctae Mariae de Logeis et Vivianus frater de fraternitate ejusdem loci.

---

a) *Le début est dans E qui met* etc *après* Deo. – b) *De* illam *à* Logias *dans E.*

634

[1115-1129]

Notice relatant le don, par Vaslin de Preuilly, de quatre deniers et d'un pré voisin du prieuré de Montgauguier.

A. Original perdu.
B. Gd. Cart. perdu, fol. LXXXVII, suite, Cahier XI*, 6e fol. – *C*. *T.L.*, p. 553 (analyse rapide). – *D*. *Ste Fam.*, t. III, p. 284 (analyse rapide avec réf. : ch. 341).

Non daté. Passé sous le priorat d'Augarde, donc entre le 28 octobre 1115 (fin du priorat de Pétronille de Chemillé alors promue abbesse) et le 16 mai 1129 (mort d'Augarde, v. la notice en tête du n° 632).

D'après *C*.

Montgauger : Idem[1] dat 4or nummos atque pratum juxta domum de Montgauger, 335.

D'après *D*.

Dans la ch. 341 qui contient le don de 4 deniers et un pré contre la maison de Montgauger fait par un certain Valentin est nommée Augarde, prieure.

---

1) Il s'agit de Vaslin (*Valentinus*) de Preuilly mentionné dans la table de Lardier à la rubrique précédente qui concerne le n° 580 pr. éd.

635

[1123]

Notice relatant : 1) Que Raoul [III] *de Tosny a donné à la communauté de Fontevraud, à l'occasion de la prise de voile de sa mère Élisabeth, dix muids du grain de l'un de ses moulin, cent sous et un barrage au château d'Acquigny ; 2) que son fils Roger a accru ce don d'un* « aptum » *dans le même château, de cent sous, de deux charruées de terre, d'un moulin exempt de droit de mouture, d'un moulin à foulon, de bois mort pour le chauffage ainsi que de la liberté laissée à chacun de donner à Fontevraud, en ce lieu d'Acquigny, sa personne, sa fille, son domaine (*praedium*) ou sa terre sans opposition de sa part ; l'épouse, les quatre fils et les deux filles de Roger ont concédé cette dernière donation.*

A. Original perdu.

B. Gd. Cart. perdu, fol. LXXXVII, suite, Cahier XI*, 6e fol., suite. – *C*. *T.L*. p. 531, 536, 551 (analyses partielles). – *D*. *Ste Fam*., t. III, p. 130 (simple mention), et p. 290 (traduction avec réf. : ch. 342, fol. 87).

a. *Clypeus*, t. II, p. 272-273. – *d*. Pavillon, p. 620, preuve n° 224 (simple extrait).

INDIQUÉ : *C*. *T.L*., p. 535.

V. les nos 782 (autre version du don de Roger) et 654 (autre version du don de Raoul). Daté de l'abbatiat de Pétronille de Chemillé. Passé en 1123 ainsi qu'il ressort du n° 654.

D'après *a*, complété en note grâce à *C*, p. 551

Radulplus de Tœnio, saluti providens animae suae, dedit ecclesiae Sanctae Mariae Fontis Ebraudi, apud castrum Achineum, decem modia annonae[1)] et centum solidos, unum gordum in eodem castro deinceps in perpetuum habenda, pro remissione peccatorum suorum et antecessorum, persuadente matre sua Elizabeth quae in praefata ecclesia, cum caeteris sacris virginibus et viduis, se devote sacrovelandam contulit velamine. Postmodum Rogerius de Toenio, ejusdem Radulphi filius, particeps esse volens patris eleemosynae, ad augmentum hujus beneficii dedit praedictis sanctimonialibus aptum juxta idem oppidum locum et centum solidos denariorum, duasque carrucatas terrae et molendinum ad molendum annonam suam perpetuo sine moltura, unamque foloeram in aqua Achinei et mortuum boscum ad calefaciendum. Dedit etiam hanc liberta-

---

1) *C*, p. 551, précise : « ...*decem modia annonae in quodam molendinorum suorum* ».

tem ut omnibus liceat se, sive filiam, sive praedium vel terram suam absque contradictione in eodem loco libere conferre. Concessit hoc id uxor ejusdem Rogerii et filii eorum, Radulphus, Hugo, Rogerius Balduini, Gaufridus, et filiae eorum, Elizabeth et Godehildis. Ex parte Rogerii de Toenio testes : Gauterius de Anfrevilla, Willelmus de Puncellis, Guillelmus de Maisnil, Amalricus de Beccedal, Rogerius de Achineio et Willelmus de Montibus. Ex parte ecclesiae Fontis Ebraudi : Bernardus sacerdos, Ricardus Constantini, Juliana de Britulio et Eremburgis sanctimoniales qui de praescriptis donis investita erant. Actum industria et in tempore dilectae dominae Petronillae, ecclesiae Fontis Ebraudi Deo gratia primae venerabilis abbatissae.

636

[Second quart du XIIe s.]

Notice relatant que Bouchard de Sazilly, son épouse et ses trois fils ont confirmé à la communauté de Fontevraud le don, par eux fait auparavant, des prés dits de Champaigne qui relevaient de leur fief.

A. Original perdu.

B. Gd. Cart. perdu, fol. LXXXVII, suite, Cahier XI*, 6e fol., suite. – *D*. *Ste Fam*., t. III, p. 225 (analyse avec réf. : ch. 344). – *E*. Angers, 101 H 225 bis, p. 68, n° 337.

INDIQUÉ : *C. T.L.*, p. 536 et 557.

Non daté. Probablement deuxième quart du XIIe siècle.

D'après *E*.

Posteritati meae notifico quod Burcardus de Saziliaco et uxor ejus Montana filiique eorumdem, Gaufridus, Rainaumus et Aimericus concesserunt et concedendo confirmaverunt donum pratorum de Campaniis quae de feod[o] eorum erant, quos dudum ecclesiae Fontis Ebraudi dederant.

637

[1129, 18 mars]

Notice relatant que Guillaume de Mairé et divers autres personnages ayant donné aux chanoines de Saint-Séverin [-sur-Boutonne] la moitié de la terre de Coulonges, des disciples de Robert d'Arbrissel se sont établis en ce lieu et y ont fondé un prieuré ; à l'issue d'une longue procédure que les atermoiements des chanoines et des moines de Saint-Cyprien de Poitiers ont fait durer, l'affaire, finalement portée devant le concile de Châteauroux présidé par le légat pontifical Girard d'Angoulême, a été réglée au profit de Fontevraud.

A. Original perdu.

B. Gd. Cart. perdu, fol. LXXXVII, suite et fin, et fol. LXXXVIII, Cahier XI*, 6e fol., suite et fin, et 7e fol. – *C. T.L.*, p. 539 (simple mention) et p. 563 (court extrait). – *D. Ste Fam.*, t. III, p. 183, 196, 202 (simples mentions avec réf. : fol. 87) et p. 262 (analyse avec réf. : ch. 345, fol. 88). – *E.* Angers, 101 H 225 bis, p. 69-70, n° 338.

a. Clypeus, t. I, p. 36 (simple extrait) et t. II, p. 468-469 (avec des coupures). – *b. Cosnier*, p. 173, avec des coupures (avec réf. : ch. 345, fol. 88) et p. 184 (simple mention en marge). – *f.* Martène, *Thesaurus Novus Anecdotarum*, t. IV, col. 133 (d'après b). – *f'*. Bouquet, *Recueil des historiens des Gaules*..., t. XIV, p. 233 (d'après *b*.).

INDIQUÉ : *L.* Lardier, *Thrésor de l'Abbaye de Fontevraud,* t. I, fol. 130 v°.

V. les nos 521 et 604. Daté d'un 18 mars pour ce qui est de l'accord final. L'année, non indiquée, est 1129, date à laquelle se tint le concile de Châteauroux.

D'après *E* et *a* (p. 468-469) et *b* (p. 173).

Futurorum memoriae tradere curavimus quoniam[a] Guillelmus[b] de Mairec et frater ejus Arnaudus[c], Foterius Belet sororius eorum, Bertrandus Escuerius[d] ac frater ejus Vuillelmus[e], pro salute corporum et redemptione animarum suarum[f], dederunt ecclesiae Sancti Severini et canonicis ibidem Deo sub canonica regula beati Augustini famulantibus[g] medietatem terrae de Conolio in manu Aimari abbatis ; testes hujus doni : Willelmus Ervei, Ugo de Rocha et alii[h]. Post multum vero temporis venerunt quidam ex discipulis bonae memoriae ac magnae sanctitatis viri Roberti de Fontebraut, venerunt inquam[i], qui constituerent mansiones et pararent[j] officinas juxta praefatam terram ubi[k] conventus ancillarum Christi Deo libere postmodum deservirent[l]. Videntes itaque locum amenum[m] terramque frugiferam, usibus suis valde necessariam fore[n], convenerunt ante Willelmum Pictavis episcopum Arnaudus abbas Sancti Severini et fratres Fontis Ebraldi, super hac terra concordiam

---

a) *De* futurorum *à* quoniam *seulement dans E.* – b) Vuillelmus *dans b.* – c) Airaudus *dans b.* – d) Esquerius *dans b.* – e) *De* Guillelmus *à* Vuillelmus *omis dans a ;* Willelmus *b.* – f) *De* pro salute *à* animarum suarum, *seulement dans E.* – g) sub canonica... famulantibus *remplacé par* : regularibus B. Augustini *dans b* ; dederunt *répété dans E avant* medietatem. – h) *De* dederunt *à* et alii, seulement dans *E.* – i) venerunt inquam, *seulement dans a.* – j) pararant (sic) *dans E.* – k) ibi (sic) *dans E.* – l) deserviret *dans b.* – m) amaenum

facere postulantes. Cognoscens episcopus Pictavis astutia abbatis concordiam absque consensu capituli minus sufficere, direxit litteras suas ad capitulum Sancti Severini, exorans fratres suis favere petitionibus quod utique fecerunt, eo tenore ut annuatim in festo sancti Severini census decem solidorum canonicis ac religiosis de Fonte Ebraldi solverentur. Verum quia venerabilis Petronilla abbatissa, multis irruentibus necessariis, tempore statuto et die indicta ad hanc confirmandam concordiam advenire non potuit, monachi Sancti Cypriani, videlicet Bernardus de Murcai et alii, episcopo tamen calumniante, praedictam concordiam firmare aggressi sunt. Quod audiens[o)], venerabilis abbatissa Petronilla[p)] Fontis Ebraudi[q)] habuit clamorem ad episcopum super abbatem et monachos[r)] Sancti Cypriani qui primum donum suum invaserant. Convenit ergo Willemus Pictavensis episcopus abbatem Sancti Cypriani cum monachis suis, abbatissam quoque ac religiosos omnes Fontis Ebraudi[s)] in pictavensi capitulo ad judicium[t)]. Tandem[u)], collatis utriusque partis orationibus, quia utraque pars uno se tuebatur deffensore[v)], dictum est ut mitterent legatos suos ad capitulum Sancti Severini abbas et abbatissa ad audiendum cui parti faverent canonici[w)]. Cognoverunt siquidem et rememorati sunt canonici, sicut se habebat veritas, primum donum se fecisse religiosis de Fonte Ebraudi[x)]. Postea vero, quia abbas Sancti Cypriani defecit a judicio[y)], adjudicatum[z)] est a Willelmo Pictavensi episcopo et prioribus sanctae pictavensis ecclesiae matris[aa)], scilicet[bb)] Guillelmo decano, Erveo archidiacono, Hilario capicerio et multis aliis, adjudicatum est, inquam[cc)], investiri abbatissam jure suo, abbate deficiente[dd)]. Verum etiam[ee)] contra fas et judicium[ff)] abbas et monachi per violentiam iterum[gg)] possiderunt terram[hh)], episcopo tamen excommunicante monachum Nicolaum[ii)], incolam terrae et habitantibus in ea[jj)]. Videns

---

dans a. – n) valde necessariam fore, *seulement dans a.* – o) *De* eo tenore *à* quod audiens *seulement dans E.* – p) Petronilla, *seulement dans a.* – q) Ebraudi, *seulement dans a.* – r) monachis (sic) *dans E.* – s) de Fonte *dans a*, Font., *E.* – t) *E a corrigé* judicio ad capitulum *en* capitulo ad judicium. – u) Tandis (sic) *dans E.* – v) defensore *dans a.* – w) *De* venerabilis abbatissa *à* faverent canonici *omis dans b* ; etc. *après* canonici *dans E.* – x) *De* Cognoverunt *à* Fonte Ebraudi, *seulement dans a.* – y) *De* deserviret *à* judicio *omis dans b qui se borne à une brève analyse de la controverse entre l'abbesse de Fontevraud et l'abbé de Saint-Cyprien.* – z) adjudicatam (sic) *dans b.* – aa) S. matris Pict. ecclesiae *dans a*, S. Pictavens. matris ecclesiae *dans b.* – bb) scilicet *omis b.* – cc) adjudicatum est inquam, *omis dans b.* – dd) abbate deficiente et absente abbatissam jure suo investiri *dans b* ; *de* investiri *à* deficiente, *omis dans E.* – ee) tamen *dans a.* – ff) *De* verum etiam *à* judicium, *omis dans b qui résume par* Sed cum. – gg) iterum omis dans *a.* – hh) terram *omis dans E* ; terram possederunt *dans a* ; possiderent terram *dans b.* –ii) Nicolaum, *seulement dans E.* – jj) etc. *après* Nicolaum *dans E* ; *de* incolam *à* terra *omis dans E* ; cum habitantibus in ea, *b.*

ergo[kk] abbatissa, quia minus proficeret[ll], adiit[mm] Gerardum[nn] Engolismensem[oo] episcopum ac[pp] Sanctae Romanae Ecclesiae[qq] legatum super hac injuria quaerimoniam faciendo[rr]. Legatus[ss] autem, accito notario, invitavit abbatem Sancti Cypriani quatenus[tt] in concilio quod apud Castellum Radulfi[uu] XV[vv] calendas aprilis celebraturus[ww] erat se presentaret, facturus abbatissae quicquid censura aequitatis dictaret[xx]. Venerunt itaque[yy] uterque ad concilium. Abbas itaque[zz] Sancti Cypriani cognoscens, tum se injuriose egisse, tum se immunitum esse, venit in capitulum Sancti Gildasii ubi Guillelmus episcopus Pictavensis[aaa] cum coepiscopis suis, Cenomanensi videlicet[bbb] et Andegavensi, consederat cum aliis honestissimis personis, decanis, archidiaconis, venit, inquam[ccc], et in manu et in[ddd] praesentia et consilio[eee] domini Pictavensis episcopi quod injuriose super judicium suum[fff] tenuerat dimisit abbatissae et religiosis de Fonte Ebraldi[ggg]. Videntibus suprascriptis et multis aliis Pictavensibus, Andegavensibus, Caenomanensibus[hhh] qui ad concilium convenerant.

---

kk) Videns ergo *omis dans b qui ajoute* Petronilla. – ll) quia minus proficeret *omis dans b.* – mm) adivit *dans b.* – nn) Giraudum *dans E.* – oo) Ingolismensis *dans b.* – pp) et *dans a.* – qq) Ecclesia (sic), *E.* – rr) *De* super *à* faciendo *omis b.* – ss) ipse *dans b.* – tt) ut *dans b.* – uu) Radulphi *dans a et b.* – vv) v°x° *dans E.* – ww) celebratus *dans E.* – xx) *De* facturus *à* dictaret, *omis dans b.* – yy) utique *dans E.* – zz) Tandem abbas *dans b.* – aaa) Pict. episcopus *dans b.* – bbb) videlicet *omis E.* – ccc) venit inquam *omis dans b.* – ddd) in *omis dans a.* – eee) concilio *dans E.* – fff) super judicium suum, *omis dans b.* – ggg) Font. Eb. *dans b qui s'arrête là.* – hhh) *De* Pictavensibus *à* Caenomanensibus, *omis dans E.*

638

[Avant mars 1129]

Notice rappelant un don antérieur de Giraud de Cors et relatant celui qu'il a fait au prieuré de Longefont, après la mort de sa mère, du manse de Ris et d'une coutume sur les poissons.

A. Original perdu.

B. Gd. Cart. perdu, fol. LXXXVIII, suite et fin, Cahier XI*, 7e fol., suite et fin. – *C. T.L.*, p. 549 (analyse), 560, 579 (simples mentions). – *E.* Angers, 101 H 225 bis, p. 70, n° 339 (avec des coupures). – *H.* Housseau, t. XIII, fol. 164 r°, n° 5667 (avec réf. : fol. 88 v°, analyse).

V. le n° 578 (confirmation de ces dons par le légat Girard d'Angoulême, vraisemblablement lors du concile de Châteauroux du 18 mars 1129). Non daté. Sans doute vraisemblablement antérieur de peu au n° 578.

D'après *E*, complété en note grâce à *H*.

Notum sit tam praesentibus quam futuris quod Giraudus de Cornu in prima[a)] elemosina quam bone commemoramus etc... Post mortem matris suae Clarae, Deo etc... dedit massum de Ris cum omnibus quae masso pertinent etc... et adhuc consuetudinem piscium de piscatoribus qui a domo Longis Fontis in sursum stabunt etc... Testes : Giraudus de Vilemaures etc...[b)].

---

a) I[a] *E*. – b) *L'analyse de H cite également comme témoins :* « Rannulfus de Laplancia, Rainaudus de Prugeo ».

639

[1101-1116]

Charte concernant le don au prieuré de Lencloître-en-Chaufournois, par un certain Hardouin et un certain Oger, de la terre de la Ronce et de tous leurs prés.

A. Original perdu.
B. Gd. Cart. perdu, fol. LXXXIX, Cahier XI*, 8e fol. – *C*. *T.L.*, p. 560 (analyse).
b. Cosnier, p. 64 (extrait avec réf. : ch. 347, fol. 89).
INDIQUÉ : *L*. Lardier, *Thrésor de l'Abbaye de Fontevraud*, t. I, fol. 408 r°.

Non daté. Le prieuré de Chaufournois ayant été fondé du vivant de Robert d'Arbrissel et Emma ayant été sa première prieure connue, la charte est peut-être antérieure à la mort de Robert (25 février 1116).

D'après *C*.

Roncia : Harduinus et Oggerius dant terram de Ronscia et omnia prata sua, 340.

D'après *b*.

In charta magni chart. Font. Ebraldens., 347, fol. 89, quae est de dono ecclesia B.M. de Calfurneio collata, haec legimus : « Factum est per manum Emmae priorissae de Calfurneio. Testibus ex parte ejus : Girardo de Gimel, Raginaudo de Cociaco, Fulcoeio fratre magistri Roberti.

640

[1109 ou 1109-1113]

Notice relatant le don du terrage du lieu dit le Breuil aux moniales de Fontevraud par le comte d'Anjou Foulque [V].

A. Original perdu.
B. Gd. Cart. perdu, fol. LXXXIX, suite, Cahier XI*, 8e fol., suite. – *E*. Angers, 101 H 225 bis, p. 70, n° 341 (courts extraits).

V. les nos 153, 204 et 850 concernant également cette terre du Breuil. Date inconnue. Probablement même époque (entre le 14 avril 1109 et le 30 novembre 1109 ou 1113 au plus tard) que les nos 153, 204 et 850.

D'après *E*.

Notum sit etc... Fulconem Andegavensem consulem terrarium terragium[1)] de Bruillio monochabus de Fonteb[raudi] dedisse etc...

1) terrarium *est sans doute ici un adjectif se rapportant à* terragium.

641

[1156-1180] - Fontevraud, cloître

Notice concernant une maison appartenant à l'abbesse de Fontevraud, Audeburge, et sise à Saumur dans le fief d'Aimeri Gandoul.

A. Original perdu.
B. Gd. Cart. perdu, fol. LXXXIX, suite, Cahier XI*, 8e fol., suite. – *D. Ste Fam.*, t. III, p. 315 (analyse avec réf. : ch. 349). – *E*. Angers, 101 H 225 bis, p. 70, n° 342 (avec des coupures).
INDIQUÉ : *C. T.L.*, p. 544 et 574. – *L.* Lardier, *Thrésor de l'Abbaye de Fontevraud*, fol. 442 v°.

Daté d'un 19 mars. Passé sous l'abbatiat d'Audeburge (devenue abbesse après le 21 mai 1155 et décédée le 1er juillet 1180), donc entre 1156 au plus tôt et 1180 au plus tard.

D'après *E*.

Ne quis aliquo injuriae etc... notificamus quatenus Audeburgis, Fontis Eb[raudi] abbatissa, domum suam quae in feodo Aimerici Gandullum apud Salmurum constituta possidetur etc... Hoc factum in claustro abbatiae ad crucem, XIIII calendas aprilis. Hoc vidit Johanes de Buca Lupi, Guillelmus de Deserto capellanus abbatissae, Gauterius de Toarcio etc...

642

[Avant 1136]

Charte concernant le don d'une couture de terre sise au Paravis par Guinard de la Motte.

A. Original perdu.
B. Gd. Cart. perdu (ex. fol. LXXXIX). – *C*. *T.L.*, p. 555 (analyse rapide), d'après *B*.

Date inconnue. Le lieu du Paravis a été pour la première fois cité parmi les possessions de Fontevraud par le pape Innocent II le 16 novembre 1136 (J. Ramackers, *Papsturkunden in Frankreich*, nouv. série, t. 5, n° 46, p. 114).

D'après *C*.

Paravis : Guinardus de Mota dat quandam culturam terrae in loco Paradisi, 343.

643

[Avant ou après 1136]

Pierre Troneau fait diverses donations, terres, vignes, prés, pêcherie d'un moulin et dîme du grain et du vin, autour du prieuré de Libaud ; son père Aimeri concède ces donations.

A. Original perdu.
B. Gd. Cart. perdu (ex. fol. XC). – *C*. *T.L.*, p. 537, 540, 551, 555, 558 (simples mentions) et p. 548 (analyse), d'après *B*. – *E*. Angers, 101 H 225 bis, p. 70, n° 344 (courts extraits), d'après *B*.
x. *Cartulaire du prieuré de Libaud*, Poitiers, 1872 (« Archives historiques du Poitou », t. I), p. 57, note 3, d'après *C* (p. 548).

Date inconnue. La possession du lieu de Libaud fut confirmée pour la première fois à Fontevraud par le pape Innocent II le 16 novembre 1136 (v. le n° précédent).

D'après *C* (p. 548)

Petrus Tronellus dat praedium Hiberni Piri, in nemore Iguerando terram Durandi Faiolis et pratum et quartam partem vinearum de Nois et dimidiam partem feodi vineae Berengarii Colletae et piscaturam a molendino Peleful et decimam annonae et vini de consuetudinibus et medietatem terrae Raslorum et quartam partem terrae castri Liebaudi.

D'après *E*.

Tam futuris quam etc... quatinus Petrus Tonellus dono concedit terram in praedio Hiberno etc... quod concessit Aimericus Tronellus pater.

644

[1140. - Fontdouce]

Charte de Geoffroi, abbé de Fontdouce, par laquelle il concède, avec l'accord de son chapitre, le lieu de Saint-Bibien à l'abbesse de Fontevraud. Il réserve toutefois ses droits au cas où les moniales l'aliéneraient.

A. Original jadis scellé sur cuir blanc. Archives dép. de Maine-et-Loire, 215 H 2, n° 1.

B. Gd. Cart. perdu (ex. fol. XC). – *D*. *Ste Fam.*, t. III, p. 268 (analyse avec réf. : fol. 90) et p. 201 (simple mention), d'après *B*. – *E*. Angers, 101 H 225 bis, p. 70, n° 345 (extraits), d'après *B*. – *F*. Gaignières, t. XII, p. 25 (extraits), d'après *B*.

a. *Clypeus*, t. I, p. 48 (simple extrait) et t. II, p. 96 (avec des coupures), d'après *B*. – *b*. Cosnier, p. 184 (avec réf. : ch. 352, fol. 90a), d'après *B*. – *d*. Pavillon, p. 620, preuve n° 227 (extrait), d'après *B*. – *x*. P. Marchegay, *Notices et pièces historiques sur l'Anjou, l'Aunis et la Saintonge, la Bretagne et le Poitou*, Angers - Niort, 1872, p. 240, d'après *A*.

INDIQUÉ : *C*. *T.L.*, p. 534. – *H*. Housseau, t. XII[1], fol. 164 r°, n° 5668, avec réf. : fol. 90 r°.

Passé au chapitre de Fontdouce. Daté de 1140 ; v. aussi le n° 472 concernant également Saint-Bibien.

D'après *A*.

Notum fieri volo tam presentibus quam futuris fidelibus quod ego Gaufridus, abbas Fontis Dulcis, communi consensu capituli nostri, locum Sancti Viviani abbatiae Fontis Ebraudi, ad cultum et servicium divinum inibi in perpetum celebrandum, concessimus ut liberum eum et quietum, cum terra ei adjacente, deinceps habeant et possideant. Quod si quandoque illum locum aliis dare voluerint, quicquid juris in eo in presenti habemus retinemus. Ut autem hec concessio firmius teneretur, cartulam eis inde scripsimus et sigillo aecclesiae nostrae munivimus. Facta est hec concessio in capitulo Fontis Dulcis, anno ab Incarnatione Domini MCXL°, indictione IIIª, regnante Laudovico rege Francorum et duce Aquitanorum.

645

[Deuxième quart du XIIᵉ s.]

Notice relatant que Bernard Fautereau, avec l'accord de son épouse, de sa fille et de son gendre, a donné à la communauté de Fontevraud trois sous et quatre deniers de cens au lieu dit Restiliacum *; Geoffroi de Chavaignes, seigneur du fief, a concédé ce don.*

A. Original perdu.

B. Gd. Cart. perdu (ex. fol. XC). – *C*. *T.L.*, p. 559 (analyse rapide), d'après *B*. – *E*. Angers, 101 H 225 bis, p. 70, n° 346 (avec des coupures), d'après *B*.

Non daté. Probablement deuxième quart du XIIᵉ siècle.

D'après *E*.

Notum sit etc… quod Bernardus Fauterellus, cum concessu Mariae uxoris suae et filiae et Petri, generis sui, dedit Deo etc… 3 solidos et 4 denarios censuales apud Restiliacum. Hoc donum concessit Gaufridus de Chavennis de cujus feodo[a)]… Testes : Petrus de Gasnapia etc…

---

a) *Blanc E, restituer* erant.

646

[1103, *sic* pour 1113]

Gui de Poitiers donne à Fontevraud sa terre d'Asnières et concède à l'avance aux moniales tout ce qu'elles pourront acquérir dans ou de sa seigneurie ; son frère, Hugue de Gizeux, ainsi que l'épouse et les deux filles de celui-ci concèdent ce don.

A. Original perdu.

B. Gd. Cart. perdu (ex. fol. XC). – *C*. *T.L.*, p. 532 (analyse rapide), d'après *B*. – *E*. Angers, 101 H 225 bis, p. 70, n° 347 (avec des coupures), d'après *B*. – *G*. Duchesne, t. XXII, fol. 404 r°, avec réf. : fol. 90 (avec des coupures), d'après *B*. – *H*. Housseau, t. XII[1], fol. 164 v°, n° 5669 (analyse), d'après *B*.

INDIQUÉ : *D. Ste Fam.*, t. III, p. 233, avec réf. : ch. 354. – *L*. Lardier, *Thrésor de l'Abbaye de Fontevraud*, t. I, fol. 61 r°.

V. le n° 229 (semblable). Daté, bien que passé sous Louis VI et Foulque V d'Anjou,de 1103, *sic* pour 1113.

D'après *E* et *G*, complété grâce au n° 229 pr. éd.

Notum sit omnibus tam futuris quam presentibus[a)] quod ego, Guido Pictavensis, dono et concedo[b)] Deo et sanctae Mariae Fontis Ebraudi[c)] terram quam habeo apud Asnerias et omnia quaecumque poterunt sanctae mulieres adquirere in feodo meo vel de meo feodo illo[d)] Testes : Giraudus Berlai, Aimericus de Doe, Petrus Girorii, Rollandus Savarici, Andreas de Haya, Bassetus[e)]. Hanc elemosinam concesserunt Hugo de Gisois, frater Guidonis Pictavensis et uxor Hugonis Juliana et filia ejus Juliana[f)] et Jarrocia altera ejus filia. His videntibus et audientibus[g)] : Hugone de Lineriis, Pagano de Vernantis, Pagano de Rupe, Petro Jagaut. De fratribus : Teufreda, priorissa de Logiis Calva[h)]. Anno ab incarnatione Domini MCIII, Lodovico regnante in Francia, Fulcone Juniore comite.

---

a) etc *dans E après* sit, *restitué d'après le n° 229 pr. éd.* – b) et concedo *omis E, restitué d'après le n° 229.* – c) etc *dans E après* Deo, *complété d'après le n° 229.* – d) vel de meo feodo illo, *complété d'après le n° 229.* – e) Bassetus, *seulement dans le n° 229.* – f) Julliana *dans E.* – g) et audientibus *seulement dans le n° 229.* – h) *De* Petro Jagaut *à* Calva, *seulement dans n° 229.*

647

[1101 - 1106]

Foulque [IV le Réchin], *comte d'Anjou, fait don à la communauté de Fontevraud, entre les mains de Robert d'Arbrissel, de tous les prés qu'il possède à Guesnes ; ses fils, Geoffroi* [Martel le Jeune] *et Foulque concèdent cette donation.*

A. Original perdu.

B. Gd. Cart. perdu (ex. fol. XC). – *C*. *T.L.*, p. 545 et 563 (analyses rapides), d'après *B*. – *F*. Gaignières, t. II, p. 25, n° 348, d'après *B*. – *H*. Housseau, t. XII[1], fol. 157 r°, n° 5630 (simple mention) et fol. 164 v°, n° 5670,d'après *B*.

a. *Clypeus*, t. I, p. 58 et 188 (éditions partielles) et t. II, p. 200, d'après *B*. – *b*. Cosnier,

p. 177, avec réf. : ch. 355, fol. 90, d'après *B*. – *d*. Pavillon, p. 593, preuve n° 108, d'après *B*. – *f*. Migne, *Patrologie latine*, t. 162, col. 1097C (d'après *b*) et 1097D (d'après *a*).

ANALYSE : O. Guillot, *Le comte d'Anjou et son entourage au* XI*e siècle*, Paris, 1972, t. II, C 433, p. 269-270.

Datée des règnes du roi de France Philippe Ier, du duc Guillaume IX d'Aquitaine et de l'épiscopat de Pierre II, évêque de Poitiers. Postérieure à la fondation de Fontevraud (début 1101) et antérieure au 19 mai 1106, date de la mort de Geoffroi Martel le Jeune.

D'après *F, H* n° 5670, *a* et *b*.

Ego[a)] Fulco[b)] Andegavensium comes, pro salute animae meae et parentum meorum, omnia prata quae habeo in Gaina, concedentibus filiis meis[c)] Gaufrido et Fulcone[d)], dono[e)] et concedo Deo et beatae Mariae de Fonte Ebraudi[f)] et sanctimonialibus Fontis Ebraudi[g)], in manu domni Roberti de Arbressello[h)]. Hujus doni sunt[i)] testes : Hugo Rigaldi[j)] Gauterius de Pocciaco[k)]. Acta Philippo Francorum rege, Guillelmo Aquitanorum duce, Petro Pictavorum pontifice.

---

a) *Omis dans b*. – b) Fulcho *dans b*. – c) meis filiis *dans b*. – d) Fulchone *dans b*. – e) do *dans b*. – f) de Fonte Ebraudi, *seulement dans b*. – g) Fontis Ebraudi, *omis dans b*. – h) Arbrissello *dans b*. – i) Hujus doni sunt, *omis dans b*. – j) Rigardi *dans b*. – k) Pociaco *dans b*.

648

[1108-1109 ou 1109-1116]

Hugue, fils de Saucus, *donne aux moniales de Fontevraud, entre les mains de Robert d'Arbrissel, une terre à cultiver – sous réserve qu'il puisse y envoyer ses propres bœufs – et en en conservant la septième gerbe à titre de terrage ; son épouse, sa mère, ses deux fils, sa fille et Geoffroi Maumoine, seigneur du fief, concèdent ce don ; il donne, en outre, quatre « jugères » de terre acensée autour de la maison d'Eude de Saumur.*

A. Original perdu.

B. Gd. Cart. perdu (ex. fol. XC). – *C*. *T.L.*, p. 544 (simple mention) et p. 563 et 574 (analyses rapides), d'après *B*. – *E*. Angers, 101 H 225 bis, p. 71, n° 349 (avec des coupures), d'après *B*.

V. le n° 310 (semblable). Passée sous le règne de Louis VI, donc après le 29 juillet 1108, et sous l'épiscopat de Pierre II, évêque de Poitiers, donc avant le 4 avril 1115. Antérieure au 14 avril 1109 si le comte d'Anjou Foulque, du règne duquel cette charte est également datée, est Foulque IV.

D'après *E*, complété grâce au n° 310 pr. éd.

Omnibus tam futuris quam presentibus nunc et in perpetuum notum fieri volo[a] quod ego, Hugo filius Sauci, dono Deo[b] et beatissime Marie et sanctimonialibus Fontis Ebraudi[c] per manum domni Roberti[d] de Arbressello, terram meam[e] ad excolendam omni tempore, nisi misissem meos propios boves, ad terragium de septima gerba[f]. Concedente uxore mea Riveria et matre Aremburga et duobus filiis meis, Guidone et Gaufrido, et Eremburga filia mea[g] et Gauffrido Maumonio de cujus feodo erat. Et donavimus[h] in circuitu domus[i] quam[j] Odo fecerat de Salmurensis[k], quatuor jugera terrae ad census. Hujus rei sunt testes in presentia domni Roberti : Aubertus, Folum, Gaufridus porcharius, Bernerius Charus, Ramnelmus filius Buchardi, Ugolinus de Boislentot, Gauterius cellerarius homo supradicti Hugonis. Actum est[l] regnante Lodovico Francorum rege[m], Petro Pictavorum episcopo, Fulcone Andegavorum comite.

———

a) *De* quam presentibus *à* volo, *seulement dans le n° 310*. – b) etc *E*. – c) *De* et *à* Ebraudi *seulement dans le n° 310*. – d) Robertus (sic) *dans E*. – e) etc *E*. – f) *De* ad excolendam *à* gerba, *seulement dans le n° 310*. – g) *De* et duobus *à* filia mea, *seulement dans le n° 310*. – h) donavimus, *seulement dans le n° 310*. – i) domo *E*. – j) quod *E*. – k) etc. *E*. – l) De quatuor jugera à Actum est, *seulement dans le n° 310*. - m) Fr. r. *Dans E*.

649

[1123]

Notice relatant que Roger de Tosny, son épouse et leurs fils ont donné aux frères et aux moniales de Fontevraud qui seront établis à Acquigny un lieu « idoine », dix livres annuelles, dix muids de blé, cinq mille anguilles, un moulin et du bois mort pour le chauffage.

A. Original perdu.

B. Gd. Cart. perdu (ex. fol. XCI). – *C*. *T.L.*, p. 531 (analyse)[1], d'après *B*[1]. – *E*. Angers, 101 H 225 bis, p. 71, n° 350 (incomplète), d'après *B*. – *G*. Duchesne, t. XXII, fol. 404 r°, avec réf. : fol. 91 (incomplète), d'après *B*.

———

1) L'analyse de *C* donne : ... *decem libras per annum, decem modia bladi, quinque milia anguillorum, unum molendinum et mortuum nemus ad calefaciendum.*

d. Pavillon, p. 620, preuve n° 223 (incomplète), d'après *B.*
INDIQUÉ : *D. Ste Fam.*, t. XIII, p. 290, avec réf. : ch. 357, fol. 91.

V. les n°s 635 et 654. Datable de 1123 ainsi qu'il ressort du n° 654.

D'après *E, G* et *d.* Voir, en note[1)], l'analyse de *C.*

Sciant praesentes etc... quod[a)] Rogerius de Toenio[b)] et Ida uxor sua et filii eorum[c)] dant et concedunt[d)] unum locum idoneum[e)] apud Achineum[f)] ecclesiae sanctae Mariae Fontis Ebraudi et servis et ancillis qui erunt constituti apud Achineium ecclesiae sanctae Mariae Fontis Ebraudi, pro amore Dei...[g)] et quinque millia anguillorum[h)] etc...[i)]

a) *Le début omis dans d.* – b) Coenio *corrigé en* Toenio *dans l'interligne de la même main.* – c) sua et filii eorum, *omis dans d.* – d) concedunt et dant *dans d.* – e) idoneum *seulement dans d.* – f) Achineium *dans G* ; etc. *après* Achineum *dans E.* – g) *De* ecclesiae sanctae Mariae *à* pro amore Dei, *seulement dans d.* – h) et quinque millia anguillorium, *seulement dans E.* – i) etc *dans E.*

650[1)]

[1115-1149]. - Fontevraud, sur l'autel

Aimeri de Beuxes, son épouse et son fils vendent sous forme de donation, entre les mains de l'abbesse Pétronille, leur part du bois de Chavenay et une terre voisine aux moniales de Fontevraud dont ils reçoivent quarante sous ; les deux filles d'Aimeri concèdent ensuite cette vente.

A. Original perdu.
B. Gd. Cart. perdu (ex. fol. XCI). – *C. T.L.*, p. 537 (analyse), d'après *B.* – *E.* Angers, 101 H 225 bis, p. 71, n° 352 (la fin manque), d'après *B.* – *G.* Duchesne, t. XXII, fol. 404 r°, avec réf. : fol. 90 (avec des coupures), d'après *B.*.
INDIQUÉ : *L.* Lardier, *Thrésor de l'Abbaye de Fontevraud*, t. I, fol. 116 v°

V. le n° 261 (semblable). Non datée mais passée sous l'abbatiat de Pétronille de Chemillé (28 octobre 1115 - 24 avril 1149).

1) Aucune trace de l'acte anciennement numéroté 358/351 qui figurait au folio XCI.

D'après *E* et *G*. Complété grâce au n° 261 pr. éd.

Brevis est memoria hominis. Quamobrem, ego Aymericus de Bocia et uxor mea Havis et filius meus Aimericus dando concedimus Deo[a)] et beatae Mariae et sanctimonialibus Fontis Ebraudi[b)] meam partem bosci quam habebam in bosco de Chavenaio et terram similiter[c)] quae est juxta boscum. Hoc donum feci super altare et in manu dominae[d)] Petronillae abbatissae[e)] de qua habui caritative XL solidos. Testes : Raginaudus de Brasiaco, Paganus de Molendino, Aufeninus de Calvarie[f)]. De fratribus : Menerio, Roberto, Aimerico[g)]. Hoc donum concesserunt filiae meae, scilicet Ermengardis et[h)] Joana[i)], sub his testibus : Tebaudo[j)], Raginaudo David, Giraudo, Vuillelmo de Rocha Rabaste[k)], Michaele Gagnart, Gaufrido, Bernardo. De fratribus : Goscelmo, Willelmo Barbarum, Menerio. Rotbertus scripsit hoc[l)].

---

a) etc *après* Deo *dans E*. – b) *De* et beatae *à* Ebraudi *seulement dans le n° 261 pr. éd.* – c) similiter *seulement dans le n° 261*. – d) dominae *seulement dans le n° 261*. – e) abbatissae *seulement dans le n° 261*. - f) *De* Testes *à* Calvarie, *omis dans G* ; etc *après* Calvarie *dans E*. – g) *De* de fratribus *à* Aimerico, *seulement dans le n° 261*. – h) et *omis dans G*. – i) Joanna *dans G*. – j) Theobaudo *dans G*. – k) etc *dans E*. – l) *De* Michaele *à* la fin, *seulement dans le n° 261*.

651

[1133-1136]

Alard Guillebaud donne par le symbole d'un anneau d'or le moulin de Parthenay à la comtesse Agnès, prieure de Fontevraud.

A. Original perdu.

B. Gd. Cart. perdu (ex. fol. XCI). – *C*. *T.L.*, p. 551 et 555 (analyse), d'après *B*. – *D*. *Ste Fam.*, t. III, p. 283 (analyse avec réf. : ch. 359, fol. 91), d'après *B*. – *E*. Angers, 101 H 225 bis, p. 71, n° 353, d'après *B*. – *G*. Duchesne, t. XXII, fol. 404 r°, d'après *B*. – *L*. Lardier, *Thrésor de l'Abbaye de Fontevraud*, t. I, fol. 348 r°, d'après *B*.

V. le n° 288 (autre version). Non daté. Passé sous le priorat d'Agnès, donc entre 1133 et 1136 au plus tard.

D'après *E* et *G*.

Notum sit omnibus quod ego Adelardus Guillebaudus, per unum anulum aurei, dono domnae Agneti[a)] comitissae, sororum Fontis Ebraldi priorissae, molendinum de Partenaico[b)], pro animae meae[c)] parentumque meorum remedio. Testes : Petrus Garini et Andreas Corax.

---

a) Agnetae *dans G*. – b) Partheniaco *dans G*. – c) suae (sic) *dans E*.

652

[1123]. - Hautes-Bruyères, au chapitre.

Amauri de Montfort, comte d'Évreux, à l'occasion de l'entrée de sa fille dans la communauté de Fontevraud, donne aux moniales du prieuré de Hautes-Bruyères le moulin de Beynes, celui de Bardelle avec un étang, ses terres de Méré et des Essarts, le minage d'Épernon et cent livres annuelles à Bavent ; ce don est effectué entre les mains de Geoffroi [de Lèves], *évêque de Chartres, et de l'abbesse Pétronille de Chemillé.*

A. Original perdu.

B. Gd. Cart. perdu (ex. fol. XCI). – *C. T.L.*, p. 546 (analyse) et p. 553, 543, 550 (simples indications), d'après *B.* – *E.* Angers, 101 H 225 bis, p. 71, n° 354, d'après *B.* – *G.* Duchesne, t. XXII, fol. 404 r°-v°, d'après *B.* – *H.* Housseau, t. XII[1], fol. 164 v°, n° 5671 (extrait avec réf. : fol. 91, v°).

a. *Clypeus*, t. I, p. 79 (simple extrait) et t. II, p. 328, d'après *B.* – *d.* Pavillon, p. 613, preuve n° 194 (extrait), d'après *B.*

INDIQUÉ : *D. Ste Fam.*, t. XIII, p. 193 (avec réf. au fol. 91) et p. 289 (avec réf. : ch. 360, fol. 91).

Passé au chapitre de Hautes-Bruyères. Daté de 1123.

D'après *E*, *G* et *a* (t. II, p. 328).

Quoniam insatiabilis malorum ambitio rebus ecclesiasticis insidiatur easque ad damnationem suam etc... ut ego figmentis totius calumniae in perpetuum pereat per hanc cartam in presentibus et futuris notum fiat quod[a)] ego, Amauricus de Monteforti, Ebroicorum comes, inspirante Deo[b)], filiam meam in congregatione Fontis Ebraudi mittens, dono Deo et beatae Mariae[c)] et sanctimonialibus Fontis Ebraudi apud Altam Brueriam Domino Deo servientibus molendinum de Bena et[d)] molendinum de Barzela simul cum stagno et terram meam de Marreio[e)] et terram de Essardis[f)] et minagium de Hespardonio[g)] et centum libras annuatim apud Bavent[h)]. Concedoque ut ecclesia de Fontebraut[i)] haec omnia absque infestatione cujuslibet personae in perpetuum habeat et integre[j)] et quiete possideat. Hoc donum factum est in capitulo sanctimonialium

---

a) Le début *omis dans a.* – b) *Après* Deo, et Be *cancellé et suivi d'un blanc dans E.* – c) Mariae ajouté *au-dessus de la ligne et corrigeant* M. Font. *cancellé dans E.* – d) et *omis dans G.* – e) de Marreis, *G.* – f) Essartis, *a.* – g) Hesparnolio, *a.* – h) Bavent *suivi d'un blanc dans E.* – i) Fonte Ebraut, *a* ; ab *cancellé après* Fontebraut *dans E.* – j) et integre, *seulement*

Altae Brueriae[k)] in manu domini Gaufredi Carnotensis episcopi et P[etronillae] primae Fontis Ebraudi[l)] abbatissae, videntibus et audientibus istis : Eustachio de Bretolio, Milone de Malo Repasto, Fulcone de Gastinis, Willelmo Pointel, Ricardo Pointel, Ricardo de Hebrois, Roberto captivo[m)], Hugone filio Rebaudi et Amalrico fratre ejus[n)], Amalrico de Buxoria et Girmundo fratre ejus[o)], Willelmo capellano Bretreae reginae, Hugone de Noeriis, Willelmo de Maureio. Acta carta[p)] anno incarnationis Dominicae MCXXIII, indictione[q)] XV[a], Lodovico Francorum rege, Gauffrido Carnotensium pontifice.

---

dans a. – k) Braveriae, *a.* – l) Ebraudi, *omis E.* – m) Roberto de captivo (sic), *G.* – n) *De* Roberto captivo *à* ejus, *omis dans a.* – o) *De* Amalrico *à* ejus, *omis dans G.* – p) charta, *a.* – q) 15[a] *dans E.*

653

[1123]. - Hautes-Bruyères

Eustache de Breteuil donne aux moniales de Fontevraud une rente annuelle de dix livres d'esterlins sur son manoir de « Brulahiam *» en Angleterre ; le don est fait en présence de l'abbesse Pétronille.*

A. Original perdu.

B. Gd. Cart. perdu (ex. fol. XCI). – *C. T.L.*, p. 535 et 546 (analyses), d'après *B.* – *E.* Angers, 101 H 225 bis, p. 71, n° 355 (avec des coupures), d'après *B.*

a. *Clypeus*, t. II, p. 265-266.

Passé en l'église du prieuré de Hautes-Bruyères. Non daté. Sans doute de la même année (1123) que le précédent.

D'après *E* et *a*.

Posteritati etc... quod[a)] ego Eustachius de Bretol[b)], pro animae meae et parentum[c)] meorum[d)] salute, dono Deo et beatae Mariae[e)] et sanctimonialibus Fontis Ebraudi[f)] decem libras[g)] hesterlinorum apud quoddam manerium meum quod est in Anglia, nomine Brulahiam, annuatim reddendam[h)]. Concedoque ut ecclesia Fontis Ebraudi integre et quiete in

---

a) *De* Posteritati *à* quod, *seulement dans E.* – b) Bretolio, *a.* – c) parentumque, *a.* – d) meorum, *seulement dans a.* – e) etc, *E.* – f) et sanctimonialibus Fontis Ebraudi, *seulement dans a.* – g) libras, *E* ; sester *cancellé après* libras *dans E.* – h) Sic *E*, corr. reddendas ; *ce mot suivi*

perpetuum habeat[i]. Hoc autem[j] donum factum[k] est[l] in ecclesia Altae Brueriae[m], in praesentia P[etronillae] Fontis Ebraldi[n] abbatissae, sub audienta et[o] testimonio horum virorum : Amarici de Monte Forti, Ebroicorum comitis, Fulconis de Gastinis[p], Willelmi capellani, Gisleberti capellani, Herfredi capellani, Simonis de Hestelam[q].

de etc *dans E.* – i) *De* Concedoque *à* habeat, *seulement dans a.* – j) autem, *seulement dans a.* – k) Al cancellé *après* factum *dans E.* – l) est, *seulement dans a.* – m) Bruheriae, *a.* – n) Ebraldi, *omis E.* – o) audientia et, *seulement a.* – p) et alii, *E.* – q) *De* Willelmi *à la fin, seulement dans a.*

654

[1123]. - Hautes-Bruyères puis Virey ?

Raoul [III] *de Tosny, lors de l'entrée de sa mère à Fontevraud, donne à la communauté tous les revenus d'Acquigny pour aussi longtemps qu'elle vivra et pour l'année qui suivra le décès de celle-ci ; cette année écoulée, Fontevraud recevra, à perpétuité, cent sous annuels à la Saint-Remi* (13 janvier) *sur les cens de Raoul et dix muids annuels du meilleur blé de ses moulins ; Raoul donne, en outre, un homme libre de tout service et un droit de pêche des anguilles ; son fils Roger approuve cette donation faite en présence de l'évêque de Chartres Geoffroi* [de Lèves] *et de l'abbesse Pétronille.*

A. Original perdu.

B. Gd. Cart. perdu (ex. fol. XCII). – *E.* Angers, 101 H 225 bis, p. 72, n° 356, d'après *B.* – *F.* Gaignières, pp. 25-26, n° 356 (incomplète), d'après *B.* – *G.* Duchesne, t. XXII, fol. 404 v° avec réf. : fol. 92 (incomplète), d'après *B.*

a. *Clypeus*, t. I, p. 79 (incomplète) et t. II, pp. 271-272, d'après *B.*

INDIQUÉ : *C. T.L.*, pp. 531 et 546. – *D. Ste Fam.*, t. III, p. 130 et 193.

V. les n°s 635 (autre version du don de Raoul) et 649 (donation de Roger). Passée au prieuré de Hautes-Bruyères (donation de Raoul) puis à « Vireium » (Virey ?) pour ce qui est de la concession de Roger. Datée de 1123.

D'après *E, F* et *a* t. II, p. 271-272.

Ego Radulfus[a] de Toenaio universis notum facio[b] quod Elisabet[c] mater mea, Deo inspirante, in ecclesia Fontis Ebraudi ad religionem venit. Pro cujus amore atque pro animae meae omniumque meorum salute[d] dono eidem ecclesiae, quamdiu mater mea vixerit, omnes redditus de Aquineio et post mortem ejus per unum annum[e]. Completo vero[f] uno anno post mortem matris[g)], ex tunc in perpetuum[g')] cum omni integritate[h)], dono supradictae[i)] ecclesiae centum solidos de meis censibus in die festi sancti Remigii reddendos[j)] annuatim et decem[k)] modios de meliori annona molendinorum meorum mensura minae Aquineiae[l)] et unum hominem ab omni servicio liberum etc...[m)] ; piscationem quoque[n)] omnium anguillarum in perpetuum dono[o)]. Factum est[p)] autem hoc[q)] apud Altam Brueriam[r)] in presentia et audientia[s)] domni Gauffridi[t)] Carnotensis episcopi et P[etronillae] abbatissae Fontis Ebraudi. Testes sunt[u)] : Eustachius de Bretol, Almaricus[v)] de Mestelun, Ugo Pulsavilanum[w)], Hurricus praepositus de Nogencio[x)] Amauricus de Buxoria, Mainerius filius Simonis de Gaseran[y)] Hugo de Gastinis. Hanc eleemosynam[z)] concessit postea[aa)], integre, libere et quiete praedictae ecclesiae[bb)] Rogerius[cc)] filius meus apud Vireium, sub his[dd)] testibus : Hugone Butavillanum[ee)] Emorraudo presbytero[ff)], Willelmo de Ebroicis[gg)], Hugone Huboldo, Gauffrido de Monteforti, Bernardo Boiereth[hh)] Acta haec[ii)] carta anno ab incarnatione Domini MCXXIII, indictione XV[jj)], Lodovico [kk)], Francorum rege[ll)].

---

a) Radulphus *dans a.* – b) notum facio, *omis dans E.* – c) Helisabet *dans F*, Elizabeth *dans a.* – d) *De* Pro cujus *à* salute, *omis dans F.* – e) *De* et post *à* annum, *omis dans F.* – f) Completo vero, *omis dans F.* – g) *De* Completo *à* matris, *omis dans E.* – g') in perpetuum, *omis dans F.* – h) cum omni integritate, *seulement dans a.* – i) dictae *dans F.* – j) *De* in die *à* reddendos, *seulement dans a.* – k) x, *E.* – l) Aquineae, *a* ; *de* et decem *à* Aquineiae, *omis dans F* ; etc *après* Aquinaiae *dans E.* – m) *De* et unum *à* etc, *seulement dans E.* – n) quoque *seulement dans a.* – o) *De* piscationem *à* dono, *omis dans F.* – p) est *omis F.* – q) autem hoc, *seulement dans a.* – r) Bruheriam *dans F et a.* – s) et audientia *omis dans a.* – t) Gaufridi, *F et a.* – u) sunt *seulement dans a.* – v) Amalricus *dans F et a.* – w) Ugo Pulsavilanum, *seulement dans E.* – x) *De* Hurricus *à* Nogencio, *omis dans F* ; Nogento, *a.* – y) *de* Mainerius *à* Goseran *omis dans a.* – z) Hanc eleemosynam, *seulement dans F.* – aa) postea *ajouté en interligne, de la même main dans E qui ajoute* hoc donum *après* postea ; *de* Hanc *à* postea, *omis dans F.* – bb) *De* integre *à* ecclesiae, *omis dans F.* – cc) Rotgerius, *F.* – dd) sub his *omis dans F.* – ee) Hugone Butavillanum, *seulement dans E.* – ff) Emorraudo presbytero, *seulement dans a.* – gg) Willelmo de Ebroicis, *omis dans F.* – hh) Bernardo Boieret, *seulement dans a.* – ii) haec *seulement dans E.* – jj) indictione XV, *omis dans a.* – kk) Ludovico *dans a.* – ll) rege Francorum *dans F et a.*

655

[XIIe s.]

Acte concernant la donation d'hommes et d'une censive de quatre livres et douze sous par Pierre Pullus *et Hugue de l'Aulnière.*

A. Original perdu.

B. Gd. Cart. perdu (ex. fol. XCII). – *C*. *T.L.*, p. 542 (analyse).

Non daté. XIIe s.

D'après *C*.

Donum de hominibus cum censiva IIII librarum et XII solidorum par Petrum Pullum et Hugonem de Alneria, 357.

656

[Deuxième quart du XIIe s.]

Acte concernant le don d'un cens de quatre sous par Pierre Pétroneau.

A. Original perdu.
B. Gd. Cart. perdu (ex fol. XCII).
INDIQUÉ : *C*. *T.L.*, p. 542.

Ce Pierre est peut-être le même que le *Petrus Tronellus* ou *Troneas* qui, dans le deuxième quart du XIIe siècle, fit des donations au prieuré de Libaud. V. les nos 643 et 918.

D'après *C*.

Donum Petri Petronelli de IIII solidorum censu, 358.

657

[Deuxième quart du XIIe s.]

Acte concernant la donation de la maison de Luché, près des Foussais, par Pierre Barboteau.

A. Original perdu.
B. Gd. Cart. perdu (ex fol. XCII et XCIII).
INDIQUÉ : *C*. *T.L.*, p. 541 et 549.

V. le n° 923 (autre don de Pierre Barboteau). Non daté. Deuxième quart du XIIe siècle.

D'après *C*.

p. 541 : Domus de Luciaco juxta Fossiacum dono Petri Barbotelli, 359.
p. 549 : Luciacum. Domus de Luciaco dono Petri Barbotelli, 359.

658

[1115-1123]

Acte concernant la donation d'un bien sis à Saumur par Michel, fils de Constantin Munther.

A. Original perdu.
B. Gd. Cart. perdu (ex fol. XCIII). – *E*. Angers, 101 H 225 bis, p. 72, n° 360 (les témoins seulement), d'après *B*.
INDIQUÉ : *H*. Housseau, t. XII[1], fol. 164 v°, n° 5672, avec réf. : fol. 93 v°.

Charte passée sous l'abbatiat de Pétronille de Chemillé (28 octobre 1115 - 24 avril 1149). Antérieure à 1123, date à laquelle Julienne de Breteuil était déjà moniale de Fontevraud (v. le n° 635 où elle est mentionnée en cette qualité) alors qu'elle ne l'était pas encore au temps du présent acte dans lequel l'un de ses *servientes* est témoin.

D'après *E*.

In carta de dono apud Salmurum Michaelis filii Constantini Munther[a)], tempore Petronillae primae abbatissae, testes : Aimericus de Burnan, Herveus de Salmuro, Bicherius et Alnoldus domnae abbatissae servientes, Guillelmus serviens donnae Julianae de Britulio, Guillelmus puer ostiariarum[b)] aulae abbatissae, Giraldus de Vareta, Guido de Vareta, Giraudus de Monsorel etc...

---

a) testes *cancellé après Munther*. – b) *Corr*. ostiariarus.

659

[1155-1162]. - Angers, maison du sénéchal.

Notice relatant que Geoffroi Garnier a renoncé en faveur de l'abbesse Audeburge à contester la donation naguère faite par lui au temps de l'abbesse Mathilde et qu'Audeburge a fait confirmer cette renonciation par Geoffroi devant Goslin [de Tours], *sénéchal d'Henri* [II Plantegenêt].

A. Original perdu.
B. Gd. Cart. perdu (ex fol. XCIII). – *E*. Angers, 101 H 225 bis, p. 72, n° 361 (avec des coupures), d'après *B*.
INDIQUÉ : *C. T.L.*, p. 579. – *H*. Housseau, t. XII[1], fol 164 v°, n° 5673, avec réf. : fol. 94 v°.

V. le n° 435 (presque semblable). Non daté. La donation initiale de Geoffroi a été effectuée sous l'abbatiat de Mathilde I d'Anjou, donc entre 1149/1150 et le 21 mai 1155. Son renoncement à ses revendications l'a été au chapitre de Fontevraud puis à Angers, dans la maison du sénéchal Goslin de Tours, sous l'abbatiat d'Audeburge – donc après le 21 mai 1155 – et au temps de Goslin, donc avant 1162 au moins (v. J. Chartrou, *L'Anjou de 1109 à 1151*, p. 125 ; J. Boussard, *Le comté d'Anjou sous Henri Plantegenêt et ses fils (1151-1204)*, p. 114).

D'après *E*, complété en note grâce à *C*.

Gauffridus Garnerii concessit Deo etc... cui tunc praeerat Mathildis venerabilis abbatissa, pro salute animae etc..., possessionem etc... Verum idem ipse Gaufridus postea, instinctu diaboli, supra dono praedicto[a)] calumniam fecit. Deinde, poenitens calumniam dimisit et duce Unfredo tunc priore Pontis Saei Fontem Ebraudi petiit ibi atque in capitulo ipsius abbatiae, presente Aldeburge abbatissa quae Mathildi successerat, donum quod fecerat ratum esse concessit et hac de causa accepit de caritate 30 solidos et uxor sua V solidos. Praedicta vero Aldeburgis abbatissa cupiens ipsum donum validius consolidari monuit Gauffridum ut in audienta Gosleni dapiferi domini Henrici regis ipsius doni confirmationem faceret. Assensit illi et Andegavi cum Unfredo priore Pontis et Joane de Pozaugiis fratre Fontis Ebraudi etc... et ibi donum[b)] in perpetuum habendum concessit, astantibus ibidem duobus praeclaris baronibus, Guillelmo domino Montis Sorelli atque Austerio domino Mauritaniae in domo ipsius dapiferi.

---

a) *Selon C, ce don concernait une vigne et un emplacement avec deux maisons rendant 18 deniers de cens et sises près de Baudiment :* Vinea et platea cum duabus domibus a fossato usque ad ripam Viennae pro XVIII denariis census prope Baudiment, 361. – b) donum *ajouté au-dessus de la ligne.*

660

[1147-1153]

Notice relatant que Carbonel de Montrésor a donné pour sa sœur [entrant sans doute à Fontevraud] *une terre sur la rive du Cher et un pré à Choussy ; une convention ultérieure a ajouté à cette donation, garantie par Sulpice d'Amboise, celle des droits de Carbonel sur l'eau du Cher et un arpent sur la rive de cette rivière.*

A. Original perdu.

B. Gd. Cart. perdu (ex. fol. XCIV). – *D. Ste Fam.*, t. III, p. 302 (analyse avec réf. : ch. 368, fol. 94). – *E*. Angers, 101 H 225 bis, p. 72-73, n° 362 (avec des coupures). – *F*. Gaignières, t. II, p. 26, n° 362 et p. 447 (extraits). – *G*. Duchesne, t. XXII, fol. 404 v° (extraits). – *H*. Housseau, t. XII[1], fol. 164 v°- 165 r°, n° 5674 (avec réf. : fol. 94 r°).

a. *Clypeus*, t. II, pp. 331-332, d'après *B*.

INDIQUÉ : *C. T.L.*,. p. 557.

Non daté. Passé entre 1147 (fondation de l'abbaye de Bellevau *alias* Aiguevive dont le prieur est témoin) et 1153, date de la mort de Sulpice II d'Amboise.

D'après *E, H* et *a*.

Carbonellus de Monte Tesorio[a)], pro sorore sua, dedit Deo[b)] et Sanctae Mariae Fontis Ebraldi[c)] quamdam terram sitam[d)] super ripam Cari fluvii et pratum de Alvo apud Chozium. Hoc[e)] concessit Oda uxor ejus et filii eorum Vivianus, Guillelmus, Ursus et Eremburgis, soror eorum. Hujus doni sunt[f)] testes : Vaslinus de Bosret, Garinus armiger Carbonelli[g)], Airaudus de Favarolis, Herveus de Favarolis, Bocardus[h)] de Villentras[i)], Hujus doni Supplicius de Ambazio promisit se adjutorem et deffensorem si quis[j)] in eo aliquid calumniaret[k)]. Haec conventio facta est inter domnum Carbonellum et abbatissam Fontis Ebraudi : Carbonellus dedit Sanctae Mariae Fontis Ebraldi omnem aquam quam habebat in fluvio qui vocatur Carus et unum arpentum terrae super ripam ipsius fluvii. Testes interfuerunt Christianus prior de Bellavalle et fratres ipsius loci, Petrus et Herveus de Fraitou[l)]. Item pater Carbonelli Ursus et fratres ejus Matheus et Ursus[m)] huic donationi interfuerunt[n)].

---

a) Monte Thezaurio *dans a*. – b) dedit Deo *répété par erreur dans E* ; etc *E*. – c) De et sanctae *à* Ebraldi *omis dans E*. – d) sitam, *seulement dans H*. – e) *De* et *à* Hoc, *omis dans E*. – f) Hujus doni sunt, *omis dans E*. – g) *De* Vaslinus *à* Carbonelli, *omis dans E*. – h) Botardus *dans a*. – i) Vilentras, *a*. – j) et defensorem si quis, *omis dans H* ; etc *après* quis *dans E*. – k) in eo aliquid calumniaret, *seulement dans a*. – l) *De* haec *à* Fraitou, *omis dans E* ; de Carbonellus *à* de Fraitou, *seulement dans a*. – m) *De* item *à* Ursus, *omis a*. – n) *De* huic *à la fin, seulement dans E*.

661

[Après 1109 ou 1112/1113-1115]

*Milon de Tillé et son fils Guillaume renoncent à leurs revendications sur un don antérieurement fait par eux à Robert d'Arbrissel et aux sœurs de Fontevraud et donnent à la communauté deux « *julla* » de vigne à*

Candes ; ils lui confirment aussi la libre possession de la terre des alleux de Popineau de Morton et lui abandonnent leur part des prés de Raslay et du moulin de « Varrent » ; ils reçoivent un cheval de la prieure Pétronille ; peu après, en présence de Pétronille devenue abbesse, cette concession est confirmée par les quatre fils de Milon ; le quatrième, Raoul Gastineau, renouvelle ensuite sa concession.

A. Original perdu.

B. Gd. Cart. perdu (ex. fol. XCIV). – *C. T.L.*, p. 563 (avec des coupures) et pp. 536, 542, 558 (simples mentions), d'après *B.* – *E.* Angers, 101 H 225 bis, p. 73, n° 363 (avec des coupures), d'après *B.* – *L.* Lardier, *Thrésor de l'Abbaye de Fontevraud*, t. I, fol. 110 r° (partielle) et ff. 99 r°, 389 v°, 436 r° (simples mentions), d'après *B.*

a. *Clypeus*, t. II, p. 309-310, d'après *B.* – *b.* Cosnier, pp. 166 et 199 (simples mentions avec référence : *charta* 369, fol. 94), d'après *B.* – *x.* D.F. Chamard, *Les vies des saints personnages de l'Anjou*, Paris/Angers, 1863, t. II, p. 45 n. 2 (d'après *L*, fol. 111 R°).

INDIQUÉ : *D. Ste Fam.*, t. III, pp. 313 et 317 (avec réf. : ch. 369).

V. le n° 174 (autre acte de Milon). Non daté. Le renoncement de Milon et de son fils Guillaume a été effectué à Fontevraud, dans la chapelle de Robert d'Arbrissel, sous le priorat de Pétronille donc après le 30 novembre 1109 ou 1112/1113 et avant le 28 octobre 1115, date de sa promotion abbatiale. Les concessions ultérieures sont intervenues peu après cette dernière date.

D'après *C*, p. 563, *E* et *a*.

Ego[a)] Milo de Tuilleio omnibus hominibus[b)] notum facio quod, super dono quod Deo et domno Roberto sororibusque Fontis[c)] Ebraldi perpetualiter tenendum[d)] donaveram[e)], ego et Guillelmus filius meus injuriose[f)] calumniam fecimus. Unde ideo[g)] nos, de malefacto recognoscentes et de perpetrata injuria poenitentes[h)] coram Deo congregationi Fontis Ebraldi emendendo[i)] satisfacimus super altare[j)] in capella domni Roberti. Iterumque Deo[k)] omnipotenti et de Fonte Ebraudi supradictae congregationi terram calumniatam solute tenendam concedimus etc...[l)]. Donamus etiam duo julla vineae[m)] quae sunt[n)] apud Candam[o)] perpetuo possidenda[p)]. Insuper terram de Alodiis Popinelli de Mortunno[q)] clamamus quietam et perpetuo jure tenendam. De qua ego Milo promitto me contra

---

a) Ego *omis C.* – b) omnibus hominibus, *seulement dans E.* – c) sororibusque Fontis, *omis C.* – d) Ebraldi perpetualiter tenendum, *seulement dans a.* – e) donaveram *précédé d'un* quod *dans E.* – f) injuriose, *omis dans E.* – g) ideo, *seulement dans E.* – h) *De* et *à* pœnitentes, *seulement dans a.* – i) *De* coram à emendendo, *omis dans E.* – j) super altare, *omis dans a* et *E.* – k) Iterumque Deo, *omis dans C.* – l) *De* omnipotenti *à* etc, *seulement dans a.* – m) *De* Donamus *à* vineæ *omis dans E.* – n) quæ sunt, *seulement dans a.* – o) apud Candam *omis dans E.* – p) perpetuo possidenda, *seulement dans a.* – q) *De* Insuper *à*

omnes injuriam facientes deffensorem existere[r]. Dono etiam partem meam[s] pratis[t] de Raleio et [u] de Varrento[v] molendinum[w] ad Raaleium. Ex quo dono et filius meus Guillelmus a Petronilla ejusdem loci priorissa unum equum charitative habuimus[x]. Hujus concessionis concessores fuerunt[y] filii mei[z] Guillelmus, Aimericus et[aa] Lovellus[bb], Radulphus Gastinelli[cc]. Testes[dd] existunt[ee] : Ivo de Seseigneio[ff] Raginaudus Catus[gg], Durandus praefectus, Fulcredus de Porto[hh], Gosbertus de Mortunno[ii] Gauterius de Monte Sorello, Girardus de Podio Bruneto. De fratribus : Garinus de Tarnaio, Gaufridus de Clea, Benedictus de Borgoillo, Aubertus Carnotensis[jj], in praesentia Petronillae abbatissae[kk] etc... Et ego Radulfus Gastinelli hoc quod pater meus Milo et fratres mei Guillelmus, Aimericus, Lovellus donaverunt concedo etc..., testes : Gauterius de Monte Sorello, Giraudo de Podio Bruneto, Radulfo Rosello, Gauffrido de Vigenne medico et filio ejus[ll].

Mortunno *omis dans E.* – r) *De* Clamamus *à* existere, *seulement dans a.* – s) partem meam *omis dans a.* – t) pratis, seulement dans *C* ; pratum meum, *E.* – u) de Raleio et, *omis dans a.* – v) de Varrento, *seulement dans C.* w) molendinum etc, *E.* – x) *De* ad Raleium *à* habuimus *seulement dans C.* – y) *De* Hujus *à* fuerunt, *seulement dans a* ; *remplacé par* concesserunt *dans E.* – z) mei filii, *a.* – aa) et *omis a.* – bb) Jovellus, *a* ; *de* filii à Lovellus *omis dans C.* – cc) Radulphus Gastinelli, *seulement dans a.* – dd) Testes *omis dans C.* – ee) existunt, *seulement dans a.* – ff) Ivo de Seseigneio, *omis C.* – gg) Raginaudus Catus, *seulement dans E.* – hh) *De* Durandus *à* Porto, *seulement dans a.* – ii) Gasbertus de Mortunno *omis dans C* ; etc *E.* – jj) *De* Gauterius *à* Carnotensis, *seulement dans a.* – kk) *De* in praesentia *à* abbatissae *omis dans C.* – ll) *De...* etc... *à la fin, seulement dans E.*

662

[1155-1180]

Charte concernant le finage dit les Roches à Bourdigal, promulguée par l'abbesse Audeburge.

A. Original perdu.

B. Gd. Cart. perdu (ex. fol. XCV). – *D. Ste Fam.*, t. III, p. 345 (seulement la suscription et une brève analyse avec réf. : ch. 370, fol. 95), d'après *B.*

INDIQUÉ : *C. T.L.*, p. 534. – *L.* Lardier, *Thrésor de l'Abbaye de Fontevraud*, t. I, fol. 85 r°.

Passé sous l'abbatiat d'Audeburge, donc entre le 21 mai 1155 et le 1er juillet 1180.

D'après *D.*

Ego A[udeburgis], Dei gratia ecclesiae Fontis Ebraldi ministra. Elle donne une autre appartenance à rente de 18 sous.

D'après *C* et *L*

Burdigala[a]. Fonda quae vulgo Rupis vocatur, 364.

---

a) Bourdigale *dans L.*

663

[1155-1180]

Notice relatant que l'abbesse Pétronille ayant donné à vie une maison de Thouars à un certain Aimeri Jodouin de Loudun et à son épouse Audéarde, à charge d'y héberger les « ermites » et les moniales [de Fontevraud], *cette maison a brûlé après le décès de Jodoin et que sa veuve a sollicité de l'abbesse Audeburge la permission de la reconstruire.*

A. Original perdu.

B. Gd. Cart. perdu (ex. fol. XCV). – *E*. Angers, 101 H 225 bis, p. 73, n° 365 (avec des coupures), d'après *B*. – *D*. *Ste Fam*., t. III, p. 339 (analyse avec réf. : ch. 371) et p. 354 (indication des témoins avec réf. : ch. 371), d'après *B*.

Même époque que le précédent.

D'après *E*.

Petronilla Fontis [Ebraudi][a] abbatissa dedit unam domum quam habebat apud Toartium cuidam homini de Lauduno, scilicet Aimerico Jodoin, et uxori suae Audeart[b] ad vitam eorum et tali pacto quod haeremitae atque monachae hospitarentur in eam sicuti in suam etc... Post mortem ipsius remansit uxor et ignis combussit[c] illam domum etc... Testibus ; Joane de Pozauges etc...

---

a) Font. *E*. – b) tali pacto, *cancellé après* Audeart. – c) eam *cancellé après* combussit *dans E*.

D'après *D*, p. 339

...la charte 371 du chartulaire où une Audeart demande à l'abbesse Audeburge de Hautes Bruyères permission de rebastir une maison brûlée à Thouars que madame Pétronille avoit cy-devant donné à vie seulement.

D'après *D*, p. 354

Frère Jean de Pouzauges. Dans la charte 371 il est nommé avec frère Bertrand de Moncontour et Raoul de Gautier qui fut depuis prieur du chasteau Leubaud et de Luchay.

664

[Avant 1170]

Charte concernant des terres données par Guillaume Board au prieuré des Soussis et sises près de ce prieuré, à la Cigogne et au Pont-Thibaud.

A. Original perdu.
B. Gd. Cart. perdu (ex. fol. XCV).
INDIQUÉ : *C. T.L.*, pp. 539, 556, 574.

V. le n° 879 (confirmation d'Aliénor d'Aquitaine). Date inconnue. Antérieur de peu à la confirmation d'Aliénor datable de 1170 environ.

D'après *C*, p. 539.

Ciconia. Terra apud Ciconiam dono Guilloti Boart, 366.

D'après *C*, p. 556.

Pons Tebaldi. Terram apud Pontem Tebaldi, 366.

D'après *C*, p. 574.

Solfis. Terra apud Solfis dono Guilloti Boart, 366.

665

[XIIe s.]

Notice relatant que Geoffroi Berchot a donné à la communauté de Fontevraud dix-huit quartiers de prés et cent sétérées de terre.

A. Original perdu.

B. Gd. Cart. perdu (ex. fol. XCV). – *C*. *T.L.*, p. 557 et 576 (analyses partielles), d'après *B*. – *E*. Angers, 101 H 225 bis, p. 73, n° 367 (simple extrait), d'après *B*.

Non datée. XIIe siècle.

D'après *C*, p. 557.

Prata. 18 quarteria pratorum dono Gaufridi Berthot.

D'après *C*, p. 576.

Terra. Centum sextariata terrae dono Gaufridi Berthot.

D'après *E*.

Gaufridus Berchot dedit ecclesiae Fontis [Ebraudi]... Teste Willelmo de Siderato.

666

[1108-1116]

Philippe, fils de Drogon, donne à Robert d'Arbrissel et aux moniales de Fontevraud, moyennant un cens de douze deniers, la maison de son père avec un portique et un four, une cour à Saumur ; il leur vend en outre, pour cent deux sous, la terre que son père avait acquise des moines de Saint-Maur.

A. Original perdu.

B. Gd. Cart. perdu (ex. fol. XCV). – *C*. *T.L.*, p. 563 (court extrait) et pp. 541, 556, 574 (mentions rapides), d'après *B*. – *E*. Angers, 101 H 225 bis, p. 73, n° 368 (incomplète), d'après *B*.

INDIQUÉ : *D. Ste Fam.*, t. III, p. 232 (avec réf. : ch. 374). – *H*. Housseau, t. XII[1], fol. 165 r°, n° 5675 (avec réf. : fol. 95 v°).

V. le n° 175 (autre version). Passé du vivant de Robert d'Arbrissel, donc avant le 25 février 1116, et, ainsi qu'il ressort du n° 175, sous le règne du roi de France Louis VI, donc après le 29 juillet 1108.

D'après *E*.

Ego Phillippus dono Deo etc... domum Drogonis etc... Testes : Griscia de Monte Sorello, Willelmus filius ejus, Ogerius de Sancto Martino, Gervasius filius ejus, Guillelmus de Rest, Aalo Gilbaudi, Gilbertus Rufus etc...

D'après *C*, p. 563.

Philippus dat[a)] domno Roberto domum Drogonis patri et porticos et plateam et omnia quae ibi habebam. Et eis vendo terram quam pater meus habuit de monachis Sancti Mauri C et II solidos.

---

a) *corr.* do.

D'après *C*, p. 574.

Saulmur. Porticus furni XII denarios de censu.

667

[1115-1149]

Notice relatant qu'à l'occasion de l'entrée de l'une de ses filles à Fontevraud Gautier, fils de Gui, a investi l'abbesse Pétronille d'une maison qu'il avait au Port-Saulnier, d'une saline et de toutes les autres dépendances de cette maison ; ses fils ont concédé ce don.

A. Original perdu.

B. Gd. Cart. perdu (ex. fol. XCV).

a. *Clypeus*, t. II, p. 334 et t. III, p. 70 (extrait), d'après *B*. – *b.* Cosnier, p. 199 (simple mention avec référ. : ch. 375, fol. 95) d'après *B*.

INDIQUÉ : *C. T.L.*, pp. 557 et 573. – *D. Ste Fam.*, t. III, p. 315 (avec réf. : ch. 375, fol. 95).

Le n° 583 était peut-être semblable. Passé sous l'abbatiat de Pétronille de Chemillé (28 octobre 1115 - 24 avril 1149).

D'après *a*, t. II, p. 334.

Notum sit omnibus quod Gauterius, Guidonis filius, dedit cum quadam filia sua monasterio beatae Mariae de Fontebraut, habendam in perpetuum, domum quamdam quam ad Portum Salinarum habebat, pariterque salinam caeteraque omnia quae ad eamdem domum pertinebant. Hujus autem doni investituram habuit Petronilla, praedicti loci prima abbatissa, concedentibus hoc filiis ejusdem Gauterii. Interfuerunt huic concessioni Benedictus de Cornilleio, Arnaudus de Bituri, Gosbertus capellanus abbatissae, Joannes de Coceio etc...

668

1108. - Poitiers

Pierre [II], *évêque de Poitiers, à la demande de Robert d'Arbrissel, donne à son église cathédrale les églises de Roiffé et de Cenan et spécifie que ses successeurs ou le chapitre cathédral n'en pourront disposer qu'en faveur de Fontevraud.*

A. Original perdu. On lit, à la suite de la copie de *E* : « J'ay veu l'original qui est scellé sur le dos et *per chyrographum cartae divisum* en ceste forme : PETRUS EPS ECCLE SUE ».

B. Gd. Cart. perdu (ex. fol. XCVI). – *B'*. « Grand cahier de parchemin » perdu. – *C*. *T.L.*, p. 563 et (simples mentions) pp. 573 et 574, d'après *B*. – *D*. *Ste Fam.*, t. III, p. 168 (extraits avec réf. : ch. 377) et p. 170-171 (avec réf. : ch. 377, fol. 96), d'après *B*. – *E*. Angers, 101 H 225 bis, p. 73-74, n° 370, d'après *B*. – *F*. Gaignières, t. II, p. 26, n° 370 (d'après *B'*) et pp. 456-457 (avec des coupures). – *G*. Duchesne, t. XXII, fol. 414 v°, d'après *B*.

d. Pavillon, p. 600, preuve n° 138, d'après *B*. – *Gallia christiana*, t. II, 1720, col. 336, n° XIII (d'après B'). – *f*. Migne, *Patrologie latine*, t. 162, col. 1092 C-D, d'après *d*.

INDIQUÉ : *L.*, Lardier, *Thrésor de l'Abbaye de Fontevraud*, t. I, fol. 410 v°.

Passé à Poitiers le 19 juin 1108.

D'après *D*, p. 170-171 et *E*.

Ego Petrus[a)], Dei gratia Pictavorum episcopus, notum facio omnibus[b)], tam futuris quam presentibus[c)], me dedisse sponsae meae sanctae Pictavensi ecclesiae, ammonente dilectissimo fratre nostro Roberto de Erbressello[d)] viro religioso, ecclesiam de Roffiaco[e)] inter Lausdunum et Montem Sorelli sitam et ecclesiam de[f)] Senentio inter Englam et Calviniacum positam ut eas amodo in perpetuum habeat et possideat, eo tenore ut nulli meo successori liceat supradictas ecclesias alii ecclesiae dare vel[g)] aliquomodo donum meum[h)] transmutare[i)]. Quod ut firmum et inviolabile permaneat, praesentis privilegii paginam[j)] munivi et omnem dandi vel accipiendi vel transmutandi licentiam interposito anathematis gladio resecavi. Si tamen forte, quod absit, aliquis[k)] episcopus vel fratres ecclesiae nostrae, ignorantia hujus nostri decreti aut aliquo alio modo,

---

a) P. *suivi de* Pict[avensis] *cancellé dans E*. – b) etc *après* omnibus dans E. – c) *De* tam *à* presentibus *omis E*. – d) Erbressello *dans E*. – e) Rofiaco, *E*. – f) *Un mot cancellé après* de . – g) aut, *E*. – h) donum meum *ajouté au-dessus de la ligne dans E*. – i) *Après ce* transmutare, *en bout de ligne*, voluerint *cancellé au début de la ligne suivante dans E*. – j) pagina (sic) *E*. – k) *Avant cet* aliquis *en début de ligne*, ali *cancellé à la fin de la ligne pré-*

praedictas ecclesias alii ecclesiae dare aut aliquo modo transmutare voluerint, hoc quoque precipio, constituo, confirmo ut eas habeat ecclesia quam supradictus Robertus[l)] in honore sanctae Dei genitricis semperque virginis Mariae in loco qui Fons Ebraudi vocatur, Dei opitulante misericordia, fundavit. Hoc autem factum est communi consilio venerabilium ecclesiae nostrae canonicorum et[m)] auctoritate totius synodi[n)] generaliter confirmatum. Signum Petri episcopi, Signum Aimerici decani, Signum Gaufridi cantoris, Signum Willelmi archidiaconi, Signum Arvei archidiaconi, Signum Rainerii capicerii, Signum Willelmi magistri scolarum, Signum Raginaudi subdiaconi, Signum omnium canonicorum. Data Pictavi in synodo[o)], anno ab incarnatione Domini M.C.VIII[p)], indictione II[p)], epacta XVII[p)], XIII[p)] cal.[q)] julii, secundo Pascali[r)] papa, Petro praesidente cathedrae[s)] Pictavorum, Lodovico rege Francorum, Willelmo duce Aquitanorum. In Christo Jesu feliciter. Amen.

---

cédente dans E. – l) Roberbis *abrégé en R dans E.* – m) et *omis dans D.* – n) sinodi, *E.* – o) sinodo, *E.* – p) En chiffres arabes *dans D.* – q) Kal. *dans D.* – r) Paschali *dans D.* – s) catedrae *dans D.*

669

[1149-1160]

Notice relatant que Guillaume d'Ardillon, son frère Geoffroi, son épouse et ses fils ont donné au prieuré de la Lande-en-Beauchêne le cens et la dîme de trois cents aires de salines contre l'assurance de voir admettre, quand ils le désireront, deux femmes de leur famille parmi les moniales et de participer, avec leur descendance, au bénéfice des prières de ces dernières.

A. Original perdu.

B. Gd. Cart. perdu (ex. fol. XCVI). – *C T.L.*, p. 547 et 573 (analyse) et p. 532 (simple mention), d'après *B*. – *E.* Angers, 101 H 225 bis, p. 74, n° 371 (avec des coupures), d'après *B*.

INDIQUÉ : *L.*, Lardier, *Thrésor de l'Abbaye de Fontevraud*, t. I, fol. 254 r° (La Lande-en-Beauchêne).

Non daté. Passé sous le priorat d'Isembard, prieur dès avant 1149 et jusqu'en 1160 au moins[1)].

---

1) Donation faite *conventui de Landa* selon l'analyse de C, p. 547 et 573.

D'après *E,* complété en note grâce à *C*, p. 547 et 573

Ne gestarum conventio etc... quod Guillelmus de Ardelon, uno cum suo fratre Gauffrido et uxore sua necnon et filiis suis Deo etc... dederunt et concesserunt censum et decimam trecentarum arearum salinarum bocillorum, sibi cosduma retenta, tali pacto ut, cum praedictus Willelmus vel aliquis de genere suo voluerit, duas de genere suo mulieres in sanctimoniales recipiant et ut participes omnium beneficiorum[a)] suorum efficiantur cum omni sua progenie. Hujus rei testes sunt : Hisenbardus prior abbatiae, Johannes de Pares, prior Landae, etc..., Giraudus Ambesmenis, Guillelmus Brisardi, Hylarius, Giraudus Auborii et alii.

---

a) beneficiorum *écrit au-dessus de la ligne pour corriger* bonorum *cancellé.*

670

[1108-1115]

Pierre de La Garnache, avec l'accord de son épouse, de ses trois fils et de ses deux filles, fait, en présence de l'évêque de Poitiers Pierre [II], *de nombreuses donations à Robert d'Arbrissel et à la communauté de Fontevraud, à savoir : la terre, dûment délimitée, de la Lande* [-en-Beauchêne], *la dîme de son blé, de ses fours de Beauvoir et de ses moulins de Noirmoutier, le clos de vigne de sa mère, les peaux des daims de Noirmoutier pour lesquelles les chasseurs voulant conserver leurs prises paieront douze deniers par peau et six par daim, enfin la dîme de tous les lapins capturés à Noirmoutier ; en outre, après son décès, les moniales auront, entre autres, les peaux des béliers de Bouin pour leurs livres et celles des agneaux du même lieu pour leurs surcots.*

A. Original perdu.

B. Gd. Cart. perdu (ex. fol. XCVI). – *B'*. « Grand cahier de parchemin » perdu. – *C. T.L.*, p. 564 (partielle, avec réf. : ch. 373) et p. 533, 534, 537, 554 (simples mentions avec réf. : ch. 373) d'après *B*. – *E*. Angers, 101 H 225 bis, p. 74, n° 372 (avec des coupures), d'après *B*. – *F*. Gaignières, t. II, p. 26, n° 373 (courts extraits) et p. 457 (courts extraits d'après *B'*). – *G*. Duchesne, t. XXII, fol. 414 v° (extraits), d'après *B*.

a. *Clypeus*, t. II, p. 259, avec réf. : ch. 373 (avec des coupures), d'après *B*. - *b*. Cosnier, p. 218 (simple mention avec réf. : ch. 380, fol. 96), d'après *B*. - *d*. Pavillon, p. 608, preuve n° 172 (extrait), d'après *B*.

INDIQUÉ : *L*., Lardier, *Thrésor de l'Abbaye de Fontevraud*, t. I, fol. 254 r° et 325 r°, avec réf. : ch. 373.

V. le n° 505 (même teneur). Passé sous le règne de Louis VI, donc après le 29 juillet 1108, et du vivant de l'évêque Pierre II, donc avant le 4 avril 1115.

D'après *E* et *a*.

Brevis est memoria etc... quod[a)] ego Petrus de Gasnapia, cum consilio et assensu Amiotae uxoris[b)] meae et filiorum meorum Petri, Gisleberti, Gauffridi[c)] filiarumque[d)] mearum Addae[e)], Francesiae[f)], in praesentia domni Petri venerabilis Pictaviensium episcopi, dono cum omni integritate Deo et beatae Mariae et magistro Roberto de Arbrissello et Ecclesiae Fontis Ebraudi[g)] locum unum in Landa de Bella Quercu[h)], terram scilicet quae est inter viam de Pulchra Quercu et torrentem Taisant usque ad Uchelup et decimam totius annonae cellarii mei, decimamque furnorum meorum de Belloverio et decimam molendinorum meorum quae fecit Chalo avunculus meus apud Nigrum Monasterium et closum vinearum matris meae et[i)] pelles[j)] omnium[k)] dammorum Nigri Monasterii. Si quis vero venatorum habere voluerit pellem dammi, reddet 12 nummos pro pelle et 6 pro pelle dammae[l)]. Praeterea decimam omnium conillorum qui capti fuerint apud Nigrum Monasterium et multa alia post obitum suum, intra quae pelles arietum ad libros et agnorum de Boigno ad pellicias. Si quis hominum meorum dare vel vendere aliquot[m)] supradicti loci monialibus, libere et quiete jure perpetuo possidendum concedo[n)] Horum donorum meorum[p)] concessores et testes sunt Joscelinus frater meus et[q)] Petrus Nigelli, nepos meus, Godinus Chabot, Fulco Charruellus, Arcembaudus, filius Ancelini, Pipinus[r)], Paganus de Sancto Philberto[s)] et Boicus frater ejus et[t)] Achardus de Nigro Monasterio, Garinus de Monte et de fratribus Fontis [Ebraudi][u)] : Gaufridus sacerdos[v)], Aimericus, Ivo, Hubertus[w)]. Acta carta Lodovico Francorum rege, Guillelmo Aquitaniae duce, Gauffrido[x)] Toarcensium vicecomite. Si quis vero, quod futurum non credo[y)], haec dona mea temerariis fatigationibus infringere presumpserit, donec satisfaciat anathematis gladio percussus, ab introitu Sanctae Ecclesiae prohibeatur[z)].

---

a) *Du début à* quod, *seulement dans E.* – b) suae *cancellé après* uxoris *dans E.* – c) Gaufridi *dans a.* – d) que, *seulement dans a.* – e) Adde, *E.* – f) *Un blanc après* Francesiae *dans E.* – g) *De* cum omni *à* Fontis Ebraudi, *seulement dans a.* – h) *Ce qui suit remplacé par* et multa alia *dans E.* – i) *De* terram scilicet *à* matris meae et, *seulement dans a.* – j) pelles *précédé de* dedit etiam dans *E.* – k) damnorum *cancellé après* omnium *dans E.* – l) Sic *pour* : pro damo (v. n° 505). – m) *Un mot illisible après* aliquot. – n) *De* si quis *à* concedo *ajouté dans l'interligne, de la même main ; de* Si quis vero *à* concedo, *seulement dans E.* – p) meorum, *seulement dans a.* – q) et *seulement dans a.* – r) *De* Fulco *à* Pipinus, *seulement dans E.* – s) Paganus de Sancto Philberto, *seulement dans E.* – t) et, *seulement dans a.* – u) Ebraudi, *omis E.* – v) etc *dans E après* sacerdos. – w) *De* Aimericus *à* Hubertus, *seulement dans a.* – x) Gauffido (sic) *E*, Gaufrido *dans a.* – y) Si quis *cancellé dans E entre* non *et* credo. z) *De* Si quis *à* prohibeatur, *seulement dans E.*

671

[1108-1115]

Pierre [1er] *de La Garnache, avec l'accord de son épouse et de ses enfants, donne tout ce qu'il possède au pré* Silla *du fait de la succession de son oncle ; plus de dix personnes concèdent cette donation en recevant des dédommagements en espèces.*

A. Original perdu.
B. Gd. Cart. perdu (ex fol. XCVI). – *E*. Angers, 101 H 225 bis, p. 74-75 n° 373 (avec des coupures).
INDIQUÉ : *C. T.L.* p. 574, avec réf. : n° 374.

D'après *E*.

Item ego idem[a)] Petrus de Gasnapia, cum consensu et consilio Amiotae uxoris meae, filiorum et filiarum meorum, dono, concedo quicquid habebam in Seillia quod Chalo avunculus meus emit quando autem avunculus meus emit furnum. Hii testes : Joscelinus de Pyro, Gauterius de Tolu, Trescelinus de Solam, Aimericus Laetardi, Fulco Charruel, Giraudus Barbotinus de Prugneio. Hujus[b)] rei fuere concessores Guillelmus Ripaudi qui habuit tres solidos, Amiata mater sua habuit V solidos, Freschet de Villatis et Marta uxor sua et filii Arnaudus et Andreas et filiae suae Ermengardis, Odierna et Benedicta habuere X solidos, Gauterius Bernardi XII solidos etc. Testes : Petrus de Gasnapia, Gaudinus Chabot, Clerambaudus filius Anselonis, Aimericus Vitalis

a) *Cet* idem *ajouté au-dessus de la ligne* – b) *Cet* hujus *ajouté en dessous de la dernière ligne de la p. 74 et répété au début de la première ligne de la p. 75.*

672

[Première moitié du XIIe siècle, après 1118]

Notice relatant que Pierre [II de La Garnache] *a donné aux moniales de La Lande-en-Beauchêne la dîme de son port de Beauvoir, la coutume des poissons, à savoir des daurades et des surmulets, la dîme de son moulin de Monts et de son port de Noirmoutier ; son frère et son épouse ont concédé ce don.*

A. Original perdu.

B. Gd. Cart. perdu (ex fol. XCVII). – *C. T.L.*, p. 540 et 551 (simples mentions avec réf. : ch. 375) et p. 547 (analyse avec réf. : ch. 375), d'après *B*. – *E.* Angers, 101 H 225 bis, p. 75, n° 374, d'après *B*. – *G.* Duchesne, t. XXII, fol. 414 v° (avec des coupures), d'après *B*.

a. *Clypeus,* t. II, p. 260 (avec des coupures ; avec réf. : ch. : 375), d'après *B*.

INDIQUÉ : *L.* Lardier, *Thrésor de l'Abbaye de Fontevraud*, t. I, fol. 254 r° (avec réf. au n° 375).

Non datée. Première moitié du XIIe siècle, après 1118 (fondation du Temple dont un chevalier est témoin).

D'après *E*, *G* et *a*.

Petrus secundus prioris[a)] Petri filius dedit Deo et beatae Mariae et[b)] sanctimonialibus de Landa omnem suam decimam sui portus de Bello Videre, insuper costumam piscium, scilicet doreatarum et mullorum. Dedit quoque decimam sui molendini de Montibus. Dedit etiam decimam sui portus de Nigro Monasterio, Gauffrido[c)] suo fratre[d)] concedente et Gelosa uxore sua. Testes sunt[e)] : Amiota mater ejus, Gadinus Chabot, Henricus miles Templi, Andreas Charruel[f)], Grundinus[g)], Daniel Abbas, Garsia frater ejus.

---

a) prioris, *seulement dans a*. – b) et beatae Mariae et *seulement dans a* ; etc. *E*. – c) Gaufrido *dans G et a*. – d) fratre suo *dans a*. – e) sunt *seulement dans a*. – f) *Omis dans a*. – g) Grundinus, *seulement dans E*.

673

[Première moitié du XIIe siècle]

Notice relatant que le jour de la prise d'habit de sa sœur Ada, Pierre [II de La Garnache] *a donné aux moniales de La Lande-en-Beauchêne, avec l'accord de son frère et de son épouse, la moitié des seiches de toute sa seigneurie.*

A. Original perdu.

B. Gd. Cart. perdu (ex fol. XCVII). – *E.* Angers, 101 H 225 bis, p. 75, n° 375, d'après *B*. – *G.* Duchesne, t. XXII, fol. 414 v°, à la suite de l'acte précédent, d'après *B*.

a. *Clypeus,* p. 260, à la suite de l'acte précédent, d'après *B*.

Non daté. Vers la même époque que le précédent.

D'après *E*, *G* et *a*.

Item, in die[a] quando induta est sanctimonialibus vestimentis Ada soror ejus, dedit ipse Petrus Deo et Beatae Mariae de Landa medietatem sepearum totius suae patriae, concedente fratre suo Gauffredo[b] et Gelosa uxore sua, audientibus et videntibus Gaudino Chabot, Willelmo de Noallen[c], Willelmo Arnaudo[d] : de fratribus[e] : Willelmo Audemant, Benedicto, Aimerico sacerdotibus[f].

---

a) item, *seulement dans a*. – b) Goffrido *dans a*. – c) Willelmo de Noallen, *omis dans G*. – d) Willelmo Arnaudo, *omis dans a*. – e) de fratribus, *seulement dans a* ; etc., E. – f) *De* Benedicto *à la fin, seulement dans a*.

674

[Première moitié du XIIe siècle]

Geoffroi de La Garnache donne aux moniales de La Lande-en-Beauchêne la coutume des seiches de Bouin, des tourteaux et des fromages ; son frère et son neveu concèdent ce don.

A. Original perdu.

B. Gd. Cart. perdu (ex fol. XCVII). – *C*. *T.L.*, p. 548 (analyse), d'après *B*. – *E*. Angers, 101 H 225 bis, p. 75, n° 376 (la fin manque), d'après *B*. – *F*. Gaignières, t. II, p. 27, n° 376 (incomplète), d'après *B*. – *G*. Duchesne, t. XXII, fol. 414 v° (incomplète), d'après *B*.

INDIQUÉ : *L*. Lardier, *Thrésor de l'Abbaye de Fontevraud*, t. I, fol. 254 r°.

Non daté. Même époque que les précédents.

D'après *E*, *F* et *G*.

Signum Gauffridi[a]. Ego Gauffridus[b] de Gasnapia dedi Deo et[c] Beatae Mariae de Landa consuetudinem sepiarum de Boigno et de tortellis et de caseis. Hoc concessit Petrus frater meus et Petrus nepos meus. Testes : Saricus Limonois, Guillelmus de Deserto, etc[d].

---

a) Signum Gauffridi, *seulement dans E*. – b) Gaufridus *dans F*. – c) Deo et, *seulement dans E*. – d) *De* Testes *à la fin, seulement dans E*.

675

[Peu avant 1149]. - La Lande-en-Beauchêne.

Notice relatant que Pierre [II] *de la Garnache et son épouse ont donné* [aux moniales de La Lande-en-Beauchêne], *entre les mains de l'abbesse Pétronille, la dîme du vin et du blé de l'île d'Yeu, le frère et le fils de Pierre ont concédé ce don.*

A. Original perdu.

B. Gd. Cart. perdu (ex fol. XCVII). – *C. T.L.*, p. 540 (simple mention) et p. 548 (analyse), d'après *B*. – *E*. Angers, 101 H 225 bis, p. 75, n° 377, d'après *B*. – *F*. Gaignières, t. II, p. 27, n° 377, d'après *B*. – *G*. Duchesne, t. XXII, fol. 414 v°, d'après *B*.

a. Clypeus, t. II, p. 268, d'après *B*.

INDIQUÉ : *D. Ste Fam.*, t. III, p. 275 (avec réf. : ch. 385) et p. 310 (avec réf. au fol. 97). – *L.* Lardier, *Thrésor de l'Abbaye de Fontevraud*, t. I, fol. 254 r°.

Non datée. Passée au chapitre de La Lande-en-Beauchêne, vers la fin de l'abbatiat de Pétronille de Chemillé († 24 avril 1149), Isembard étant déjà prieur de Fontevraud.

D'après *E, F G* et *a*. Complété en note grâce à *D* (p. 310).

Petrus de Gasnapia dedit Deo[a] et Beatae Mariae[b] sanctisque monialibus[c] decimam vini et annonae de Insula de Oiis et Gelosa uxor sua similiter de suo. Et[d] hoc factum est[e] in capitulo Landae in manu P[etronillae] primae abbatissae, concedente[f] Gauffrido[g] fratre suo[h] et Petro filio suo[h].

---

a) Deo *omis dans F*. – b) et Beatae Mariae, *omis dans E et G* ; etc. *E* – c) sanctisque monialibus, *seulement dans a*. – d) Et *omis dans E et G*. – e) fuit *dans F et a*. – f) concedentibus *dans G*. – g) Gaufrido *dans F et a*. – h) meo *dans E et G* ; *D, p. 310, donne la précision suivante :* « En une charte de Pierre de la Gasnache (au f. 97) qui donne certaines dixmes entre les mains de Pétronille abbesse... est nommé entre les témoins Isembard prieur de Fontevraud ».

676

[Peu avant 1149]. - La Lande-en-Beauchêne.

Amiote, dame de La Garnache, relate qu'elle a donné au couvent de La Lande-en-Beauchêne la dîme des revenus qu'elle possédait dans le port de Beauvoir et sur tout le rivage, celles de ses vignes et de son moulin de Monts ainsi que celle des vendanges de Noirmoutier ; elle a confirmé ce don entre les mains de l'abbesse Pétronille.

A. Original perdu.

B. Gd. Cart. perdu (ex fol. XCVII). – *C*. *T.L.*, p. 540 et 548 (analyses), d'après *B*. – *E*. Angers, 101 H 225 bis, p. 75, n° 378 (avec des coupures), d'après *B*.

a. *Clypeus*, t. II, p. 268 (avec des coupures), d'après *B*.

INDIQUÉ : *L*. Lardier, *Thrésor de l'Abbaye de Fontevraud*, t. I, fol. 254 r°.

Confirmation effectuée au chapitre de La Lande-en-Beauchêne. Non datée. Sans doute même époque que la précédente.

D'après *E* et *a*, complété grâce à *C* (p. 540).

Ego quidem Amiota, domina Gasnapiae, dedi conventui Beatae Mariae de Landa, in remissionem peccatorum meorum decimam omnium[a)] reddituum quas habebam in portu Belverii[b)] et in toto rivagio, et decimam omnium vinearum mearum[c)] et decimam molendini de Montibus et vindemiarum in Nigro Monasterio[d)]. Et[e)] hoc donum in manu Petronillae abbatissae in capitulo de Landa firmavi.

———

a) omnium, *seulement dans a*. – b) etc *dans E*. – c) *De* et in *à* mearum, *seulement dans a*. – d) *De* et decimam *à* Monasterio, *emprunté à l'analyse de C, p. 540*. – e) Et, *seulement dans a*.

677

[1118-1149]

Gélose, dame de La Garnache, fait don d'une dîme entre les mains de l'abbesse Pétronille ; Pierre [II] *de La Garnache, son frère, son fils et sa sœur concèdent cette donation.*

A. Original perdu.

B. Gd. Cart. perdu (ex fol. XCVII). – *E*. Angers, 101 H 225 bis, p. 75, n° 379 (avec des coupures), d'après *B*. – *G*. Duchesne, t. XXII, fol. 414 v° (Id.), d'après *B*.

Non daté. Sans doute même époque que les précédents. Postérieur, en tout cas à 1118 (fondation de l'Ordre du Temple dont un chevalier est témoin).

D'après *E* et *G*.

Similiter ego Gelosa domina Gasnapiae, pro amore Dei et remedio etc. donavi decimam omnium etc. in manu P[etronillae] abbatissae. Hoc donum concessi ego Petrus de Gasnapia, Gauffridus frater meus, P[etrus] filius meus, Hersendis soror mea ; istis videntibus : Petro Ticione archidiacono, Henrico milite Templi, Andrea Carruello, Willelmo de Noallen, Raginaudo de Bello Loco, etc.[a)].

———

a) Willelmo de Noallen, Raginaudo de Bello Loco etc., *seulement dans E*.

678

[1118-1149]

Amiote [de La Garnache], *prenant l'habit religieux, donne aux moniales de La Lande-en-Beauchêne ses vignes de La Corbellière, une métairie, ce qu'elle possède dans les ports de Beauvoir et de Noirmoutier, sa « coutume » sur des salines et une autre saline ; ses deux fils, son petit-fils et sa bru concèdent ce don.*

A. Original perdu.

B. Gd. Cart. perdu (ex fol. XCVIII). – *E*. Angers, 101 H 225 bis, p. 75, n° 380 (avec des coupures), d'après *B*. – *F*. Gaignières, t. II, p. 27, n° 379 (avec coupures), d'après *B*. – *G*. Duchesne, t. XXII, fol. 414 v° (avec des coupures), d'après *B*.

a. *Clypeus*, t. II, p. 248 (incomplète, avec réf. : ch. : 379), d'après *B*.

INDIQUÉ : *C. T.L.*, pp. 548 et 573 avec réf. : ch. 379. – *L*. Lardier, *Thrésor de l'Abbaye de Fontevraud*, fol. 254 r°.

Non daté. Postérieur de peu aux précédentes.

D'après *E*, *F*, *G* et *a*.

Ego quoque Amiota, quando accepi habitum religionis, dedi supradictis monialibus[a)] proprias vineas meas[b)] de la Corbelleria[c)] et meiteriam meam de Chaul et illud quod habebam in portu de Bello Videre et de Nigro Monasterio[d)] et consuetudinem meam de salinarum[e)] Rucatae et filii sui et salinam Raginaudi de Malo Levreio quae mihi evenit[f)]. Hoc concesserunt filii mei Petrus atque Gaufridus[g)] et Petrus filius Petri et Gelosa uxor sua.

———

a) supradictis monialibus, *omis dans F*. – b) etc *dans E*. – c) de Jacor - belleria (sic) *dans a*. – d) *De* de la Corbelleria *à* Monasterio, *omis dans E et G*. – e) *De* et *à* salinarum, *omis dans F*. – f) *De* Rucatae *à* evenit, *omis dans F et a*. – g) Gauffridus *dans E*.

679

[1126-1129]

Acte concernant la donation de la moitié de l'aire du moulin du gué de Dole par Péan Bondoire à l'occasion de la prise d'habit de son épouse et de sa fille.

A. Original perdu.

B. Gd. Cart. perdu (ex fol. XCVIII). – *C. T.L.*, p. 551 (analyse rapide), d'après *B*. – *D*. *Ste Fam.*, t. III, p. 305-306 (id.), d'après *B*.

V. le n° suivant (don de l'autre moitié)
Passé sous l'abbatiat de Pétronille et en même temps ou peu après la charte suivante.

D'après *C*.

Molendinum in vado de Dolei dono Pagani Bondoreii, 380, 381.

D'après *D*.

L'autre moitié de la dite aire (= du moulin du gué de Dole) fut concédée par un certain Payen de Bodorre de Montcontour en considération de sa femme et de sa fille religieuses sous Pétronille abbesse.

680

[1126-1129]. - Mirebeau, maison de Robert Gautier.

Philippe, fils de Garnier de La Chaussée, donne aux moniales de Fontevraud l'autre moitié de l'aire destinée à édifier un moulin ; son frère qui concède ce don reçoit cinq sous de l'abbesse Pétronille et lui-même six livres.

A. Original perdu.

B. Gd. Cart. perdu (ex fol. XCVIII). – *D*. *Ste Fam.*, t. III, p. 305 (analyse avec réf. : ch. 389, fol. 98), d'après *B*. – *E*. Angers, 101 H 225 bis, p. 75, n° 381, d'après *B*. – *F*. Gaignières, t. II, p. 27, n° 381 (avec coupures), d'après *B*.

Indiqué : *C*. *T.L.*, pp. 551.

V. le n° précédent (don de l'autre moitié). Daté, notamment, du règne de Foulque (V), comte d'Anjou, et, par conséquent, antérieur au début de 1129 date à laquelle, au plus tard, Gerberge de L'Ile-Bouchard, présente à la donation, était devenue prieure de Lencloître-en-Gironde (v. le n° 719) alors qu'elle ne l'était pas encore en 1126 (v. le n° 316) et au temps du présent acte.

D'après *E* et *F*.

Ego quoque Phillippus filius Garnerii de Chauceia, pro animae meae et parentum etc.[a], dono Deo et[b] Beatae Mariae et supradictis monialibus alteram[c] medietatem supranominatae[d] areae ad faciendum molendinum, concedente Willelmo fratre meo cui P[etronilla] abbatissa dedit V solidos pro concessione ; mihi[e] vero dedit[f] VI libras de caritate. Hoc factum est apud Mirebellum in domo[g] Roberti Gauterii, in presentia Girburge de

---

a) *De* pro *à* etc, *seulement dans E*. – b) Deo et, *seulement dans E*. – c) *De* et *à* alteram, *seulement dans E*. – d) supranominatae, *seulement dans E*. – e) michi *dans F*. – f) dedit, *seulement dans F*. – g) *Ce mot suivi de* Gau *cancellé dans E*.

Insula monialis Fontis Ebraudi[h]. Testibus : Petro de Brisaico[i], Gano de Copos, Roberto Gauterii, Bernardo Nigro[j]. Acta carta[k] Lodovico Francorum rege, Fulcone Andegavensium comite, Guillelmo Pictavorum pontifice.

---

h) *De* impresentia *à* Ebraudi *seulement dans E.* – i) Bresaico *dans F.* – j) *De* gano *à* Nigro, *seulement dans E.* – k) carta, *seulement dans F.*

681

[1115 - 1124/1125]. - Fontevraud, chapelle de l'abbesse.

Aimeri Senglers, avec l'accord de son frère et de son épouse, vend aux moniales de Fontevraud, sous forme de donation mais en recevant soixante sous de l'abbesse Pétronille, quatre sous de cens à Montsoreau ; des tablettes servent d'intersigne.

A. Original perdu.

B. Gd. Cart. perdu (ex fol. XCVIII). – *D*. *Ste Fam.*, t. III, p. 130 (simple mention) et p. 317 (analyse avec réf. : ch.390). – *E*. Angers, 101 H 225 bis, p. 76, n° 382 (avec des coupures), d'après *B*. – *F*. Gaignières, t. II, p. 27, n° 379 (avec coupures), d'après *B*. – *L*. Lardier, *Thrésor de l'Abbaye de Fontevraud*, t. I, fol. 110 r° (courts extraits avec réf. : fol. 98, ch. 382) et fol. 307 r° (simple mention), d'après *B*.

INDIQUÉ : *C. T.L.*, pp. 542 et 543.

Passé sous l'abbatiat de Pétronille, donc après le 28 octobre 1115, et sous l'épiscopat de Renaud de Martigné, évêque d'Angers, donc avant 1124/1125.

D'après *E* et *F*.

Universis etc. quod[a] ego Aimericus Senglers, cum consilio et[b] assensu Hugonis fratris mei[c] et Audeardis uxoris meae, dono etc. et[d] Beatae Mariae Fontis Ebraudi[e] IV[f] solidos de censu apud Montem[g] Sorellum. P[etronilla] vero abbatissa Fontis Ebraudi dedit mihi[h] LX solidos de caritate. Hoc donum fecit Aimericus et Audeardis[i] in capella P[etronillae] abbatissae, ponentes super altare ecclesiae capellae quasdam tabulas scriptas pro intersigno[j]. Testes : Ogerius[k] de Sancto Martino, Aimericus de

---

a) *Le début seulement dans E.* – b) consilio et, *seulement dans E.* – c) sui *(sic) dans E.* – d) etc. et, *seulement dans E.* – e) Ebraudi, *seulement dans E.* – f) 4 *dans E.* – g) Motem *(sic), E.* – h) michi *dans F.* – i) fecit *à* Audeardis, *seulement dans F ; corr.* fecerunt. – j) *De* ponentes *à* intersigno, *seulement dans E.* – k) Otgerius *dans F.* – k) *Lecture difficile.* –

Ripa, Geraudus de Charofo medicus, Petrus de Melna, Gauterius Pedes Servi[l]. Acta carta[m] Lodovico Francorum rege[n], Fulcone comite Andegavorum, Raginaudo pontifice eorum.

---

l) *De* Giraudus *à* Servi, *seulement dans E.* – m) carta, *seulement dans F.* – n) rege Francorum *dans F.*

682

[1117/1118 - 1123 ou 1124-1129]. - Fontevraud.

Renaud du Carroir, avec l'accord de ses deux frères et de sa sœur, donne à la communauté de Fontevraud autant de terre auprès du moulin de Rocheteau qu'en avait donné là Eude du Carroir ; un livre symbolise le don.

A. Original perdu.

B. Gd. Cart. perdu (ex fol. XCVIII). – *E*. Angers, 101 H 225 bis, p. 76, n° 383 (avec des coupures), d'après *B*.

INDIQUÉ : *L.* Lardier, *Thrésor de l'Abbaye de Fontevraud*, t. I, fol. 403 r°.

V. les n°s 476 (autre version) 597 (don d'Eude du Carroir) et 683 (concession du présent don).

Passé à Fontevraud dans la chapelle de l'abbesse Pétronille. Daté du règne de Foulque V, comte d'Anjou, donc antérieur au début de 1129, et de l'épiscopat de Guillaume, évêque de Poitiers : s'il s'agit de Guillaume I Gilbert, la charte est à dater de fin 1117/début 1118-4 août 1123. S'il s'agit de Guillaume II Alleaume, elle a été promulguée entre le 1er juin 1124 (sacre de cet évêque) et le début de 1129 (départ définitif de Foulque V pour Jérusalem).

D'après *E*.

Litterarum etc., quod ego Rainaudus de Carroio, cum assensu Gauffredi, Goscelini et Rainaudi fratrum meorum et Adeardis sororis nostrae dono Deo etc. Fontis Ebraudi[a] tantumdem terrae juxta molendinum de Rochetello quantum eis dederat Odo de Carroio in eodem loco. Hoc donum factum cum quodam libro super altare capellae P[etronillae] abbatissae in presentia Augardis priorissae, Burchardi et Gauffredi Malmonii fratrum Fontis Ebraudi[b]. Acta Lodovico Francorum rege, Fulcone Andegavorum comite, Willelmo Pictavorum pontifice.

---

a) *Le texte porte seulement* Font. – b) Testes *cancellé après* Fontis Ebraudi.

683

[1117/1118 - 1123 ou 1124-1129]

Roland de Montrevault concède la donation précédente.

A. Original perdu.

B. Gd. Cart. perdu (ex fol. XCVIII). – *E.* Angers, 101 H 225 bis, p. 76, n° 384 (extraits), d'après *B.* – *F.* Gaignières, t. II, p. 27, n° 384 (extraits), d'après *B.*

INDIQUÉ : *C. T.L.*, pp. 551 et 573. – *L.* Lardier, *Thrésor de l'Abbaye de Fontevraud*, t. I, fol. 403 r°.

V. le n° précédent (donation de Renaud du Carroir).
Même datation que pour l'acte précédent.

D'après *E* et *F*.

Ego Rolandus[a)] de Monterevello[b)], pro animae meae etc.[c)], concedo Deo[d)], beatae Mariae [et][e)] ecclesiae Fontis Ebraudi[f)] donum Raginaudi de Carroio[g)] et[d)] fratrum ejus, molendinum et terram de Rochetello[h)]. Testibus : Arnaudo de Maipe, Normando, Januario, etc.[i)]. Acta carta[j)] Lodovico Francorum rege[k)], Fulcone Andegavorum comite[l)], Willelmo Pictavorum pontifice[m)].

---

a) Rollandus *dans F.* – b) Montevello *(sic) dans E.* – c) pro *à* etc., *seulement dans E.* – d) *Mot ajouté au-dessus de la ligne dans E.* – e) Deo, beatae Mariae *suivi de* etc. *seulement dans E.* – f) ecclesiae Fontis Ebraudi, *seulement dans F.* – g) Cairoio *dans F.* – h) *De* molendinum *à* Rochetello, *seulement dans F.* – i) Normando, Januario etc., *seulement dans E.* – j) carta, *seulement dans F.* – k) rege Francorum *dans F.* – l) comite Andegavorum *dans F.* – m) Guillelmo pontifice Pictavorum *dans F.*

684

[1115 - 1124-1125]. - Fontevraud.

Géraud Berlai donne à la communauté de Fontevraud, en présence de l'abbesse Pétronille, la dîme de ses moulins et de tous ses revenus de Saumur ainsi que celle de son blé et de son vin en Gâtine ; en même temps, Simon de Champchévrier donne la dîme de tous les revenus de sa terre.

A. Original perdu.

B. Gd. Cart. perdu (ex fol. XCIX). – *E.* Angers, 101 H 225 bis, p. 76, n° 385, d'après *B.* –

F. Gaignières, t. II, p. 27-28, n° 385 et pp. 393-394, d'après *B*. – *H*. Housseau, t. XII[1], fol. 165 r°, n° 5676 (seulement les noms des donateurs et témoins avec réf. : fol. 99), d'après *B*.

INDIQUÉ : *C. T.L.*, pp. 541, 546, 551, 556. – *D. Ste Fam.*, t. III, pp. 232 et 233, avec réf. : ch. 393.

Passé à Fontevraud sous l'abbatiat de Pétronille donc après le 28 octobre 1115 et daté, notamment, de l'épiscopat de Renaud de Martigné, évêque d'Angers, donc antérieur à 1124/1125.

D'après *E* et *F*.

Omne bonum[a)] in commune deductum pulcrius elucescit si plurimorum noticia comprobetur. Notum sit ergo de presentibus et futuris[b)] quod ego Geraldus Berlaii, pro animae meae meorumque salute, dono integre et quiete Deo et beatae Mariae et ecclesiae Fontis Ebraudi[c)] decimam molendinorum meorum et omnium reddituum[d)] quae apud Salmurum habeo, decimamque totius[e)] annonae et vini quae habeo in Gastina. Ego quoque[f)] Simon de Campo Caprario dono supradictae ecclesiae decimam cunctorum reddituum totius[e)] terrae meae. Horum donorum sunt testes Willelmus filius Gauterii de Monte Sorello, Petrus Girorii[g)], Radulfus Malum Minat, Gislebertus Rufus, Gastinellus de Tuilleio, Orgerius[h)] de Sancto Martino, Guillelmus de Resto, Herveus Gue[i)], Bassetus de Monte Sorello[j)], Guido medicus comitis Andegavorum. Acta carta[k)] Fontis Ebraudi in presentia P[etronillae] abbatissae et Grisciae de Monte Sorello, Lodovico Francorum rege, Fulcone Andegavorum comite, Raginaudo Andegavis pontifice.

---

a) etc. *dans E*. – b) *De* in commune *à* futuris, *seulement dans F*. – c) Ebraudi *omis dans E*. – d) *Ces trois derniers mots ajoutés au-dessus de la ligne dans E*. – e) tocius *dans F*. – f) *Ce mot seulement dans F*. – g) Girozii *dans F*. – h) Otgerius *dans F*. – i) Gue *remplacé par trois points dans F*. – j) Monsterello *(sic) dans E*. – k) carta *seulement dans F*.

685

[1117/1118-1123 ou 1124-1126 ou 1126-1137]

Frexende de Poitiers, avec l'accord de son fils, donne [à la communauté de Fontevraud] *trois « œuvres » de vigne, une maison et une « roche ».*

A. Original perdu.
B. Gd. Cart. perdu (ex fol. XCIX). – *E*. Angers, 101 H 225 bis, p. 76, n° 386 (avec des coupures), d'après *B*.
INDIQUÉ : *C. T.L.*, p. 579.

Daté des règnes de Louis VI roi de France, de Guillaume duc d'Aquitaine et de Guillaume évêque de Poitiers. Passé entre fin 1117/début 1118 et le 4 août 1123 s'il s'agit du duc Guillaume IX et de l'évêque Guillaume II Alleaume ; entre 1126 et le 9 avril 1137 s'il s'agit du duc Guillaume X et de ce dernier évêque.

D'après *E*.

Quisquis etc. Ego Frexendis de Pictavi dono etc. tres operas vinearum et domum et rocham etc. quae sunt ad Ulmum a unde, concedente Petro filio meo, etc. Testes : Joanes Dolobelli, Drogo de Nozilleio. Acta Lodovico Francorum rege, Willelmo Aquitanorum duce, Willelmo Pictavorum pontifice.

686

[1117/1118-1123 ou 1124-1126 ou 1126-1137]. - Moncontour.

Péan Morin, avec l'accord de ses deux frères, de son épouse et de ses enfants, confirme à la communauté de Fontevraud, entre les mains de deux religieux de l'Ordre, la donation, par lui faite, de la terre de Valette et déclare celle-ci libre de toute obligation envers Pierre Aimar de Bressuire.

A. Original perdu.
B. Gd. Cart. perdu (ex fol. XCIX). – *E*. Angers, 101 H 225 bis, p. 76, n°s 387, 388 (avec des coupures), d'après *B*.
INDIQUÉ : *C. T.L.*, p. 577. – *L*. Lardier, *Thrésor de l'Abbaye de Fontevraud*, fol. 485 r° (= Rubrique *Valette*. Renvoi au n° 387).

V. l'acte suivant.

D'après *E*.

Posterorum etc., quod ego Paganus Morini, cum assensu fratrum meorum Gastinelli atque Willelmi et uxoris meae et filii et filiae, concedo ecclesiae Fontis [Ebraudi][a] terram de Valletis quam ei ego donavi etc.,

a) Ebraudi, *omis E*.

et faciam eam immunem et liberam a Petro Amaro de Bercerio etc. Testes : Stephanus de Andrezaico, Amerinus Grimaudi, Aimericus Huardi, Ulricus filius Rainaudi Lamberti de Athaico. Hoc factum apud Moncontorium in manu Bertrandi de Moncontorio et Judicael fratrum Fontis Ebraudi, Lodovico rege Francorum, Willelmo duce Aqu[i]tanorum, Willelmo pontifice Pictavorum.

687

[1117/1118-1123 ou 1124-1126 ou 1126-1137]

Charte portant sur le même sujet que la précédente et issue du même donateur.

A. Original perdu.

B. Gd. Cart. perdu (ex fol. XCIX).

INDIQUÉ : *C*. *T.L.*, p. 577. – *L*. Lardier, *Thrésor de l'Abbaye de Fontevraud*, t. I, fol. 485 r° (= Rubrique *Valette*. Renvoi au n° 388).

Probablement de la même époque que l'acte précédent.

D'après *C*.

Valette. Paganus Morini dat terram de Valetis, 387, 388.

688

[1155]

Notice relatant que Bouchard Guichet, avec l'accord de son épouse, de ses deux fils et de sa fille, a donné [à la communauté de Fontevraud] *deux sous de cens à Varenne ; Geoffroi Gilbert, seigneur du fief, ainsi que plusieurs autres personnes ont concédé ce don.*

A. Original perdu.

B. Gd. Cart. perdu (ex fol. XCIX). – *C*. *T.L.*, p. 577 (analyse rapide avec réf. au n° 389), d'après *B*. – *E*. Angers, 101 H 225 bis, p. 76-77, n° 389 (avec des coupures), d'après *B*.

INDIQUÉ : *D*. *Ste Fam.*, t. III, p. 351, avec réf. : ch. 397. – *H*. Housseau, t. XII^1, fol. 165 r°, n° 5677, avec réf. au fol. 99, d'après *B*. – *L*. Lardier, *Thrésor de l'Abbaye de Fontevraud*, t. I, fol. 492 v°, d'après *B*.

Acte dit passé l'année de l'élection abbatiale d'Audeburge de Hautes-Bruyères, troisième abbesse, donc en 1155, après le 21 mai, date de la mort de la seconde abbesse Mathilde d'Anjou.

D'après *E*.

Cum vita mortalium etc., in ipso anno electionis domnae Audeburgis tertiae abbatissae Fontis [Ebraudi][a], Ada vero cellerii curam agente, Bocardus cognomento Guichet, consensu Bozillae uxoris suae et filiorum suorum Bochardi videlicet et Guillelmi et Aremburgis filiae suae etc. Concessit Gauffridus Gisleberti de cujus feodo erat ; similiter Willelmus de Sancto Martino, Paganus Sancti Martini, Ogerius de Sancto Martino etc.

---

a) Ebraudi, *omis E*.

D'après *C*.

Varenne. Bocardus Guichet dat duos solidos de censu apud Varenam, 389.

D'après *H*.

Dans un titre daté de l'élection d'Audeburge abbesse de Fontevraud on connoit Andreas de Ciconia, Garnerius de Ciconia.

689

[1149, après le 24 avril-1155]. - Chinon, puis Fontevraud.

Notice relatant que Giffard, fils de Geoffroi Giffard, a, d'abord par devant Guillaume de Montsoreau et Ada, cellérière de Fontevraud, puis en présence et entre les mains de l'abbesse Mathilde, renoncé à ses prétentions sur la terre de Chouzé et qu'il a reçu cent vingt sous en charité ; son épouse et ses deux fils ont concédé ce renoncement.

A. Original perdu.

B. Gd. Cart. perdu (ex fol. XCIX). – *E*. Angers, 101 H 225 bis, p. 77, n° 390 (avec des coupures), d'après *B*.

INDIQUÉ : *C*. *T.L.*, p. 539. – *L*. Lardier, *Thrésor de l'Abbaye de Fontevraud*, fol. 123 v°.

Passé sous l'abbatiat de Mathilde I d'Anjou (après le 24 avril 1149 - 21 mai 1155).

D'après *E*.

Nemo etc., quod sicut pro terra de Choziaco quam Giffardus filius Gauffridus[a] Giffardi calumniaverat pax et concordia apud Chinonem ante domnum Guillelmum de Monte Sorello et dominam Adam Fontis [Ebraudi][b] cellerariam[c], etc., quae postea apud Fontem Ebraudi[d] in presentia et manu domnae Matildis abbatissae firmata fuit et totum quod Giffardus in hac terra calumniaverat, voluntate et concessione Ninae uxoris suae et filiorum Petri et Gauffredi, accepta CXX solidorum caritate. Testes : Vuillelmus de Monte Sorello, Aimericus Merula, etc.

a) *Sic pour* Gauffridi. – b) Ebraudi, *omis E*. – c) Fontis *répété par erreur après ce mot*. – d) etc *cancellé après ce mot*.

690

[Deuxième quart du XIIe siècle]

Acte concernant le don de la dixième gerbe de son domaine par Jean le Comte.

A. Original perdu.

B. Gd. Cart. perdu (ex fol. XCIX). – *C*. *T.L.*, p. 541 (analyse rapide), d'après *B*.

Date inconnue. Sans doute deuxième quart du XIIe siècle.

D'après *C*.

Decima. Joannes Consul dat decimam gerbam de suo dominio, 391.

691

[Seconde moitié du XIIe siècle]

Acte concernant le don, par Ripaud d'Airvault, des dîmes de la terre de Lorgeboisseau, de La Taconnière et de Montbertin.

A. Original perdu.

B. Gd. Cart. perdu (ex fol. C).

INDIQUÉ : *C. T.L.*, p. 540, 549, 553.

V. les n°s 629 (même objet sinon semblable) et 348 (contestation ultérieure). Probablement seconde moitié du XIIe siècle.

D'après *C* (p. 540).

Decima terrae de Longoboisse, 330, 392, 393.

D'après *C* (p. 549).

Longeboissa decima à La Taconnière, 330, 392, 393, 458.

D'après *C* (p. 553).

Monsbertin. Rispaudus de Orivalle dat decimam Montis Bertin, 330, 392.

692

[Seconde moitié du XIIe siècle]

Acte concernant les dîmes de la terre de Lorgeboisseau et de La Taconnière.

A. Original perdu.

B. Gd. Cart. perdu (ex fol. C).

INDIQUÉ : *C. T.L.*, p. 540 et 549.

Probablement même époque que le précédent.

D'après *C* (p. 540).

Decima terrae de Longoboisse, 330, 392, 393.

D'après *C* (p. 549).

Longeboissa decima à La Taconnière, 330, 392, 393, 458.

693

[Deuxième quart du XIIe siècle]

Acte concernant le renoncement, par Guillaume Le Bœuf, à son droit de nourriture et d'hébergement sur la terre de La Taconnière.

A. Original perdu.

B. Gd. Cart. perdu (ex fol. C). – *C*. *T.L.*, p. 575 (analyse rapide), d'après *B*. – *L*. Lardier, *Thrésor de l'Abbaye de Fontevraud*, t. I, fol. 467 r° (analyse rapide), d'après *B*.

Probablement deuxième quart du XIIe siècle.

D'après *C* et *L*.

Taconnière. Guillelmus Li Bos dimittit prandium hospitalitium terrae de Taconeria, 394.

694

[1144]

Notice relatant que Pierre, fils de Drogon a donné à la communauté de Fontevraud, entre les mains de l'abbesse Pétronille, deux manses de terre à La Taconnière et le hauban de Lorgeboisseau ; dix personnes dont son épouse, ses quatre fils et son frère ont concédé ce don.

A. Original perdu.

B. Gd. Cart. perdu (ex fol. C). – *C*. *T.L.*, p. 575 (analyse rapide), d'après *B*. – *D*. *Ste Fam.*, t. III, p. 535, avec réf. : fol. 100 (avec des coupures), d'après *B*. – *E*. Angers, 101 H 225 bis, p. 77, n° 395 (avec des coupures), d'après *B*. – *L*. Lardier, *Thrésor de l'Abbaye de Fontevraud*, t. I, fol. 467 r° (analyse rapide), d'après *B*.

V. le n° 379 (donation de sa veuve).
Sans doute même date (1144) que le suivant (n° 695), les témoins étant les mêmes.

D'après *D* et *E*.

Successoribus nostris etc., quod Petrus filius Drogonis ecclesiae Fontis Ebraudi masuram quamdam terrae ad Raconariam sitam etc., dedit pro salute animae suae et antecessorum suorum et pro anima Rollandi filii sui, etc. Hoc concessit Torcada uxor ejus et Rabasteus, Drogo, Guillelmus de Rupe, Simon et[a] 4 filii[b] eorum et Paganus de Rupe frater ejusdem Petri. Testes : Petrus de Folgere, Paganus de Calliga Roga, Oliverius de Vernaio[c], Villens de Nuzilly, Gaufredus nepos ejus[d], Gauffridus Ranulfus[e] de Parteniaco etc., Arnaudus et Popinot famuli domnae Petronillae[f] abbatissae. Datum in manu dilectae domnae Petronillae Dei gratia venerabilis abbatissae.

---

a) *Ce* et *sans doute ajouté par erreur.* – b) ejus *cancellé après ce mot dans E.* – c) Vernayo *dans D* ; Vernaio *écrit au-dessus de la ligne pour remplacer* de Vernaico *cancellé dans E.* – d) *De* Villeus *à* ejus *omis dans D.* – e) Ranulphus *dans D.* – f) *Abrégé en* P. *dans E.*

D'après *D* et *L.*

Taconnière. Petrus Drogo dat duas mansuras terrae et harbanum de Longeboissel, 395.

695

1144

Notice relatant que, lors de l'entrée en religion de son fils à Fontevraud, Briant de Billy a donné, entre les mains de l'abbesse Pétronille, tout ce qu'il avait dans le fief de Billy, y compris le chef-fief, et obtenu qu'à sa mort son corps soit transporté à l'abbaye ; son épouse et ses trois fils ont concédé ce don en recevant des compensations.

A. Original perdu.

B. Gd. Cart. perdu (ex fol. C). – *D. Ste Fam.*, t. III, p. 185 (simple mention avec réf. : ch. 404, fol. 100) et p. 269 (analyse avec réf. : ch. 404, fol. 100), d'après *B.* – *E.* Angers, 101 H 225 bis, p. 77-78, n° 396 (avec des coupures), d'après *B.* – *F.* Gaignières, t. II, p. 28 (avec des coupures), d'après *B.* – *G.* Duchesne, t. XXII, fol. 415 r° (avec des coupures), d'après *B.*

a. Clypeus, t. II, p. 331 et t. III, p. 71 (simple mention), d'après *B.* – *d.* Pavillon, p. 611, preuve n° 186 (court extrait), d'après *B.*

INDIQUÉ : *C. T.L.*, p. 534, 550, 555. – *L.* Lardier, *Thrésor de l'Abbaye de Fontevraud*, t. I, fol. 78 v°.

V. le n° 698 (autre version).

D'après *E, F, G* et *a*.

Veritatem posteris[a)] scripto[b)] reliquendam[c)] annotamus quod[d)] Briencius[e)] de Billy[f)], quando filium suum Gauffridum[g)] religioni quae in ecclesia sanctae Mariae de Fonte Ebraudi[h)] observatur obtulit in manu dilectae dominae Petronillae ejusdem loci Dei gracia[i)] primae venerabilis abbatissae, dedit cum illo totum integre quodcumque in feodo de Billi[j)] de suo proprio jure habebat et caput casamenti sui quod ibidem possidebat, libere et quiete deinceps firmiter tenendum. Quod in perpetuum deffendere et se haeredesque suos praefatae eclesiae tutores contra omnem adversarium esse libera voce protestatus est[k)]. Ipsoque petente jamdicta abbatissa corpus ejus[l)] deffunctum[m)] ad monasterium Fontis Ebraudi[n)] concessit deferri[o)]. Concessit hoc Maria uxor ejus, recipiens inde 12 nummos, Aimericus, Guillelmus filii eorum et Gauffridus[p)] cum quo hoc donum[q)] factum est[r)], qui singuli sex nummos acceperunt[s)]. Donum Brientii audierunt[t)] Petrus filius Drogonis, Rabasteus filius ejus, Paganus de Rupe, frater ejusdem Petri[u)], Petrus de Folgere[v)], Paganus de Caliga Roja[w)], Oliverius de Vernaio, Vallens Nuzilli[x)], Gauffridus nepos ejus[y)], Gauffridus Ranulfus[z)] de Partenaico[aa)], Rainaldus David[bb)], Joannes[cc)] de Coci[dd)], Arnaudus et Popinot famuli domnae abbatissae Petronillae[ee)], Rainaldus de Coci[ff)] sacerdos[gg)], Bertrandus, Nicolaus fratres eclesiae Fontis Ebraudi[hh)]. Concessioni praedictae uxoris et filiorum interfuerunt isti : Raginaudus sacerdos de Beceloco[ii)], Radulfus Malus Clavellus, Adelaidis uxor ejus[jj)], Willelmus Giraudi, Garnaudus de Chambrun, Petrus de Grez[kk)], Guillelmus de Mauritania, Bernardus de Podio

---

a) Veritatem posteris, *omis dans F et a*. – b) scripto *omis dans F*. – c) Relinquendam *omis dans F et a*. – d) annotamus quod *omis dans F*. – e) Brientius *dans F et a*. – f) Billi *dans F*. – g) Gaufridum *dans F et a*. – h) Ebraudi *omis dans E et G*. – i) Dei gracia *omis dans a*. – j) Billy *dans a*. – k) *De* et caput *à* protestatus est, *seulement dans a*. – l) ejus *omis dans a*. – m) defunctum *dans G et a*. – n) Ebraldi *dans a*. – o) *De* Ipsoque *à* deferri *omis dans F*. – p) Gaufridus *dans F et G*. – q) donum hoc *dans F*. – r) *De* recipiens *à* est, *omis dans a*. – s) *De* qui *à* acceperunt, *omis dans G et a*. – t) audierunt *seulement dans F, remplacé par* testes *dans E et G, par* testes sunt *dans a*. – u) frater ejusdem Petri, *omis dans a*. – v) Petrus de Folgere, *omis dans G*. – w) Paganus de Caliga Roja, *omis dans a*. – x) Vilens Nuzilly *dans a, le nom omis dans F et G*. – y) Gaufridus nepos ejus, *seulement dans E*. – z) Gaufridus Ranulphus *dans a*. – aa) *De* Gauffridus *à* Partenaico, *omis dans F et G*. – bb) Rainaldus David, *omis dans F et a*. – cc) Joanes *dans E*, Johannes *dans F*. – dd) Joannes de Coci, *omis dans G*. – ee) *De* Arnaudus *à* Petronillae, *seulement dans a*. – ff) Rainaldi de Coci, *omis dans F et G*. – gg) sacerdos etc. *seulement dans E*. – hh) *De* Bertrandus *à* Ebraudi, *seulement dans a*. – ii) *De* concessioni *à* Beceloco, *seulement dans E et a*. – jj) *De* Radulfus à ejus, *omis dans F et a*. – kk) *De* Willelmus Giraudi *à* Grez, *seulement dans E*.

Canino[ll], Joanes decimarius. Signum Briencii. Signum Mariae uxoris ejus. Signum Aimerici. Signum Guillelmi. Signum Gauffredi filiorum ejus[mm]. Acta carta anno Incarnati Verbi MCXLIIII, Sanctae Romanae Ecclesiae praesidente Innocentio papa secundo, Pictavis Gisleberto episcopo, regnante Francorum rege Lodovico[nn] Juniore, Andegavorum comite Gauffrido[oo] filio Fulconis regis Hierosolymorum florente feliciter.

---

ll) *De* Guillelmus *à* Canino, *omis dans F*. – mm) *De* Joannes *à* filiorum ejus, *seulement dans E*. – nn) Ludovico *dans G et a*. – oo) Gaufrido *dans F, G, a*.

696

[1144]

Notice relatant que Raoul de Billy a donné à la communauté de Fontevraud ce qu'il avait du fief de Billy aux Châteliers ; son épouse, son fils et son petit-fils ont concédé ce don.

A. Original perdu.

B. Gd. Cart. perdu (ex fol. CI). – *C*. *T.L.*, pp. 534, 537, 550 (analyses rapides), d'après *B*. – *D*. *Ste Fam.*, t. III, p. 269 (analyse), d'après *B*. – *E*. Angers, 101 H 225 bis, p. 78, n° 397 (la fin manque), d'après *B*. – *F*. Gaignières, t. II, p. 28, n° 397 (extraits), d'après *B*. – *G*. Duchesne, t. XXII, fol. 415 r° (incomplète), d'après *B*.

INDIQUÉ : *L*. Lardier, *Thrésor de l'Abbaye de Fontevraud*, t. I, fol. 78 v°.

Passé sous l'abbatiat de Pétronille de Chemillé (28 octobre 1125 - 24 avril 1149), probablement en même temps (1144) que l'acte précédent, à en juger par les témoins.
V. le n° 698 (autre version).

D'après *E, F* et *G*.

Scripturae auctoritate etc., mandamus quod[a] Radulfus de Billi[b] dedit ecclesiae Fontis Ebraudi[c] totum sui juris quod ad Castellers de feodo de Billi[b] habebat sive clamabat in[d] tempore dilectae[e] dominae Petronillae ejusdem ecclesiae[f] primae abbatissae. Et hoc concessit Hersindis uxor ejus et Paganus filius eorum et Radulfus filius Pagani. Testes : Petrus

---

a) *Le début seulement dans E*. – b) Billy *dans G*. – c) Ebraudi, *omis dans E*. – d) sive clamabat in, *omis dans F*. – e) dilectae, *omis dans F*. – f) ejusdem ecclesiae, *omis dans F*.

filius Drogonis, Rabasteus filius ejus, Paganus de Rupe patruus ejus, Paganus de Caliga Roya, Oliverius de Vernoio[f], Brientius de Billy[g] de cujus feodo est, etc.[h]

---

f) *De* Petrus *à* de Vernoio, *omis dans F*. – g) Billi *dans F*. – h) etc. *seulement dans E*.

697

[1115-1129]. - Parthenay.

Notice relatant que Pierre de Billy a vendu sous forme de donation à la communauté de Fontevraud, entre les mains de la prieure Augarde, ce qu'il avait dans le fief de Billy et qu'il a reçu dix livres en échange, avec le droit de faire admettre, quand il le voudra, l'une de ses filles parmi les moniales ; ses deux frères et son oncle ont concédé ce don ; son épouse, ses deux filles et son fils ont fait de même de leur côté.

A. Original perdu.

B. Gd. Cart. perdu (ex fol. CI). – *D*. *Ste Fam*., t. III, p. 534 (avec des coupures et avec réf. : fol. 101), d'après *B*. – *E*. Angers, 101 H 225 bis, p. 78, n° 398 (avec des coupures), d'après *B*. – *F*. Gaignières, t. II, p. 28 (avec des coupures), d'après *B*. – *G*. Duchesne, t. XXII, fol. 415 r° (avec des coupures), d'après *B*.

INDIQUÉ : *C. T.L*., p. 534, 537, 550. – *L*. Lardier, *Thrésor de l'Abbaye de Fontevraud*, t. I, fol. 78 v°.

Donation de Pierre effectuée en la cour de Guillaume de Parthenay. Non datée, passée sous le priorat d'Augarde (après le 28 octobre 1115 - 16 mai 1129).

D'après *D*, *E*, *F* et *G*.

Notitia etc., quod[a] Petrus de Billi dedit Deo et beatae Mariae[b] et ecclesiae Fontis Ebraudi[c] quidquid[d] habebat in feodo de Billi[e]. Hoc concessit Arpinus frater ejus et[f] Raginaudus Travaillart[g] frater ejus et[f] Aimericus de Levex patruus eorum. Petrus vero de Billi habuit inde X libras caritatis, tali pacto ut, si filiam suam in praedicto monasterio sanc-

---

a) *Le début omis dans F et G*. – b) Deo et beatae Mariae, *omis dans F*. – c) ecclesiae Fontis Ebraudi, *seulement dans F ; etc. E*. – d) quicquid *dans E, F et G*. – e) Bille *dans F*, Billy *dans G*. – f) et *seulement dans F ; etc. E*. – g) Raginaudus de Travaillart *dans D*. –

timonialem[g']) facere voluerit, recipiatur. Hoc factum est in curia Guillelmi de Parthenaico[h)] et Theophaniae[i)] uxoris ejus. Testibus istis : Calo archidiaconus Toarcensium, Raginaudus de Tredecim Ventis[j)], Gauffridus Panet, Eraudus de Moil, Joanes Vasal, Aleelmus Vasal, Boterius, Laurentius Rufus, Subdanus Ingerius[k)], Boso de Castro Eraudi[l)], Petrus Chabot. Donum istud factum est in manu dominae Augardis priorissae Fontis Ebraudi, etc.[m)] Hoc idem concessit Petronilla uxor Petri de Billi[n)], Petronilla et Milesendis[o)] filiae ejus et Aimericus filius. De hac concessione testes : Johanes de Rosi, Joanes armiger ejus, Audebertus filius Aimerici Constantini, etc.[p)]

---

g') santimonialem *dans E.* – h) Partheniaco *dans F et G.* – i) Stephaniae *dans G.* – j) *De* istis *à* Ventis, *omis dans F.* – k) *De* Gauffridus *à* Ingerius, *seulement dans E.* – l) Erraudi *dans F.* – m) etc. *seulement dans E.* – n) Billa *dans D,* Bille *dans F,* Billy *dans G.* – o) Millesendis *dans E.* – p) *De* De hac *à la fin, seulement dans E.*

698

[1144]

Notice relatant qu'en donnant l'un de ses fils à la communauté de Fontevraud Briant [de Billy] *a donné ce qu'il avait dans le fief de Billy, que son épouse et ses deux autres fils ont concédé ce don et qu'ils ont reçu deux porcs à titre de* « caritas ».

A. Original perdu.

B. Gd. Cart. perdu (ex fol. CI). – *E.* Angers, 101 H 225 bis, p. 78, n° 399 (avec des coupures), d'après *B.*

INDIQUÉ : *C. T.L.*, pp. 534, 537, 550. – *L.* Lardier, *Thrésor de l'Abbaye de Fontevraud*, t. I, fol. 78 v°.

V. le n° 695 (autre version).
Même date (1144) que le n° 695.

D'après *E.*

Date elemosinam, etc.[1)] Hoc preceptum dominicum audiens, Briencius pro fratre suo Raginaudo et pro salute animae suae et antecessorum dedit

---

1) Luc, XI, 41.

Deo et ecclesiae Fontis [Ebraudi][a] quicquid habebat in feodo de Billi et cum hoc obtulit etiam filium suum Gaufridum supradictae ecclesiae. Hoc concessit Maria uxor Briencii, Aimericus et Willelmus filii ejus. Testes : Willelmus de Mauritania, Bernardus de Monte Canino, etc. Facto autem hoc dono, habuit Briencius et Maria uxor ejus et filii de caritate duos porcos. Signum Briencii. Signum Mariae. Signum Aimerici. Signum Willelmi. Signum Gauffridi.

---

a) Ebraudi *omis E.*

699

[1148-1155]

Notice relatant que Renaud Robelin, après avoir reçu la visite, longtemps désirée, de sa sœur, moniale de Fontevraud, a renoncé, entre les mains de Bernard, évêque de Nantes et en présence du comte Hoël, à ses prétentions sur une maison de Nantes donnée aux Fontevristes par son père lors de l'entrée de cette sœur en religion.

A. Original perdu.

B. Gd. Cart. perdu (ex fol. CI). – *E.* Angers, 101 H 225 bis, p. 79, n° 400 (la fin manque), d'après *B.* – *G.* Duchesne, t. XXII, fol. 404 v° (Id.), d'après *B.*

INDIQUÉ : *C. T.L.*, pp. 541 et 554. – *D. Ste Fam.*, t. III, p.196 (avec réf. : fol. 101). – *L.* Lardier, *Thrésor de l'Abbaye de Fontevraud*, t.. I, fol. 325 r°.

Passé entre 1148 et 1155 alors que Hoël disputait la succession de Bretagne à son beau-frère Eon de Porhoet.

D'après *E* et *G.*

In nomine Sanctae et Individuae Trinitatis[a], etc., quod Raginaudus Robelinus domum illam quam pater ejus apud Nannetensem urbem cum sorore sua ecclesiae Fontis Ebraudi dederat falso deceptus errore calumniavit. Sed, postquam soror sua quamdiu[b] videre desideraverat ei adducta fuit, corde compunctus quod injuste diu calumniaverat, visa sorore sua, in manu domini Bernardi, venerabilis Nannetensis episcopi, et in presentia domini Guohelis illustris[c] comitis, libere et absolute concessit. Testes : Raginaudus ipse et Fulco frater ejus, etc.[d]

---

a) Trinitatis, *omis E.* – b) desi, *cancellé E.* – c) illustri, *dans E.* – d) *seulement dans E.*

700

[Deuxième quart du XIIe siècle (?)]

Acte concernant la donation par Aubert Barbusta, *du manse de Vibrac et de prés voisins de la Charente.*

A. Original perdu.

B. Gd. Cart. perdu (ex fol. CI). – *C. T.L.*, p. 557 *(Prata)* et 578 (*Vibrac*, analyse rapide), d'après *B.*

D'après *C.*

Audebertus Barbusta dat masum de Vibrac et prata juxta Caranta, 401.

701

1122. - Bragerac.

Entre les mains de l'abbesse Pétronille et avec l'accord d'Amelius, évêque de Toulouse, Aimeri, prieur de Bragerac, et sa communauté de frères se donnent à l'Ordre de Fontevraud avec tous les biens de leur église et remettent à l'abbesse le chartrier de celle-ci ; ils souscrivent la charte et, en guise de sceau, font des nœuds à la lanière appendue à l'acte.

A. Original perdu.

B. Gd. Cart. perdu (ex fol. CII). – *D. Ste Fam.*, t. III, p. 199 (simple mention) et p. 251-252 (analyse avec réf. : ch. 410, fol. 102), d'après *B.* – *F.* Gaignières, t. II, p. 29, n° 402 (avec des coupures), d'après *B.*

a. Clypeus, t. I, p. 27 (extrait), t. II, p. 62-63 (incomplète), t. III, p. 44-45 (extrait), d'après *B.* – *b.* Cosnier, p. 179-181 (avec réf. : ch. 410, fol. 102a), d'après *B.* – *c.* Nicquet, pp. 262-264 (incomplète), d'après *B.* – *d.* Pavillon, p. 621, preuve n° 231 (incomplète), d'après *B.* – *e.* Chasteigner, p. 151 (*sic* pour 159) (le début seulement avec réf. : ch.410, fol. 102), d'après *B.* – *f. Gallia Christiana*, t. XIII, *Instrumenta*, col. 16, n° XVIII (incomplète), d'après *B.*

INDIQUÉ : *C. T.L.*, p. 535.

V. les nos 616 à 627 (chartes de Bragerac).
Passé en l'église Sainte-Marie de Bragerac.

D'après *F, a*, t. II (p. 62-63) et *b*.

Ego Aimericus, ecclesiae beatae Mariae de Bragerac humilis prior, et fratres a Deo nobis[a] commissi praesentibus et futuris[b] notum fieri volumus quod ecclesiam sanctae Dei genitricis Mariae quae in loco qui Bragerac[c'] dicitur sita est, pari voto et communi omnium[c] fratrum nostrorum[d] et[c] tocius[e] capituli nostri assensu, cum omnibus[f] pertinentiis suis, mobilibus et immobilibus, quaesitis et acquirendis[g], ecclesiae beatae Mariae de Font Ebraut et sanctimonialibus quae ibidem Domino Deo deserviunt quiete et pacifice perpetuo possidendam[h] dedimus et concessimus. Hoc autem[i] donum ego Aimericus prior, unus pro omnibus[j] in ecclesia nostra feci, in manu Petronillae venerabilis Fontis E[braldi][i] abbatissae, assensu et concessione domni[k] Amelii venerabilis Tolosanae Ecclesiae episcopi in cujus diocesi[l] ecclesia sanctae Mariae de Bragerac[c'] sita est. Praeterea, ego Aimericus prior[m] et alii[n] fratres nostri nosmetipsos[o], consilio Sancti Spiritus et praedicti nostri episcopi[p], sub obedientia praefatae abbatissae[q] et aliarum sibi succedentium in sancta religione Deo[r] et sanctimonialibus[s] ecclesiae[t] Fontis Ebraudi, ex arbitrio abbatissae perpetuo servituros promisimus. Et ut nostri successores hoc idem teneant firmiter[u] et inconcusse[v], stabili decreto sancimus. Statutum est etiam ut nulli umquam hominum liceat hanc nostram infringere donationem aut modis aliquibus perturbare, quod si quis praesumpserit, nisi ammonitus semel, et secundo digna satisfactione resipuerit, a liminibus Sanctae Dei Ecclesiae arceatur et a Sacratissimo corpore et sanguine Domini Nostri IESV CHRISTI alienus fiat. Et ut hoc nostrum donum certius in futurum permaneat, propriis subscriptionibus illud roboravimus et, loco sigilli, corrigiae quae in praesenti charta pendet nodum fecimus[w]. Huic nostrae donationi interfuerunt fratres nostri Arnaudus de Petragoris, Petrus de Salis[x], Bernardus Raimundi, Giraldus de Groler, Gautinuandus, Bernardus de Podio[y] et omnes alii[z]. Interfuerunt etiam[aa] Willelmus Lecturiensis episcopus, Beatrix vicecomitissa de Lomagnia, Arnaudus

---

a) nobis a Deo *dans a et b*. – b) praesentibus et futuris, *omis dans F*. – c) *Le mot omis dans b*. – c') Braierac, *b*. – d) fratrum nostrorum omnium *dans a*. – e) totius *dans a et b*. – f) omnibus, *omis dans F*. – g) *De* mobilibus *à* acquirendis, *omis dans F*. – h) *De* et sanctimonialibus *à* possidendam, *omis dans F*. – i) *Omis dans F*. – j) unus pro omnibus, *omis dans F*. – k) donni *dans F*. – l) dioecesi *dans a*, ditione *dans b*. – m) Aimericus prior, *omis dans F*. – n) alii, *omis dans F*. – o) nosmetipsos, *omis dans b*. – p) *De* consilio *à* episcopi, *omis dans F*. – q) *Ajouté au-dessus de la ligne dans F*. – r) *De* et aliarum *à* Deo, *omis dans F*. – s) et sanctimonialibus *ajouté au-dessus de la ligne dans F*. – t) ecclesiae *omis dans F*. – u) firmum *dans b*. – v) inconcussum *dans b*, et inconcusse, *omis dans F*. – w) *De* statutum *à* fecimus *seulement dans b*. – x) *De* Huic *à* Salis *omis dans F*. – y) *De* Bernardus *à* Podio, *seulement dans b*. – z) et omnes alii, *omis dans F*. – aa) etiam, *omis dans F*.

Arramundi de Boirel, Ugo de Messones[bb] et alii plures[cc]. Ex parte abbatissae adfuerunt[cc'] Fulco de Coce[dd], Sainfredus de Lineriis, Raginaudus de Meduana, Joscelinus de Tucio prior, presbiteri[ee], et Gaufridus de Cleia[ff]. De sanctimonialibus adfuerunt[gg] Richildis de Meduana, Haoisa[hh]. Praeterea, memoriae tam praesentium quam futurorum tradere curavimus quod omnes chartas in quibus dona nobis et ecclesiae nostrae facta continebantur praedictae abbatissae reddidimus. Ego Aimericus prior de Braierac propria manu subscripsi et in corrigia quę in charta dependet nodum feci. Signum Aimerici prioris. Ego Bernardus Raimundi propria manu mea praesenti chartę signum crucis impressi et nodum in corrigia quae in charta de + pendet feci. Ego Willelmus de Scannis propria manu mea praesenti chartę signum crucis impressi et nodum in corrigia quae in charta de + pendet feci. Ego Girardus de Groler propria manu mea praesenti chartae signum crucis impressi et nodum in corrigia quę in charta de + pendet feci[ii]. Actum est hoc[jj] in ecclesia Sanctae Mariae de Bragerac[kk], anno ab Incarnatione Domini MCXXII, Calixto[ll] papa Romanam Ecclesiam gubernante, Amelio episcopo Tolosanae[mm] Ecclesiae praesidente, Ludovico[nn] Francorum rege regnante, Willelmo duce Aquitanorum, Hildefonso comite Tolosanorum[pp].

---

bb) *De* Arnaudus *à* Messones, *seulement dans b.* – cc) et alii plures, *omis dans F.* – cc') adfuerunt, *omis b.* – dd) Cocei *dans b.* – ee) Presbyteri *dans b.* – ff) *De* et *à* Cleia, *seulement dans b.* – gg) adfuerunt *ajouté dans b.* – hh) Haoisa, *omis dans F.* – ii) *De* Praeterea *à* feci *seulement dans b.* – jj) est hoc, *omis dans F.* – kk) Braierac *dans a et b.* – ll) Calisto *dans F.* – mm) Tholosanae *dans b.* – nn) Lodovico *dans b.* – pp) Tholosanorum *dans b.*

702

[Première moitié du XIIe siècle]

Notice relatant qu'Aimeri Jargolant et ses frères ont donné [à la communauté de Fontevraud], *entre les mains de Pierre de Gironde* [religieux de l'Ordre] *la terre de l'Aumônerie ; le seigneur du fief et le détenteur de droits sur cette terre ont concédé ce don.*

A. Original perdu.

B. Gd. Cart. perdu (ex fol. CII). – *E.* Angers, 101 H 225 bis, p. 79, n° 403 (avec des coupures), d'après *B.*

INDIQUÉ : *C. T.L.*, p. 549.

D'après *E*.

Tam praesentibus quam futuris notum sit quod Aimericus Jargolant et Lauboti et Roses fratres ejus dederunt Deo etc. terram quae vocatur Losmonera. Hoc concessit Rainaudus Laimoris de cujus feodo, et habuit ex caritate etc. Gauffridus vero de Refauge concessit quod in eadem terra habebat. Testibus : Josmerio ejus famulo, Petro de Girundia in cujus manu factum fuit.

703

[Première moitié du XIIe siècle]

Acte concernant le don par Botinard de Molia *des coutumes de La Rabatelière et de Nalliers.*

A. Original perdu.
B. Gd. Cart. perdu (ex fol. CII). – *C*. *T.L.*, pp. 548 (*La Rabasteleria*) et 554 (*Naaleira*) (analyse rapide), d'après *B*.

D'après *C*.

Botinardus de Molia dat consuetudines de la Rabasteleria et de Naaleria, 404.

704

[1155 ou peu après]. - Cherves.

Notice relatant l'accord conclu entre les mains de Pierre Garnier, religieux de Fontevraud, entre Geoffroi [de Cherves] *et Guillaume de* Pleto, *d'une part, et Richilde, prieure de Valette, d'autre part, au sujet de la terre qu'ils disaient être du Quart de Villeneuve ; Geoffroi et Guillaume ont reçu la fraternité de la communauté ; l'épouse, les quatre fils et la fille de Geoffroi ainsi qu'une certaine Élisabeth ont concédé cet accord.*

A. Original perdu.

B. Gd. Cart. perdu (ex fol. CII). – *E*. Angers, 101 H 225 bis, p. 79, n° 405 d'après *B*.

INDIQUÉ : *C. T.L.*, pp. 577 et 578. – *L*. Lardier, *Thrésor de l'Abbaye de Fontevraud*, t. I, fol. 485 r°.

V. le n° 454 (autre version).

Passé au monastère Saint-André de Cherves, sous l'abbatiat d'Audeburge (de Hautes-Bruyères) promue après le 21 mai 1155. L'acte doit être postérieur de peu à cette date car devant se situer vers la fin du priorat de Richilde, première prieure connue du prieuré de Valette attesté pour la première fois en 1128 (v. le n° 450).

D'après *E*.

Tam futuris quam praesentibus notificamus quod in temporibus Audeburgis abbatissae orta est dissentio inter Gauffridum et Guillelmum de Pleto de terra quam de Quarto Villae Novae assebant[a)] quam domus [de][b)] Valetis in elemosina tenebat. Unde concordia facta est inter Richildim, loci illius priorissam, et supradictos in monasterio Sancti Andreae de Charuis qui ambo hoc jus quod in supradicta terra requirebant Deo et ecclesiae Fontis [Ebraudi][c)], accepta fraternitate loci ejusdem, benigne cum cultro dederunt in manu Petri Garnerii fratris ecclesiae supradictae. Hoc donum dedit Aenor, uxor Gauffridi, de qua movebat et filii ejus Willelmus, Aimericus, Gauffridus et Radulfus et Aenor, soror eorum. Hoc etiam concessit Elisabet cognomento Emmiosa. Testes : Petrus de Sancto Jovino et alii.

---

a) *Sic pour :* asserebant – b) de, *omis E*. – c) Ebraudi *omis E*.

705

[1155-1180]

Notice relatant qu'Aremburge, épouse de Vivien Girard, a donné, ainsi qu'elle en avait naguère décidé avec son premier mari Bontier, la terre qu'elle possédait entre La Sautonnière et Valette ainsi qu'une autre entre Bouretard et Villeneuve ; son second époux, ses trois fils, sa fille et son beau-fils ont concédé ce don en recevant en commun une compensation.

A. Original sur parchemin, Archives dép. de Maine-et-Loire, 231 H, n° 10, Chirographe, hauteur : 235 mm ; largeur : 224 mm, avec, au bas, d'une main du XVIIe siècle : « Au cartul., f. 103, n° 406 », et, au dos, d'une main du XIIe siècle : « Transcripta in XIII q. novo ».

B. Gd. Cart. perdu (ex fol. CIII). – *E*. Angers, 101 H 225 bis, p. 79, n° 406 (avec des coupures), d'après *B*. – *F*. Gaignières, t. I, p. 134, d'après *A* (avec, en marge, l'indication : « Entier. Au cartulaire fol. 103 » et, à la fin : « Sans date ni sceau »), d'après *B*.

INDIQUÉ : *C. T.L.*, p. 534, 573, 577 et 578.

L. Lardier, *Thrésor de l'Abbaye de Fontevraud*, t. I, fol. 81 v° et 485 r°.

Non daté. Peut-être passé, comme le précédent et les n°s 707 et 708, sous l'abbatiat d'Audeburge de Hautes-Bruyères (après le 21 mai 1155 - 1er juillet 1180).

D'après *A*.

/1/ In nomine sancte et individue Trinitatis. Tam presentibus quam futuris notum fieri volu- /2/ -mus quod domina Arenburgis, uxor Viviani Girardi, sicuti inter se locuti fuerant ipsa /3/ videlicet et Boterius, quondam maritus ejus, dedit Deo et sancte Marie Fontis Ebraldi, /4/ pro peccatorum suorum remissione, totam illam quam habebat inter Salatunneri- /5/ -am et Valetas pro medietate terragii in perpetuum colendam. Eodem modo dedit et concessit /6/ illam suam terram que est inter Boscum Rotardum et Villam Novam et dividit cum Jo- /7/ -hanne Helya. Hoc autem fecit cum consilio et concessione supradicti Viviani mariti sui /8/ et filiorum suorum Stephani videlicet et Bricii et Johannis et Aalitz sororis eorum et Willelmi /9/ filii Viviani Girardi. Pro hac igitur concessione et dono omnes isti supranominati /10/ in commune karitatem habuerunt. Hujus rei testes sunt : Adam sacerdos et Aimericus /11/ de Faugeria et Willelmus de Muntibo et Aimericus Girardi et Petrus de Bugniaco. /12/ + Signum Arenburgis. + S[ignum] Viviani Girardi. + Signum Stephani. + Signum Bricii. + Signum Johannis. + Signum Aalitz. + Signum Willelmi.

706

[1115-1149] ?

Acte concernant la terre dite « Durta ».

A. Original perdu.

B. Gd. Cart. perdu (ex fol. CIII).

INDIQUÉ : *C. T.L.*, p. 542.

V. le n° 462 concernant la même terre.

Peut-être passé, comme le n° 462, sous l'abbatiat de Pétronille de Chemillé (28 octobre 1115 - 24 avril 1148).

D'après C.

Durta terra, 153, 407.

707

[1174]

Notice relatant que, lors de l'entrée de l'une de leurs filles à Fontevraud, Ramelin Anguille et son épouse ont donné un emplacement près du pont de Chinon, les droits qu'ils y détenaient sur une maison dépendant des moniales et ce qu'ils possédaient en la terre du Châtelier [relevant sans doute de la seigneurie d'Aimeri de la Rive] *; leurs trois fils et leurs deux autres filles ont concédé ce don ; le frère et la sœur de Ramelin ont fait de même, entre les mains de l'abbesse Audeburge.*

A. Original perdu.

B. Gd. Cart. perdu (ex fol. CIII). – *D*. *Ste Fam.*, t. III, p. 347 (analyse avec réf. : ch. 416, fol. 103), d'après *B*. – *E*. Angers, 101 H 225 bis, p. 79, n° 408 (incomplet), d'après *B*. – *H*. Housseau, t. XII[1], fol. 165 r°, n° 5678 (simple extrait avec réf. : fol. 103 v°), d'après *B*.

INDIQUÉ : *C*. *T.L.*, pp. 537, 544, 556.

D'après *C* (p. 537).

Ramelinus dat terram de Castellario, 408.

D'après *C* (p. 544).

Feodum Aimerici de Ripa, 408.

D'après *C* (p. 556).

Platea quae est inter pontem de Chinone et domum Fontis Ebraudi et terram de Castellario, 408.

D'après *D*.

L'an de l'Incarn. 1174 le seigneur Rainelme dit Anguille et sa femme Nobilie (charte 416, f. 103), mettans leur fille Agnes religieuse donnèrent une place située entre le pont de Chinon et quelques droits qu'ils y avoient sur une maison dépendante de F.E située en ce lieu et, de plus, tout ce qu'ils possédoient en la terre du Chastelier. Ce don fut confirmé par leurs autres enfans Philippe, Maurice, Raoul, Anicie et Jeanne et par Ogirius et Forsise, frère et sœur dudit Rainelme entre les mains de mad. Audeburge, en présence de Gillette prieure de F.E, de Jean de Véron prieur et de f. Pierre qui avoit charge pour lors de conserver et garder la susdite maison. Tesmoin entre les religieux fr. Jean de Cromeille, Efroy de la Broca.

D'après *E*.

Posteritati etc., quod Ramelinus Anguilla et Nobilia uxor ejus dederunt Deo etc., quicquid habebant in terra de Castellerio cum Agnete filia sua quam ibi monacha fecerunt, concedentibus filiis suis et filiabus Philippo, Mauricio, Radulfo, Anicia, Johana. Hoc etiam concesserunt Ogirius frater Ramelini et Forsitia, soror eorum, in manu A[udeburgis] abbatissae, praesente Gilia priorissa et Johane de Verro priore. Testes : Johannes, Judicael, Mauritius de Rupibus, Ricaudus Rex, Erbertus pelliparius de Chinone, etc. Anno ab Incarnatione Domini MCLXXIIII.

708

1176

Notice relatant qu'avec l'accord de son épouse et de sa fille Jacquelin de Pocé a vendu à l'abbesse Audeburge un revenu annuel de dix livres qu'il percevait sur le minage de Saumur. Il a reçu en échange soixante-douze marcs d'argent que sa femme, qui avait apporté ce revenu en dot, a recueillis entre ses mains et en son giron.

A. Original perdu.

B. Gd. Cart. perdu (ex fol. CIII). – *D. Ste Fam.*, t. III, p. 496, avec réf. : fol. 103 (avec des coupures). – *E*. Angers, 101 H 225 bis, p. 80, n° 409. – *F*. Gaignières, t. II, p. 29, n° 409 (avec des coupures). – *G*. Duchesne, t. XXII, fol. 404 v° (simple extrait). – *H*. Housseau, t. XII[1], fol. 158 r°, n° 5637 (avec réf. : fol. 103).

INDIQUÉ : *C. T.L.*, p. 550 et 574. – *L*. Lardier, *Thrésor de l'Abbaye de Fontevraud*, t. I, fol. 447 v°.

D'après *D, E, F* et *H.*

Quod[a] Jacquelinus[b] de Poceio, assensu Margaritae uxoris[c] ejus et Mabiliae eorum filiae, vendidit[d] domnae Audeburgi abbatissae et[e] ecclesiae Fontis Ebraldi[f] decem libras quas in minagio de Salmuro annuatim habebat et inde sexaginta et duodecim marchas argenti habuit quas Margarita uxor ejus de cujus matrimonio praefatus redditus erat, Jaquelino[g] vidente et jubente, propriis manibus et in gremio suo tenuit et recepit etc. Huic venditioni[h] interfuerunt Willelmus[i] de Montesorel, Jacquelinus[j] Mauricii[k], Joanes[l] de Varezia, Philippus Guandrelo[m], Philippus de Sarre, Briant[n] de Bernezai[o], Guillelmus[p] de Dumperra, Willelmus[i] de Ripa, Gauterius de Blazonio, Petrus de Poceio, Willelmus[i] de Casa Dei, Radulphus[q] de Podio, Willelmus[r] Buset, Normandus Escuerius[s], Willelmus[t] de Codreio, Willelmus filius ejus, Joanes Torcol, Achardus Briand etc[u]. Actum[v] est[w] anno MCLXXVI[x], Lodovico in Francia regnante, Henrico filio comitis Andegavorum sceptrum regni in Anglia tenente, Joanne[y] apud Pictavem praesulante.

---

a) *Le mot* Quod *omis dans F.* – b) Jaquelinus *dans E,* Jacquelinus *dans H.* – c) uxore *(sic) dans E.* – d) vendibit *(sic) dans E.* – e) et *seulement dans F.* – f) *seulement dans H* ; Fontis Ebraldi *abrégé en* F.E. *dans D.* – g) Jaquelino *dans E,* Jacquelino *dans H.* – h) *De* quas Margarita *à* venditioni, *omis dans F.* – i) Guil[lelmus] *dans D,* Guillelmus *dans H.* – j) Jaquelinus *dans E,* Jacquelinus *dans D.* – k) Jacquelinus Mauricii, *omis dans F.* – l) Joa-[-nes] *dans D,* Jo-[-hannes] *dans F.* – m) Philippus Guandrelo, *omis dans F.* – n) Brianz *dans F.* – o) Bernazai *dans F,* Bernezay *dans H.* – p) Willelmus *dans F.* – q) Radulfus *dans E et H.* – r) Willelmo *(sic) dans E.* – s) *De* Willelmus Busset *à* Escuerius *seulement dans E.* – t) Willelmus de Codreio *à* ejus, *omis dans D et H.* – u) *De* Joanes *à* etc., *seulement dans E.* – v) Actum *omis dans F.* – w) est, *seulement dans E.* – x) *En chiffres arabes dans D et E.* – y) Johane *dans E.*

709

[1124-1130 ou 1135-1140]

Notice relatant que Rainaud de La Forêt, son frère, sa mère et ses deux sœurs ont donné à l'abbaye de Fontevraud la terre de La Tessonnière.

A. Original perdu.

B. Gd. Cart. perdu (ex fol. CIV). – *E*. Angers, 101 H 225 bis, p. 80, n° 410 (avec des coupures), d'après *B*.

INDIQUÉ : *C. T.L.*, p. 575 (sous la rubrique « Taconnière », sans doute par erreur pour : « Tessonnière »). – *L*. Lardier, *Thrésor de l'Abbaye de Fontevraud*, t. I, fol. 467 r° (Id.).

Non daté. Passé sous l'épiscopat (1er juin 1124-6 octobre 1140) de Guillaume Alleaume qui figure parmi les témoins. Ne peut cependant l'avoir été entre 1130 et 1135, années pendant lesquelles l'évêque fut chassé de son siège lors du schisme d'Anaclet.

D'après *E*.

Omnibus fidelibus etc., quatinus Foreste[a)] Raginaudus et Serbrandus ejus frater atque eorum mater Emma sororesque illorum Adierna et Agnes abbatiae Sanctae Mariae Fontis Ebraudi terram Tacinuriae dederunt etc. Testes : Joanes Forestae capellanus[b)], Arnaudus de Runda sacerdos, Savaricus de Foresta, Aimericus Sancti Nicolai Bercerii capellanus, Paganus Richer, Guillelmus Aleelmus episcopus et Petronilla abbatissa, Aimericus de Platea, et[c.].

a) *En marge* ; de Foresta – b) *Ce mot ajouté au-dessus de la ligne*.

710

[Deuxième quart du XIIe siècle]

Notice relatant que, faisant entrer l'une de ses filles à Fontevraud, Pierre Étable a vendu à cette communauté sa terre de Faye avec des vignes et des jardins, le tout provenant de la dot de son épouse ; cette vente a été concédée par celle-ci qui a reçu un marc d'argent, par les trois fils et les deux autres filles de Pierre, par son beau-frère et sa belle-sœur, par Aimeri de Faye, seigneur du fief, et sa femme et par deux autres personnes.

A. Original perdu.

B. Gd. Cart. perdu (ex fol. CIV). – *E*. Angers, 101 H 225 bis, p. 80, n° 411 (avec des coupures), d'après *B*.

INDIQUÉ : *C. T.L.*, p. 543 ; *L*. Lardier, *Thrésor de l'Abbaye de Fontevraud*, fol. 179 v° ; Nicquet, p. 70 (simple mention, en marge), d'après *B*.

Non daté. Deuxième quart du XIIe siècle.

D'après *E.*

Universitas etc., quod videlicet Petrus[a] Stabuli de Faio terram cum vineis et ortis quaecumque in matrimonio conjugis suae receperat nomine Johanna, quae terra deffuncti Daniel fuit, vendidit ecclesiae Fontis [Ebraldi][b] etc. In qua nimirum ecclesia filiam suam, hujus rei gracia, tradidit sacro velamine velandam. Concessit hoc Johana, uxor sua, de qua movebat, pro concessione recipiens marcham argenti. Concesserunt tres filii Balduinus, Aimericus et Petrus et duae filiae ejus Dionisia et Hersindis. Concesserunt Stephanus Vilens et uxor ejus Laetitia soror uxoris dicti Petri Stabuli. Concessit quoque Aimericus de Faio de cujus est feodo. Concessit domina Stachia uxor ejus et Bos de Fornels et Petrus frater ejus. Testes Phillippus de Maximo, etc.

---

a) *Quelques lettres cancellées après* Petrus. – b) Ebraldi *omis E.*

711

[Peu avant 1149]

Notice relatant que lors de l'entrée de sa fille en religion Pierre de Bournan a donné à la communauté de Fontevraud deux terres – dont l'une dûment bornée – et ce qu'il revendiquait à Restigné ; son épouse, ses deux autres filles et ses deux fils ont concédé ce don.

A. Original perdu.

B. Gd. Cart. perdu (ex fol. CIV). – *D. Ste Fam.*, t. III, p. 304-305 (analyse avec réf. : ch. 420, fol. 104), d'après *B.* – *E.* Angers, 101 H 225 bis, p. 80, n° 412 (avec des coupures), d'après *B.* – *F.* Gaignières, t. II, p. 29, n° 412 (avec des coupures), d'après *B.*

a. *Clypeus*, t. II, p. 340 (avec des coupures) et t. III, p. 70 (simple extrait), d'après *B.*

INDIQUÉ : *C. T.L.*, p. 534, 535, 547.

Passé sur l'incitation de l'abbesse Pétronille († 24 avril 1149) et vers la fin de son abbatiat, Isembard, témoin, étant déjà prieur.

D'après *E, F* et *a*, t. II (p. 340).

Nemo mortalium etc., quod[a] Petrus de Bornen[b], tradens filiam suam Petronillam ecclesiae Sanctae Mariae[c] de Fonte Ebraudi sacro velamine

---

a) *Le début seulement dans E.* – b) Bornem *dans a.* – c) Sanctae Mariae, *omis dans F.*

velandam, dedit cum illa terram a bosco Garini usque ad domum Veteris Montis sitam sicut metae positae demonstrant[d)] et terram de Lacu Rogerii[e)] et quod apud Restinni clamabat, quidquid videlicet juris habebat[f)] etc.[g)] Concessit hoc Boschera uxor ejus et filii eorum Fromundus et Petrus[h)] et duae[i)] filiae eorum[j)] Milesendis[k)] et Hersendis[l)]. Testes : Hubertus de Volort, Gauffridus Potet[m)], Goffridus[n)] Potols miles domnae abbatissae, Brunus filius Josberti de Roca[o)], Poitevins Aribaz. Ex fratribus ecclesiae Fontis Ebraldi : Isembardus prior, Rafinus, Raginaudus de Mallai, Guillelmus de Inchai[p)]. Actum jussu et industria dilectae[q)] dominae Petronillae praefati loci Dei gracia[r)] primae venerabilis abbatissae.

---

d) *De* sicut *à* demonstrant, *seulement dans a.* – e) *De* et terram *à* Rogerii, *omis dans F.* – f) et quod... habebat *remplacé par :* et alias res *ajouté au-dessus de la ligne dans E.* – g) *De* et quod *à* etc. *seulement dans a.* – h) Fromundus et Petrus, *omis dans a.* – i) duae *omis dans a.* – j) eorum *seulement dans F.* – k) Milisendis *dans F.* – l) Milesendis et Hersendis, *omis dans a.* – m) Gauffridus Potet, *seulement dans E.* – n) Gaufridus *dans F,* Gaufredus *dans a.* – o) *De* Brunus *à* Roca, *seulement dans E qui ajoute* etc. – p) *De* Poitevins *à* Inchai, *seulement dans a.* – q) dilectae *omis dans F.* – r) *De* praefati *à* gracia, *omis dans F.*

712

[Avant 1146]

Guillaume d'Insay concède aux moniales de Fontevraud tout ce qui leur sera donné de ses fiefs, le principal excepté ; son fils, son épouse et plusieurs autres personnes ont concédé ce don.

A. Original perdu.

B. Gd. Cart. perdu (ex fol. CIV). – *E.* Angers, 101 H 225 bis, p. 80, n° 413 (avec des coupures), d'après *B.*

INDIQUÉ : *C. T.L.*, p. 541 et 544.

V. le n° 327 (du même).

Non daté. Antérieur à 1146 car, à cette date, Guillaume d'Insay était devenu frère de Fontevraud (v. le n° 378)

D'après *E.*

Sciant omnes quod ego Willelmus de Anchaio pro salute etc., do ancillis Christi Fontis Ebraldi[a)] quicquid dabitur eis in feodo meo, exceptis capi-

---

a) Ebraldi, *omis E.*

tibus feodorum ; et filius meus Richardus et uxor mea Julliana concesserunt et Rollandus, Effredus Rabaste, etc.

713

[Deuxième quart du XIIe siècle]

Aimeri de Bauçay donne [à la communauté de Fontevraud] *un* « junctum » *de terre à Chavenay et un journal de pré en fief ; lui-même, son frère et son fils s'engagent à être, leur vie durant, fidéjusseurs et défenseurs de ce don.*

A. Original perdu.

B. Gd. Cart. perdu (ex fol. CV). – *E*. Angers, 101 H 225 bis, p. 81, n° 414, d'après *B*. – *G*. Duchesne, t. XXII, fol. 404 v°, d'après *B*.

INDIQUÉ : *C. T.L.*, p. 537. – *L*. Lardier, *Thrésor de l'Abbaye de Fontevraud*, t. I, fol. 116 v°.

Non daté. Deuxième quart du XIIe siècle ?

D'après *E* et *G*.

Ego Aimericus de Baussay do, pro anima mea etc., unum junctum terrae ad Chavenaium[a] in feodo Petri de Melina et unum opus prati in feodo et unum opus prati de Resto. Ego ipse sum fidejussor omnibus diebus vitae meae ad deffendendum et ad salvandum et Savaricus frater meus et Aimericus filius meus. Testes : Paganus decanus de Toartio, Joanes[b] de Bachac, Robertus de Sancto Loentio et alii[c].

---

a) Chauvenaium *dans G*. – b) Joannes *dans G*. – c) et alii, *omis dans G*.

714

1169. - Fontevraud, chapelle de l'abbesse.

Notice relatant que Corinde de Saumoussay a donné à la communauté de Fontevraud, entre les mains de l'abbesse Audeburge, un muid de grain [annuel] *sur la terre de Saint-Cyr, à savoir quatre setiers de froment, quatre d'orge et quatre de seigle ; son fils a concédé ce don.*

A. Original perdu.

B. Gd. Cart. perdu (ex fol. CV). – *E*. Angers, 101 H 225 bis, p. 81, n° 415 (avec des coupures), d'après *B*. – *F*. Gaignières, t. II, pp. 29-30, n° 415 (avec des coupures), d'après *B*.

INDIQUÉ : *C. T.L.*, p. 573. – *L*. Lardier, *Thrésor de l'Abbaye de Fontevraud*, t. I, fol. 426 r°.

Daté de 1169, le vendredi de la semaine de Pâques, soit le 25 avril, Pâques tombant le 20 cette année.

D'après *E* et *F*.

Notificetur etc., quod[a] domina Corinda de Saumouchai[b] dedit Deo et[c] ecclesiae Fontis Ebraudi[d] quemdam modium bladii, videlicet 4 sextarios frumenti, 4 ordei, 4 siliginis[e], in terra de Sancto Cyrio, etc. Hoc donum[f] concessit Rainaudus de Saumouchai[g] filius ejus, etc. Testes : Aimericus de Bernezai[h], Ogirus Savaricus, Giraudus de Maceriis, etc. Factum hoc[i] in manu Audeburgis abbatissae Fontis Ebraudi[j] in eadem abbatia in capella sua ; videntibus Joane de Verrone subpriore, Joane de Cromelia, Johane de Pozauges, etc. fratribus[k]. Anno Domini[l] MCLXVIIII, in die veneris ebdomadae Paschae, epacta 20[m].

---

a) *Le début omis dans F*. – b) Saumunchai *dans F*. – c) Deo et, *omis dans F*. – d) ecclesiae... Ebraudi, *omis E*. – e) videlicet... siliginis, *omis dans F*. – f) domum, *omis F*. – g) Saumunzais *dans F*. – h) Bernazai *dans F*. – i) Factum hoc, *omis dans F*. – j) Fontis Ebraudi, *omis E*. – k) *De* videntibus *à* fratribus, *omis dans F*. – l) Domini *omis F*. – m) epacta 20, *omis E*.

715

[1149-1155]

Notice relatant que Pierre de « Chireaco »[1] *a vendu sous forme de donation un arpent et demi de pré proche d'Asnières*[-en-Épieds] *à*

---

1) Sans doute Saint-Rémy-la-Varenne.

Arnaud Borrel, prieur de ce prieuré ; son épouse a concédé ce don ; le prieur a effectué cet achat sur le conseil de l'abbesse Mathilde [I d'Anjou] *dont il est rappelé qu'elle était la sœur du comte Geoffroi dit Plantegenêt,* Miricem Plantans.

A. Original perdu.

B. Gd. Cart. perdu (ex fol. CV) – *D*. *Ste Fam*., t. III, p. 319 (mention avec réf. : ch. 424, fol. 106, sic pour 105) et p. 332 (analyse avec réf. : ch. 424, fol. 105), d'après *B*. – *E*. Angers, 101 H 225 bis, p. 81, n° 416 (simple extrait), d'après *B*.

c. Nicquet, p. 405 (simple extrait avec réf. : ch. 416, f. 195, sic pour 105), d'après *B*.

INDIQUÉ : *C*. *T.L*., p. 532. – *H*. Housseau, t. XII[1], fol. 165 r°, n° 5679. – *L*. Lardier, *Thrésor de l'Abbaye de Fontevraud*, t. I, fol. 61 r°.

Passé sous l'abbatiat de Mathilde I d'Anjou (après le 24 avril 1149-21 mai 1155)

D'après *D* (p. 319).

Ch. 424, f. 106. Matildis abbatissa quae fuit soror famosi consulis Andegavorum Miricem Plantantis[2].

D'après *D* (p. 332).

En la charte 424 fol. 105 Arnaud Boterel prieur d'Asnières, lieu dépendant de cette abbaye, accepta pour l'accommodement dudit lieu un arpent et demy de pré du seigneur Pierre de Chizay par l'advis et commandement de l'abbesse Mahaut.

D'après *E*.

Hujus ascripti, etc. Petrus de Chireaco dedit arpentum prati et dimidium secus Asnerias, etc. Concesserunt Ascelina uxor dicti Petri.

D'après *H*.

Hoc emit Arnaldus Borellus tempore quod erat prior in Asneriis, consilio et praecepto Mathildis abbatissae quae fuit soror Gaufridi famosi consulis Andegavorum…

---

2) Suit cette notation : « St Louis roy de France fut aussi appelé de ce nom Plante Genest pour ce qu'il se plaisoit à en cultiver ».

D'après *a*.

A la fin d'un titre on lit ces mots : « ... precepto... Gaufridi famosi consulis Andegavorum Miricem Plantans ».

716

[XIIe siècle, probablement 1115-1149]

Acte concernant le don de la dîme de Morton par Geoffroi Roscelin.

A. Original perdu.
B. Gd. Cart. perdu (ex fol. CV).
INDIQUÉ : *C*. *T.L.*, pp. 540 et 550.

Pour la datation, voir le n° 481 (même objet)

D'après *C* (p. 540).

Decima de Marthon, dono Gaufridi Roscelini, 181, 417.

D'après *C* (p. 550).

Marthon. Decima, 417.

717

[1155-1180]

Notice relatant qu'Aimeri de La Rive a donné à la communauté de Fontevraud un cens et tout ce que les moniales pourraient acquérir [de ses fiefs] *; l'abbesse Audeburge lui a donné un cheval ; son épouse et son fils ont concédé ce don.*

A. Original perdu.
B. Gd. Cart. perdu (ex fol. CV). – *E*. Angers, 101 H 225 bis, p. 81, n° 418 (avec des coupures), d'après *B*. – *G*. Duchesne, t. XXII, fol. 404 v° (extraits), d'après *B*.

Passé sous l'abbatiat d'Audeburge de Hautes-Bruyères (après le 21 mai 1155 - 1er juillet 1180).

D'après *E* et *G*.

Notum sit etc.[a], quatenus Aimericus de Ripa dedit Deo etc., sui census et omnia quae adquirere etc. Uxor sua et filius concesserunt[b]. Hoc fuit factum in tempore abbatissae Audeburgis quae ob hoc dedit unum equum. Istis videntibus Gausfrido[c] de Losduno filio Aimerici et Johane[d] de Pozaugiis.

---

a) *Le début omis dans G.* – b) *De* etc. *à* concesserunt *omis dans G.* – c) Gaufrido *dans G.* – d) Joanne *dans G.*

718

[XIIe siècle]

Notice relatant que Pierre de l'Ile et son épouse ont donné tout ce qu'ils avaient à Valette dans la terre de Villeneuve, les Fontevristes ne devant en jouir qu'après leur mort ; cependant, si l'un d'eux veut entrer en religion à Fontevraud, il sera reçu en apportant la moitié de ce don ; s'ils le veulent ensemble, ils apporteront le tout.

A. Original perdu.

B. Gd. Cart. perdu (ex fol. CV). – *D*. *Ste Fam.*, t. III, p. 306 (analyse avec réf. : ch. 427, fol. 105), d'après *B*. – *E*. Angers, 101 H 225 bis, p. 81, n° 419 (avec des coupures), d'après *B*.

INDIQUÉ : *C*. *T.L.*, p. 577 et 578. – *F*. Gaignières, t. I, p. 141-142 (copie de l'original – aujourd'hui aux Arch. Dép. de Maine-et-Loire, 231 H 1, n° 6 – d'une autre charte concernant la dîme de Villeneuve dans laquelle est rappelée la donation de Pierre et de son épouse et à propos de laquelle Gaignières indique en marge : « Ce don est au cartulaire, fol. 105 v° », indication également écrite au dos de l'original par une main du XVIIe siècle). – *H*. Housseau, t. XII^1, fol. 165 r°. – *L*. Lardier, *Thrésor de l'Abbaye de Fontevraud*, t. I, fol. 485 r°.

Non daté. XIIe siècle.

D'après *E*.

Tam praesentibus quam etc. Petrus de Insula et uxor ejus Amiota dederunt Deo etc., quicquid habebat[a] ad Valetes in terra de Villa Nova, etc., et hoc

---

a) *Sic, pour* habebant.

post mortem suam, tali pacto ut si ipse vel ipsa in vita sua converti voluerit apud Fontem Ebraudi suscipiatur cum medietate tamen[b] supradictorum. Si vero insimul ambo se suscipi petierint, ambo suscipiantur cum omnibus supradictis. Testibus Aimerico capellano abbatissae et armigero etc.

---

b) supradorum *(sic) cancellé après ce mot.*

719

[1126-1129]

Guillaume Evraud donne à la communauté de Fontevraud sa dîme de Morton et de Raslay par l'intermédiaire de son seigneur Acharie de Marmande et en la main du fils de celui-ci ; lui-même, son épouse et ses cinq fils concèdent ensuite ce don entre les mains d'Acharie et de son fils et le renouvellent entre celles de Gerberge de l'Ile, prieure de Lencloître en Gironde.

A. Original perdu.

B. Gd. Cart. perdu (ex fol. CV). – *D. Ste Fam.*, t. III, p. 202 (simple mention avec réf. : fol. 105) et p. 306 (analyse avec réf. : ch. 428, fol. 106, *sic* pour 105), d'après *B*. – *E*. Angers, 101 H 225 bis, p. 81, n° 420 (avec des coupures), d'après *B*. – *H*. Housseau, t. XII[1], fol. 165 r°, n° 5680 (seulement les noms des donateurs et de quelques témoins), d'après *B*.

INDIQUÉ : *C. T.L.*, p. 541, 553, 558. – *F*. Gaignières, t. II, p. 30, n° 420. – *L*. Lardier, *Thrésor de l'Abbaye de Fontevraud*, t. I, fol. 310 v° et 389 v°.

Daté du règne de Louis VI, roi de France, de celui de Foulque V, comte d'Anjou et de l'épiscopat de Guillaume II Alleaume, évêque de Poitiers. Passé après 1126 (car à cette date Gerberge était encore simple moniale, v. le n° 316) et avant le début de 1129 (départ définitif de Foulque V pour Jérusalem).

D'après *E*.

Notum sit etc. quod ego Willelmus Evraudi dono Deo etc. decimam quam habeo apud Morton et apud Rarelium. Hoc autem factum per Achariae[a] de Mirmanda et in manu filii ejus Gaufridi, videntibus istis : Brictio de Chillo, Petro de Maxime, Bartolomeo de Sarigne, [Guillelmo][1] abbate de

---

1) Le nom de l'abbé, omis dans *E*, est connu par l'analyse de *D*, p. 306.

---

a) *Sic*.

Noers ; de fratribus : Fulberto presbitero. Postea vero, alia die, concessionem fecimus ego et uxor mea et filii mei Gauffridus, Buchardus, Josbertus, Guillelmus, Savaricus, in manu domini nostri Achariae, filii ejus Gauffridi, sub testibus his : Mauricio de Sillegno, Bartolomeo de Sarrigne, Gauterio filio Gauterii Pontis etc. Hoc donum fuit datum in manu Girburgae de Insula quae tunc erat priorissa de Garonda, istis videntibus : Girore de Jareia, etc. Actum Lodovico Francorum rege, Fulcone Andegavorum comite, Willelmo Pictavorum pontifice.

720

[1115/1116 - 1132]

Péan de La Roche faisant sa nièce moniale de Fontevraud donne à la communauté tous les biens ayant appartenu à Leuvin de La Place, père de celle-ci.

A. Original perdu.

B. Gd. Cart. perdu (ex fol. CVI). – *C. T.L.*, p. 548 (analyse), d'après *B*. – *E*. Angers, 101 H 225 bis, p. 81-82, n° 421 (avec des coupures), d'après *B*. – *F*. Gaignières, t. II, p. 30, n° 421 (Id.), d'après *B*.

a. Clypeus, t. II, p. 338, d'après *B*.

INDIQUÉ : *D. Ste Fam.*, t. II, p. 193 (avec réf. : fol. 106).

Non daté. Passé sous l'épiscopat de Geoffroi de Lèves (fin 1115/début 1116-1148). Geoffroi n'étant pas dit légat du Saint-Siège, la charte doit être antérieure à 1132, date à laquelle il le devint.

D'après *E, F* et *a*.

Litterarum etc., quod[a)] ego[b)] Paganus de Rupe dono[c)] Deo[d)] et beatae Mariae et[e)] ecclesiae Fontis Ebraldi[f)] neptem meam cum omnibus rebus patris sui Leovini de Platea. Hujus rei[g)] sunt[h)] testes Gaufridus[i)] Carnotensis episcopus, Peloquinus de Naze[j)], Hugo de Gisois[k)] et Henricus frater ejus, Petrus Gigas[l)], Raginaudus de Braseio, etc.

---

a) *Le début seulement dans E ; trois mots cancellés avant* etc. – b) ego *omis dans F*. – c) do *dans E*. – d) Deo, *seulement dans E ;* etc. *E*. – e) et… et, *seulement dans a*. – f) ecclesiae Fontis Ebraldi, *omis dans E*. – g) Hujus rei *omis dans F*. – h) sunt, *seulement dans a*. – i) Gauffridus *dans E*. – j) Peloquinus de Maze, *omis dans F*. – k) Gisoiz *dans F*. – l) Petrus Gigas, *seulement dans E*.

721

[v. 1120]

Charte dans laquelle était mentionné Raoul, abbé de Saint-Jouin, et dans laquelle il était question d'un bien foncier de Saint-Jouin mesuré en « juga » *et du lieu dit la Chaussée.*

A. Original perdu.
B. Gd. Cart. perdu (ex fol. CVI).
INDIQUÉ : *C*. *T.L.*, p. 537 et 547. – *D*. *Ste Fam.*, t. III, p. 201 (avec réf. : fol. 106). – *E*. Angers, 101 H 225 bis, p. 82 (non numérotée).

Datée de v. 1120 par la source *E*.

D'après *C* (p. 537).

La Chaussée, 422.

D'après *C* (p. 547).

Juga Sancti Jovini, 422.

D'après *E*.

Radulfus abbas Sancti Jovini circa annum 1120, in cartularium, fol. 106.

722

1112. - Nanteuil.

Charte de l'évêque de Poitiers Pierre [II] *relatant que Robert d'Arbrissel et les moniales de Fontevraud ayant reçu d'un certain Foulque Frénicard le lieu de Tusson où s'élevait une église en ruines et que Robert ayant commencé à y édifier un prieuré sur le conseil de l'évêque, les moines de Nanteuil ont revendiqué ce lieu comme leur appartenant ; ceux-ci n'ayant pu en fournir aucune preuve, l'évêque a incité Robert à ne pas se désister mais celui-ci a fermement refusé de poursuivre l'installation tant qu'un accord ne serait pas pacifiquement conclu ; Pierre* [II] *s'est alors rendu avec Foulque Frénicard au chapitre de Nanteuil où l'abbé Gautier et ses moines ont renoncé à leurs revendications en recevant de Foulque quatre setiers de blé annuels sur la dîme de Verteuil ; l'évêque a alors confirmé à Robert d'Arbrissel et aux Fontevristes la possession de Tusson, interdit de contester les dons faits à eux en son diocèse, menacé d'anathème les contrevenants et scellé de son sceau l'acte souscrit par lui.*

A. Original perdu.

B. Gd. Cart. perdu (ex fol. CV). – *C. T.L.*, p. 564 (avec des coupures) et p. 576 (simple ind.), d'après *B*. – *F. Gaignières*, t. II, p. 30, n° 423 (avec des coupures), d'après *B*. – *K*. Fonteneau, t. II, p. 15, d'après *B*. – *L*. Bibl. Nationale de France, ms. latin 9196, p. 441, d'après *B*.

b. Cosnier, p. 222-224 (avec réf. : ch. 431, fol. 106), d'après *B*. – *x*. A.F. Lièvre, « *Exploration archéologique du département de la Charente. Canton d'Aigre. Tusson* ». dans *Bulletin de la Société archéologique et historique de la Charente*, 1883, pp. 138-139, d'après *K* et *L*. – *x'* D. Touzaud, « Monographie de Tusson (Charente) » dans *Bulletin de la Société archéologique et historique de la Charente*, 1886, pp. 259-352 (très courts extraits, d'après *b*, en note, p. 259 n. 2, 260 n. 1, 2, 3).

V. le n° 889 (même objet).

D'après *K* et *L*.

Ego Petrus Dei gracia Pictavorum episcopus universis presentibus et futuris notum fieri volo concordiam quam Nantolienses monachi, in capitulo Nantoliensis monasterii, nobiscum fecerunt de loco qui vulgo Tucio appellatur quem domno Roberto de Arbrissello et sanctimonialibus Sanctae Mariae de Fonte Ebraudi calumpniabantur. Tucionensis etenim locus domno Roberto et predictis monialibus, nostro assensu et consilio, datus fuerat, in quo cujusdam veteris ecclesiae vestigia apparebant. Cum itaque domnus Robertus, a nobis frequenter admonitus, in illo loco ad honorem Dei et sanctae religionis observantiam ecclesiam et officinas aedificari jussisset, Nantolienses monachi locum praedictum domno Roberto calumpniati sunt, dicentes quia vetus ecclesia cujus vestigia, ut supradictum est, apparebant de jure Nantoliensis monasterii fuerat. Inquisitis igitur super hac re diligenter monachorum rationibus, cum aliquam possessionem sive investituram de hac ecclesia se habuisse nobis nullatenus possent ostendere nec aliqua inde munimenta haberent, domnum Robertum ut ab incepto non desisteret monuimus. Ipse vero nolens adquiescere monitis, obstinato animo nobis respondit se nihil amplius ibi facturum donec monachorum calumpnia pacifice sedaretur. Nos ergo una cum clericis nostris et Fulcaudo Frenicardi ad Nantoliensem monasterium accessimus et de praedicta calumpnia cum abbate et monachis ejusdem loci in communi eorum capitulo concordiam fecimus. Fulcaudus enim Frenicardi dedit pro hac concordia Nantoliensibus monachis quatuor annonae sextarios in decima Sancti Medardi de Vertolio qui ei annis singulis redderentur. Abbas igitur Nantoliensis, nomine Gauterius, in capitulo Nantoliensis ecclesiae, nobis praesentibus, consilio et assensu monachorum suorum, calumpniam illam penitus absolvit atque dimisit et ecclesiam Tucionensis loci ipsumque locum ex integro domno Roberto et praedictis sanctimonialibus et viris eisdem subministrantibus quiete et perpetuo possidendum concessit. His itaque, Deo auctore, pacificatis, Tucionensem locum cum ipsa veteri ecclesia cujus ibidem, ut saepe dictum est, vestigia eminebant, Deo et Sanctae Mariae de Fonte Ebraudi et domno Roberto et saepedictis sanctimonialibus, consilio clericorum nostrorum, dedimus et ut quiete et inconcusse perpetuo possiderent concessimus. Concessimus quoque pari tenore ut omnia quae in nostro episcopatu collatione fidelium legitime acquirere possent eis firma et illibata perpetualiter permanerent. Statuimus etiam ut quicumque hanc nostram institutionem perturbare aut inquietare presumeret vel contra eam temere venire temptaret, secundo tertiove commonitus, tamdiu anathematis vinculo cogeretur donec digne de perpetrata iniquitate satisfaceret. Ut autem haec concordia atque concessio firma et illibata in perpetuum permaneret, eam scripto tradere curavimus et propria subscriptione firmavimus nostroque sigillo muniri praecepimus. Huic autem praescriptae concordiae atque concessioni affuerunt : Willelmus Radulphi magister scholarum Pictaviensis ecclesiae, Petrus de Sancto Saturnino ejusdem ecclesiae canonicus, Ademarus Nantoliensis ecclesiae prior, Petrus Fulcherii, Umbertus de Vertolio, Aimericus Candidus, Arnaudus, Airius et multi alii Nantolienses monachi, Fulcaudus Frenicardi, Ademarus frater ejus, Aimericus de Pindrac et multi alii tam clerici quam laici. Facta est autem haec concordia atque concessio in capitulo Nantoliensi, anno ab Incarnatione Domini MCXII, indictione V, regnante Ludovico Francorum rege.

723

[1115-1129]

Notice relatant qu'un don de terres à Rillé, au Ponge [et à Avort][1] *fait par Jean de Blaison à la communauté de Fontevraud a été contesté par Thibaud de Rillé et ses fils prétendant les tenir en gage ; l'abbesse Pétronille a obtenu gain de cause après avoir porté l'affaire devant la cour du comte d'Anjou Foulque* [V] *le Jeune.*

A. Original perdu.

B. Gd. Cart. perdu (ex fol. CVII). – *E.* Angers, 101 H 225 bis, p. 82, n° 424 (avec des coupures), d'après *B.* – *F.* Gaignières, t. I, p. 31, n° 424, d'après *B.*

INDIQUÉ : *C. T.L.*, p. 553, 558, 559.

V. les n°s 432 (semblable mais parvenu à nous moins complet) et 724 (remise en cause du jugement comtal par Thibaud).

D'après *E* et *F*.

Notum sit etc., quod[a)] Joanes[b)] de Blazone dedit et concessit Deo etc.[c)] Sanctae Mariae de Fonte Ebraudi[d)], in manu domnae P[etronillae] primae Fontis Ebraudi[e)] abbatissae, terram quam habebat ad Religniacum[f)] et illam terram quam habebat ad Pungiam[g)]. Postea vero[h)] calumniati sunt hoc donum Theobaudus[i)] de Religniaco et filii ejus causa pecunie quam clamabant in illam terram quoniam, ut dicebant, eamdem terram in pignus tenebant[j)]. Quamobrem P[etronilla] abbatissa constituit placitum in curia Fulconis Junioris, Andegavorum comitis, praesente Johane de Blazone, etc. In eadem namque curia fecit Tetbaudus clamorem de pecunia, etc. Contra quam Joanes respondit, audiente curia, etc.[k)] Deffinitum[l)] est judicio baronum ut ecclesia Fontis Ebraudi supradictam terram quietam[m)] in perpetuum possideret. Hujus rei[n)] testes et judices[o)] : Harduinus de Sancto Medardo, Robertus Raginaudi filius, Gauffridus Garini filius, Gauffridus[p)] de Ramefort, Gauffridus[p)] Malus Monachus[q)], Mauritius[r)] Gaudini et plures alii.

---

1) La donation de Jean de Blaison comprenait également une terre sise à Avort. V. le n° 432.

---

a) *Le début seulement dans E.* – b) Joh[annes] *dans F.* – c) *De* et *à* etc, *seulement dans E.* – d) *De* Sanctae *à* Ebraudi, *seulement dans F.* – e) Fontis Ebraudi, *seulement dans E.* – f) *Après* Religniacum, *E ajoute simplement :* et alia etc. – g) *De* et *à* Pungiam, *seulement dans F.* – h) vero *seulement dans E.* – i) Tebaudus *dans F.* – j) *De* quoniam *à* tenebant, *seulement dans E.* – k) *De* In eadem *à* etc., *seulement dans E.* – l) definitum *dans F.* – m) quietam, *seulement dans E.* – n) Hujus rei, *seulement dans F.* – o) judices et testes *dans F.* – p) Gaufridus *dans F.* – q) Monacus *dans F.* – r) Mauricius *dans F.*

724

[1122-1136]

Notice relatant que Thibaud de Rillé n'ayant pas accepté le jugement du comte d'Anjou (v. l'acte précédent) *a été excommunié avec ses fils par l'évêque d'Angers et qu'après sa mort ses fils ont fait la paix avec l'abbesse Pétronille en recevant cent sous de celle-ci.*

A. Original perdu.

B. Gd. Cart. perdu (ex fol. CVII). – *D*. *Ste Fam.*, t. III, p. 232 (simple mention avec réf. : ch. 433) et p. 309 (analyse partielle avec réf. : ch. 433, fol. 107), d'après *B*. – *E*. Angers, 101 H 225 bis, p. 82, n° 425 (la fin manque), d'après *B*.

INDIQUÉ : *C. T.L.*, p. 559..

V. les n°s 432 et 723.

Non daté. Passé sous le priorat de Renaud (de Cossé) – dont le neveu figurait parmi les témoins –, priorat se situant entre 1122 (v. le n° 398) et 1136 (Arch. dép. de Maine-et-Loire, 231 H 1), où Renaud est encore témoin à cette date). Postérieur à 1125 si l'évêque d'Angers est Ulger.

D'après *E*, complété d'après *D* (p. 309).

Quoniam omnium malorum radix est cupiditas[1] nec propter Dei timorem nec propter judicium quod in curia comitis factum est[a], passus est Tetbaudus ecclesiam Fontis Ebraudi[b] terram in pace possedere, eo quod pecunia quam injuste clamabat et judicio baronum amiserat non erat ei reddita. Ecclesia autem Fontis Ebraudi[b] conquesta est apud Andegavensem episcopum de Tetbaudo et filiis ejus et segregati sunt ab Ecclesia. Interea est deffunctus Tetbaudus. Post multum enim temporis venerunt filii Tetbaudi ad dominam P[etronillam] abbatissam quae dedit eis C solidos et fecerunt concordiam. Haec sunt nomina ipsorum[c] : Emobertus et Stephanus filius ejus, Maresca, Odelina, Ascelina filiae ejusdem Emoberti, etc. Testes : Willelmus de Montesorello, Aimericus de Saziliaco, Willelmus de Tuilliaco, Berengerius Francus miles, Gauterius de Coldroi, etc.[2].

---

1) Citation de 1 Timothée 6,10. – 2) Dans sa rapide analyse, *D*, p. 309, cite comme témoins, outre Guillaume de Montsoreau, Aimeri de Sazilly et Guillaume « de Tuilly », Jean, neveu de Renaud, prieur.

---

a) Tetbaudus *cancellé après ce mot.* – *b)* Ebraudi *omis E.* – *c) Une ligne et demie où se lisait :* Emobertus, Durandus, Garinus, Constantinus clericus, Joslenus Laurentius *cancellé après* nomina ipsorum.

725

[1136]

Notice relatant que Benoît, disciple de Foucher, abbé d'Orbestier, a donné à la communauté de Fontevraud, à l'usage des religieuses du prieuré de Touvois, le lieu de La Jaunasse où il avait établi une Chartreuse ; l'abbé Foucher, ainsi que Garsie de Machecoul et ses trois fils, ont concédé ce don.

A. Original perdu.

B. Gd. Cart. perdu (ex fol. CVII). – *E.* Angers, 101 H 225 bis, p. 82-83, n° 426 (avec des coupures), d'après *B.*

a. *Clypeus*, t. II, p. 97-98 (avec des coupures). – *b.* Cosnier, p. 172, avec réf. : ch. 434, fol. 107 b (avec des coupures). – *c.* Nicquet, p. 395 (simple mention).

INDIQUÉ : *C. T.L.*, p. 547. – *D. Ste Fam.*, t. III, pp. 202 (avec réf. : fol. 107), 277 et 314 (avec réf. : ch. 434, fol. 107).

V. les n°s 473 et 533.

D'après *E*, *a* et *b*, complété en note grâce à *D* (p. 201).

Scripto firmiter curavimus inserendum quod[a)] Benedictus cognomento Capellanus, magistri Fulcherii de Orbisterii[b)] monasterio[c)] abbatis discipulus, locum de Jaunatia[d)] ea nimirum integritate qua illum ad observationem Ordinis Chartusiae tenebat, ita[e)] totum cum appendiciis suis Deo et ecclesiae Sanctae Mariae de[f)] Fonte[g)] Ebraudi contulit ad usus procul dubio[h)] sanctimonialium praefatae ecclesiae in monasterio de Tolvia[i)] Deo[j)] religiose deserventium, in perpetuum solute et quiete possidendum. Et hoc concesserunt magister ejus, praedictus abbas Fulcherius, et Garsias de[k)] Machico cum filiis[l)], Artoit, Radulfo, Garsia[m)]. Hujus rei testes[n)] suscripti : Gauterius, etc.[o)], Gaufridus[p)] Gormont, Gauffridus Morant[q)], Petrus de Milliaco sacerdos et fratres[r)] Fontis Ebraldi. Agente et[s)] praetitulatam[t)] ecclesiam Fontis Ebraldi strenue regente dilecta domina[u)] Petronilla, ejusdem loci prima venerabilis[v)] abbatissa[1)].

---

1) D, p. 201, signale « Etienne prieur » (d'Orbestier) comme mentionné dans cet acte.

---

a) *Le début seulement dans a.* – b) Orbisterio *dans a.* – c) monasterio, *omis dans a.* – d) Joanitia *dans a et b.* – e) ita, *omis dans b.* – f) Sanctae Mariae de, *omis dans E.* – g) Fontis *dans E.* – h) procul dubio, *omis dans b.* – i) Colineades *dans E.* – j) Deo *omis dans E.* – k) Marchico *cancellé après ce mot dans E.* – l) *De* Et hoc *à* filiis, *omis dans b.* – m) Artoit… Garsia, *seulement dans E.* – n) Hujus… testes, *omis dans b.* – o) suscripti… etc. *seulement dans E.* – p) Gari *cancellé après ce mot dans E.* – q) Gauffridus Morant, *seulement dans E.* – r) de fratribus *dans b.* – s) et *omis dans E.* – t) Ce mot *seulement dans b.* – u) *De* praetitulatam *à* domina, *omis dans E.* – v) *De* ejusdem *à* venerabilis, *omis dans E.*

726

[1148-1150]

Notice relatant qu'une certaine Bricie, ses deux fils, ses quatre frères, sa sœur et sa belle-sœur ont donné à la communauté de Fontevraud, entre les mains de Geoffroi [du Louroux], *archevêque de Bordeaux, et de son archidiacre, une terre et un pré en Vallée qu'ils se disposaient à vendre à Garnier de Loudun.*

A. Original perdu.

B. Gd. Cart. perdu (ex fol. CVII). – *D. Ste Fam.*, t. III, p. 192 (simple mention avec réf. : fol. 107) et p. 315 (analyse rapide avec réf. : ch. 435, fol. 107), d'après *B.* – *E.* Angers, 101 H 225 bis, p. 83, n° 427 (avec des coupures), d'après *B.* – *G.* Duchesne, t. XXII, fol. 404 v°, d'après *B.*

INDIQUÉ : *C. T.L.*, p. 577. – *L.* Lardier, *Thrésor de l'Abbaye de Fontevraud*, t. I, fol. 488 r°

Non daté. Selon l'analyse de la source *D*, l'acte aurait été passé sous le priorat d'Isembard qui devint prieur à la fin de l'abbatiat de Pétronille de Chemillé († 24 avril 1149). Geoffroi du Louroux ayant été présent à Fontevraud le 23 février 1148 (v. P. Marchegay, *Documents inédits sur la Saintonge et l'Aunis, XIIe-XVIIe siècles, nouv. série,* Saintes et Paris 1878, p. 3) et le 26 août 1150 (v. *Le Moyen Age*, 2e série, XV, 1911, p. 40), la charte a pu être passée à l'une de ces deux dates.

D'après *E* et *G*, complété en note grâce à *C* et *D* (p. 315).

Notum sit, etc.[a] quod Bricia et filii ejus Aimericus et Guillebertus et fratres ejus scilicet Briciae, Aimericus de Brenezai[b], Gauffridus[c] et Brencius cum sorore sua Hilaria et uxor Aimerici de Brenezay Juliana dederunt et concesserunt Deo etc.[a] totam terram quam Garnerio de Losduno vendendam ostenderant et quicquid ipse Aimericus de Brenezai et fratres ejus in terra illa habuerant[1] concesserunt. Deffensores se contra quascumque calumnias doni sui futuros, etc.[d] Hoc factum est in manu Gaufridi Burdigalensis archiepiscopi et in manu Arnaudi Briensium archidiaconi[e]. Testes : Hulandus, Paganus Mauricius[f], Petrus frater Aimerici de Bernezai, Guillelmus de Ainchai, Joanes pelletarius[g], etc.[2]

---

1) Selon *C*, la donation comprenait aussi un pré : *Valeia, Terra et pratum dono Briciae*, 427. – 2) L'analyse de D, p. 315, précise : « Du temps d'Isembard, prieur de F.E. ».

---

a) etc. *omis dans G.* – b) Brenezay *dans G.* – c) Gaufridus *dans G.* – d) *De* et quicquid *à* etc, *omis dans G.* – e) *De* et in manu *à* archidiaconi, *omis dans G.* – f) *De* Hulandus *à* Mauricius *omis dans G.* – g) Joanes pelletarius, *omis dans G.*

727

[1122-1136]

Acte concernant le don [à la communauté de Fontevraud] *par Étienne Josche d'une maison sise à Saumur avec un cens de vingt-cinq sous.*

A. Original perdu.
B. Gd. Cart. perdu (ex fol. CVII).
INDIQUÉ : *C. T.L.*, p. 541.

V. le n° 898 apportant des précisions sur cette donation et concernant une contestation ultérieure.
Passé, comme le n° 724, sous le priorat de Renaud de Cossé (1122-1136) dont le neveu, Jean, fut témoin de la donation ainsi qu'il est indiqué dans le n° 898.

D'après *C*.

Domus apud Salmurum dono Stephani Joscii, 25 sol., 428.

728

[Deuxième quart du XIIe siècle ?]

Acte concernant le don, par Létard de Roncevaux, d'une vigne sise à La Memburgère.

A. Original perdu.
B. Gd. Cart. perdu (ex fol. CVII).
INDIQUÉ : *C. T.L.*, p. 547 et 579.

D'après *C* (p. 547).

Lamemburgeria vinea dono Letardi de Roscevalis, 429.

D'après *C* (p. 579).

Vinea de Lamemburgeria dono Letardi de Roscevallis, 429.

729

[Deuxième quart du XIIe siècle ?]. - Fontevraud.

Notice relatant la donation à la communauté de Fontevraud par Guillaume de Billy d'une terre et de deux noues proches de la Châtaigneraie ; ce don a été concédé par son épouse et par son fils Pierre qui l'a ensuite complété ; un livre a servi de symbole.

A. Original perdu.

B. Gd. Cart. perdu (ex fol. CVIII). – *C*. *T.L.*, p. 534 et 550 (analyses rapides), d'après *B*. – *E*. Angers, 101 H 225 bis, p. 83, n° 430 (avec des coupures), d'après *B*. – *G*. Duchesne, t. XXII, fol. 404 v° (avec des coupures), d'après *B*.

INDIQUÉ : *L*. Lardier, *Thrésor de l'Abbaye de Fontevraud*, t. I, fol. 78 v°.

D'après *C* (pp. 534 et 550).

Guillelmus de Billi dat terram et duas noas usque ad Castenariam, 430, 431, 432, 433.

D'après *E* et *G*.

Notum sit, etc.[a)] quod Guillelmus de Bille[b)] dedit ecclesiae Fontis Ebraldi[c)] terram etc.[a)] concedente Mauricia uxore sua et Petro filio suo. Postea vero Petrus de Bille[b)] dedit et alia et hoc donum factum in basilica Sanctae Mariae super altare cum libro. Testes plures[d)].

---

a) etc. *omis dans G*. – b) Billi *dans G*. – c) Ebraldi *omis dans E*. – d) Testes pluves, *omis dans G*.

730

[Deuxième quart du XIIe siècle]

Acte sur le même sujet que le précédent et concernant en outre la terre de La Robertière.

A. Original perdu.
B. Gd. Cart. perdu (ex fol. CVIII). – *C*. *T.L.*, pp. 534, 550, 573 (analyses et mention rapides), d'après *B*.
INDIQUÉ : *L*. Lardier, *Thrésor de l'Abbaye de Fontevraud*, t. I, fol. 78 v°.

Même époque que la charte précédente.

D'après *C* (pp. 534 et 550).

Guillelmus de Billi dat terram et duas noas usque ad Castenariam, 430, 431, 432, 433.

D'après *C* (p. 573).

Roberteria terra, 431.

731

[Deuxième quart du XIIe siècle]

Autre acte concernant les donations de Guillaume de Billy.

A. Original perdu.
B. Gd. Cart. perdu (ex fol. CVIII). – *C*. *T.L.*, pp. 534 et 550 (analyses rapides), d'après *B*.
INDIQUÉ : *L*. Lardier, *Thrésor de l'Abbaye de Fontevraud*, t. I, fol. 78 v°.

Même époque que les précédentes.

D'après *C*.

Guillelmus de Billi dat terram et duas noas usque ad Castenariam, 430, 431, 432, 433.

732

[Deuxième quart du XIIe siècle ?]

Autre acte concernant les donations de Guillaume de Billy, dont la terre et le bois de La Gordonnière, et un lieu dit Porta Manolii.

A. Original perdu.

B. Gd. Cart. perdu (ex fol. CVIII). – *C*. *T.L.*, pp. 534, 546, 550, 557 (analyses et mentions rapides), d'après *B*.

INDIQUÉ : *L*. Lardier, *Thrésor de l'Abbaye de Fontevraud*, t. I, fol. 78 v°.

Même époque que les actes précédents.

D'après *C* (pp. 534 et 550).

Guillelmus de Billi dat terram et duas noas usque ad Casteneriam, 430, 431, 432, 433.

D'après *C* (p. 546).

Gordoneria terra et nemus, 433, 434.

D'après *C* (p. 557).

Porta Manolii, 433.

733

[Deuxième quart du XIIe siècle]

Acte concernant la terre et le bois de La Gordonnière [donnés par Guillaume de Billy].

A. Original perdu.

B. Gd. Cart. perdu (ex fol. CVIII).

INDIQUÉ : *C*. *T.L.*, p. 546.

Même époque que les actes précédents.

D'après *C*.

Gordoneria terra et nemus, 433, 434.

734

1127. - Baugé.

Foulque [V], *comte d'Anjou, conformément au vœu formulé par son épouse Éremburge mourante et afin que soit célébré l'anniversaire de celle-ci, donne à la communauté de Fontevraud, entre les mains de l'abbesse Pétronille, l'obole qu'il percevait sur le pont du château de Chinon et l'écluse établie sur la Vienne par sa mère, la « reine » Bertrade ; ses deux fils, Geoffroi et Hélie, ont approuvé ce don.*

A. Original perdu.

B. Gd. Cart. perdu (ex fol. CIX). – *D. Ste Fam.*, t. III, p. 191 (simple mention) et p. 256-257 (analyse avec réf. : ch. 443, fol. 109), d'après *B.* – *E.* Angers, 101 H 225 bis, p. 83, n° 435 (le début seulement, cancellé par trois traits obliques), d'après *B.* – *F.* Gaignières, t. II, pp. 31-32, n° 435, d'après *B.* – *H.* Housseau, t. IV, n° 1492, d'après *B.* – *K.* Fonteneau, t. VIII, pp. 467-468 (d'après *f.*).

a. Clypeus, t. II, p. 217-218 (avec des coupures), d'après *B.* – *f.* Martène, *Thesaurus anecdotorum*, t. I, col. 639, d'après *B.* – j) J.Chartrou, *L'Anjou de 1109 à 1151*, pp. 276-277 (Catalogue d'actes, n° 83, analyse) et pp. 362-363 (pièce just. n° 35, d'après *F, H, K* et *f*).

ANALYSE : E. Mabille, *Catalogue analytique des diplômes... relatifs à l'Histoire de Touraine contenus dans la collection de Dom Housseau* (*Mémoires de la Soc. Archéol. de Touraine*, t. XIV), Tours, 1863, p. 153.

Indiqué : *C. T.L.*, p. 458. – *L.* Lardier, *Thrésor de l'abbaye de Fontevraud*, t. I, fol. 123 r°

V. le n° 860 (autre version).
Passé à Baugé. Daté du 15 janvier 1127.

D'après *F, H, K* et *f.*

Brevis est memoria hominis quoniam memoria hominis est. Ad hujus supplementum beneficio utimur litterarum. Igitur ego, Fulco Andegavensium comes, per presentem cartam presentibus atque futuris notum fieri volo quod Erenburgis uxor mea, ad mortem veniens, rogavit me ut donarem sanctimonialibus ecclesiae Fontis Ebraldi, pro ejus anima et ut anniversarium ejus in perpetuum facerent, obolum quem in ponte Cainonis castri mihi retinueram et exclusam quam Bertrea regina, mater scilicet mea, faceret fieri in Vigenna. Cujus ego precibus adquiescens, cum voluntate et assensu filiorum nostrorum, Gaufredi scilicet atque Heliae, dono et in proprium[a)], libere et quiete, habere concedo Deo et Beatae Mariae et ecclesiae Fontis Ebraldi obolum quem michi[b)] in pon-

---

a) in perpetuum *dans H.* – b) mihi *dans H.*

tem Cainonis castelli retinueram et supradictam exclusam, eo scilicet intuitu ut moniales ejusdem ecclesiae faciant annuatim anniversarium predictae Eremburgis uxoris meae. Si quis vero, quod futurum esse non credo, hoc donum meum et elemosinam vel alia quecumque ecclesiae Fontis Ebraldi donavi seu concessi impedire seu perturbare vel diminuere temptaverit, secundo terciove commonitus, nisi restituerit et digna satisfactione emendaverit, a liminibus Ecclesiae Dei sanctae et a sacratissimo corpore Domini nostri Jhesu Christi arceatur. Hoc donum factum est apud Baugeium castrum, XVIII kal. februarii, in manu Petronillae prime ecclesiae Fontis Ebraldi abbatissae, in presentia et audientia domni Johannis, medici abbatis monasterii Sancti Nicholai, sub his testibus : Willelmo Burello ipsius comitis capellano, Gaufrido de Ramaforti, Gervasio de Troeia, Adam, sepedicti comitis nutricio, Roberto filio Reginaudi. Acta carta anno ab Incarnacione Domini MCXXVII, Lodovico Francorum rege, Hildeberto Turonorum archipontifice, Honorio romanum papatum agente.

735

[1115-1129]

Une certaine Audeburge, adhérant à Fontevraud, donne aux moniales tout ce qu'elle possède à Asnières [-en-Épieds] *; sa fille, ses deux fils qui reçoivent dix livres angevines de l'abbesse Pétronille, son frère qui reçoit une excellente vache et le seigneur du fief qui reçoit quarante sous concèdent ce don.*

A. Original perdu.

B. Gd. Cart. (ex fol. CIX). – *E*. Angers, 101 H 225 bis, p. 83, n° 436 (avec des coupures), d'après *B*.

a. *Clypeus*, t. I, p. 75-76 (le début seulement) et t. II, p. 363 (avec des coupures), d'après *B*.

INDIQUÉ : *C. T.L.*, p. 532. – *L*. Lardier, *Thrésor de l'Abbaye de Fontevraud*, t. I, fol. 61 r°.

Passé sous l'abbatiat de Pétronille, donc après le 28 octobre 1115, et sous le règne du comte Foulque V d'Anjou, donc avant le début de 1129.

D'après *E* et *a* (t. II, p. 363).

Ego Audeburgis, inspirante omnium bonorum opifice, pro salute animae meae[a], dono Deo et Beatae Mariae et sanctimonialibus Fontis Ebraudi et me et[b] totum illud quod habeo apud Asnerias, volentibus atque[c] concedentibus filiis meis, Loello atque Galterio[d], quibus P[etronilla] abbatissa pro hac concessione donavit X libras Andegavensis monetae. Hoc etiam concessit Paganus Achardi, frater meus, et habuit propter hoc quamdam vaccam optimam et promisit se et haeredem suum adjutorem et deffensorem futurum ecclesiae Fontis Ebraudi[e] omni tempore vitae suae, et Catanea filia mea[f]. Hoc quoque concessit Guido Pictavis de cujus feodo est et habuit XL solidos de caritate. Testes sunt[a] Geraldus Berlaii, Paganus David[g], Gerardus de Ardana, Petrus Letardi de Losduno, et, de fratribus : Renaudus[h] de Meduana, Gauffridus[i] Malimonii et[a] Robertus qui tunc temporis loci Asinarium[j] prior erat et Bruno Adelelmi[k]. Acta charta[l] Lodovico Francorum rege, Fulcone Andegavensium comite.

---

a) *Ce mot omis dans E.* – b) et sanctimonialibus... et me, *omis dans E et remplacé par* etc. – c) volentibus atque, *omis dans a.* – d) Loello atque Gallerio, *omis dans a.* – e) Ebraudi *omis dans E.* – f) Hoc Etiam... filia mea, *omis dans a.* – g) Paganus David, *omis a.* – h) Rainaudus *dans a.* – i) Gauffredus *dans a.* – j) Asnarium *dans a.* – k) et Bruno Adelelmi, *omis dans a.* – l) Acta charta, *omis dans E.*

736

[1115-1129]

Gérard d'Ardenne et son épouse, faisant leur fille moniale de Fontevraud, donnent à la communauté trois juncta *de prés à La Motte-Macouard et le huitième d'un* junctum *de vigne à Saint-Hilaire ; leurs deux fils concèdent ce don.*

A. Original perdu.

B. Gd. Cart. perdu (ex fol. CIX). – *D. Ste Fam.*, t. III, p. 304 (analyse avec réf. : ch. 445), d'après *B.* – *E.* Angers, 101 H 225 bis, p. 84, n° 437 (avec des coupures), d'après *B.* – *F.* Gaignières, t. II, p. 32, n° 437 (id.), d'après *B.*

INDIQUÉ : *C. T.L.*, p. 553.

Même datation que pour l'acte précédent.

D'après *E, F* et *a.*

Ego quoque[a] Gerardus de Ardana[b] et uxor mea Sergendis[b'] donamus Deo et[c] Beatae Mariae[d] et sanctimonialibus[e] Fontis[f] Ebraudi[g] Johanam[h] filiam nostram ad monacandum[i] et cum ea tria juncta pratorum quae sunt[j] ad Motam Marcoardi et quartum dimidii juncti vineae quod praedictae moniales habent ad Sanctum Hilarium[k], volentibus Garnaudo et Gauffredo[l] praedictae Johanae fratribus[m]. Hujus rei sunt[n] testes : Geraldus Berlaii, Paganus David, Drogo de Bernezai[o], Guido filius Laurencii[p]. Acta carta Lodovico[q] rege Francorum[r], Fulcone comite Andegavorum[s].

---

a) *Ce mot seulement dans E.* – b) Ardania *dans F*, Arclania *dans a.* – b') *Quelques lettres concellées avant* Sergendis – c) donamus Deo etc., *E* ; Deo et *omis dans F.* – d) Beatae Mariae, *omis dans E.* – e) et sanctimonialibus, *seulement dans a.* – f) *Ce mot omis dans E.* – g) Ebraudi, *seulement dans a.* – h) Joannam *dans a.* – i) monachandum *dans a.* – j) quae sunt, *omis dans F.* – k) *De* et quantum *à* Hilarium, *omis dans F.* – l) Goffredo *dans F.* – m) *De* volentibus *à* fratribus, *omis dans a.* – n) Hujus rei sunt, *seulement dans a.* – o) Bernazai *dans F.* – p) Guido... Laurencii, *seulement dans E.* – q) Ludovico *dans a.* – r) Francorum rege *dans E.* – s) Andegavorum comite *dans E.*

737

[1115-1129]

Olivier du Mesnil, faisant ses deux filles moniales de Fontevraud, donne à la communauté la terre et les prés qu'il possède à Olivet ; son frère Roland concède ensuite ce don et, pour prix de sa concession, fait admettre l'une de ses propres filles à l'abbaye.

A. Original perdu.

B. Gd. Cart. perdu (ex fol. CIX). – *E.* Angers, 101 H 225 bis, p. 84, n° 438 (avec des coupures), d'après *B.* – *F.* Gaignières, t. II, p. 32, n° 438 (id.), d'après *B.*

a. *Clypeus*, t. I, p. 80 (simples extraits) et t. II, p. 337-338 (avec des coupures), d'après *B.*

INDIQUÉ : *C. T.L.*, p. 554.

Même datation que pour les deux actes précédents.

D'après *E, F* et *a* (t. II, p. 337-338).

Ego vero Oliverius de Masnilo, mittens duas filias meas in congregatione Fontis Ebraldi[a], dono[b] et in aeternum libere atque quiete habere

---

a) *Ce mot omis dans E.* – b) et iter *cancellé après ce mot dans E.*

concedo[c] Deo[d] et[e] Beatae Mariae Font[is Ebraldi][f] et sanctimonialibus ejusdem loci[g] terram et prata quae apud Olivetum habeo. Sub his[h] testibus : Pagano de Masnilio, Aimerico[i] de Curchaio et[j] Pagano fratre ejus, Bruno Adelelmi[k] et, de fratribus : Gaufredo Malmonii[l], Roberto de Asneriis[m]. Hoc donum[n] concessit postea Rollandus[o] frater meus et propter hoc[p] misit unam de filiabus suis in congregatione Fontis Ebraudi[a]. Testes : Paganus de Maisnilo[q] et[r] Oliverius frater Rollandi[s]. Acta carta[a] Lodovico[t] Francorum rege, Fulcone Andegavorum comite.

---

c) *De* et in... *à* concedo, *seulement dans a.* – d) *Ce mot omis dans F.* – e) *Ce mot seulement dans a.* – f) Fontis Ebraldi, *seulement dans F.* – g) *De* et *à* loci, *seulement dans a.* – h) Sub his, *seulement dans a.* – i) Aymerico *dans E.* – j) *Ce mot seulement dans F.* – k) *De* Pagano *à* Adelelmi, *seulement dans E.* – l) Maimonii *dans a.* – m) et... Asneriis, *omis dans F.* – n) donum, *omis dans F.* – o) Rolandus *dans a.* – p) propter hoc, *omis dans a.* – q) Testes... Maisnilo, *omis dans a.* – r) et, *seulement dans F.* – s) Oliverius... Rollandi, *dans E.* – t) Ludovico *dans E.*

738

[1115-1129]. - Fontevraud.

Aimeri de Curçay, faisant sa fille moniale de Fontevraud, donne à la communauté le quart de la terre et des prés d'Olivet et une parcelle de terre dûment délimitée à Meigné ; son épouse et son fils concèdent ensuite ce don.

A. Original perdu.

B. Gd. Cart. perdu (ex fol. CIX). – *E*. Angers, 101 H 225 bis, p. 84, n° 439 (avec des coupures), d'après *B*. – *F*. Gaignières, t. II, p. 32, n° 439 (id.), d'après *B*.

a. *Clypeus*, t. II, pp. 326-327 (avec des coupures), d'après *B*.

INDIQUÉ : *C. T.L.*, p. 550 et 554.

Même datation que les précédents.

D'après *E, F* et *a*.

Ego etiam[a] Aimericus de Curchaio, faciens monacham filiam meam in claustro Fontis Ebraldi[b], dono et integrum et quietum possidendum concedo Deo et[c] sanctae Mariae[d] et monachabus Fontebraldensis ecclesiae[e] quartam partem terrae et pratorum Oliverii et unum frutum terrae

---

a) *Ce mot seulement dans E.* – b) Ebraldi *seulement dans a.* – c) et integrum... et, *seulement dans a.* ; etc. *E* – d) Sanctae Mariae, *omis dans E.* – e) et... ecclesiae, *seulement dans*

apud Maigne, sicut eam dividit fossatum et via. Hujus rei sunt[f] testes : Paganus de Maisnilo[g], Oliverius de Maisnilo[g], Michael prior de Mor...[h], Lex nepos[i], Popardus de Maigne, Brunus Adelelmi[j] ; de fratribus : Gauffredus Malmonii, Robertus de Asinariis[k]. Hoc[l] donum[m] concesserunt postea apud Fontem Ebraudi Dionisia[n] uxor mea et[o] Gaufredus[p] filius noster, sub testimonio virorum istorum : Olivierii de Maisnilio, Pagani fratris mei, Hugonis de Loizinis[q]. Acta carta[r] Lodovico[s] Francorum rege, Fulcone Andegavorum comite[t].

---

f) sicut... sunt, *seulement dans a.* – g) Maisnilio *dans E,* Oliverius de Maisnilo, *omis dans F.* – h) *La fin de ce nom, en bout de ligne, illisible dans E où* Lers *est cancellé au début de la ligne suivante.* – i) Lex nepos *(sic), seulement dans E.* – j) Brunus Adelelmi, *omis dans a.* – k) de... Asinariis, *dans E, a.* – l) Hoc, *omis dans F.* – m) donum, *seulement dans a.* – n) Dionysia *dans a* ; Dionisio *(sic) E.* – o) et, *omis dans E.* – p) Gauffredus *dans E.* – q) sub... Loizinis, *seulement dans F.* – r) charta *dans a.* – s) Ludovico *dans a.* – t) Acta... *à la fin, omis dans E et remplacé par* etc.

739

[1124-1129]

Bertrand, fils d'Evrard Péloquin, se faisant frère de Fontevraud, donne à la communauté sa terre de La Place sur la route de Poitiers ; sa sœur et son beau-frère concèdent ce don tout en concédant, avec l'accord de leurs deux fils, leur part de cette terre, à savoir la moitié ; sa sœur reçoit dix sous et un surcot de l'abbesse Pétronille et des fourrures du prieur de La Place.

A. Original perdu.

B. Gd. Cart. perdu (ex fol. CX). – *E.* Angers, 101 H 225 bis, p. 84, n° 440 (avec des coupures), d'après *B.*

a. *Clypeus*, t. I, p. 76 (simple extrait) et t. II, p. 364 (avec des coupures), d'après *B.*

INDIQUÉ : *C. T.L.*, p. 545 et 555. – *H.* Housseau, t. XII[1], fol. 165 v°, n° 5681 (avec réf. : fol. 110 r°).

Passé sous l'épiscopat de Guillaume II Alleaume, évêque de Poitiers, donc après le 1er juin 1124, et sous le règne de Foulque V le Jeune, comte d'Anjou, donc avant le début de 1129.

D'après *E* et *a*.

Quisquis se et sua Domino dederit centuplum accipiet et vitam aeternam possidebit[1]. Hujus rei gratia[a] ego, Bertrandus filius Ebrardi Peloquini,

1) Cf. Mt., XIX, 29.

---

a) se... gratia, *omis dans E qui est remplacé par* etc.

dono Deo et beatae Mariae et ecclesiae Fontis Ebraldi et[b] me et terram quam habeo ad Plateam subtus et super viam pictavensem. Hoc donum concesserunt Geillia[c], soror mea, et Petrus Oculus Ferri maritus ejus et dederunt praedictae ecclesiae partem suam, hoc est medietatem illius terrae quae est sub via pictavense, volentibus filiis eorum Mauricio atque Guillelmo[d]. Pro qua concessione P[etronilla] abbatissa dedit X solidos et[e] unam tunicam Geillae praedictae[f] et Aimericus frater[f], domus Plateae prior, dedit eidem Geillae pelles suas. Testes sunt[g] Isardus de Renoe, Martinus de Partheniaco[h]. Acta carta[i] Lodovico[j], Philippi [filio][k], Francorum rege, Fulcone Juniore Andegavorum comite, Willelmo Adelelmi Pictavorum pontifice.

---

b) et beatae... et, *omis dans E qui remplace par* etc. – c) Geilla *dans a.* – d) *De* et dederunt *à* Guillelmo, *omis dans a.* – e) X solidos et, *omis dans a.* – f) *Ce mot omis dans a.* – g) sunt *omis dans E et remplacé par* etc. – h) Martinus de Partheniaco, *omis dans E et remplacé par* etc. – i) carta, *omis dans E.* – j) Ludovico *dans a.* – k) Philippi *dans a.*

740

[1124-1129]

Geoffroi Roilled, faisant ses deux filles moniales de Fontevraud, donne à la communauté sa terre de Restigné voisine de celle de Burgard de Seuilly, seigneur du fief, qui concède ce don.

A. Original perdu.

B. Gd. Cart. perdu (ex fol. CX). – *E.* Angers, 101 H 225 bis, p. 84, n° 441 (avec des coupures), d'après *B.*

a. *Clypeus*, t. II, p. 334 (avec des coupures), d'après *B.*

INDIQUÉ : *C. T.L.*, p. 559.

Daté des règnes de Louis VI, roi de France, et de Foulque le Jeune, comte d'Anjou. Peut-être de la même époque (1124-début 1129) que le précédent.

D'après *E* et *a.*

Notum sit etc., quod ego[a] Gaufredus[b] Roilled, mittens duas filias meas in congregatione Fontis Ebraudi[c], dono[d] Deo et beatae Mariae et sanctimonialibus ejusdem loci[e] terram quam habeo apud Restigne quae par-

---

a) *Le début omis dans a.* – b) Gauffredé *(sic) dans E.* – c) Ebraudi, *omis dans E.* – d) do *dans E.* – e) Deo à loci, *omis dans E et rempacé par* etc.

titur cum terra Burgardi de Saille[f] de cujus feodo est[g] qui et hoc donum concessit ecclesiae Fontis Ebraldi. Hujus doni sunt[h] testes : Teovinus de Melna, Rainerius de Bretenella, Alexander de Corcellis, Willelmus de Tuille, Paganus Achardi[i], Rainaudus[j] de Canda, Radulfus Anglicus, Garinus Rex[k]. Acta charta[l] Lodovico[m] Phillipi[n] rege Francorum[o], Fulcone Juniore comite Andegavorum[p].

---

f) *Sans doute mauvaise lecture pour* Suille. – g) quae... est, *remplacé dans E par :* de feodo Burcardi de Suille. – h) qui...sunt, *omis dans E.* – i) Paganus Achardi, *omis dans a.* – j) Renaudus *dans a.* – k) Radulfus... Rex, *omis dans a.* – l) charta *omis dans E, a.* – m) Ludovico *dans a.* – n) Philippi *dans a.* – o) Francorum rege *dans a.* – p) Andegavorum comite *dans a.*

741

[1136-1149]

Notice relatant que Béatrice [de Romorantin] *a donné* [à la communauté de Fontevraud] *une terre et une dîme sises à Chaussy.*

A. Original perdu.

B. Gd. Cart. perdu (ex fol. CX). – *D. Ste Fam.*, t. III, p. 310 (analyse, avec réf. : ch. 450), d'après *B.* – *E.* Angers, 101 H 225 bis, p. 85, n° 442 (avec des coupures), d'après *B.*

INDIQUÉ : *C. T.L.*, p. 537. – *L.* Lardier, *Thrésor de l'Abbaye de Fontevraud*, t. I, fol. 115 r°.

V. le n° 890 (autre charte de Béatrice).

Non daté. Postérieur à 1136 – date à laquelle Renaud de Cossé, prédécesseur d'Eude, était encore prieur (v. Arch. dép. de Maine-et-Loire, 101 H 1) – et antérieur à 1149 car, dès avant, Eude fut remplacé par Richard de Mirebeau (v. le n° 370) puis par Isembard (v. le n° 360).

D'après *D.*

Dans la charte 450 une dame Béatrice donne à F.E sa terre et sa dixme à Chaucy. Parmi les témoins : Savary de Boisgency, Odo prieur, Isembard et Giraud prêtres et le seigneur Pierre de la Gasnache.

D'après *E.*

Notum sit etc., quod donna Beatrix etc. dedit Deo etc. terram et decimam apud Cautiacum, tali tenore quod etc. Testes sunt : [...] de Rochis, Renaudus de Sancta Columba, Renodus de Sancto Sigismundo, Savaricus de Beaugencia, Herveus Poroen, Petrus de Gasnapia, etc.

742

[1103/1104 ou 1112/1113 puis après 1115]

Notice relatant que Julienne, mère de Renaud de Saumoussay, et Renaud lui-même ont donné à la communauté de Fontevraud, entre les mains de Robert d'Arbrissel, ce qu'ils avaient en deça du gué de Raslay, un pré excepté ; la fin de cette notice devait concerner une donation ultérieure, laquelle a été faite entre les mains de l'abbesse Pétronille par le frère de Renaud.

A. Original perdu.

B. Gd. Cart. perdu (ex fol. CX). – *C*. *T.L.*, p. 564 (simple extrait), simple mention p. 588, d'après *B*. – *E*. Angers, 101 H 225 bis, p. 85, n° 443 (avec des coupures), d'après *B*. – *F*. Gaignières, t. II, p. 32, n° 443 (avec des coupures), d'après *B*.

INDIQUÉ : *L*. Lardier, *Thrésor de l'Abbaye de Fontevraud*, t. I, fol. 389 v°.

V. le n° 356 (en partie sur le même sujet) et le n° 743.

Ainsi qu'il est indiqué dans le n° 356, la première donation a été effectuée sous le priorat d'Hersende de Monsoreau, donc entre 1103/1104 et le 30 novembre 1112 ou 1113 au plus tard. La seconde est postérieure à l'avènement abbatial de Pétronille de Chemillé (28 octobre 1115).

D'après *E* et *F*.

Notum sit etc., quod[a)] Juliana, mater Raginaudi de Salmunceio, et ipse Raginaudus quicquid[b)] habebant citra vadum Raleii, excepto prato[c)], dederunt ecclesiae Fontis Ebraudi[d)] in manu domni Roberti de Arbressello, et illis diebus non habebat filium nec filiam. Testes : Giraudus de Valagum[e)], Raginaudus filius Lanfredi, Aimericus de Cumant, Gaufrit Chanfrit, Aimericus Quarterii, Aimericus filius Josleni de Valagum[f)], Gaufridus frater Raginaudi... in manu donne P[etronillae] prime abbatisse, testes Raginaudus de Salmunceio[g)], Josbertus de Saxo, Gauffridus[h)] de Cleia, Josbertus de Bernezeio.

---

a) *Le début omis dans F*. – b) quidquid *dans F*. – c) excepto prato, *dans F*. – d) Ebraudi, *omis dans E*. – e) Aimericus de *cancellé après ce nom dans F*. – f) etc. testes *cancellé après ce nom dans E*. – g) Gaufridus *à* Salmunceio, *omis dans E*. – *h) Ce nom omis dans F*.

743

[1124-1130 ou 1135-1140]. – Fontevraud et Raslay.

Notice relatant : 1) *que Sarrasine, épouse de Pierre de Berrie, a donné à la communauté de Fontevraud, à l'occasion de la prise de voile de sa fille, ce qu'elle possédait à Raslay, donation concédée par son beau-frère Aimeri, moine de Montierneuf [*de Poitiers*], qui a amené la jeune fille à l'abbaye, par ses trois fils et par Renaud de Saumoussay, seigneur du fief, qui a reçu quatre livres, tandis que son frère Geoffroi recevait un poulain ;* 2) *que Renaud de Saumoussay a confirmé ses propres donations entre les mains de Guillaume* [II Alleaume], *évêque de Poitiers, venu bénir le cimetière de Raslay ;* 3) *que le même Renaud, agonisant au Mans, a accru sa donation d'essarts sis au gué de Raslay donnés par Joubert de Saix ;* 4) *que les dons de ce Renaud ont été confirmés par sa veuve lors de son inhumation dans le cimetière de Fontevraud.*

A. Original perdu.

B. Gd. Cart. perdu (ex fol. CX). – *D. Ste Fam.*, t. III, p. 307 (analyse avec réf. : ch. 452, fol. 111, *sic* pour 110), d'après *B*. – *E*. Angers, 101 H 225 bis, p. 85, n° 444, d'après *B*. – *F*. Gaignières, t. II, p. 33, n° 444 (avec des coupures), d'après *B*.

INDIQUÉ : *C. T.L.*, p. 542 et 558. – *L*. Lardier, *Thrésor de l'Abbaye de Fontevraud*, t. I, fol. 389 v°.

V. les nos 356 et 742.

Non daté. La confirmation des premières donations de Renaud entre les mains de l'évêque Guillaume II a été effectuée entre le 1er juin 1124 et le 6 octobre 1140 (= épiscopat de ce prélat), étant toutefois à exclure les années 1130 à 1135 lors desquelles il a été chassé de son siège. L'ultime donation de Renaud est postérieure au début de 1129, début du règne de Geoffroi Plantegenêt. La concession de Sarrasine a été confirmée à Fontevraud, celle de Renaud à Raslay, celle de sa veuve à Fontevraud.

D'après *E* et *F*.

Iterum[a)] sciant omnes fideles quod uxor Petri de Berreia, Saracina[b)] nomine, dedit ecclesiae Fontis Ebraudi[c)], cum filia sua, quicquid[d)] habebat apud Raleium, et Aimericus[e)] frater Petri, monachus[f)] Novi Monasterii, concessit et ipsemet adduxit suam neptem[g)] ad Fontem

---

a) *Ce mot omis dans F*. – b) Sarrasina *dans F*. – c) Ebraudi *manque dans E*. – d) quidquid *dans F*. – e) Hamericus *dans F*. – f) monacus *dans E*. – g) neptam *dans F*.

Ebraudi et filii ejus concesserunt, Salnerius, Potinus, Aimericus[h)], fratres, et Raginaudus de Salmuntiaco[i)] de cujus feodo erat concessit[j)] et fuit testis et inde habuit quatuor libras et frater ejus Gaufridus habuit inde pullum[k)]. Quando vero cymeterium[l)] de Raleio fuit sacratum, Raginaudus de Salmunciaco[i)] concessit omnia sua dona quae dederat dictae[m)] ecclesiae in manu Willelmi Pictavensis episcopi, testes : Gaufridus frater Raginaudi, Gauffridus Chanfrit, Aimericus Guarter, Jobertus de Saxo, Gauffridus Vardex qui detulit crucem in processionem[n)]. Quando Raginaudus supradictus deffunctus[o)] est apud Coenamanicam urbem, crevit suam elemosinam supradictae ecclesiae, scilicet sarcos quos dederat Josbertus de Saxo sanctimonialibus ecclesiae Fontis Ebraudi ad rumpendum ultra vadum Raleii et[p)] ad hoc fuerunt isti : Gauffredus comes Andegavensis, Joscelinus Roignardus, Absalon Roignardus et Gauffridus[q)] et Johannes[r)] armigeri ejus et plures[a)] alii. Et quando ipse Raginaudus sepultus est in cimiterio Fontis Ebraudi, uxor ejus Chorinda concessit dona supradicta et posuit vadimonium super altare, videntibus[a)] ipsis et testibus[t)] : Gaufrido[s)] fratre ejus, Eraudo nepote[u)] ejus, Andreas[v)] de Salmunceio, Johanne de Sancto Cirico, Galebrodus filius[w)] ejus et tota familia ejus[x)].

---

h) Haimericus *dans F.* – i) Salmunceio *dans F.* – j) testis *cancellé après ce mot dans E.* – k) et fuit *à* pullum, *omis dans E.* – l) cimiterium *dans F.*– m) supradictae *dans F.* – n) Gauffridus *à* processionem, *omis dans F.* – o) defunctus *dans F.* – p) scilicet *à* et, *omis dans E, remplacé par* etc. – q) Gaufridus *dans F.* – r) et Johannes, *omis dans E.* – s) Gaufridus *(sic) dans F.* – t) ipsis et testibus, *omis dans E.* – u) Eraudus nepos *(sic) dans F.* – v) *Sic pour* Andrea – w) *Sic pour* Galebrodo filio. – x) Andreas *à la fin, omis dans E et remplacé par* etc.

744

[1117/1118 – 1123 ou 1124-1129]

Notice relatant qu'Aimeri de Passavant, Renaud de Sanzay, son frère et Pierre Blou ont donné à la communauté de Fontevraud trois manses de la terre dite Multha *en forêt de Varancé, près du moulin de la fontaine Saint-Pierre ; le fils de Renaud de Sanzay a donné son accord.*

A. Original perdu.

B. Gd. Cart. perdu (ex fol. CXI). – *E.* Angers, 101 H 225 bis, p. 85, n° 444 (avec des coupures), d'après *B.* – *F.* Gaignières, t. II, p. 33, n° 445 (avec des coupures), d'après *B.* – *G.* Duchesne, t. XXII, fol. 415 r° (avec des coupures), d'après *B.*

INDIQUÉ : *C. T.L.*, p. 551, 553, 574.

Daté, notamment, du règne de Foulque V, comte d'Anjou – donc antérieur au début de 1129 – et de l'épiscopat de Guillaume, évêque de Poitiers, donc passé entre fin 1117/début 1118 et le 4 août 1123 s'il s'agit de Guillaume Ier Gilbert, et postérieur au Ier février 1124 s'il s'agit de Guillaume II Alleaume.

D'après *E, F* et *G*.

Antiquorum etc., quod[a)] Aimericus de Passavant et[b)] Renaldus[c)] de Sansaico[d)] et Rossidus frater ejus atque Petrus Bloius, pro animarum suarum salute[e)], donaverunt Deo[f)] et Sanctae Mariae Fontis Ebraudi[g)] tres masuras terrae in silva quae dicitur Varentia juxta fontem Sancti Petri etc.[h)], volente[i)] Roberto filio Rainaldi etc.[h)] Acta carta[j)] Guillelmo Pictavorum pontifice, Ludovico[k)] Francorum rege, Fulcone Andegavorum comite.

---

a) *Le début seulement dans E.* – b) et *omis dans G.* – c) Rainaldus *dans F.* – d) Senzaico *dans F.* – e) pro... salute, *omis dans F.* – f) Deo, *omis dans F.* – g) et Sanctae... Ebraudi, *seulement dans F ;* etc. *E.* – h) etc, *seulement dans E.* – i) concedente *dans F.* – j) carta, *seulement dans F.* – k) Lodovico *dans F.*

D'après *C* (p. 551).

Molendinum supra fontem Rivi Petrosi, 445.

D'après *C* (p. 553).

Multha terra, 445.

745

[1117-1124]. - Fontevraud.

Notice relatant qu'Oger de Saint-Martin a vendu, sous forme de donation, à la communauté de Fontevraud, pour dix livres angevines que l'abbesse Pétronille lui a versées, deux arpents de prés en Véron et qu'il a, en outre, renoncé à des revendications ; son épouse et ses deux fils ont concédé cette vente.

A. Original perdu.

B. Gd. Cart. perdu (ex fol. CXI). – *E*. Angers, 101 H 225 bis, p. 85, n° 446 (avec des coupures), d'après *B*. – *F*. Gaignières, t. II, p. 33, n° 447 (*sic* pour 446, avec des coupures), d'après *B*.

INDIQUÉ : *C*. *T.L.*, p. 538, 557, 578. – *H*. Housseau, t. XII[1], fol. 165 v°, n° 5682 (avec réf. : fol. 111, v°). – *L*. Lardier, *Thrésor de l'Abbaye de Fontevraud*, t. I, fol. 123 v°.

Daté, notamment, de l'épiscopat de Gilbert de Maillé, archevêque de Tours (1117-1124).

D'après *E* et *F*, complété en note grâce à *C* et *L*.

Quandiu etc., quod[a] Ogerius de Sancto Martino donavit Deo[b] et beatae Mariae Fontis Ebraudi[c] duo jugera pratorum in Verrone, etc.[1] Petronilla abbatissa Fontis Ebraudi[d] dedit ei decem libras andecavensis monetae[e]... Praeterea dimisit calumniam...[f] Factum apud Fontem Ebraudi... concedente uxore mea[g] Odelina atque filiis suis, Gervasio, Alexandro[h]. Testes : Gauterius de Monte Sorello, Raginaudus Canutus, Gosbertus de Mortum[i] etc. Acta carta[j] Ludovico[k] Francorum rege, Fulcone Andegavorum comite, Gisleberto[l] Turonensium praesule.

---

1) Ces prés se situaient à Chouzé selon la rubrique « Chosé » sous laquelle se trouvent les mentions de *C*, p. 538 et de *L*.

---

a) *Le début seulement dans E*. – b) Deo etc., *dans E*. – c) et beatae *à* Ebraudi, *omis E*. – d) Ebraudi *omis F*. – e) Petronilla... monetae, *seulement dans F ; de* etc. *à* monetae *omis E*. – f) Praeterea... calumniam, *seulement dans E*. – g) Sic *pour* sua. – h) Factum *à* Alexandro, *seulement dans F*. – i) Mortuin *dans F*. – j) carta, *seulement dans F*. – k) Lodovico *dans F*. – l) Gilleberto *dans E, F*.

746

[1118/1119 - 1123 ou 1124-1129]

Aimeri de La Haye donne à la communauté de Fontevraud un emplacement sur la rivière de Comprigny en vue d'édifier un moulin assujetti à un cens annuel de dix-huit deniers ; par la suite, son neveu étant décédé, il fait remise de douze de ces deniers avec l'accord de son épouse.

A. Original perdu.

B. Gd. Cart. perdu (ex fol. CXI). – *E*. Angers, 101 H 225 bis, p. 86, n° 447 (avec des coupures), d'après *B*. – *F*. Gaignières, t. II, p. 33-34 (avec des coupures), d'après *B*.

INDIQUÉ : *C*. *T.L.*, p. 551 et 559.

V. le n° 4 (même sujet).

Daté, notamment, du règne de Foulque V, comte d'Anjou, donc antérieur au début de 1129, et de l'épiscopat de Guillaume, évêque de Poitiers, donc passé entre fin 1118/début 1119 et le 4 août 1123 s'il s'agit de Guillaume Ier Gilbert et après le 1er juin 1124 s'il s'agit de Guillaume II Alleaume.

D'après *E* et *F*.

Beneficia quaelibet etc.[a)] Ego Aimericus de la Haia dono Deo et[b)] beatae Mariae Fontis Ebraudi[c)] unum locum ad faciendum molendinum in riparia de Compregnio, redditis[c')] mihi censualiter XVIII nummis per annum. Deinde vero[d)], moriente Ademaro nepote meo, pro anima illius dono dictis sanctimonialibus[e)] XII nummos ex illo censu in praefato molendino[f)], volente et[g)] concedente Thomassa uxore mea. Testes : Girorius de Mauriniaco, Gauterius de Poent, Aimericus de Sancto Jovino. Acta carta Ludovico Francorum rege[h)] regnante, Fulcone Andegavorum comite, Guillelmo Pictavorum pontifice.

---

a) *Le début seulement dans E*. – b) Deo et, *seulement dans E*. – c) beatae... Ebraudi, *omis dans E*. – c') redditus (*sic*) *E* – d) vero, *seulement dans E*. – e) dictis sanctimonialibus, *omis dans F*. – f) in praefato molendino, *omis E*. – g) volente et, *seulement dans E*. – h) Francorum rege, *seulement dans E*.

747

[1117/1118 - 1123 ou 1124-1129]

Giroire Amauger de Marigny donne aux moniales de Fontevraud une « œuvre » de terre située devant le moulin de la rivière de Comprigny ; Aimeri de La Haie, seigneur du fief, ainsi que son épouse, les trois fils et les trois filles de Giroire concèdent ce don.

A. Original perdu.

B. Gd. Cart. perdu (ex fol. CXI). – *E*. Angers, 101 H 225 bis, p. 86, n° 448 (avec des coupures), d'après *B*.

INDIQUÉ : *C. T.L.*, pp. 551 et 559.

Même époque que l'acte précédent.

D'après *E*.

Caelestia prosequi, etc. Ego Girorius Amaugerii de Mauriniaco dono Deo etc. unam operam terrae quae est ante molendinum sanctimonialium Fontis [Ebraudi][a] quod est in riparia de Compreignio, concedente Aimerico de la Haia de cujus feodo, volentibus Richilde uxore mea et filiis et filiabus meis, Affredo, Johane atque Matheo, Aoissa, Maria et Amelina. Acta Lodovico regnante, Fulcone Andegavorum comite, Guillelmo Pictavorum pontifice.

---

a) Ebraudi, *omis E*.

748

[1108-1109 ou 1109-1116]

Renaud de La Rive, son épouse, son fils et sa fille vendent sous forme de donation, pour 7 livres monnaie angevine, à la communauté de Fontevraud, entre les mains de Robert d'Arbrissel, quatre arpents de prés en Véron ; Macouard des Roches et la sœur de Renaud concèdent cette vente.

A. Original perdu.

B. Gd. Cart. perdu (ex fol. CXII). – *C*. *T.L.*, p. 564 (le début seulement) ; simples mentions p. 557 et 578, d'après *B*. – *F*. Gaignières, t. II, p. 34, n° 449 (avec des coupures), d'après *B*. – *H*. Housseau, t. XII[1], fol. 160 r°, n° 5644 (le début seulement, d'après *C*, p. 564, avec réf. : Cartul. F. Eb., cart. 449) et fol. 165 v°, n° 5683 (simple extrait avec réf. : fol. 112 r°) d'après *B*.

V. le n° 140 (autre version).

Passé sous le règne de Louis VI, donc après le 29 juillet 1108, et du vivant de Robert d'Arbrissel, donc avant le 25 février 1116. Antérieur au 14 avril 1109 si le comte d'Anjou Foulque, mentionné dans la datation, est Foulque IV.

D'après *C* (p. 564) et *F*.

Ego Raginaudus de Ripa et uxor mea Adenoris filiusque meus Aimericus atque filia mea Amelina donamus Deo, beatae Mariae et[a] sanctimoniali-

---

a) Deo… et, *seulement dans C*.

bus Fontis Ebraudi[b], in manu donni Roberti de Arbressello, quatuor jugera pratorum in Verrone[c]. Pro quo dederunt mihi de caritate septem libras Andegavis monetae et Marcoardo de Rochis concedenti quinque solidos donavere... Factum sub testimonio horum : Radulfi Mali Monachi, Andree de Varenniis. Hoc beneficium concessit Mabilia soror predicti Raginaudi. Cujus concessionis testes[d] : Gaufridus Malus Monachus..., Gauterius de Alodis. Facta carta regnante Lodovico Francorum rege, Fulcone Andegavorum comite, Radulfo Turonorum archiepiscopo.

---

b) *Le mot seulement dans C.* – c) *Fin de l'extrait de C.* – d) Tomas *cancellé après ce mot dans F.*

749

[1115-1149]

Notice relatant que Berthelot Primaut et son épouse ont donné le moulin du Roi à l'abbesse Pétronille ; Aimeri de Bernazay, seigneur du fief, son épouse et son frère ont concédé ce don.

A. Original perdu.

B. Gd. Cart. perdu (ex fol. CXII). – *E*. Angers, 101 H 225 bis, p. 86, n° 450 (avec des coupures), d'après *B*.

INDIQUÉ : *C. T.L.*, p. 531 et 551.

Non daté. Passé sous l'abbatiat de Pétronille (28 octobre 1115-24 avril 1149).

D'après *E*, complété en note grâce à *C*.

Notum sit tam etc., quod Bartolot Primaudus et uxor ejus dederunt dominae P[etronillae] abbatissae etc., molendinum etc.[1] Fidejussores : Brunus Sancti Jovini, Gauffridus de Levere, Stephanus de Brai, Malet de Varennis, Alaar de Pierrefite, Robertus Primaudus, Bartolomeus Primaudus et Aufredus de Pierrefite. Testes sunt : Petrus Letardus,

---

1) Il s'agit du moulin du Roi, à Cheillé, près d'Azay-le-Rideau, ainsi qu'il ressort des indications de *C* : « Molendinum de Rege, dono Bertholot Primaut, 450 » (p. 551) et : « Achaii villa, feodum Guill. Godoin, vulgo Açay, 458, 499, 450 » (p. 531).

Effredus Rabaste, Ragotus de Alodiis, Beraudus de Lora. Et hoc donum concesserunt Aimericus de Bernazaico de cujus feodo et Briendus, frater ejus et Juliana, uxor ejus, audientibus istis : Philippo Gibaudo, Gisleberto Bibente Vino, Simone de Bernezai, Petro de Bornem, Hugone de Voum, Aimerico Gaudino, Pagano Mauricio, Pagano de Codrei, Petro Letardo.

750

[1115-1149]

Acte concernant deux arpents de terre au lieu-dit le Champ Fiévreux à Restigné.

A. Original perdu.
B. Gd. Cart. perdu (ex fol. CXII).
INDIQUÉ : *C*. *T.L.*, p. 536 et 559.

D'après *C* (p. 536).

Campus Febrosus Restiniaci, duo arpenta terrae, 451.

D'après *C* (p. 559).

Restiniacum. Duo arpenta terrae in Campo Febroso Restiniaci, 451.

751

[1115-1149]

Acte concernant le don, par Geoffroi de Chaveignes, de la terre dite du Pré Brunet à l'abbesse Pétronille ; Aimeri Bascher, seigneur du fief, a concédé cette donation avec ses deux frères.

A. Original perdu.

B. Gd. Cart. perdu (ex fol. CXII). – *F*. Gaignières, t. II, p. 34, n° 452 (simples extraits), d'après *B*.

INDIQUÉ : *C*. *T.L.*, p. 557.

Passé sous l'abbatiat de Pétronille de Chemillé (28 octobre 1115 - 24 avril 1149).

D'après *C*.

Prata. Prati Bruneti terrae dono Gaufridi de Chavennis, 452.

D'après *F*.

Donum... Petronilla abbatissa... Donum concessit Aimericus Bascherii de dominio cujus erat et Berthelot et Mauricius fratres sui.

752

[1115-1149]

Notice relatant que, lors de la prise de voile de sa fille, Raoul de Colombiers [= Villandry] *a donné deux arpents de vigne et huit de terre, la moitié d'une maison, dix arpents de terre au lieu dit « Solers » et un arpent à Chavigny.*

A. Original perdu.

B. Gd. Cart. perdu (ex fol. CXII). C. T.L., p. 538 (simple mention) et p. 574 (analyse), d'après *B*. – *E*. Angers, 101 H 225 bis, p. 86, n° 453 (court extrait), d'après *B*.

INDIQUÉ : *H*. Housseau, t. XII^1, fol. 165 v°, n° 5684 (avec réf. : fol. 113 r°, sic pour 112 r°, à moins que la copie de l'acte n'ait chevauché les deux folios).

Peut-être même époque que le précédent.

D'après *C*, p. 574.

Solers. Radulfus de Columberiis dat duo arpenta vineae et 8 terrae, dimidiam domum cum medietate curiae et x arpenta terrae ad Solers et unum arpentum ad Chavigneum, 543.

D'après *E*.

Ut non sit, etc. Radulfus de Columbariis cum filia sua quam monacham fecit dedit duo arpenta terrae et multa alia, etc. ad Solers.

753

[Peu avant 1149]. - Fontevraud.

Geoffroi Fulcrède, accroissant ses libéralités antérieures, donne à la communauté de Fontevraud, en présence de l'abbesse Pétronille et de « la multitude » des frères et des sœurs, la dîme des aulx, des oignons, du chanvre, du lin et des autres produits des jardins de Rest.

A. Original perdu.

B. Gd. Cart. perdu (ex fol. CXIII). – *C*. *T.L.*, p. 540 (simple mention) et p. 559 (analyse rapide), d'après *B*.

a. *Clypeus*, t. I, p. 77 (le début seulement) et t. II, p. 267, d'après *B*.

INDIQUÉ : *L*. Lardier, *Thrésor de l'Abbaye de Fontevraud*, fol. 398 r°.

Non daté. Passé sous l'abbatiat de Pétronille († 24 avril 1149) et peu avant la fin de celui-ci, Isembard étant déjà prieur.

D'après *a*, (t. II, p. 267).

Ego Gaufridus Fulcre ad augmentum eleemosynarum mearum de decima quam habebam in hortis de Rest, in alliis scilicet, cepe, canabe et lino atque in omnibus quae de jam dictis hortis procedunt decimando, fratrum atque sororum circumsedente multitudine, Deo et beatae Mariae Fontis Ebraldi, cum omni alacritate animi, donationem in capitulo feci pro remissione peccatorum meorum ad usus sanctimonialium in eodem loco Dei servitio mancipatarum, deinceps in sempiternum libere et solide possidendum, in praesentia dilectae dominae Petronillae, ejusdem loci primae venerabilis abbatissae, videntibus istis : Radulpho de Gre, Gaufrido de Cimiliaco canonico Sancti Martini, Petro serviente domnae Agathae, Isembardo priore, Guillelmo Talnai et multis aliis.

754

[Deuxième quart du XIIe siècle ?]

Acte concernant le don d'un « joint » de terre par Payen de Brézé et sa sœur.

A. Original perdu.
B. Gd. Cart. perdu (ex fol. CXIII). – *D*. *Ste Fam.*, t. III, p. 314 (analyse rapide avec réf. : ch. 463, fol. 113), d'après *B*.
INDIQUÉ : *C*. *T.L.*, p. 576.

D'après *C*.

Terra. Junctum terrae dono Paganae de Breze, 455.

D'après *D*.

Frère Estienne de Chavenay lequel je voy encore en la charte 463, f. 113, présent lorsque Payenne de Breze et Malenuit sa sœur donnent à F.E. un joint de terre. Dreux son nepveu l'assistoit et Hervé de Molne.

755

[1165-1180]

Achard de Dissay, faisant moniale une fille de son parent Raoul Bordin, donne à la communauté huit sous sur la terre de Ronce ; Jean de Dissay, seigneur du fief, concède ce don.

A. Original perdu.
B. Gd. Cart. perdu (ex fol. CXIII). – *C*. *T.L.*, p. 560 (analyse rapide), d'après *B*. – *D*. *Ste Fam.*, t. III, p. 351 (analyse rapide avec réf. : ch. 464, fol. 113), d'après *B*. – *E*. Angers, 101 H 225 bis, p. 86, n° 456 (incomplet), d'après *B*. – *F*. Gaignières, t. II, p. 34, n° 456 (id.), d'après *B*.
INDIQUÉ : *L*. Lardier, *Thrésor de l'Abbaye de Fontevraud*, t. I, fol. 408 r°.

V. le n° 517 (charte de Raoul Bordin).
Non daté. Passé sous le priorat de Gillette (1165-1180) ainsi qu'il ressort du n° 517.

D'après *E* et *F*.

Sicut Scriptura etc., quod[a] ego Achardus de Diceia pono in monacham filiam unam Radulfi Bordini, cognati mei, in ecclesia Sanctae Mariae de[b] Fonte Ebraudi et pro ea[c] do octo solidos prefatae ecclesiae[d] in terra de Ronceia. Et[e] ego Johanes de Diceia concedo de cujus feodo[f] est elemosinam[g].

a) *Le début, seulement dans E.* – b) sanctae Mariae de, *seulement dans F* ; in ecclesia Fontis, *E.* – c) pro ea, *seulement dans F.* – d) octo *à* ecclesiae, *seulement dans F* ; do etc., *E.* – e) in *à* Et, *seulement dans E.* – f) de cujus de feodo, *E.* – g) elemosinam, *seulement dans F* ; testes *cancellé après ce mot dans F.*

756

[1103/1104 - 1109 ou 1112/1113]

Foulque Fessard donne à Robert d'Arbrissel et aux moniales de Fontevraud, avec l'accord de son épouse et de son fils, une terre à deux bœufs et deux saisons proche de celle qu'il avait donnée lors de la prise de voile de sa fille ainsi que quatre jullia *de prés ; il reçoit de la prieure Hersende un cheval tout harnaché.*

A. Original perdu.
B. Gd. Cart. perdu (ex fol. CXIII). – *C. T.L.*, p. 564 (incomplète) et p. 576 (simple mention), d'après *B.* – *D. Ste Fam.*, t. III, p. 229 (analyse avec réf. : ch. 465, fol. 113), d'après *B.* – *F.* Gaignières, t. II, p. 34, n° 457 (incomplète), d'après *B.*

V. les n°s 182 et 776 (donations antérieures du même)
Non daté. Postérieur aux n°s 182 et 776 passés entre 1103/1104 et le 29 juillet 1108. Passé sous le priorat d'Hersende, donc avant le 30 novembre 1109 au plus tôt, 1112/1113 au plus tard.

D'après *C* (p. 564) et *F*.

Ego[a] Fulcoius Fessardi[b] dono[c] Deo et domno[d] Roberto de Arbressello[e] et monacharum congregationi de Fonte Ebraudi terram

a) *Ce mot seulement dans F.* – b) Fessardus *dans C.* – c) dat *dans C.* – d) Deo et domno, *seulement dans C.* – e) de Arbressello, *seulement dans F.*

duobus bobus duabus fationibus[f] excolendam juxta terram quam prius eis cum filia mea donaveram et IIII jullia pratorum[g]. Testes : Ugo Fessardus...[h].

f) *corriger :* sationibus. – g) et... pratorum, *seulement dans C.* – h) Testes... *à la fin, seulement dans F.*

D'après *D.*

Ch. 465, f. 113. De plus, il (= Foulque Fessard) accrut ce don[1] de la moitié et pour ce on lui fit présent d'un excellent cheval de la charité du monastère, lequel était tout équipé de son harnois et lui fut donné par Hersende prieure. Sa femme Marie et son fils Robert y consentirent.

1) V. les n°s 182 et 776.

757

[Première moitié du XIIe siècle ?]. - Moncontour.

Notice concernant la concession par la dame de Vernay et ses deux fils de tout ce qu'ils détenaient sur le territoire de Lorgeboisseau, notamment la dîme.

A. Original perdu.

B. Gd. Cart. perdu (ex fol. CXIII). – *E.* Angers, 101 H 225 bis, p. 86, n° 458 (avec des coupures), d'après *B.*

INDIQUÉ : *C. T.L.*, p. 549.

D'après *E,* complété en note grâce à *C.*

Notum sit etc., quatenus domina Verneiae et filii sui Savaricus et Mauritius concesserunt Deo etc., quicquid habebant in territorio de Logeboissel, etc.[1] Huic dono testes sunt advocati in claustro Sancti Nicolai de Moncantorio Aimericus frater, Guillelmus prior Sancti Nicolai, Robertus dominus Moncantorii, Aimericus d'Ainchay, etc.

1) La dîme faisait partie de ces possessions ainsi qu'il ressort de la mention de *C* : « Longeboissa decima à La Taconnière... 458. »

758

[1115-1149]

Acte concernant un accord au sujet du bois de Born.

A. Original perdu.
B. Gd. Cart. perdu (ex fol. CXIII).
INDIQUÉ : *C. T.L.*, p. 534.

V. le n° 442, ex. 133 (auquel la source *C* renvoie, donation de ce bois par Boson Macouard)
Probablement passé sous l'abbatiat de Pétronille de Chemillé (28 octobre 1115-24 avril 1149) comme le n° 442.

D'après *C*.

Born. Boscus de Born concordia, 133, 459.

759

[1110 ou 1112/1113 - 1115]

Notice relatant le don fait, entre les mains de Robert d'Arbrissel, par Audeburge de Montreuil, du bois de Vau Suchart quand elle fit admettre deux femmes parmi les religieuses de Fontevraud ; ses deux frères, sa fille, son petit-fils, sa petite-fille et un neveu de cette dernière ont concédé ce don.

A. Original perdu.
B. Gd. Cart. perdu (ex fol. CXIV). – *C. T.L.*, p. 564 (très court extrait) et p. 576 (simple mention) d'après *B*. – *E*. Angers, 101 H 225 bis, p. 86-87, n° 460 (incomplète), d'après *B*. – *F*. Gaignières, t. II, p. 34 (incomplète) et 394 (copie semblable à la précédente), d'après *B*.
INDIQUÉ : *D. Ste Fam.*, t. III, p. 233 (avec réf. ch. 467). – *b*. Cosnier, p. 163 et 236 (simples mentions avec réf. ch. 467, fol. 114), d'après *B*.

V. le n° 411 (autre version).
Passé, ainsi qu'il ressort du n° 411, entre 1110, ou au plus tard, le 30 novembre 1112 ou 1113 et le 28 octobre 1115.

D'après *E* et *F*.

Posteritati etc., quod[a] Audeburgis de Monsterello, pro animae suae etc.,[b] dedit Beatae Mariae Fontis Ebraudi[c], in manu domni Roberti, nemus quod est ad[d] Vallem Sichardi cum duabus faeminis quas in ecclesia Fontis [Ebraudi][e] sub moniali habitu Deo servire constituit. Hoc concesserunt duo fratres ejus, Gaudinus Espechaus et Buchardus Espechauz[f]. Simul etiam Mansella filia ejus Audeburgis et Odo filius Mansellae et Aremburgis soror ejus et Humbertus de Booleio, nepos ejusdem[g] Aremburgis etc.[a].

---

a) *Le début seulement dans E.* – b) pro... etc., *seulement dans E.* – c) Beatae... Ebraudi, *dans F.* – d) apud *dans F.* – e) Ebraudi, *omis E.* – f) *De* cum duabus *à* Espechauz, *seulement dans E.* – g) supradicte *dans F.* – h) etc., *seulement dans E.*

760

[1131-1144]

L'abbesse Pétronille concède à Eudes, fils de Mansella [elle-même fille d'Audeburge de Montreuil, v. l'acte précédent], *et à ses héritiers une rente annuelle de vingt-huit sous ; cette donation est confirmée entre les mains du comte d'Anjou Geoffroi Plantegenêt qui la concède car relevant de son fief.*

A. Original perdu.
B. Gd. Cart. perdu (ex fol. CXIV). – *E*. Angers, 101 H 225 bis, p. 87, n° 461 (avec des coupures), d'après *B*. – *F*. Gaignières, t. II, p. 34, n° 461 (id.), d'après *B*.
ANALYSE : *j.* J. Chartrou, *L'Anjou de 1109 à 1151*, p. 297, Catalogue d'actes n° 161, d'après *F*.
INDIQUÉ : *C. T.L.*, p. 576.

Non daté. Passé au temps (1131-1144) où Foulque, père de Geoffroi, était roi de Jérusalem.

D'après *E* et *F*.

Ego Dei gratia P[etronilla][a], Fontis Ebraudi prima abbatissa, cum consilio et assensu totius[b] capituli nostri[c] dedi et concessi[d] Odoni filio

---

a) Petronilla Dei gratia *dans F.* – b) totius *seulement dans F.* – c) nostri, *seulement dans F.* – d) et concessi, *seulement dans E.*

Mansellae et hereditariis illius sive succedentibus ita ut ipsi[e] 28 solidos per singulos annos[f]. Hoc donum firmatum est in manu domini Gauffredi[g] Andegavorum comitis, regis Jerusalem filii, ipso eodem que[h] concedente et confirmante[i] de cujus feodo movebatur. Testes : Gauvanus de Camilliaco, Paganus de Claris Vallibus, Pipinus Andegavensis prefectus, Tomas capellanus comitis Andegavensis[j].

---

e) et... ipsi, *seulement dans F*. – f) per singulos annos *seulement dans F, remplacé par* etc. *dans E*. – g) Gaufridi *dans F*. – h) que, *seulement dans F*. – i) et confirmante, *seulement dans E*. – j) *De* Pipinus *à* Andegavensis, *seulement dans F, remplacé par* etc. *dans E*.

761

[Peu après 1141]. - Fontevraud, au chapitre.

Notice relatant qu'un accord est intervenu entre l'abbesse de Fontevraud [Pétronille de Chemillé] *et Guillaume de Forges, premier abbé du Pin, lequel émettait des prétentions sur le lieu de Glatigny et qu'une confraternité de prières pour les défunts a été conclue à cette occasion entre les deux abbayes.*

A. Original perdu.
B. Gd. Cart. perdu (ex fol. CXIV). – *C*. *T.L.*, p. 546 (analyse), d'après *B*. – *D*. *Ste Fam.*, t. III, p. 279-280 (analyse avec réf. : ch. 468, fol. 114) et p. 202, d'après *B*. – *E*. Angers, 101 H 225 bis, p. 87, n° 462 (avec des coupures), d'après *B*. – *F*. Gaignières, t. II, p. 35, n° 462 (court extrait), d'après *B*.
a. *Clypeus*, t. II, p. 445-446, d'après *B*. – *b*. Cosnier, p. 176 (avec réf. : ch. 468, fol. 114), d'après *B*.
INDIQUÉ : *H*. Housseau, t. XII[1], fol. 165 v°, n° 5685 (avec réf. : fol. 114 r°). – *c*. Nicquet, p. 260 (simple mention avec réf. : ch. 462), d'après *B*.

Non daté. Sans doute postérieur de peu à la fondation (1141) de l'abbaye cistercienne du Pin car le prieur de Fontevraud Renaud de Cossé témoin, eut trois successeurs, Eude, Richard de Mirebeau et Isembard dès avant la fin de l'abbatiat de Pétronille (24 avril 1149).

D'après *E*, *a* et *b*.

Litterarum custodiae, etc., quod[a] Guillelmus de Forgiis[b], primus abbas de Pino, querelam quam[c] habebat ipse et monachi ejus cum abbatissa et

---

a) *Le début seulement dans E*. – b) Forgis *dans b*. – c) quam, *seulement dans E*.

monialibus Sanctae Mariae[d] Fontis[e] Ebraudi de loco qui Glatiniacus nuncupatur[f] sed eam[g], in capitulo dictarum[h] monialium Fontis Ebraldi[i], omnino et sine obstaculo[j] finivit et confecit[k]. Testes sunt[l] : Raginaudus de Coceio qui tunc temporis prior erat[m] et Raginaudus sacerdos de Auris Vallibus et[n] Gaufridus[o] de Lineriis frater ecclesiae[p] et Martinus de Garundia[q]. Pro hoc dono et concessione haec ipsi statuimus et confirmamus fraternitatem talem cum abbate et monachis ejus[r] tali conditione[s] ut cum ipse abbas obierit et alii post eum fiat pro ipsis quantum pro abbatissa nostra et pro priore quantum pro nostro priore ; eodem modo fiat pro priore laicorum, pro aliis etiam monachis et fratribus laicis quantum pro fratribus et sororibus nostris. Similiter et ipsi audito fine abbatissae nostrae orabunt pro ipsa[t] quantum pro suo abbate et pro priore, et pro priorissa nostra quantum pro suo priore, generaliter vero pro fratribus et sororibus nostris a Pascha usque ad Pentecostem[u] unum septenarium[v].

---

d) et… Mariae, *omis dans E*. – e) de Fonte *dans a*. – f) dicitur *dans E*. – g) sed eam, *omis dans E*. – h) dictarum, *omis dans E*. – i) Fontis Ebraldi, *seulement dans E*. – j) et sine obstaculo, *seulement dans E*. – k) et confecit, *omis E*. – l) sunt, *seulement dans E*. – m) erat prior *dans b*. – n) et… et, *omis dans E*. – o) Gauffridus *dans E*, Gaufredus *dans a*. – p) frater ecclesiae, *seulement dans E, ajouté dans l'interligne*. – q) Girundia *dans a*. – r) *De* et Martinus *à* ejus, *omis dans E et remplacé par* etc. – s) tali conditione, *seulement dans E*. – t) ipsam (sic) *dans b*. – u) Pentecosten *dans a*. – v) *De* nostra et *à la fin, omis dans E*.

762

[1124-1126 ou 1126-1127]. - Brébaudet.

Pierre de La Réorthe et son frère donnent à la communauté de Fontevraud toute la terre et tout ce qu'ils possèdent à Libaud.

A. Original perdu.

B. Gd. Cart. perdu (ex fol. CXIV). – *F*. Gaignières, t. II, p. 35, n° 463 (avec des coupures), d'après *B*. – *L*. Lardier, *Thrésor de l'Abbaye de Fontevraud*, fol. 270 v° (analyse rapide), d'après *B*.

x. *Cartulaire du prieuré de Libaud* (« *Archives Historiques du Poitou* », t. I) n° V, p. 58 (d'après *L*).

INDIQUÉ : *C. T.L.*, p. 537 et 548.

Daté du règne de Louis VI roi de France, de l'épiscopat de Guillaume II Alleaume, évêque de Poitiers – donc postérieur au 1er juin 1124 – et du règne de Guillaume, duc d'Aquitaine, donc antérieur à 1126, s'il s'agit de Guillaume IX, antérieur au 9 avril 1137 s'il s'agit de Guillaume X.

D'après *F*.

Petrus de Rohorta et Guillelmus frater meus donamus Beatae Mariae Fontis Ebraudi totam terram et quidquid habemus apud castellum Lebaudi. Hoc donum fecimus apud Berbaudum vicum... Acta carta Lodovico [filio] Philippi Francorum rege, Willelmo Aquitanorum duce, Guillelmo Adelelmi Pictavorum pontifice.

Aucune trace de l'acte anciennement numéroté 470/464 et qui figurait au fol. CXIV.

763

[1115-1149]

Notice relatant que Christophe de Saint-Mars et son épouse ont renoncé à leurs prétentions sur le clos de Chouzé entre les mains de l'abbesse Pétronille qui leur a conféré le bénéfice des prières de l'abbaye ; leurs quatre fils ont concédé ce renoncement.

A. Original perdu.

B. Gd. Cart. perdu (ex fol. CXIV). – *E*. Angers, 101 H 225 bis, p. 87, n° 465, d'après *B*. – *F*. Gaignières, t. II, p. 35, n° 465 (avec des coupures), d'après *B*. – *H*. Housseau, t. XII[1], fol. 165 v°, n° 5686 (seulement les noms des participants et des témoins avec réf. : fol. 114), d'après *B*.

Non daté. Passé sous l'abbatiat de Pétronille (28 octobre 1115-24 avril 1149).

D'après *E* et *F*.

Chrystophorus[a)] de Sancto Medardo et Richildis uxor ejus faciebant injuste calumniam[b)] in cluso de Choceio. Postea[c)] concesserunt eam Deo et[d)] beatae Mariae Fontis Ebraudi[f)] in manu P[etronillae] primae Fontis [Ebraudi][g)] abbatissae, concedentibus filiis eorum, videlicet[h)] Herveo, Aloono, Isemberto, Gauffrido[i)]. Ipsa abbatissa concessit eis beneficium

---

a) Chrystoforus *dans E*. – b) calumniabant *corrigé en* calumniam *dans E*. – c) *De* faciebant *à* Postea, *omis dans F*. – d) eam Deo et, *omis dans F*. – f) Fontis Ebraudi, *omis dans E remplacé par* etc. – g) Fontis Ebraudi, *omis F*, Ebraudi, *omis E*. – h) videlicet, *omis dans E*. – i) Gaufrido *dans F*.

totius ecclesiae et parentibus eorum[j]. Testes : Jaquelinus de Uce, Gauffredus Ursollus[k], Josbertus nepos Chrystofori, Drogo de Nozilliaco et filius ejus[l] Johannes[m], Guillelmus Morelli[n].

j) *De* Ipsa *à* eorum, *omis dans F.* – k) Gauffredus Ursollus, *omis dans F.* – l) ejus *omis dans E.* – m) Johanes *E.* – n) Guillelmus Morelli, *omis dans F.*

764

[1122-1129, remanié après 1149]. - Saint-Maurille d'Angers et Fontevraud.

Notice relatant l'accord intervenu entre les chanoines de Saint-Maurille d'Angers et l'église de Fontevraud au sujet du cens de la maison de Geoffroi de Blaison située dans le cloître de Saint-Maurille et explicitant les termes de la confraternité de prières pour les défunts conclue à cette occasion entre les deux communautés.

A. Original perdu.

B. Gd. Cart. perdu (ex fol. CXV). – *D. Ste Fam.*, t. III, p. 280 (court extrait et analyse avec réf. : ch. 47 (*sic* pour 472), fol. 115), d'après *B.* – *E.* Angers, 101 H 225 bis, p. 87, n° 466 (le début seulement), d'après *B.*

a. Clypeus, t. II, p. 443-444 (avec des coupures), d'après *B.*

Indiqué : *C. T.L.*, p. 541. – *b.* Cosnier, p. 162 (simple mention avec réf. : ch. 472, fol. 115) et p. 174 (avec la même réf., le début seulement), d'après *B.* – *c.* Nicquet, p. 260 (simple mention avec réf. : ch. 466, p. 215), d'après *B.*

Acte retranscrit après le décès de Pétronille. Passé à Saint-Maurille et à Fontevraud. Daté simplement du temps de Pétronille. Sans doute postérieur au 21 mai 1122 (première mention attestée de Renaud comme prieur, v. le n° 398) ; antérieur au 16 mai 1129 (mort de la prieure Augarde).

D'après *E, a* et *b*. Complété en note grâce à *D*.

Contra oblivionis, etc.[a] praesenti scripto annotare curavimus concordiam inter canonicos Beati Maurilii et ecclesiam Fontis[b] Ebraldi[c], tempore Petronillae bonae memoriae abbatissae factam[d], de quaerela inter eos diu agitata de super censu, videlicet domus Gaufredi de Blazone in

a) *Le début seulement dans E.* – b) *De* praesenti *à Fontis, omis dans b.* – c) Ebraldi, *seulement dans a.* – d) Tempore *à* factam, *omis dans b.*

claustro Sancti Maurilii sitae[e], tandem pacificata etc[f][1]. Ad ampliationem vero charitatis, communicaverunt beneficia utriusque ecclesiae in psalmis et missis et orationibus. Pro singulis autem sanctimonialibus Fontis Ebraldi, seu pluribus insimul[g], canonici, postquam nuntium[h] acceperint, pulsabunt signa, commendationem[i] et speciales orationes in missa pro deffunctis[j] in conventu facient, et capellani similiter[k], in missis suis[l], pro abbatissis septimalia. E contra, sanctimoniales et fratres Fontis Ebraldi pro canonicis seu sacerdotibus in ecclesia Beati Maurilii canonice servientibus, quia pauciores sunt, septimalia in conventibus rependent. Hoc concessit conventus Beati Maurilii, Gaufridus[m] de Camilliaco[n], Marinus, Ernulphus, Girardus, Turpinus, Gaufridus, Peloquinus, Joannes[o]. In capitulo Fontis Ebraudi, Petronilla abbatissa, Algardis priorissa, cellelariae Juliana et Mabilia, Rainaudus prior, Joannes de Pozaugiis, totusque conventus[p].

---

1) L'analyse de *D* précise que « F.E. demeuroit obligé de recueillir les rentes (= de cette maison) et en donner la moitié aux chanoines ».

---

e) tantand. *cancellé après ce mot dans E.* – f) *De* de quaerela *à* etc., *seulement dans E.* – g) *De* Ad ampliationem *à* insimul, *seulement dans a.* – h) nuncium *dans a.* – i) commendationes *dans a.* – j) defunctis *dans a.* – k) De canonici *à* similiter, *omis dans E.* – l) in missis suis, *seulement dans a.* – m) Gaufredus *dans a.* – n) De pro abbatissis *à* Camilliaco, *omis dans E.* – o) *De* Marinus *à* Joannes, *seulement dans b.* – p) *De* Ad ampliationem *à la fin, omis dans E.*

765

[1108-1109 ou 1109-1115]. - Fontevraud, église.

Adhémar de La Vallée, son épouse, ses deux fils et ses quatre filles donnent à Robert d'Arbrissel et à la communauté de Fontevraud, sur le grand autel de l'église du couvent, quatre « joints » et demi de prés ; ils reçoivent le bénéfice des prières des moniales.

A. Original perdu.

B. Gd. Cart. perdu (ex fol. CXV). – *C*. *T.L.*, p. 564 (avec des coupures) et p. 557 (simple mention), d'après *B*. – *E*. Angers, 101 H 225 bis, p. 87, n° 467 (avec des coupures), d'après *B*.

a. *Clypeus*, t. II, p. 314 (avec des coupures), d'après *B*.

INDIQUÉ : *C. T.L.*, p. 575 (*Terra*).

V. le n° 141 (presque semblable mais dont le dispositif a été omis par le copiste du cartulaire).

Passé du vivant de Robert d'Arbrissel, donc avant le 25 février 1116 et probablement avant le 28 octobre 1115 puisqu'il n'est pas question d'abbesse. Ainsi qu'il ressort du n° 141, l'acte, daté du règne de Louis VI, est postérieur au 29 juillet 1108. Il est antérieur au 14 avril 1109 si le comte d'Anjou Foulque, également cité dans le n° 141, est Foulque IV.

D'après *C*, p. 564, *E* et *a*.

Ego Ademarus de Valle et conjux mea Tescelina cum filiis nostris Hugone et Aimerico[a] et filiabus Theophania, Richildi, Engelaia, Agatha[a], donamus Deo et Beatae Mariae Fontis[b] Ebraudi[c] et[d] domno Roberto et sanctimonialibus suis[d] duo juga et dimidium pratorum, pro remissione peccatorum nostrorum et omnium parentum nostrorum[e], et offerimus super altare majore monasterii Sanctae Mariae de Fonte Ebraudi[f] et accepimus cum libro beneficia[g] orationum ipsorum[h]. Testibus : Bertrando de Boeria[i]. Arnaldo de Ardena, Gaufrido de Moncantorio[j], Gaufrido Andegavensi[k], Gauberto de Bernezay[l].

---

a) *Les noms omis dans a.* – b) de Fonte *dans a.* – c) et Beatae *à* Ebraudi, *omis dans E et dans a.* – d) et sanctimonialibus suis, *seulement dans a.* – e) pro *à* nostrorum, *seulement dans a.* – f) et offerimus *à* Ebraudi, *omis dans E.* – g) beneficium cum libro *dans E.* – h) ipsorum *omis dans E.* – i) Acl. *cancellé après ce mot dans E* ; Analdo, *E.* – j) Testibus *à* Moncantorio, *omis dans E.* – k) Gaufrido Andegavensi, *seulement dans a.* – l) Bernezai *dans a* ; Gauberto *à la fin, omis dans C.*

766

[1101-1108]

Geoffroi Fulcrède ayant donné à Robert d'Arbrissel la dîme des agneaux, des veaux, des pourceaux et des fèves[1], Guillaume de Rest et des moines [sans doute de Saint-Florent de Saumur], *par l'intermédiaire de Clérambaud de Loudun, ont émis des prétentions sur celle-ci.*

A. Original perdu.

B. Gd. Cart. perdu (ex fol. CXV). – *C*. *T.L.*, p. 564 (analyse rapide), pp. 541 et 559 (simples mentions), d'après *B*. – *E*. Angers, 101 H 225 bis, p. 87, n° 468 (court extrait), d'après *B*.

---

1) Sans doute de Rest, voir le n° 753, donation complétant celle-ci.

INDIQUÉ : *H*. Housseau, t. XII[1], fol. 165 v°, n° 5687, avec réf. : fol. 115 v°.

V. le n° 96 qui était sans doute de même teneur que le présent acte car le cartulaire, fragment de Paris, porte en regard de ce n° 96 pr. éd. la mention, d'une écriture du XVIIe siècle *Est alibi prius 468*.

Passé, ainsi qu'il ressort du n° 96, sous le règne de Philippe Ier, donc avant le 29 juillet 1108. Evidemment postérieur à la fondation de Fontevraud (1101).

D'après *C*, p. 564.

Goffredus Fulchredus dederat domno Roberto decimam agnorum, vitulorum, porcellorum et fabarum, de quo dono Guillelmus de Resto calumniam fecit.

D'après *E*.

In nomine Domini. Ego Guillelmus de Resto, etc., Clerambaudus de Losduno per quem monachi clamabant etc[2)].

---

2) Le copiste de *E* ajoute, de son cru : « Hic Clerambaudus erat monachus ut puto ».

767

1162, 27 août

Notice relatant que Robert, abbé de Nouaillé, a vendu, sous forme de donation, à la communauté de Fontevraud et, plus spécialement, aux moniales de la Fontaine-Saint-Martin, la terre dite de Laia *soumise à un cens annuel ; il a reçu, en échange cent sous angevins et les moniales se sont engagées à lui verser chaque année huit sous de la même monnaie.*

A. Original perdu.

B. Gd. Cart. de Fontevraud perdu (ex fol. CXV). – *E*. Angers, 101 H 225 bis, p. 87, n° 469 (partielle), d'après *B*. – *F*. Gaignières, t. II, p. 35, n° 469 (avec des coupures), d'après *B*.

d. Pavillon, p. 620, preuve n° 228 (le début seulement), d'après *B*.

INDIQUÉ : *C*. *T.L.*, p. 544 et 547. – *D*. *Ste Fam.*, t. III, p. 202. – *H*. Housseau, t. XII[1], fol. 165 v°, n° 5688. – *L*. Lardier, *Thrésor de l'Abbaye de Fontevraud*, t. I, fol. 183 v°.

D'après *E*, *F* et *d*.

Tam futuris etc., quod dilectus noster[a] Robertus, Dei gratia abbas de Noale, generali fratrum tam priorum quam claustralium consilio[b] dedit nobis et[c] ecclesiae Fontis Ebraudi[d] et[e] specialiter domui nostrae Fontis Ebraudi[f] et sanctimonialibus[g] Fontis Sancti Martini[h], sed tamen censualiter[i], terram de Laia. Cujus rei gratia dilecta nostra Ermensendis dedit abbati C solidos Andegavis monetae et domus nostra Fontis Sancti Martini dabit illis annuatim in censu 8 solidos andegavenses[j]. Testibus : Chaloco de Insula et Johanne de[l] Lasbepin, etc[m]. Hoc factum[n] in vigilia Sancti Viviani[o], domino papa Alexandro[p], Pictavensi Ecclesia ab episcopo tunc[q] vacante, anno 1162.

---

a) *Le début seulement dans E*. – b) generali *à* consilio, *omis dans F*. – c) nobis et, *omis dans F*. – d) Ebraudi, *omis dans E*. – e) et, *omis dans F*. – f) Fontis Ebraudi, *seulement dans F*. – g) et sanctimonialibus, *omis dans F*. – h) terre cancellé *après ce mot dans F*. – i) sed... censualiter *seulement dans F*. – j) Cujus rei *à* andegavenses, *seulement dans F*. – l) *Deux mots* (Calbe Lastre ?) *cancellés après ce mot dans E*. – m) Testibus *à* etc, *seulement dans E*. – n) *Dans l'interligne dans E et remplaçant* Pict. *cancellé*. – o) in vigilia Sancti Viviani, *reporté à la fin dans E*. – p) domino... Alexandro, *seulement dans F*. – q) tunc, *seulement dans E*.

768

[1149-1155]

Geoffroi Gilbert, ses deux frères et sa sœur, faisant leur mère moniale de Fontevraud, donnent à la communauté, entre les mains de l'abbesse Mathilde [I] *d'Anjou, la dîme des chanvres, des lins, des aulx et des oignons des jardins de Varennes.*

A. Original perdu.

B. Gd. Cart. perdu (ex fol. CXV). – *C*. *T.L.*, pp. 541 et 577 (analyses), d'après *B*. – *E*. Angers, 101 H 225 bis, p. 88, n° 470 (avec des coupures), d'après *B*.

INDIQUÉ : *H*. Housseau, t. XII[1], fol. 165 v°, n° 5689.

Non daté. Passé sous l'abbatiat de Mathilde (I) d'Anjou (après le 24 avril 1149-21 mai 1155).

D'après *E*.

Sciant omnes etc., quod Gauffridus Gislebertus et fratres mei Paganus et Ogerius de Sancto Martino necnon et Beatrix soror nostra, quando de domina Odelina matre nostra monacham fecimus, in manu domnae Matildis donavimus Deo etc., totam decimam de cabis, linis, aleis cepisque omnium hortorum de Varenna et alia. Testes : Willelmus de Monte Sorello et filius ejus Willelmus, Gauffridus de Losduno, Aimericus de Jarreia, etc.

769

[1122]. - Fontevraud, au chapitre.

Aimeri de Maulévrier donne à la communauté de Fontevraud, avec l'accord de son épouse et en présence de l'abbesse Pétronille, deux de ses métairies, l'une à Melleray, l'autre au Plessis, lesquelles avaient autrefois constitué la dot de sa sœur ; lui-même et trois témoins apposent leur signum sur la charte.

A. Original perdu.

B. Gd. Cart. perdu (ex fol. CXVI). – *D*. *Ste Fam.*, t. III, p. 182 (court extrait avec réf. : ch. 477, fol. 116) et p. 254 (analyse avec réf. : ch. 477), d'après *B*. – *E*. Angers, 101 H 225 bis, p. 88, n° 471 (avec des coupures), d'après *B*. – *F*. Gaignières, t. II, p. 35, n° 471 (avec des coupures), d'après *B*. – *G*. Duchesne, t. XXII, fol. 415 r° (simples extraits), d'après *B*.

a. *Clypeus*, t. II, p. 262 (avec des coupures), d'après *B*.

INDIQUÉ : *C. T.L.*, p. 550 et 555.

D'après *E, F* et *a*.

Ego Aimericus de Maulebrerio per praesentem paginam[a)] omnibus notum fieri cupio quod, inspirante omnium bonorum opifice, pro animae meae omniumque parentum meorum salute[b)], cum consilio et[c)] assensu uxoris meae, in praesenti capitulo[d)], in praesentia domnae[e)] Petronillae, primae Fontis Ebraldi[f)] abbatissae, dono atque concedo Deo et[g)] beatae

---

a) *Le début seulement dans E*. – b) omnibus *à* salute, *seulement dans a*. – c) consilio et, *seulement dans a*. – d) in praesenti capitulo, *seulement dans F*. – e) domnae, *seulement dans F*. – f) Ebraldi, *seulement dans a*. – g) atque et, *seulement dans a*.

Mariae et ecclesiae[h)] Fontis[i)] Ebraldi[j)] duas[k)] medietarias terrae meae propriae, quarum una est apud[l)] Melleriam[m)] altera[n)] vero[o)] apud[p)] Plaiseit[q)], quas scilicet[r)] medietarias[s)] donaverat olim in dote pater meus[t)] Mendicae sorori meae etc. Actum in capitulo[u)] sanctimonialium Fontis Ebraldi[v)], anno ab Incarnatione[w)] Domini[x)] MCXXII, indictione 15, epacta nulla[y)], Calixto secundo papa Romanorum, Lodovico rege Francorum, Willelmo duce Aquitanorum, Willelmo pontifice Pictavorum. Signum Aimerici de Maulevrerio ; Signum Gaufridi de Trevis[z)] ; signum Gaufridi de Cirsai ; Signum Lamberti decani Toarcensis[aa)].

---

h) et ecclesiae, *seulement dans a.* – i) Fontis, *omis dans E.* – j) Ebraldi, *seulement dans a.* – k) duas, *omis dans E.* – l) propriae *à* apud, *omis dans E.* – m) Melleriae *dans E.* – n) altera, *omis dans E.* – o) vero, *seulement dans a.* – p) apud, *omis dans E.* – q) *Ce nom précédé de* et *dans E.* – r) scilicet, *seulement dans a.* – s) medietarias, *omis dans E.* – t) olim donaverat pater meus in dote, *dans E.* – u) Actum in capitulo, *omis dans F.* – v) sanctimonialium *à* Ebraldi, *omis dans F.* – w) ab Incarnatione, *seulement dans a.* – x) Domini, *omis dans F.* – y) indictione *à* nulla, *seulement dans F.* – z) Calixto *à* Trevis, *omis dans E.* – aa) signum *à la fin, seulement dans a.*

770

[1117/1118 - 1123]

Notice relatant que, par devant l'évêque de Poitiers Guillaume [Ier Gilbert], *un accord a été conclu entre Fontevraud et les chanoines de Sainte-Croix* [de Loudun] *qui émettaient des prétentions sur une maison léguée aux Fontevristes par un certain Jean Botereau et sise dans la couture de Sainte Croix.*

A. Original perdu.

B. Gd. Cart. perdu (ex. fol. CXVI). – *C. T.L.*, p. 564 (le début seulement) et p. 542 et 549 (simples mentions), d'après *B.* – *E.* Angers, 101 H 225 bis, p. 88, n° 472, d'après *B.*

d. Pavillon, p. 604, preuve n° 158 (le début seulement), d'après *B.*

INDIQUÉ : *L.* Lardier, *Thrésor de l'Abbaye de Fontevraud*, t. I, fol. 275 v° (Loudun).

Accord daté de l'abbatiat de Pétronille de Chemillé (1115-1149). Passé par devant Guillaume Ier Gilbert, évêque de Poitiers (fin 1117/début 1118-4 août 1123).

D'après *E*.

Joanes Boterellus domum quam habebant[a] in cultura Sanctae Crucis donavit ecclesiae Fontis [Ebraldi][b] post decessum suum in manu magistri Roberti de Arbrissello et Petri Pictavensis episcopi. Canonici vero Sanctae Crucis[c] istam elemosinam calumniati sunt et inde statuerunt placitum coram Willelmo Pictavense episcopo qui fecit concordiam. Testes : Josbertus Pictavensis decanus, Petrus Pictavensis archidiaconus, magister Hilarius capicerius, Boso capicerius de Faia, magister Arnaudus Qui Non Ridet, Drogo de Brenezai. Isti sunt laici : Aimericus de Faia, Petrus Letardus, Garnerius et Rollandus de Losduno, Guillelmus de Taunai. Facta est tempore primae abbatissae.

---

a) *Corr.* habebat. – b) Ebraldi, *omis E*. – c) + *pour* Crucis, *dans E*.

771

[XIIe siècle]

Acte concernant le don, par un certain Brun, d'un cens de douze deniers à Chouzé.

A. Original perdu.
B. Gd. Cart. perdu (ex fol. CXVI). – *C*. *T.L.*, p. 539 (brève analyse), d'après *B*. – *H*. Housseau, t. XII[1], fol. 165 v°, n° 5690, avec réf. : fol. 116 v° (seulement le nom de 2 témoins), d'après *B*.
INDIQUÉ : *L*. Lardier, *Thrésor de l'Abbaye de Fontevraud*, t. I, fol. 123 v°.

D'après *C*.

Chosé. Brunus dat 12 denarios censualia apud Chozeacum, 473.

D'après *H*.

Fol. 116 v°. Titre du 12e siècle. Gaufridus de Poligniaco, Leonius de Poligniaco.

772

[1109-1129]

Acte concernant le don, par Robert de Saint-Louand, d'un cens de six deniers, d'un droit de cénage et d'une pêcherie à Bagneux.

A. Original perdu.

B. Gd. Cart. perdu (ex fol. CXVI). – *C*. *T.L.*, p. 533 (analyse rapide), d'après *B*. – *H*. Housseau, t. XII^1, fol. 165 v°, n° 5691 (seulement les noms du donateur et d'un témoin et la datation), d'après *B*.

Daté du règne de Louis VI, roi de France, et de celui de Foulque V le Jeune, comte d'Anjou, donc passé entre le 14 avril 1109 et le début de 1129.

D'après *C*.

Begneios. Robertus de Sancto Loentio dat VI denariorum censum et cenagia et piscaturam apud Begneios, 474.

D'après *H*.

Robertus de Sancto Loentio. Mattheus de Noeriis. Lodovico regnante in Francia, Fulcone Juniore Turoni, Andegavi, Cenomanni dominante.

773

[1115-1149]

Notice relatant qu'Archembaud Aubépin et son épouse ayant fait don de leurs personnes et de leurs biens à la communauté de Fontevraud, le chevalier Bernard, époux de leur nièce, a émis par la suite des prétentions sur ce don et qu'un accord a été finalement conclu : l'abbesse Pétronille a concédé à Bernard la maison d'Archembaud sise à Saumur, ledit Bernard s'engageant à léguer une partie de ses biens à Fontevraud où il a demandé d'être inhumé.

A. Original perdu.
B. Gd. Cart. perdu (ex fol. CXVI). – D. Ste Fam., t. III, p. 306 (analyse avec réf. : ch. 481, fol. 116), d'après *B*. – *F*. Gaignières, t. II, n° 475 (donne seulement les noms de Pétronille et de 2 témoins), d'après *B*.
a. *Clypeus*, t. I, p. 76 (le début seulement) et t. II, p. 363 (avec une coupure et réf. au n° 476, sic pour 475), d'après *B*.
INDIQUÉ : *C*. *T.L.*, p. 542 et 574. – *L*. Lardier, *Thrésor de l'Abbaye de Fontevraud*, fol. 442 v°. – *c*. Niquet, p. 70 (simple mention avec réf. : ch. 475), d'après *B*.

Passé à Fontevraud sous l'abbatiat de Pétronille de Chemillé (28 octobre 1115-24 avril 1149).

D'après *a*, complété en note grâce à *C*.

Notum sit omnibus quod Archembaudus Albespinus et uxor ejus, saeculo renuntiantes, Deo et beatae Mariae et ecclesiae Fontis Ebraldi se et sua cum omni integritate dederunt. Postquam vero praedicta ecclesia donum Archembaudi diu quiete possedit, Bernardus armiger, qui ejus neptem duxerat, calumniam intulit. Tandem vero praedictam calumniam apud Fontem Ebraudi omnino dimisit eique Petronilla abbatissa domum Archembaudi quam calumniabatur, quae est apud Salmurum, concessit etc.[1] Praeterea concessit idem Bernardus ut post mortem in cimiterio Fontis Ebraldi sepeliatur et pars illa suarum rerum praedicti monasterii sanctimonialibus integre tribuatur. Testes sunt Paganus de Mange, Aimericus de Castellulo, Durandus praefectus et alii.

———

1) Cette maison était assujettie à un cens de 4 sous, ainsi qu'il est indiqué dans C, p. 542 : *Domus apud Salmurum ad IIII solidorum censu, 475* ; p. 574 : *Saulmur. Domus apud Salmurum ad IIII solidos de censu, 475.*

774

[1115-1149]

Notice relatant que Carbonel de Roiffé, sa sœur et son neveu ont concédé une donation faite aux moniales de Fontevraud par leur oncle Renaud Buriot ; ils ont reçu pour cela le bénéfice des prières des religieuses, Carbonel six soux, sa sœur un porc et son neveu deux deniers ; Carbonel a ensuite renouvelé sa concession en présence de l'abbesse Pétronille.

A. Original perdu.
B. Gd. Cart. perdu (ex fol. CXVIII). – *F*. Gaignières, t. II, p. 35, n° 476 (avec des coupures), d'après *B*.
INDIQUÉ : *C. T.L.*, p. 536.

V. le n° 263 (semblable).

D'après *F*, complété grâce au n° 263.

[Memoriae tradere bonum est quod][a] Carbonellus de Roiffeio et soror sua Germasia et filius ipsius Garmesie concesserunt donum quod Rainaldus Buriot, avunculus eorum, sanctimonialibus Fontis [Evraudi, pro animae suae parentumque suorum remedio][a], concesserat. [Pro hac autem concessione concessum est ei beneficium Fontis Evraudi et dati sunt Carbonello in caritate VI solidi, Garmesiae sorori suae unus porcus et filio suo denarios duo. Hujus rei sunt testes : Bernardus Tural, Bernaldus Graulfi, Ardoinus Dohinus, Rainaldus Dodinus. Quando autem[a] in presentia Petronille abbatisse [hoc donum supradictus Carbonellus concessit][a], de fratribus religiosis affuerunt Fulco de Coceio, Gaufridus de Lineriis, Guido de Foldo Dono, [Aimericus Boret][a].

a) *Emprunté au n° 263.*

775

[1115-1149]

Acte concernant le don, par l'abbesse Pétronille, d'une arche des Ponts-de-Cé en vue d'édifier un moulin.

A. Original perdu.
B. Gd. Cart. perdu (ex fol. CXVII). – *C. T.L.*, p. 556 (analyse), d'après *B*.
INDIQUÉ : *L.* Lardier, *Thrésor de l'Abbaye de Fontevraud*, fol. 360 r°.

Devrait être semblable au n° 531.
Passé sous l'abbatiat de Pétronille de Chemillé (28 octobre 1115-24 avril 1149).

D'après *C*.

Pons Sagei. Petronilla abbatissa dedit unam arcam in ponte Saeii ad aedificandum molendinum, 231, 477.

776

[1103/1104 - 29 juillet 1108]

A l'occasion de la prise de voile de sa fille à Fontevraud, Foulque Fessard donne à la communauté une terre à quatre bœufs et deux saisons en forêt de Born, un hébergement en cette même terre, un bois, quatre jullia *de prés en Véron et trois de marais à transformer en prés.*

A. Original perdu[1].

B. Gd. Cart. perdu (ex fol. CXVII). – *D. Ste Fam.*, t. III, p. 229 (traduction avec réf. : ch. 484, fol. 117), d'après *B.* – *F.* Gaignières, t. I, p. 180, d'après *A.*

a. Clypeus, t. I, p. 80 (le début seulement) et t. II, p. 332-333 (avec des coupures), d'après *B.* – *d.* Pavillon, p. 596, preuve n° 116 (le début seulement), d'après *B.* – *f.* Migne, *Patrologie latine*, t. 162, col. 1115 C, d'après *a.*

INDIQUÉ : *C. T.L.*, p. 534 (Borno), 557 (Prata), 578 (Verron).

V. les n°s 182 (autre version), 756 (donation ultérieure du même), 192 et 319 (confirmation par le fils de Foulque) et 178 (concession, par Borel de Saumur, de la terre donnée par Foulque).

Non daté. Passé entre 1103/1104 et le 29 juillet 1108 ainsi qu'il ressort du n° 182.

D'après *F* et *a.*

In nomine Domini[a]. Ego Fulcoius Fessardi devovi Deo unam meam[b] filiam et gloriose genitrici ejus Marie et donavi[c] domno Roberto sub monacharum regulari disciplina Deo Domino devotissime serviendam. Cum hac siquidem filia mea donavi sanctimonialibus Fontis Evraudi[d] terram in Borno, quatuor bobus duabus fationibus excolendam et herbergementum in eadem terra et boscum ad omnem earum necessitatem. Dedi etiam illis[e] quatuor julla pratorum in Verrone et tres de mareschis ad adpratanda[f]. Sub istorum virorum[g] testimonio : Ugonis fratris mei, Ernaudi de Sessigneio, Isenberti Charuelli, Archenbaudi filii Leteddis, Gerorii arbalestarii[h], Odonis de Salmuro.

---

1) Sans date, ni sceau selon Gaignières.

---

a) *Le début omis dans a.* – b) meam, *omis dans a.* – c) donavi, *omis dans a.* – d) Ebraudi *dans a.* – e) eis *dans a.* – f) et tres *à* adpratanda, *omis dans a.* – g) istorum virorum, *omis dans a.* - h) Isenberti *à* arbalestarii, *omis dans a.*

777

[Première moitié du XIIe siècle]

Acte concernant un cens de quatre deniers donné par Fulcroi le passeur.

A. Original perdu.
B. Gd. Cart. perdu (ex fol. CXVII). – *C*. *T.L.*, p. 538 (analyse rapide), d'après *B*.

D'après *C*.

Census 4 denariorum dono Fulcredi pontonnarii, 479.

Aucune trace de l'acte anciennement numéroté 486/480 et qui figurait au fol. CXVII.

778

[1109 ou 1109 - 1112/1113]

Jugement du comte Foulque [V] *d'Anjou reconnaissant à Fontevraud et confirmant entre les mains de Robert d'Arbrissel la possession de divers biens sis à Candes autrefois donnés, lors de la prise d'habit de sa mère Hersende, par Étienne, fils de Guillaume de Montsoreau, et qui étaient revendiqués par les héritiers du chanoine Yvon, de Saint-Martin* [de Candes], *auquel Guillaume et Hersende les avaient achetés.*

A. Original perdu.
B. Gd. Cart. perdu (ex fol. CXVII). – *C*. *T.L.*, p. 564-565 (analyse) et pp. 536 et 542 (simples mentions), d'après *B*. – *F*. Gaignières, t. II, p. 36, n° 481 (avec des coupures), d'après *B*. – *H*. Housseau, t. XII[1], n° 5692, avec réf. : fol. 117 v° (avec des coupures), d'après *B*.
a. *Clypeus*, t. II, p. 212-213, d'après *B* – *d*. Pavillon, p. 602, preuve n° 149 (partielle), d'après *B*. – *j*. Chartrou, *L'Anjou de 1109 à 1151*, p. 259, Catalogue d'actes n° 25 (analyse) et p. 329-330, pièce justif. n° 7 bis d'après *F*.

INDIQUÉ : *L.* Lardier, *Thrésor de l'Abbaye de Fontevraud*, t. I, fol. 99 r°.

Même objet que les n°s 157, 219, 470 et 855. V. aussi le n° 329 (charte de Gautier de Montsoreau dont la fin évoque cette affaire)

Daté du règne de Louis VI et de l'épiscopat de Raoul d'Orléans, archevêque de Tours. Passé après le 14 avril 1109 (avènement de Foulque V) et, comme les n°s 157, 219, 470 et 855 l'indiquent, du vivant d'Hersende devenue prieure, donc avant le 30 novembre 1109 ou 1112/1113.

D'après *F, H* et *a*.

Quia temporum volubilitate et humana oblivione interveniente etc.[a)] ut posteritas omnis agnoscat[b)], ego Fulco comes, Fulconis filius comitis[c)], scripto statui adnotari[d)] illam discordiam quae erat inter congregationem Fontis Ebraudi et Radulfum Ivonis filium et generum ejus Gaufridum me omnino definisse. Cujus causa discordiae haec erat : Guillelmus de Monte Sorello et uxor ejus Hersendis ab Ivone Sancti Martini canonico et capicerio omnem possessionem quam in villa Sancti Martini Candastensis possidebat emerunt et Stephano filio suo eam dederunt et, sicut ipsi eam possederant, ita Stephanus, eorum filius, eam annis pluribus quiete possedit. Denique[e)], Guillelmo mortuo, uxor ejus Hersendis apud Fontem Ebraudi religionis habitum accepit ; pro cujus anima filius ejus Stephanus praefatam possessionem quam ei et pater suus et mater dimiserant Deo et beatae Mariae et sanctimonialibus donavit et fratri suo primogenito Gauterio concedere fecit. Verum Radulfus et Gaufridus supradicti hanc donationem calumpniati sunt[f)]. Ego vero[g)] Fulco comes, nolens causam istam diutius prolongari, cum predictis calumpniatoribus[h)] talem concordiam feci quod in manu mea suam calumpniam cum cultello nigri manubrii dimiserunt et cum eodem cultello donavi et concessi Deo et beatae Mariae et sanctimonialibus Fontis Ebraudi, in manu domni Roberti de Arbressello, pro animae meae et parentum meorum remedio, supradictam possessionem, videlicet domos, vineas, terram, ipsis calumniatoribus presentibus et concedentibus, jure perpetuo possidendam[i)]. Hujus autem rei testes sunt Robertus de Bloio, Amalricus de Monteforti, Borrellus de Salmuro, Aimericus de Averio, Raginaudus de Salmunciaco, Stephanus de Monte Sorello. Haec carta facta est regnante Lodovico Francorum rege, Radulfo Turonensium[j)] archiepiscopo.

---

a) *Le début seulement dans H.* – b) ut *à* agnoscat, *seulement dans a.* – c) comitis filius *dans H.* – d) Scripto... adnotari, *seulement dans H.* – e) *De* et, sicut *à* Denique, *seulement dans a.* – f) pro cujus *à* sunt, *omis dans H.* – g) vero, *omis dans H.* – h) calumniatoribus *dans H.* – i) Deo *à* possidendam, *omis dans H.* – j) Thuronensium *dans F.*

779

[Première moitié du XIIe siècle]

Acte concernant l'achat à Botinard, fils de Renoul, par Geoffroi, prieur du prieuré de la Lande-en-Beauchêne, d'un marais, d'un carré de vigne, d'un cens de douze deniers et de treize soudées de terre.

A. Original perdu.
B. Gd. Cart. perdu (ex fol. CXVIII). – *C*. *T.L.*, p. 548 et 565 (analyses rapides), d'après *B*.
INDIQUÉ : *L*. Lardier, *Thrésor de l'Abbaye de Fontevraud*, t. I, fol. 254 r°.

D'après *C* (p. 548).

Lande en Beauchêne. Gaufridus prior de Landa emit marescum, quadrantem vineae et censum XII denariorum et XIII solidatas terrae etc. 482.

D'après *C* (p. 565).

Gaufridus presbiter, discipulus Roberti de Arbrissello, qui erat prior de Landa de Bello Quercu emit de Botinardo filio Rainulfi marescum. Ch. 482.

780

[1108-1116]

Notice relatant le don au prieuré de la Lande-en-Beauchêne, par Garsier de Machecoul, d'une charruée de terre, de bois et de prés à Fresnay-[en-Rest] *et de la terre de Roncevaux.*

A. Original perdu.
B. Gd. Cart. perdu (ex fol. CXVIII). – *C*. *T.L.*, p. 565 et 548 (analyses rapides), d'après *B*. – *E*. Angers, 101 H 225 bis, p. 88, n° 483 (simple extrait), d'après *B*.
d. Pavillon, p. 602, preuve n° 145 (le début seulement), d'après *B*.
INDIQUÉ : *L*. Lardier, *Thrésor de l'Abbaye de Fontevraud*, t. I, fol. 254 r°.

Non daté. Passé du vivant de Robert d'Arbrissel, donc avant le 25 février 1116. Postérieur à la fondation du prieuré, donc au 29 juillet 1108 (v. le n° 505).

D'après *E* et *d*, complété en note grâce à *C*.

Gariserius[a)] de Macheco dedit Deo et beatae Mariae de Landa [de][b)] Bello Quercu[c)] et domno Roberto et habitatoribus illius loci[d)] unam charucatam[e)] terrae etc.[f)] cum sylvis et pratis, etc.[1)g)] Teste Petro Nigelli filio, etc.[h)]

1) C, p. 548, précise : ... *cum silvis et pratis in Fracigneio et terram Russevali.*

a) Garsirius *dans d.* – b) de, *omis E.* – c) Bello Quercu, *seulement dans E.* – d) et *à* loci, *seulement dans d.* – e) carrucatam *dans d.* – f) etc. *seulement dans E* ; cum *à* etc. *seulement dans d.* – g) Teste *à la fin, seulement dans E.*

781

[1153-1155]. - Fontevraud, au chapitre.

L'abbesse de Fontevraud, Mathilde [I d'Anjou], *en présence de nombreux prélats, renouvelle entre les mains de Pierre* [Ier], *abbé de La Boissière, la concession, autrefois faite par l'abbesse Pétronille, des biens donnés aux Fontevristes par Raoul Gulafre lors de l'entrée de ses deux filles en religion.*

A. Original perdu.

B. Gd. Cart. perdu (ex fol. CXVII). – *D. Ste Fam.*, t. III, p. 331 (analyse avec réf. : ch. 489, fol. 118) et pp. 191, 195, 197 et 201-202 (simples mentions), d'après *B*. – *E.* Angers, 101 H 225 bis, (avec des coupures), p. 88, n° 484, d'après *B*. – *F.* Gaignières, t. II, p. 36, n° 484 (avec des coupures) et p. 447 (extrait avec réf. au fol. 118), d'après *B*. – *G.* Duchesne, t. XXII, fol. 405 r° avec réf. au fol. 118 (avec des coupures) et fol. 415 r° (extrait avec réf. au fol. 118), d'après *B*. – *H.* Housseau, t. XII[1], fol. 166 r°, n° 5693 avec réf. au fol. 118 (avec des coupures), d'après *B*.

a. Clypeus, t. II, p. 269-270, d'après *B*.

INDIQUÉ : *C. T.L.*, p. 535.

V. le n° 632 (concession de l'abbesse Pétronille).
Au chapitre de Fontevraud ; non daté. Passé entre 1153 (élection de l'abbé Pierre Ier) et le 21 mai 1155 (mort de l'abbesse Mathilde).

D'après *E*, *G* (fol. 405 r°), *H* et *a*.

Noverint omnes[a)] tam futuri quam presentes[b)] quod[c)] ego Matildis[d)], Fontis Ebraudi[e)] secunda abbatissa, et totus ejusdem loci conventus, ob

a) *Le début omis dans a.* – b) tam *à* presentes, *seulement dans H ;* etc., *E.* – c) quod, omis dans a. – d) Mathildis dans a. – e) Ebraldi *dans a et H.*

pacem confirmandam inter ecclesiam nostram et ecclesiam Sanctae Mariae de Buxeria[f)], sicut in tempore domnae Petronillae primae abbatissae in nostro capitulo concessum fuerat, verum concedimus et confirmamus[g)], praedictae[h)] ecclesiae de Buxeria in manu abbatis ipsius Petri, videlicet[h')] totam illam[i)] terram quam Radulfus Gulafra et uxor ejus Domitilla dederunt abbatiae nostrae cum duabus filiabus suis quas monachas fecerunt[j)], excepta terra illa quae propriae ad opus molendini nostri retenta est et censu duodecim denariorum ad festum sancti Michaelis reddendo per annum[k)]. Hujus rei testes sunt[l)] : Henjobaudus Turonensis archiepiscopus, Willelmus Cenomanensis episcopus, Normandus Andegavorum episcopus, Bernardus Nannetarum episcopus, Johanes[m)] Sancti Maclovii[n)] episcopus, Fulco abbas Oratorii, Matheus[o)] abbas Sancti Florentii, Emenricus abbas Burgulii, Briandus de Marigniaco, Gaufridus de Cleis, Bernardus Latro[p)].

---

f) in manu abbatis ipsius Petri *cancellé après ce mot dans E ; de* et totus *à* Buxeria, *omis dans a*. – g) et confirmamus, *omis dans E et G*. – h) praedictae, *omis dans a*. – h') in manu abbatis Petri, *E* ; videlicet *omis E*. – i) illam, *omis dans H*. – j) quam *à* fecerunt, *omis dans H*. – k) excepta *à* annum, *seulement dans a* ; etc. *E*. – l) sunt, *omis dans E et g*. – m) Joannes *dans a et G,* Johannes *dans H*. – n) Mallovii *dans E*. – o) Mathaeus *dans a*. – p) Bernardus Latro, *omis dans E et g*.

782

[XIIe siècle]

Acte concernant une maison située sur le marché de Saumur et soumise à un cens de cinq sous.

A. Original perdu.

B. Gd. Cart. perdu (ex fol. CXVIII).

INDIQUÉ : *C*. *T.L.*, p. 542 *(Domus)* et 574 *(Saulmur)*. – *L*. Lardier, *Thrésor de l'Abbaye de Fontevraud*, t. I, fol.442 v° *(Saumur)*.

D'après *C*.

Domus in foro Salmuriensi pro V solidis, 485.

783

[XIIe siècle]

Acte concernant une maison de Saumur soumise à un cens de trois sous.

A. Original perdu.
B. Gd. Cart. perdu (ex fol. CXVIII).
INDIQUÉ : *C. T.L.*, p. 542 *(domus)* et p. 574 *(Saulmur)*. – *L.* Lardier, *Thrésor de l'Abbaye de Fontevraud*, t. I, fol. 442 v° (Saumur).

D'après *C* (p. 542).

Domus apud Salmurum pro tribus solidis, 486.

D'après *C* (p. 574).

Saulmur. Domus pro III solidis, 486.

784

[Deuxième quart du XIIe siècle]

Acte concernant le don, par Hubert Foucher, d'une terre sise à Valette dans les quartes de Villeneuve.

A. Original perdu.
B. Gd. Cart. perdu (ex fol. CXVIII). – *C. T.L.*, p. 577 (analyse) et p. 578 (simple mention), d'après *B*.
INDIQUÉ : *L.* Lardier, *Thrésor de l'Abbaye de Fontevraud*, t. I, fol. 485 r°.

V. les n°s 785 et 786 (contestation de ce don).

D'après *C*.

Valette. Hubbertus Fulcherius dat terram apud Valetta quae de quartis Villae Novae est, 487…

785

[Deuxième quart du XIIe siècle]

Notice relatant que Simon, fils d'Hubert Foucher, a, en présence de Geoffroi de Cherves, religieux de Fontevraud, et de Guillaume L'Archevêque, seigneur de Parthenay, renoncé à ses revendications sur le don fait à Valette par son père.

A. Original perdu.

B. Gd. Cart. perdu (ex fol. CXIX). – D. Ste Fam., t. III, p. 316 (analyse avec réf. : ch. 493, fol. 119) et p. 533 (incomplète avec réf. au fol. 119), d'après B. – *E*. Angers, 101 H 225 bis, p. 88 (avec des coupures), d'après *B*. – G. Duchesne, t. XXII, fol. 415 r° (avec des coupures), d'après *B*.

INDIQUÉ : *C. T.L.*, p. 577. – *L*. Lardier, *Thrésor de l'Abbaye de Fontevraud*, t. I, fol. 485 r°.

V. l'acte précédent (don d'Hubert Foucher).

D'après *D*, p. 533, *E* et *F*.

Simon, Huberti Fulcherii filius qui major natu erat, post mortem patris sui reclamavit suam elemosinam[a)], sed concordia facta est coram Guillelmo Archiepiscopo Partenaici[b)] domino, ibique Simon et omnes filii sui[c)] patris sui[d)] elemosinam[e)] concesserunt. Testes : Aimericus de Luniis, Chabot[f)] li Meschinus, Postrellus, Umbertus Michael.

---

a) eleemosynam *dans D*. – b) Partheniaci *dans D*, Parthenaici *dans G*. – c) et *à* sui, *omis dans G*. – d) patris sui, *omis dans E*. – e) elemosinam, *omis dans E*. – f) Testes *à* Chabot, *omis dans G*.

D'après *D*, p. 316.

Par le titre 493, f. 119 du chartulaire, un religieux de F.E. nommé Geoffroy de Cheiros fit accord avec le sieur Simon, fils aisné d'Herbert Foulque touchant la terre que son dit père avoit donné près Valette en présence de Guill. l'Archevesque de Parthenay, seigneur de cette terre.

786

[1124-1130 ou 1135-1140]

Notice relatant qu'en présence de l'évêque de Poitiers Guillaume [II] *Alleaume, Simon de Fontaines et ses deux fils ont renoncé en faveur de l'abbesse Pétronille à leurs prétentions sur la terre de Valette.*

A. Original perdu.
B. Gd. Cart. perdu (ex fol. CXIX). – *E*. Angers, 101 H 225 bis, p. 89.
INDIQUÉ : *C*. *T.L.*, p. 577. – *L*. Lardier, *Thrésor de l'Abbaye de Fontevraud*, t. I, fol. 485 r°.

V. le n° 784 (donation de cette terre).
Non daté. Passé sous l'épiscopat de Guillaume II Alleaume (1er juin 1124-6 octobre 1140) mais l'évêque a été un moment (1130-1135) chassé de son siège lors du schisme d'Anaclet.

D'après *E*.

Simon de Fontenis et filii Giraldus ac Petrus controversiam habebant contra Petronillam abbatissam de terra de Valletis. Finita tandem coram Willelmo Aleelmi Pictavensi episcopo.

787

[Avant 1136]

Acte concernant le don fait par Guillaume Mullon de ce qu'il possédait à Montbertin.

A. Original perdu.
B. Gd. Cart. perdu (ex fol. CXIX). – *C*. *T.L.*, p. 553 (analyse sommaire).

Portait sur le même objet que les nos 593 et 595 et probablement de la même époque.

D'après *C*.

Monsbertin. Guillelmus Mullo dat quod habebat ad Montem Bertin, 294, 296, 297, 490.

788

[XIIe siècle]

Acte concernant le rachat de la dîme de Valette.

A. Original perdu.

B. Gd. Cart. perdu (ex fol. CXIX).

INDIQUÉ : *C*. *T.L.*, p. 577. – *L*. Lardier, *Thrésor de l'Abbaye de Fontevraud*, t. I, fol. 485 r°, d'après *B*.

D'après *C*.

Valette. Redimatio decimae de Valetis, 491.

789

[XIIe siècle]

Acte concernant le don, par Jean Oreau, de ce qu'il possédait dans la quarte de Villeneuve et à Valette.

A. Original perdu.

B. Gd. Cart. perdu (ex fol. CXIX). – *C*. *T.L.*, p. 577 (analyse sommaire) et p. 578 (simple mention) d'après *B*.

INDIQUÉ : *L*. Lardier, *Thrésor de l'Abbaye de Fontevraud*, t. I, fol. 485 r°.

D'après *C* (p. 577).

Valette. Joannes Orellus dat quod habet in quarto de Villanova et apud Valetta, 492.

790

[1144]

Notice relatant que Giraud Salé, entrant en religion à Fontevraud avec sa fille a donné à la communauté, entre les mains de l'abbesse Pétronille, la terre de Bois-Rotard près de Valette ; ce don a été concédé par les siens et par divers autres ayant droit.

A. Original perdu.

B. Gd. Cart. perdu (ex. fol. CXIX et CXX). – *C. T.L.*, p. 534 (simple mention) et p. 577 (analyse), d'après *B.* – *D. Ste Fam.*, t. III, p. 185 (simple mention avec réf. : ch. 498, fol. 119) et p. 269 (analyse avec réf. : ch. 498, fol. 120), d'après *B.* – *E.* Angers, 101 H 225 bis, p. 89, n° 493 (avec des coupures), d'après *B.* – *F.* Gaignières, t. II, p. 37, n° 493 (avec des coupures), d'après *B.*

a. *Clypeus*, t. I, p. 76 (simple extrait) et t. II, p. 365 (avec des coupures), d'après *B.*

INDIQUÉ : *C. T.L.*, p. 575 (*Terra*).

D'après *E*, *F* et *a*, t. II (p. 365).

Veritatis significamus amatoribus quod[a)] Giraldus Salatum sese cum filia sua Laurentia[b)] dedit religioni ecclesiae[c)] Fontis Ebraldi[d)], largiens in elemosina terram de Bosrotarte[e)] quam juxta Valletas habebat sitam[f)] et hoc concesserunt filii[g)] ejus Raginaudus et Petrus et avunculus eorum Petrus Punnet et Guillelmus Piunnet de quibus terra illa movebat[h)]. Et[i)] hoc concessit Herbertus de Marchaico de cujus feodo erat et[j)] Aanors[k)] uxor ejus et[l)] Petrus filius eorum, Joana[m)], Aalidis, Isabel filiae eorum[n)]. Testes : Gauffridus Papin[o)], Johannes[p)] Tornaminam[q)], Aimericus frater Johanis de la Tuschea[r)], Aimericus Chaillai[s)], Petrus de Romenil, Aaluns de Brisay[t)], Aaluns de Insula, Radulphus Unebaut[u)]. Datum in manu domnae[v)] Petronillae, ecclesiae Fontis[w)] Ebraldi[x)] primae Dei gratia venerabilis[y)]

---

a) *Le début omis dans F.* – b) Laurencia *dans F.* – c) ecclesiae, *omis dans E.* – d) Ebraldi, *omis dans E.* – e) Bosrocart *dans F,* Bosrotard *dans a.* – f) sitam, *omis dans E.* – g) fillii *dans E* ; et hoc *à* filii, *omis dans a.* – h) ejus Raginaudus *à* movebat, *seulement dans F.* – i) Et, *seulement dans a.* – j) et, *omis dans E.* – k) Aanor *dans E.* – l) et, *seulement dans F.* – m) Joh[anna] *dans F.* – n) Petrus *à* eorum, *omis dans a.* – o) Gauffridus Papin, *seulement dans E.* – p) Joannes *dans a.* – q) Johannes Tornaminam, *omis dans E.* – r) Aimericus *à* Tuschea, *omis dans F.* – s) Aimericus Chaillai, *seulement dans a.* – t) Brisai *dans F.* – u) Radulphus Unebaut, *seulement dans a.* – v) domnae, *seulement dans a.* – w) ecclesiae Fontis, *omis dans E.* – x) Ebraldi, *seulement dans a.* – y) primae *à* venerabilis, *omis dans E.* –

abbatissae. Acta[z)] charta[aa)] anno Incarnati Verbi[bb)] 1144, romano praesule feliciter praesidente Innocentio papa secundo[cc)], Pictavis Gisleberto episcopo, Francorum rege Lodovico Juniore Aquitanorum duce regnante, Gaufrido Andegavorum comite Fulconis Hierosolimorum[dd)] regis filio prospere florente[ee)].

---

z) Acta, *omis dans F*. – aa) charta, *seulement dans a*. – bb) incarnati Verbi, *seulement dans a*. – cc) romano *à* secundo, *omis dans E*. – dd) Hierosolymorum *dans a*. – ee) Francorum *à* florente, *omis dans E*.

791

[1101-1109 ou 1112]. – Nantes.

Notice relatant qu'afin de se recommander aux prières des moniales Alain [IV Fergent], *comte de Bretagne, et son épouse Ermengarde ont, avec l'accord de leurs fils Conan et Geoffroi, fait remise à celles-ci, par l'intermédiaire des religieuses Hersende* [de Montsoreau] *et Pétronille* [de Chemillé], *de toutes « coutumes » sur les marchandises sujettes à taxation qu'elles feraient transporter depuis la Bretagne et le comté de Nantes jusqu'à Fontevraud.*

A. Original perdu.

B. Gd. Cart. perdu (ex fol. CXX). – *D*. *Ste Fam*., t. III, p. 227 et p. 298 (analyses avec réf. : ch. 499, fol. 120), d'après *B*. – *E*. Angers, 101 H 225 bis, p. 89, n° 494 (avec des coupures), d'après *B*. – *F*. Gaignières, t. II, p. 37, n° 494 (avec des coupures), d'après *B*. – *G*. Duchesne, t. XXII, fol. 415 v°, avec réf. : fol. 120 (avec des coupures), d'après *B*.

a. *Clypeus*, t. I, p. 57 (simple mention) et t. II, p. 234-235, d'après *B*. – *b*. Cosnier, p. 240, avec réf. : ch. 499, fol. 120a, d'après *B*. – *d*. Pavillon, p. 601, preuve n° 142 (la fin manque), d'après *B*. – *f*. Dom H. Morice, *Mémoires pour servir de preuves à l'Histoire de Bretagne*, t. I, Paris, 1742, col. 525, d'après *A* ou *B*.

INDIQUÉ : *C. T.L.*, p. 535. – *L*. Lardier, *Thrésor de l'Abbaye de Fontevraud*, t. I, fol. 86 v°.

Passé à Nantes, en la cour d'Alain IV. Non daté. Antérieur à 1112, date de l'abdication d'Alain IV, et même au 30 novembre 1109 si Hersende est bien décédée cette année-là.

D'après *E, F, G, a* t. II (p. 234-235), *b, d* et *f*.

Notum[a)] omnibus nunc et post nos degentibus fieri volumus quoniam[b)] Alanus, Britannorum comes, et Ermengardis uxor ejus comitissa venerabi-

---

a) *Ce mot seulement dans E, F et b*. – b) omnibus *à* quoniam, *seulement dans F et b*.

lis, concessione filiorum suorum[c] Conani videlicet primogeniti et Gaufridi[d] junioris, concessere[e] sanctimonialibus Fontis Ebraldi[f] de omnibus illis quae de Britannico et Nannetico consulatu ad Fontem Ebraldi[g] ipsae vel aliqui suorum conducerent, de quibus consuetudines eis exire deberent, omnes suas consuetudines immunes[h] habere aliasque suorum hominum consuetudines quas sibi condonari facere possent iterum habere immunes concesserunt[i]. Quae[j] concessio hac de causa[k] facta est quatinus[l] praedicti loci moniales[m] Deo suis[n] orationibus eos commendarent et usque ad diem Judicii in hoc perseverarent. Haec concessio facta est[o] Nannetis in aula ipsius comitis, Hersende et Petronilla jam[p] dicti loci sanctimonialibus[q] tunc inibi[r] praesentibus[s] quibus haec concessio facta est[t]. Cujus concessionis factae a comite Alano et a comitissa Ermengardi et ab eorum filiis, Conano et Gaufrido[u], sunt testes[v] : Hugo Redonensis dapifer, Herveus magister Conani filii comitis, Mengindus[w] miles[x], Arsimellus[y] miles, Fulco pincerna[z], Guinabodo[aa]. Testes[bb] ex parte vero illarum : Galterius, Gauterius de Canda, Gauterius de Posceio[cc].

———

c) suorum, *omis dans E et G*. – d) Gauffridi *dans E*. – e) concesserunt *dans b et f*. – f) Ebraldi, *omis dans E et g*. – g) Ebraldum *dans f* ; Ebraldi, *omis dans E et G*. – h) omnes *à* immunes, *remplacé par* immunitatem *dans b et f*. – i) concessere *dans F, a et d* ; et iterum concessere habere immunes alias suorum hominum consuetudines quas sibi condonari facere possent *dans b et f*. – j) haec *dans b et f*. – k) hac de causa, *seulement dans F, a et d*. – l) *Remplacé par* ut *dans b et f*. – m) sanctimoniales *dans F, b, d et f*. – n) suis, *omis dans b*. – o) in hoc *à* est, *omis dans b et f*. – p) jam, *seulement dans F, a et d*. – q) *les trois derniers mots ajoutés au-dessus de la ligne dans E ; de* jam *à* sanctimonialibus, *omis dans b et f*. – r) tune inibi, *omis dans E*. – s) *Fin de d*. – t) quibus *à* est, *omis dans E et g*. – u) Cujus *à* Gaufrido, *seulement dans F et a*. – v) testes fuerunt *dans E et G*. – w) Menguidus *dans F*, Mingindus *dans a*. – x) *De* sunt testes *à* miles, *omis dans b et f* ; etc. *E*. – y) Arsmellus *dans a*. – z) Arsimellus *à* pincerna *seulement dans F et a*. – aa) Guinabodo, *seulement dans F*. – bb) Testes *seulement dans b et f*. – cc) Guinabodo *à la fin, omis dans E et g*.

792

[XIIe siècle]

Acte concernant une maison sise à Langeais.

A. Original perdu.

B. Gd. Cart. perdu (ex fol. CXX).

INDIQUÉ : *C. T.L.*, p. 542 et 547. – *L.* Lardier, *Thrésor de l'Abbaye de Fontevraud*, t. I, fol. 262 v°.

D'après *C*.

Domus apud Langeio, 495.

793

[XIIe siècle]

Notice relatant un accord conclu entre Jean Viau et la communauté de Fontevraud au sujet de la onzième partie du port de Rest.

A. Original perdu.

B. Gd. Cart. perdu (ex fol. CXX). – *E*. Angers, 101 H 225 bis, p. 89, n° 496 (partielle), d'après *B*.

INDIQUÉ : *C*. *T.L.*, p. 559. – *L*. Lardier, *Thrésor de l'Abbaye de Fontevraud*, t. I, fol. 398 r°.

D'après *E*.

Sciant etc.[a)], controversia quae dieu[b)] agitata fuerat inter Joanem Viau et ecclesiam Fontis [Ebraudi][c)] pro undecima parte in portu de Rest tandem finita.

---

a) Conver *cancellé après cet* etc. – b) *Corriger* : diu. – c) Ebraudi, *omis E*.

794

1125 [ou 1126]

Pierre Gérard, son épouse, ses quatre fils, ses trois filles et ses deux frères donnent à la communauté de Fontevraud l'aire du moulin de la Coudre — en exigeant toutefois des moniales un cens annuel de cinq sous payable pour moitié à Pâques, pour moitié à Noël — ainsi que la moitié de sa pêcherie et un pré ; les trois co-seigneurs du fief concèdent cette donation faite entre les mains du prieur du prieuré fontevriste de La Poraire.

A. Original perdu.

B. Gd. Cart. perdu (ex fol. CXX). – *E*. Angers, 101 H 225 bis, p. 89, n° 497 (avec des coupures), d'après *B*. – *F*. Gaignières, t. II, pp. 37-38 (avec des coupures) ; p. 397 (le début seulement), d'après *B*. – *G*. Duchesne, t. XXII, fol. 405 r°, avec réf. : fol. 120 (le début seulement), d'après *B*.

INDIQUÉ : *C. T.L.*, p. 539 et 551.

V. le n° 294 (presque semblable, sauf pour la date).

Daté de 1125 (mais le n° 294 porte 1126).

D'après *E* et *F*, complété grâce au n° 294.

In nomine[a)] [summae et individuae Trinitatis][b)]. Ego Petrus Girardi et uxor mea Maxima et filii mei Girardus, Johannes, Gauffridus[c)], Petrus et filiae meae Jerodis, India, Honorabilis et fratres mei Raginaudus, Gauffridus[c)] Garardi[d)] donamus [et concedimus][b)] ecclesiae[e)] Sanctae Mariae[f)] Fontis [Ebraudi][b)] aream molendini de Codra[f')], tali tenore ut 5 solidos de censu per singulos annos nobis reddantur[g)] [per duos terminos, videlicet duos solidos et dimidium in Pascha, in Natale Domini duos solidos et dimidium, et dimidietatem piscaturae et pratum quod erat vicinum prati Sanctae Mariae][b)]. Hoc donum datum est per[h)] manum Giraudi prioris de Porreia[i)]. Concesserunt [etiam][b)] Joannes[j)] de Berceria, Gauffredus[c)] frater Joanis[k)], Petrus de quorum feodo erat. [Hujus rei sunt testes Andreas presbiter, Audebertus, Jeraudus, Erraudus Jaguilini, Haimericus, Rotbertus de Gradu, Teophania, Auduinus serviens Petri Letardi, Jerardus villanus][b)]. Lodovico in Francia regnante, Guillelmo Pictavensi comite, Guillelmo Adelelmi episcopo[l)], anno ab Incarnatione Domini[m)] 1125.

---

a) *Le début omis dans F*. – b) *Emprunté au n° 294* ; etc. *E*. – c) Gaufridus *dans F*. – d) Jerardi *dans F*. – e) ecclesiae, *omis dans F*. – f) Sanctae Mariae, *omis dans E*. – f') etc. *dans E*. – g) tali *à* reddantur, *omis dans E*. – h) *Ce* per *au-dessus de la ligne et remplaçant* in *cancellé dans E*. – i) Hoc donum *à* Porreia, *omis dans F*. – j) Joh[annes] *dans F*. – k) Johannis *dans F*. – l) Lodovico *à* episcopo, *omis dans E*. – m) ab Incarnatione Domini, *omis dans E*.

795

[1149-1153]

Aimeri Suard et les siens concèdent à la communauté de Fontevraud le fief de Guillaume Gondoin, proche d'Assais.

A. Original perdu.

B. Gd. Cart. perdu (ex fol. CXX). – *F*. Gaignières, t. II, p. 38, sous le n° 493, *sic* pour 498 (incomplète), d'après *B*.

INDIQUÉ : *C. T.L.*, p. 531 et 544.

V. le n° 815 (narration de Guillaume Gondoin)

Non daté. Sans doute passé sous l'abbatiat de Mathilde I d'Anjou (après le 24 avril 1149-21 mai 1155) comme le n° 815.

D'après *F*.

Ego Aimericus Suardi et Petrus meus germanus et Arsendis uxor mea et filie mee Oda et Hilaria et Johannes et Willelmus et Paganus filii nostri concedimus in elemosina ecclesie Fontis Ebraudi totum feodum Willelmi Godoni a villa Achaii ultra adversus Miribellum… testes… Petrus Suardi.

796

[1175]

Notice relatant que Jean Suard a vendu à l'abbesse de Fontevraud, Audeburge [de Hautes-Bruyères], *pour trente-trois livres payables en vingt-et-un ans, ce qu'il possédait au Breuil, à Assais, son péage excepté, et qu'Aimeri, vicomte de Thouars, s'est, moyennant un marc d'argent, engagé à assurer la garde de ce qui relevait de sa seigneurie.*

A. Original perdu.

B. Gd. Cart. perdu (ex fol. CXXI). – *D*. *Ste Fam.*, t. III, p. 201 (simple mention avec réf. au fol. 121) et p. 347 (analyse avec réf. : ch. 504, fol. 121), d'après *B*. – *E*. Angers, 101 H 225 bis, p. 89, sous le n° 498, *sic* pour 499 (avec des coupures), d'après *B*. – *F*. Gaignières, t. II, p. 38, n° 499 (avec des coupures), d'après *B*. – *G*. Duchesne, t. XXII, fol. 405 r° (court extrait), d'après *B*.

INDIQUÉ : *C. T.L.*, p. 531 *(Achaii)* et 535 *(Brolium)*. – *L*. Lardier, *Thrésor de l'Abbaye de Fontevraud*, t. I, fol. 88 v° *(Brueil)*.

D'après *E* et *F*, complété en note grâce à *D* (p. 347), *C* (p. 535) et *L*.

Presenti et posterae generationi innotescat quod[a] Joanes[b] Suard[c], assensu fratris sui Villelmi[d] Suard[e] et uxoris suae[f] quicquid habebat apud

---

a) *Le début seulement dans E.* – b) Joh[annes] *dans F.* – c) Suar *dans F.* – d) Willelmi *dans F.* – e) Suart *dans F.* – f) *Un blanc après ce mot dans E. Ainsi qu'il ressort de l'analyse de D (v. note 2) l'épouse de Jean Suard s'appelait Ghilsende et ses sœurs Oda et Hilaria ont participé à la vente.*

Acaicum[g)1)], excepto paagium[h)] suum, Audeburgi abbatissae Fontis[i)] [Ebraudi] vendidit in 21 annum pro 33 libras[j)]. Aimericus vero[k)] Toarcensis vicecomes, ea condicione[l)] de hoc marcam[n)] argenti habuit ut[o)] de iis[p)] quae sunt in[q)] feodo suo custodiat[r)]. Testes : Willelmus abbas de Aureavalle ; ex parte Audeburgis abbatissae : Johannes prior, Andreas de Sancto Michaele, Alonus de Sancto Lazaro... Gaufridus de Faia... Radulfus de Verrone[s)2)]. Factum hoc[t)] anno Incarnati Verbi[u)] 1175, Lodovico rege Francorum et Henrico rege Anglorum, Alexandro papa romanae sedi presidente[v)], Joane[w)] apud Pictavum praesulante.

---

1) Les biens vendus comportaient notamment une terre au lieu dit Le Breuil ainsi qu'il ressort des indications de *C*, p. 535, et de *L*, données sous les rubriques *Brolium* et *Brueil*, et de l'analyse de *D* (v. note 2). – 2) Outre ces témoins, d'autres sont connus grâce à l'analyse de *D*, p. 347 : « La charte 504, f. 121, donnée la mesme année (= 1175), *Ludovico rege Francorum, Henrico rege Anglorum, Alex. P.P Romanae sedi praesidente, Joanne apud Pictavim praesulante*, nous découvre plusieurs insignes religieux de l'Ordre, sçavoir fr. Jean le prieur, f. Jean le sous-prieur, fr. André de St Michel, fr. Alonse de St Lazare, Alaunus, fr. Aimard, fr. Amauger, fr. Geoffroy de Faye, fr. Gibaud charpentier, lesquels tous de la part de Mad. Audeburge comme porte le titre reçeurent le don que le seigneur Jean Suart, fils d'Aimery Suart et Ghilsende sa femme, avec le consentement de son fils puisné Guillaume Suart et de ses sœurs Ode et Hilaire, fit de sa terre d'Açay au lieu appelé le Brueil et pour cette aumosne il receut de la charité du monastère dix livres monnoye et sa femme 10 sols. Tesmoins entr'autres Guil abbé d'Orvaux, de *Aurea Valle* ».

---

g) Acaium *dans F*. – h) exepto *dans E* ; paigium *dans F*. – i) *Ce* Fontis *ajouté au-dessus de la ligne dans E*. – j) in *à* libras, *seulement dans F* ; etc. *dans E*. – k) vero, *seulement dans E*. – l) ea conditione, *seulement dans F*. – n) marcham *dans F*. – o) ut, *seulement dans F*. – p) de iis, *seulement dans E*. – q) de *dans F*. – r) custodiat, *seulement dans F*. – s) Ex parte Audeburgis *à* Verrone, *seulement dans F*. – t) Factum hoc, *seulement dans E*. – u) Incarnati verbi, *seulement dans E*. – v) Lodovico *à* presidente, *seulement dans F*. – w) Joh[anne] *dans F*.

797

[v. 1175]

Acte concernant le don du lieu dit Le Breuil [à Assais].

A. Original perdu.

B. Gd. Cart. perdu (ex. fol. CXXI).

INDIQUÉ : *C*. *T.L.*, p. 535. – *L*. Lardier, *Thrésor de l'Abbaye de Fontevraud*, t. I, fol. 88 v° (Brueil).

Sans doute vers la même date que le précédent (1175).

D'après *C*.

Brolium. Donum Brolii, 499, 500.

798

[1155-1180]

Notice relatant que Renaud de Montfort puis son épouse ont, moyennant cinquante sous par eux reçus de l'abbesse Audeburge, concédé une noue et des prés à la communauté de Fontevraud et renoncé à leurs revendications sur Asnières.

A. Original perdu.

B. Gd. Cart. perdu (ex fol. CXXI). – *D*. *Ste Fam.*, t. III, p. 233 (simple mention avec réf. ch. 506) et p. 354 (analyse avec réf. ch. 506, fol. 121), d'après *B*. – *E*. Angers, 101 H 225 bis, p. 90, n° 501 (avec des coupures), d'après *B*. – *F*. Gaignières, t. II, p. 38 et p. 394, n° 501 (avec des coupures), d'après *B*. – *G*. Duchesne, t. XXII, fol. 405 r° (avec des coupures), d'après *B*.

INDIQUÉ : *C. T.L.*, p. 532 avec réf. au n° 510, *sic* pour 501. – *L*. Lardier, *Thrésor de l'Abbaye de Fontevraud*, fol. 61 r°, avec réf. au n° 510, sic pour 501.

Non daté. Passé sous l'abbatiat d'Audeburge de Hautes-Bruyères (après le 21 mai 1155-1er juillet 1180).

D'après *E, F* et *G*.

Ad memoriam et[c.], quod[a)] Raginaudus de Monte Forti et Agnes, filia Savarici Bruni[b)] uxor ejus, concesserunt Deo[c)] et ecclesiae Fontis[d)] [Ebraudi] noam et prata prope eam existencia et[e)] quidquid praedictae ecclesiae calumniabant[f)] apud Asnerias[g)] et propter hoc acceperunt a Audeburge, Fontis Ebraudi[g')] abbatissa, 50 solidos[h)]. Hoc concessit Raginaudus de Monteforti[i)], audientibus Berlaio de Monsteriolo, Roberto

---

a) *Le début omis dans F*. – b) *Ces trois mots ajoutés au-dessus de la ligne dans E* ; filia *à* Bruni, *omis dans F*. – c) Deo, *seulement dans E*. – d) Fontis, *seulement dans F*. – e) noam *à* et, *seulement dans F*. – f) calumniabantur *dans F*. – g) Apud Asnerias *précède* calumniabantur *dans F*. – g') Ebraudi *omis E*. – h) et propter *à* solidos, *omis dans G et remplacé dans F par :* et propter hoc 50 solidos de caritate quos A[udeburgis], Fontis [Ebraudi] abbatissa, eis donavit. – i) Hoc *à* Monteforti, *seulement dans F*, audientibus *précédé de* test. *cancellé dans E*.

fratre ejus, Giraudo[j] filio Berlai, Guiter seneschalo[k] Berlai[l], Boneto filio Willelmi Archiepiscopi, Constantino Pelu[m], Vuillelmo de Monteforti. Similiter[n] Agnes, uxor[o] predicti[p] Raginaudi, filia Savarici Bruni, concessit. Teste[q] Roarcesina[r] matre Raginaudi.

j) Geraudo *dans F.* – k) senescallo *dans G.* – l) Guiter *à* Berlai, omis *dans F.* – m) Constantino Pelu, *seulement dans E.* – n) Similiter, *seulement dans F.* – o) Agnete uxore *dans E et G.* – p) predicti, *seulement dans F.* – q) concessit. Teste, *seulement dans F.* – r) et Roarcesina *précédé de* Roarsen, *cancellé dans E.*

799

[1108 ou 1109-1124]. - Angers, chapitre de Saint-Serge

Raoul de Grez vend à la communauté de Fontevraud, pour seize livres et treize sous de monnaie angevine qu'il reçoit de l'abbesse Pétronille, un cens de vingt-sept sous à La Pignonnière ; l'abbé et les moines de Saint-Serge d'Angers concèdent cette vente.

A. Original perdu.

B. Gd. Cart. perdu (ex fol. CXXI). – *C. T.L.*, p. 555 (analyse), d'après *B.* – *E.* Angers, 101 H 225 bis, p. 90, n° 502 (avec des coupures), d'après *B.* – *F.* Gaignières, t. II, p. 38-39 (avec des coupures), d'après *B.*

INDIQUÉ : *L.* Lardier, *Thrésor de l'Abbaye de Fontevraud*, t. I, fol. 354 r°.

Passé à Angers, au chapitre de Saint-Serge. Daté, notamment, du règne de Louis VI, roi de France – donc postérieur au 29 juillet 1108 – et de l'épiscopat de Renaud de Martigné évêque d'Angers, donc antérieur à 1124, année de la promotion de Renaud au siège de Reims. Postérieur au 14 avril 1109 si le comte d'Anjou est Foulque V.

D'après *E et F.*

Litterarum etc., quod[a] ego, Radulfus de Greio, dono et vendo[b] ecclesiae Fontis [Ebraudi][c] 27 solidos de censu apud Pignoneriam, pro quo videlicet censu [Petronilla] abbatissa predicte ecclesie, donavit mihi 16 libras

a) *Le début seulement dans E.* – b) et vendo, *seulement dans F.* – c) Ebraudi, *omis E.*

et 13 solidos andegavinae monetae[d)] Hoc factum est[e)] in capitulo Sancti Sergii, volente atque[f)] concedente abbate et omne monachorum capitulo. Testes : Achardus[g)] Escharbot, Rainaudus frater predicti[h)] Radulfi. Et acta[i)] Lodovico Francorum rege, Fulcone Andegavensium comite, Raginaudo Andegavensium pontifice.

---

d) 27 *à* monetae, *seulement dans F*. – e) est, *seulement dans F*. – f) volente atque, *seulement dans E*. – g) Achartus *dans E*. – h) predicti, *seulement dans F*. – i) Et acta, *seulement dans E*.

800

[1155-1180]

Charte de l'abbesse Audeburge concernant la terre dite de Girnigaud soumise à un cens de cinq sous.

A. Original perdu.

B. Gd. Cart. perdu (ex fol CXXI). – *C*. *T.L.*, p. 546 (analyse sommaire), d'après *B*. – *D*. *Ste Fam.*, t. III, p. 345 (le début seulement, avec réf. : ch.508, fol. 121), d'après *B*.

Passé sous l'abbatiat d'Audeburge de Hautes-Bruyères (après le 21 mai 1155-1er juillet 1180).

D'après *C*.

Girnigaudi terra ad 5 solidos de censu, 503.

D'après *D*.

La charte 508, f. 121 et 154 [?] sont encore considérables pour quelques autres dons qu'elle (= l'abbesse Audeburge) fit en son temps : *Ego A[udeburgis], Dei gratia Fontis Ebraudi abbatissa, fratrum et sororum nostrorum consilio, do et concedo etc.*

801

[1155-1180]. - Fontevraud.

Notice relatant qu'Aimeri Savari a donné à la communauté de Fontevraud, en la main de l'abbesse Audeburge, pour le repos de l'âme de son frère, sa part du tonlieu de Colombiers [= Villandry] *; ses trois fils ont concédé cette donation.*

A. Original perdu.

B. Gd. Cart. perdu (ex fol. CXXI). – *E*. Angers, 101 H 225 bis, p. 90, n° 504 (avec des coupures), d'après *B*. – *F*. Gaignières, t. II, p. 39, n° 504 (avec des coupures), d'après *B*. – *G*. Duchesne, t. XXII, fol. 405 r° (avec des coupures), d'après *B*.

INDIQUÉ : *C. T.L.*, p. 576. – *D. Ste Fam.*, t. III, p. 201, avec réf. au fol. 121.

Non daté. Passé au chapitre de Fontevraud sous l'abbatiat d'Audeburge de Hautes-Bruyères (après le 21 mai 1155-1er juillet 1180).

D'après *E, F* et *G*.

Aimericus quidam[a)] Savarici dedit ecclesiae Fontis Ebraudi[b)] in perpetuam elemosinam[c)], partem suam de theloneo de Columbers pro salute anime sue et[d)] pro anima[e)] Odi[f)] Savarici[g)], fratris ejus[h)]. Hoc donum[i)] concesserunt filii ejus Philipus, Petrus, Archambaudus[j)]. Hanc autem dedit elemosinam predictus Aimericus in capitulo Fontis Ebraudi, concedentibus filiis suis[k)], in manu A[udeburgis] abbatissae Fontis Ebraudi[l)]. Testes : Petrus Savaricus[m)] frater ejus, Gauterius Savarici[n)], Willelmus abbas Sancti Mauri, Rainelmus de Mozeio, Girardus de Mozeio et alii[o)].

---

a) quidam *seulement dans F*. – b) Ebraudi, *seulement dans G*. – c) in *à* elemosinam, *seulement dans F*. – d) pro salute *à* et *seulement dans F* ; etc. *E*. – e) pro anima, *omis dans F*. – f) Ogi *dans F*. – g) Savarici, *omis dans g ; ce nom ajouté au-dessus de la ligne dans E*. – h) sui *dans F*. – i) donum, *omis dans F*. – j) Archembaudus *dans F et G*. – k) Hanc *à* suis, *seulement dans F*. – l) Fontis Ebraudi, *seulement dans F*. – m) Savarici *dans F*. – n) Savari *dans E*. – o) Rainelmus *à la fin, seulement dans F* ; etc. *E*.

802

[1166-1177]

Acte concernant une maison de Vihiers donnée en viager, moyennant six sous annuels, par l'abbesse Audeburge au boulanger Joubert et à son fils.

A. Original perdu.

B. Gd. Cart. perdu (ex fol. CXXII). – *D*. *Ste Fam*., t. III, p. 353 (analyse avec réf. : ch. 510, fol. 122) et p. 536 (analyse avec réf. au fol. 122), d'après *B*. – *E*. Angers, 101 H 225 bis, p. 90, n° 505 (analyse sommaire), d'après *B*. – *G*. Duchesne, t. XXII, fol. 417 v° (analyse sommaire avec réf. au fol. 122), d'après *B*.

INDIQUÉ : *C*. *T.L.*, p. 542 et 579.

Non daté. Passé au temps de l'abbesse Audeburge et du prieur Pierre qui figure parmi les témoins. Successeur de Benoît encore en fonction en 1165 (v. le n° 503), ce Pierre de Raones est en 1166 témoin d'un chirographe (Arch. dép. de Maine-et-Loire, 101 H 21, original). Son successeur, Jean de Véron apparaît en 1177 (v. le n° 707).

D'après *C*, p. 542.

Domus de Vieris, 505.

D'après *C*, p. 579.

De Viers domus, 505.

D'après *D*, p. 353.

Dans la charte 510, fol. 122 du chartul., où nostre Audeburge donne la maison de Vihier à un certain Josber et à son fils pendant leur vie à VI s. de rente annuelle sont soubscrits tesmoins, entr'autres, P[ierre] prieur, Jean de Pozauges, Aimar, Effroy et Guill. de Roncée religieux de l'Ordre, Mahaud de Flandre, P[ierre] de Parthenay religieux.

D'après *E* et *G*.

In carta qui incipitur : « Noverint » in[a] qua A[udeburgis] Fontis [Ebraudi][b] abbatissa dedit Josberto pistori domum, sub testibus sunt denominata Mathildis de Flandria, P[etrus] de Partenay.

---

a) qui *à* in, *omis dans G*. – b) Ebraudi, *omis dans G*.

803

[1155-1165]. - Fontevraud.

Notice relatant que Péan de Clairvaux ayant donné à la communauté de Fontevraud quatre sous de cens sur un four de Saumur, son frère et héritier Geoffroi a contesté ce don après sa mort puis, moyennant un marc d'argent, renoncé à ses prétentions entre les mains de l'abbesse Audeburge ; le fils de Geoffroi a concédé ce renoncement.

A. Original perdu.

B. Gd. Cart. perdu (ex fol. CXXII). – *D*. *Ste Fam*., t. III, p. 225 (analyse avec réf. : ch. 511) et p. 353 (simple mention avec réf. : ch. 511), d'après *B*. – *E*. Angers, 101 H 225 bis, p. 90, n° 506 (incomplète), d'après *B*. – *G*. Duchesne, t. XXII, fol. 405 r° (incomplète), d'après *B*.

INDIQUÉ : *C. T.L*., p. 544 et 574. – *L*. Lardier, *Thrésor de l'Abbaye de Fontevraud*, t. I, fol. 442 v°.

ANALYSE : Cosnier, p. 235 (analyse avec réf. : ch. 511, fol. 122), d'après *B*.

Semblable au n° 897.

Non daté. Passé à Fontevraud sous l'abbatiat d'Audeburge, donc après le 21 mai 1155, et sous le priorat d'Isembard dont le successeur, Benoît, est mentionné en 1165 (v. le n° 503).

D'après *E* et *G*, complété grâce au n° 897.

Notum sit [presentibus et futuris][a] quod Paganus de Claris Vallibus, [pro anime sue et antecessorum suorum salute][a], dedit Deo [et beate Marie Fontis Ebraldi][a] apud Salmurum, [in quodam furno que proprie sanctimonialium est][a], quatuor solidos censuales [quos in supradicto furno habebat][a]. Post mortem vero ipsius, Gauffridus[b], frater ejus [de Claris videlicet Vallibus, qui in hereditate illius[a]] heres[c] [successit, hoc donum][a] calumniavit [et abstulit][a]. Sed, [cum fore Fonti Ebraudi quodam die venisset, accepta unius marcae argenti caritate, donum, sicut dominus Paganus frater ejus dederat, in manu domne Audeburgis abbatisse et][a] concessit[d] [et confirmavit][a], et [hoc idem][a] filius ejus Hubertus de Campenia [concessit et confirmavit][a]. [Hujus rei][a] testes [sunt][a] Aimericus de Curciaco, Hugo Rigaudus, Seguinus de Lafa aut Jafa, Gaudinus de Beno[e], [Vivianus de Romonis, Acelinus, Giraudus sacerdos Sacrocesariensis, Isembardus prior, Herveus de Salmuro][a].

a) *Emprunté au n° 897*. – b) Gaufredus *dans G*. – c) *Ce mot précédé de* et *dans E et G*. – d) *Ce mot précédé de* postea *dans E et G*. – e) Hugo *à* Beno, *omis dans G*.

804

[1175]

Notice relatant que Guillaume de Maugé et son frère Philippe ont donné à la communauté de Fontevraud, entre les mains de l'abbesse Audeburge, afin que soit célébré l'anniversaire mortuaire de leurs parents, vingt sous annuels sur leur minage de Saumur au jour de la Saint-Florent (22 septembre).

A. Original perdu.

B. Gd. Cart. perdu (ex fol. CXXII). – *E*. Angers, 101 H 225 bis, p. 90, n° 507 (avec des coupures), d'après *B*. – *F*. Gaignières, t. II, p. 39, n° 507 (avec des coupures), d'après *B*.

INDIQUÉ : *C. T.L.*, p. 550. – *L.* Lardier, *Thrésor de l'Abbaye de Fontevraud*, t. I, fol. 442 v°.

V. les n°s 434 (semblable mais plus complet) et 873 (confirmation par Henri II Plantegenêt d'une donation des parents de Guillaume et de Philippe portant également sur le minage de Saumur).

D'après *E* et *F*.

Guillelmus[a)] de Mauge et Philippus frater ejus, pro salute anime sue et pro celebrando anniversario obitus die patris et matris sue[b)], dederunt Deo[c)] [et] ecclesiae Fontis[d)] [Ebraudi], in manu A[udeburgis] abbatissae, 20 solidos in minagio suo[e)] de Salmuro[f)] annuatim[g)] ad festum sancti Florentii. Testes[h)] ...audierunt[i)] Gillia[j)] Fontis Ebraudi[k)] priorissa, Matildis de Monte Sorello, Joannes prior. Actum[l)] anno 1175.

---

a) Willelmus *dans F*. – b) pro salute *à* sue, *seulement dans F*. – c) Deo *suivi de* etc., *seulement dans E*. – d) ecclesiae Fontis, *seulement dans F*. – e) suo, *seulement dans F*. – f) Saumuro *dans F*. – g) annuatim, *seulement dans F*. – h) ad *à* Testes, *seulement dans E*. – i) audierunt, *seulement dans F*. – j) Gilia, *dans F*. – k) Fontis Ebraudi, *seulement dans E*. – l) Actum, *seulement dans E*.

Aucune trace de l'acte anciennement numéroté 514/509 et qui figurait au fol. CXXII.

805

[1174-1180]. – Saumur

Notice relatant qu'Aimeri de Sobs a donné à la communauté de Fontevraud, entre les mains de l'abbesse Audeburge, deux arpents de vigne sis à Cuon.

A. Original perdu.

B. Gd. Cart. perdu (ex fol. CXXII). – *D*. *Ste Fam.*, t. III, p. 353 (analyse avec réf. : ch. 513) et p. 490, avec réf. au fol. 122 (avec des coupures), d'après *B*. – *E*. Angers, 101 H 225 *bis*, p. 90, n° 508 (avec des coupures), d'après *B*.

INDIQUÉ : *C. T.L.*, p. 534.

A Saumur, en la cour d'Henri II Plantegenêt. Non daté. Passé sous le priorat de Jean de Véron, mentionné à partir de 1174 (v. le n° 707) et sous l'abbatiat d'Audeburge, donc avant le 1er juillet 1180.

D'après *D* (p. 490) et *E*.

Notificetur... etc... quod Aimericus de Soz concessit ecclesiae Fontis [Ebraudi][a)] duo arpenta vinearum in vineis de Cuo in manu Audeburgis abbatissae apud Salmurum, in curia domini regis coram praeposito de Losduno... Teste Aimerico d'Aver.

---

a) Ebraudi, *omis dans E*.

D'après *D* (p. 353).

De plus, la charte 513 qui contient un don fait entre les mains d'Audeburge met entre les tesmoins Aimery d'Avoir, Geoffroy dit Baure de La Flesche et Jean de Véron prieur avec f. Jean de Cromeille.

Aucune trace de l'acte anciennement numéroté 514/509 et qui figurait au fol. CXXII.

806

[Première moitié du XIIe siècle (?)]

Notice relatant qu'Eustachie d'Argenton [-Château] *et ses deux fils ont donné à la communauté de Fontevraud un bourgeois nommé Girault et sa descendance avec tous leurs biens ; ledit Girault versera chaque année dix sous aux Fontevristes.*

A. Original perdu.

B. Gd. Cart. perdu (ex fol. CXXII). – *D*. *Ste Fam.*, t. III, p. 238-239 (analyse rapide avec réf. : ch. 515), d'après *B*. – *E*. Angers, 101 H 225 bis, p. 90, n° 509 (*sic* pour 510), avec des coupures, d'après *B*. – *F*. Gaignières, t. II, p. 39 (le début seulement), d'après *B*. – *G*. Duchesne, t. XXII, fol. 405 r° (le début seulement) d'après *B*.

INDIQUÉ : *C. T.L.*, p. 532.

ANALYSE : *b*. Cosnier, p. 163-164 (analyse avec réf. : ch. 515, fol. 122), d'après *B*.

D'après *E, F* et *G*.

Errona (*sic*) est etc., quod[a)] domina Eustachia de Argentonio et duo filii ejus, scilicet Petrus de Chamiliaco[b)] et Aimericus de Argentonio dederunt in elemosinam Deo[c)] et ecclesiae[d)] Fontis[e)] [Ebraudi] quemdam burgensem Giraut nomine[f)] et haeredes ejus cum universis ad eos pertinentibus[g)] in castro de Argentonio in perpetuum[h)], ea conditione ut dictus Girault eos pertinentibus[g)] in castro de Argentonio in perpetuum[h)], ea conditione ut dictus Girault et omnis posteritas ejus servitura ecclesiae Fontis [Ebraudi] et singulis annis X solidos persolvat, etc[i)].

---

a) *Le début seulement dans E*. – b) Chamilliaco *dans F et G*. – c) Deo *suivi de* etc., *seulement dans E*. – d) et ecclesiae, *omis dans E*. – e) Fontis, *seulement dans F*. – f) Giraut nomine, *omis dans F*. – h) in perpetuum, *omis dans G*. – i) De ea conditione *à la fin, seulement dans E*.

807

[1115-1149]

Notice relatant que Pierre de Jarrie et son fils ont donné au prieuré fontevriste des Loges la dîme de leur vendange, de leurs quartes et de leur foin à Jarrie.

A. Original perdu.
B. Gd. Cart. perdu (ex fol. CXXII). – *F*. Gaignières, t. II, p. 39, n° 511 (avec des coupures), d'après *B*.
a. *Clypeus*, t. II, p.268-269 (avec une coupure) et t. III, p. 70 (simple extrait), d'après *B*.
INDIQUÉ : *C. T.L.*, p. 541 *(Decima)*, 547 *(Iarrie aux Loges)* et 548 *(Loges)*.

Non daté. Passé sous l'abbatiat de Pétronille de Chemillé (28 octobre 1115-24 avril 1149).

D'après *F* et *a* (t. II, p. 268-269).

Notum sit omnibus quod[a] Petrus de Jarria et Aimericus filius ejus dederunt Deo et beatae Mariae[b] Fontis Ebraldi[c] et loco Logiae, proprie possidendum, decimam de vindemia sua, de quartibus suis quos ad Jarriam habet et decimam foeni sui quod habet ad Jarriam etc[d]. Testes sunt Girardus Telesce[e], Aimericus de Chassana, Girardus de Roma, Arnaudus armiger abbatissae, Stephanus sacerdos, Gerardus de Turribus sacerdos, Tescelina priorissa de Logiis[f], Petronilla prima Fontis Ebraldi abbatissa.

---

a) *Le début seulement dans a.* – b) Deo *à* Mariae, *seulement dans a.* – c) Ebraldi, *seulement dans a.* – d) et *à* etc, *seulement dans a.* – e) sunt *à* Telesce, *seulement dans a.* – f) Stephanus *à* Logiis, *seulement dans a.*

808

[1155-1173]. - Fontevraud.

Notice relatant que Rogon de La Coue, son épouse, prenant l'habit de Fontevraud, et leur fils Gedoin, ont donné à la communauté, entre les mains de la reine Aliénor, alors présente à l'abbaye, et de l'abbesse Audeburge, tous les droits qu'ils détenaient sur la terre de Briande et sur la maison de Fontevraud s'y élevant.

A. Original perdu.
B. Gd. Cart. perdu (ex fol. CXXIII). – *D*. *Ste Fam.*, t. III, p. 351 (analyse avec réf. : ch. 517, fol. 123), d'après *B*. – *E*. Angers, 101 H 225 bis, p. 90-91, n° 512, d'après *B*. – *F*. Gaignières, t. II, p. 39, n° 512 (avec des coupures), d'après *B*. – *G*. Duchesne, t. XXII, fol. 405 v°, d'après *B*.
INDIQUÉ : *C. T.L.*, p. 535 *(Brianda)* et 545 *(Gaine)*.

Non daté. Passé à Fontevraud sous l'abbatiat d'Audeburge, donc après le 21 mai 1155, et avant l'exil d'Aliénor, donc avant fin novembre 1173.

D'après *E, F* et *G*.

Clareat omnibus quod[a] Rogo de Coe[b] et Dangerosa uxor ejus et Gedoinus filius eorum dederunt Deo[c] [et] ecclesiae [Fontis Ebraudi][d] omne[e] jus et servitium quod habebant in terra de Brianda et in domo Fontis[f] Ebraudi[g] quae ibi constituta est[h]. Hanc elemosinam concesserunt[i] in manu dominae Al[ienordis], reginae Angliae, qui tunc erat apud Fontem Ebraudi et in manu Audeburgis abbatissae, ingrediente tunc claustrum praedicta[j] Dangerosa[k] et[l] habitum religionis suscipiente. Testes : Simon Maingo, Aimericus de Soz[m] Aimericus de Ainchai, Botellus de Losduno[n].

---

a) *Le début omis dans F.* – b) Coiec *dans F.* – c) Deo, *seulement dans E.* – d) ecclesiae... Ebraudi, *seulement dans G.* – e) omne, *omis dans F.* – f) et in *à* Fontis, *omis dans F.* – g) Ebraudi, *seulement dans F.* – h) quae *à* est, *omis dans F* ; constitua, *E.* – i) Hanc *à* concesserunt, *seulement dans F.* – j) prefata *dans F.* – k) *Ce nom ajouté au-dessus de la ligne dans F.* – l) ac *dans F.* – m) Aimericus de Soz, *omis dans F.* – n) Botellus de Losduno, *seulement dans E.*

809

[1155-1180]

Notice relatant qu'en présence de l'abbesse Audeburge Pierre Giraud de Chozé a renoncé à ses prétentions sur La Poraire.

A. Original perdu.

B. Gd. Cart. perdu (ex fol. CXXIII). – *E.* Angers, 101 H 225 bis, p. 91, n° 513 (avec des coupures), d'après *B.*

INDIQUÉ : *C. T.L.*, p. 556. – *L.* Lardier, *Thrésor de l'Abbaye de Fontevraud*, t. I, fol. 362 v°.

Non daté. Passé sous l'abbatiat d'Audeburge de Hautes-Bruyères (après le 21 mai 1155-1er juillet 1180).

D'après *E.*

Petrus Geraudi de Chioze quictavit omnem querelam ecclesiae, etc. de Poraria, etc.[a], in presentia A[udeburgis] abbatissae. Testibus : Aimerico de Bernezai, Gauffrido de Curchaico, Johane Lemosina praeposito Lausduni.

---

a) *Cet* etc. *ajouté au-dessus de la ligne.*

810

[1155-1180]

Notice relatant que Raoul de Beaumont, seigneur de Bressuire, Guillaume Giraud, frère de Pierre Giraud, ainsi que l'épouse, les cinq fils et les trois filles de ce Pierre, ont, lors de l'entrée en religion de l'une de ces trois filles, renoncé à leurs revendications sur La Poraire et La Taconnière.

A. Original perdu.

B. Gd. Cart. perdu (ex fol. CXXIII). – *E*. Angers, 101 H 225 bis, p. 91, non numéroté (avec des coupures), d'après *B*. – *F*. Gaignières, t. II, p. 40, n° 514 (simple extrait), d'après *B*. – *G*. Duchesne, t. XXII, fol. 405 r° (les témoins seulement), d'après *B*.

INDIQUÉ : *C*. *T.L.*, p. 556 et 575. – *L*. Lardier, *Thrésor de l'Abbaye de Fontevraud*, t. I, fol. 362 v° et 467 v°.

Passé sous l'abbatiat d'Audeburge (après le 21 mai 1155-1er juillet 1180).

D'après *E* et *F*.

Radulfus de Bellomonte, dominus de Berceria, et Willelmus Gerardi frater praefati[a)] Petri Gerardi[b)] et Alaidis uxor ejusdem P[etri] Joanis[c)], filii ejus et filiae Peloquinus, Petrus, Girardus, Willelmus, Rainerius, Aleaidis, Johanna, India quae tunc facta fuit monialis[d)] concesserunt[e)] [et] dederunt, etc[f)].

---

a) *Ce* praefati *cancellé dans F*. – b) Gerardi, *seulement dans F* ; P. *dans e*. – c) *Sans doute erreur du copiste pour* Gerardi. – d) *De* et Alaidis *à* monialis, *seulement dans E*. – e) concesserunt *seulement dans F*. – f) Dederunt, etc. *seulement dans E*.

D'après *G*.

A[udeburgis] abbatissa, Aimericus de Bernezay, Gaufredus de Curchaico, Rafulfus de Bellomonte dominus de Berceria.

D'après *C* (p. 556) et L (fol. 362 v°).

Definita querella terrae de Poreria, 513, 514.

D'après *C* (p. 575) et L (fol. 467 r°).

Concordia querelae pro Taconeria, 514.

811

[XIIe siècle]

Acte concernant le don, par un certain Gérard, d'un cens de six sous et huit deniers à Mongazon en la Pignonnière.

A. Original perdu.

B. Gd. Cart. perdu (ex fol. CXXIII). – *C*. *T.L.*, pp. 550 et 555 (analyses rapides), d'après *B*.

INDIQUÉ : *L*. Lardier, *Thrésor de l'Abbaye de Fontevraud*, t. I, fol. 354 r°.

ANALYSE : *c*. Nicquet, p. 75 (simple mention avec réf. ch. 515), d'après *B*.

D'après *C* (p. 550).

Maugasum in Pignoneria VI solidos et 8 denarios de censu, 515.

D'après *C* (p. 555).

Pignoneria. Gerardus dat VI solidos et VIII denarios apud Maugasum in Pignoneria, 515[1].

---

1) Donation faite avec un objet symbolique et citée par *c*, p. 75, en marge, comme exemple d'un tel cérémonial.

812

[1115-1129]. - Fontevraud.

Notice relatant que Babin de Curçay a abandonné à la communauté de Fontevraud tous ses droits sur une terre donnée par l'épouse de Guillaume Evel lors de sa prise de voile et qu'il a obtenu qu'à l'annonce de son décès les religieuses célébreront pour lui un office semblable à celui célébré pour une sœur ou un frère vivant depuis quinze ou vingt ans à l'abbaye.

A. Original perdu.

B. Gd. Cart. perdu (ex fol. CXXIII). – *D*. *Ste Fam*., t. III, p. 281 (analyse et court extrait avec réf. : ch. 520, fol. 123), d'après *B*. – *E*. Angers, 101 H 225 bis, p. 91, n° 516 (avec des coupures), d'après *B*. – *F*. Gaignières, t. II, p. 40, n° 516 (avec des coupures), d'après *B*.

a. *Clypeus*, t. II, pp. 314-315, d'après *B*.

INDIQUÉ : *C. T.L.*, p. 539.

Non daté. Passé au chapitre de Fontevraud sous l'abbatiat de Pétronille, donc après le 28 octobre 1115, et sous le priorat d'Augarde, donc avant le 16 mai 1129.

D'après *E, F* et *a*.

Notum sit[a)] omnibus[b)] quod domnus Babinus de Cursiaco castro, libere et absolute et sine ullo retentu[c)], dedit Deo[d)] et ecclesiae beatae Mariae de Fonte[d)] Ebraudi[b)] omnia illa[e)] sua jura[e)] quae habebat in terra[e')] quam Maria, uxor Guillelmi Evelli, praedictae ecclesiae secum donaverat, eo igitur pacto quod, cognito apud Evraudum obitu suo, ei tale per omnia recompensabitur officium quale pro uno fratre sive[f)] pro una sanctomoniale deffuncta[g)] quae usque ad quindecim sive ad viginti annos in ecclesia vixerat, a cunctis omnipotenti Deo devotissime offertur[h)]. Testes[a)] sunt Geraudus et Philippus sacerdotes[i)], Petrus de Girundia[j)], Geraudus filius Guillelmi. Hujus vero cartae confirmatio[k)] facta[l)] est[a)] in praesentia domnae Petronillae abbatissae et Augardis priorissae in capitulo Fontis Ebraldi[m)].

---

a) *Ce mot omis dans F*. – b) *Ce mot seulement dans a*. – c) libere *à* retentus, *seulement dans a*. – d) de Fonte *remplacé par* Fontis *dans F* ; et *à* Fonte, *omis dans E*. – e) illa, *omis dans E* ; jura sua *dans E*. – e') terram, *E*. – f) *Ce* sive *remplacé par* vel, *cancellé à tort, dans E*. – g) defuncta *dans a*. ; eo igitur *à* deffuncta, *omis dans F* ; etc. *E*. – h) *De* quae *à* effertur, *seulement dans a*. – i) sunt *à* sacerdotes, *seulement dans a*. – j) Petrus de Girundia, *omis dans E*. – k) Geraudus *à* confirmatio, *seulement dans E*. – l) factum, *dans E ; omis dans F*. – m) in *à la fin, seulement dans a*.

813

[XIIe siècle]

Acte concernant une maison soumise à un cens de dix sous.

A. Original perdu.

B. Gd. Cart. perdu (ex fol. CXXIV).

INDIQUÉ : *C. T.L.*, p. 542.

D'après *C*.

Domus Sapientiae de X solidos de censu, 517.

814

[1149-1155]

Notice relatant que Payen de Montfort s'est donné à la communauté de Fontevraud avec tous ses biens entre les mains de l'abbesse Mathilde [I d'Anjou] *qui lui a remis une terre inculte à défricher à Rochebœuf afin d'y édifier une maison ou d'y planter des vignes.*

A. Original perdu.

B. Gd. Cart. perdu (ex fol. CXXIV). – *C*. *T.L.*, p. 576 (analyse rapide), d'après *B*. – *D*. *Ste Fam.*, t. III, p. 337 (analyse avec réf. : ch. 522, fol. 124), d'après *B*. – *E*. Angers, 101 H 225 bis, p. 91, n° 518 (avec des coupures), d'après *B*. – *F*. Gaignières, t. II, p. 40, n° 518 (avec des coupures), d'après *B*.

Non daté. Passé sous l'abbatiat de Mathilde I d'Anjou (après le 24 avril 1149-21 mai 1155).

D'après *E* et *F*.

Notum sit omnibus, etc., quod[a)] Paganus de Monteforti dedit se et sua omnia que habebat sive habere poterit[b)] Deo et[c)] sanctae Mariae de Fonte[d)] [Ebraudi][e)] in manu domnae Mathildis[f)] abbatissae, ipsa quae ad Rocheboum etc[g)]. Testes... Raginaudus de Coceio, Johannes pelliparius, Audeburgis priorissa[h)].

---

a) *Le début seulement dans E*. – b) se et *à* poterit, *seulement dans F*. – c) Deo etc., *seulement dans E*. – d) sanctae Mariae de Fonte, *seulement dans F*. – e) Ebraudi, *omis E*. – f) Matildis *dans F*. – g) ipsa *à* etc., *seulement dans E*. – h) Testes *à la fin, seulement dans F*.

D'après D.

La charte 522, f. 124, nous fournit un autre exemple du seigneur Payen de Montfort lequel se donna (c'est-à-dire se fit vassal) soy et tout ce qu'il avoit ou pourroit avoir de Sainte Marie de F.E. entre les mains de nostre abbesse qui luy donna aussi d'une terre inculte sise au lieu nommé Rochebœuf autant qu'il en pourroit défricher, soit pour bastir une maison, soit pour planter des vignes. Tesmoins le sieur Pinelle prestre de Vençay, Renaud de Cocé, Jean pellepier religieux de F.E., madame Audeburge prieure, madame Mulier et Hersende, maîtresse de l'abbaye.

815

[1149-1155]

Acte concernant la donation de Guillaume Gondoin à la communauté de Fontevraud et à l'abbesse Mathilde [I d'Anjou] *de sa personne et de ses biens et, notamment, du fief qu'il tenait d'Aimeri Suard entre Assais, La Tache et Valette.*

A. Original perdu.
B. Gd. Cart. perdu (ex fol. CXXIV). – *D. Ste Fam.*, t. III, p. 357 (analyse), d'après *B*.
INDIQUÉ : *C. T.L.*, pp. 531, 544, 577. – *L.* Lardier, *Thrésor de l'Abbaye de Fontevraud*, fol. 485 r°.

V. le n° 795 (concession d'Aimeri Suard).

D'après *D*.

La charte suivante du chartulaire (= après la ch. 522, fol. 124) remarque encore un Guillaume Gondouin, lequel, en présence de Geoffroy abbé d'Orvaux, se donna soy-même à Dieu et à N.D. et à Mathilde abbesse, ensemble toute la terre qu'il tenait du fief d'Aimery Suard.

D'après *C* (p. 531).

Airvau, 519.

D'après *C* (p. 544).

Feodum Aimerici Suardi inter Azais et Valetta, 519.

D'après C (p. 577)

Valette. Feodum Aimerici Suardi inter Azais et La Tasche et Valettis, 519.

816

[XIIe siècle]

Acte concernant le don, par une certaine Poncie, de trois setiers de froment à « Bonial » et celui de la moitié d'une saline à Soubise, par Eustache Meschin.

A. Original perdu.
B. Gd. Cart. perdu (ex fol. CXXIV). – *C. T.L.*, pp. 534 et 573 (analyses rapides) et p. 574 (simple mention), d'après *B*.

D'après *C* (p. 534).

Bonial. Poncia dat tria sextaria frumenti ad mensuram de ponte ad Bonial, 520.

D'après *C* (p. 573).

Ostachius Meschinus dat medietatem salinae ad Subisam 520.

D'après *C* (p. 574).

Subiza. Medietas salinae, 520.

817

[1128-1153 ou 1190 et 1218].

Acte concernant le don d'un droit sur la terre de La Ronce par Sulpice [d'Amboise ?].

A. Original perdu.

B. Gd. Cart. perdu (ex fol. CXXV). – *C*. *T.L.*, p. 548 (analyse sommaire), d'après *B*.

INDIQUÉ : *L*. Lardier, *Thrésor de l'Abbaye de Fontevraud*, t. I, fol. 408 r°.

Passé entre 1128 et 1153 s'il s'agit de Sulpice II, seigneur d'Amboise entre ces deux dates ; entre 1190 et 1218 s'il s'agit de son petit-fils, Sulpice III.

D'après *C*.

La Runza. Supplicius dat jus in territorio de Larunza, 521.

818

[1119-1124 (?)]

Notice relatant que Gilbert Boivin, à l'occasion de la prise d'habit de l'une de ses filles, a donné à la communauté de Fontevraud, entre les mains de l'abbesse, ce qu'il possédait dans la conche de Véron ; son neveu a concédé ce don.

A. Original perdu.

B. Gd. Cart. perdu (ex fol. CXXV). – *C*. *T.L.*, p. 539 (analyse sommaire) et p. 578 (simple mention), d'après *B*. – *E*. Angers, 101 H 225 bis, p. 91, n° 522 (incomplète), d'après *B*. – *L*. Lardier, *Thrésor de l'Abbaye de Fontevraud*, t. I, fol. 99 v° (analyse sommaire), d'après *B*.

V. le n° 448 concernant également « La Conche » qui est peut-être le même lieu.
Peut-être même époque que le n° 448 passé sous le pontificat de Callixte II (2 février 1119-13 décembre 1124).

D'après *E*.

Notum sit tam presentibus quam futuris quod Gislebertus Bibens Vinum, cum quadam filia sua de qua monacham fecit, dedit Deo etc., in manu [...][a] abbatissae quicquid in Concha de Verrone habebat, concedente Aimerico nepote suo.

---

a) *Déchirure, E.*

819

[1115-1149].

Notice relatant que Bernard Carboneau a fait don, entre les mains de l'abbesse Pétronille, de deux arpents de vigne avec un pressoir, sous condition d'avoir son nom inscrit dans les martyrologes de l'abbaye et de bénéficier de célébrations anniversaires semblables à celles des frères de Fontevraud défunts.

A. Original perdu.
B. Gd. Cart. perdu (ex fol. CXXV). – *C*. *T.L.*, p. 579 (analyse rapide), d'après *B*. – *E*. *Angers*, 101 H 225 bis, p. 91, n° 523, d'après *B*.

V. le n° 598 (presque semblable).
Passé sous l'abbatiat de Pétronille de Chemillé (28 octobre 1115-24 avril 1149).

D'après *E*.

Bernardus Carbonellus dedit ecclesiae Fontis [Ebraudi][a], in manu P[etronillae] abbatissae, duo arpenta vineae cum torculari, tali pacto quod in singulis martirologiis omnium conventuum Fontis [Ebraudi][a] ecclesiae nomen ejus scriberetur et facient pro eo sicut pro fratre uno.

a) Ebraudi, *omis*.

820

[XIIe siècle après 1115]

Pierre le cellérier, chanoine de Saint-Oûtrille de Châtillon [-sur-Indre], *donne à la communauté de Fontevraud sa maison de pierre édifiée sur le rempart de Châtillon et un demi-arpent de vigne à Chambon sous condition que ce don ne puisse ensuite être aliéné.*

A. Original perdu.
B. Gd. Cart. perdu (ex fol. CXXV).
a. *Clypeus*, t. I, p. 71 (extrait) et t. II, p. 98 (la fin manque), d'après *B*.
INDIQUÉ : *C*. *T.L.*, p. 537, avec réf. au n° 523.

D'après *a* (t. II, p. 98).

Ego Petrus, annomine cellerarius, sacerdos et canonicus beati Austrigisili de Castelione, reddo Deo et dono et concedo beatae Mariae, matri Domini nostri Jesu, et sancto conventui de Fonte Ebraudi domum meam lapideam quae partim fundata est super aggerem castelli ; praeterea dimidium arpentum vineae ad Campum Bonum. Hoc autem domina abbatissa et sancto conventu humiliter exhibemus quod praefatum donum nec presens abbatissa nec subsequentes a sancta conventione alienare praesumat quia hoc est initium temporalium bonorum quae unquam habuitis apud Castellionem etc.

821

[1129]

Notice relatant que Guillaume l'Archevêque de Parthenay a concédé à la communauté de Fontevraud ce que la dame Dangereuse avait donné du moulin de Parthenay dit moulin Simon ; le même jour l'abbesse [Pétronille] *a reçu une charte du comte* [de Bretagne] *Conan* [III] *lui donnant l'Île-de-Vair, une autre de Bolort et Roland de Thouarcé et deux concernant Saumur.*

A. Original perdu.
B. Gd. Cart. perdu (ex fol. CXXV). – *D. Ste Fam.*, t. III, p. 533 (court extrait avec réf. au fol. 125), d'après *B.* – *E.* Angers, 101 H 225 bis, p. 91, n° 524 (extraits), d'après *B.* – *G.* Duchesne, t. XXII, fol. 405 r° (court extrait), d'après *B.*
a. Clypeus, t. II, p. 97, très court extrait, t. III, fol. 348 r°.
INDIQUÉ : *C. T.L.* pp. 552 et 555. – *L.* Lardier, *Thrésor de l'Abbaye de Fontevraud*, t. I, fol. 348 r°.

Daté du jour de la Purification de la Vierge (2 février). Passé en 1129, année de la donation de Conan III (v. le n° 99).

D'après *E, G* et *a* (t. II, p. 97).

Guillelmus Archiepiscopus de Partenay concessit illud quod domina[a)] Dangerosa dedit Deo et ecclesiae Fontis Ebraldi[b)] in molendino[c)] de

---

a) *Ce mot seulement dans a.* – b) et *à* Ebraldi, *seulement dans a* ; etc. *E.* – c) *Cet* in molendino *précédé de* : Simon Mangot *dans E et G.*

Parthenay quod vocatur molendinum Simon[d]. Testibus Beraudo de Brauco, Gauffrido[e] de la Rochia[f], Joscelino de Losduno[g], Aimerico capellano abbatissae, Radulpho de Chaile. Domina abbatissa accepit cartam Conani comitis insulae de Ver et alteram Bolordii et Rolandi de Toarceio et duas de Salmuro in die Purificationis sanctae Mariae[h].

---

d) quod *à* Simon, *seulement dans a.* – e) Gaufrido *dans a.* – f) Rocha *dans a.* – g) Testibus *à* Losduno, *omis dans G.* – h) Aimerico *à la fin, seulement dans a* ; etc. *E après* Losduno.

822

[1155-1180]

Notice relatant que Berthe, dame de Bessay, et ses deux fils ont vendu sous forme de donation à la communauté de Fontevraud, entre les mains de l'abbesse Audeburge, quatre arpents de prés en Véron et ont reçu dix livres en échange.

A. Original perdu.

B. Gd. Cart. perdu (ex fol. CXXV). – *E.* Angers, 101 H 225 bis, p. 91 n° 525 (avec des coupures), d'après *B.* – *F.* Gaignières, t. II, p. 40, n° 525 (avec des coupures), d'après *B.* – *G.* Duchesne, t. XXII, fol. 405 r° (court extrait), d'après *B.*

INDIQUÉ : *C. T.L.*, p. 557 et 578.

Non daté. Passé sous l'abbatiat d'Audeburge de Hautes-Bruyères (après le 21 mai 1155-1er juillet 1180).

D'après *E, F* et *G.*

Domina Breta de Bechaico et Philippus de Bechaico filius ejus[a] et Hugo frater ejus[dem][b] Philippi[c], pro remissione peccatorum suorum[d], dederunt Deo, etc.[e], in manu dominae Audeburgis abbatissae[f], 4 arpenta pratorum[g] in Verrone et pro isto habuerunt x libras in caritate[h]. Testes : Gislebertus Bibens Vinum, Moricius de Thoas, Ato de Riveria, etc[i].

---

a) filii ejus *dans E.* – b) ejus[dem], *seulement dans G.* – c) Philippi, *omis dans F.* – d) pro *à* suorum, *seulement dans F.* – e) Deo etc., *seulement dans E.* – f) *Fin de G.* – g) terrae *dans E.* – h) in Verrone *à* caritate, *seulement dans F.* – i) Testes *à* etc., *seulement dans E.*

823

1174

Acte relatant qu'en présence de l'abbesse Audeburge et de deux religieux Pierre du Gué de Saumur et son épouse se sont donnés avec leurs biens à la communauté de Fontevraud et que, devenus ainsi sujets de l'abbaye, ils ont obtenu de l'abbesse de rester dans le monde autant qu'ils le voudraient.

A. Original perdu.

B. Gd. Cart. perdu (ex fol. CXXVI). – *D*. *Ste Fam*., t. III, p. 347 (analyse avec réf. : ch. 531, fol. 126), d'après *B*.

INDIQUÉ : *C*. *T.L*., p. 544 et 550. – *E*. Angers, 101 H 225 bis, p. 91, à la suite du n° 525 (= 822 pr. éd.). – *F*. Gaignières, t. II, p. 40, n° 526.

D'après *D*.

Mais la charte 531, f. 126 du chartulaire nous fait voir un don bien plus considérable de la mesme année 1174. En présence de nostre abbesse (= Audeburge) et de ses frères Jean de Cromeille et Effroy de la Broce un certain Pierre du Guoy de Saulmur avec sa femme Asceline se donnèrent eux-mesmes à Se Marie de F.E. avec une maison et tous leurs meubles, deux arpens de vigne sis au fief du seigneur Payen de Mangé. Ce don fut accepté par Audeburge qui leur permit encore de demeurer dans le monde tant qu'ils voudroient, sujets cependant en tout et partout de son monastère.

824

[1149-1155]

L'abbesse Mathilde [I d'Anjou] *concède à un certain Pierre le Mangeur une maison sise au Port-Ligny et soumise à un cens de douze sous.*

A. Original perdu.

B. Gd. Cart. perdu (ex fol. CXXVI). – *D*. *Ste Fam*., t. III, p. 338, avec réf. : ch. 532, fol. 126, d'après *B*.
INDIQUÉ : *C. T.L.*, p. 542 et 557.

D'après *D*.

Ego Matildis, Dei gratia ecclesiae Fontis Ebraudi abbatissa, legitime dedi et concessi Petro Manducandi domum de portu Ligneio quam a me requisebat sub reddendo censu XII solidorum. Testes sunt de fratribus : Isembardus prior, Gauffridus de Rocha, Herveus de Salmuro.

825

[1157-1170]. – Fontevraud.

Manassier [Bisset], *sénéchal du roi d'Angleterre* [Henri II Plantegenêt] *et son épouse Alix donnent à la communauté de Fontevraud vingt sous annuels à la Saint-Michel* [29 sept.] *sur le moulin de Cany afin que les moniales puissent acheter des harengs en Carême ; cette donation est faite en présence, notamment, de la reine Aliénor, qui la corrobore de son sceau, et de son fils Richard.*

A. Original jadis scellé de 2 sceaux – dont celui d'Aliénor – en cire blanche sur lacs de parchemin, perdu.
B. Gd. Cart. perdu (ex fol. CXXVI). – *D*. *Ste Fam*., t. III, p. 351 (analyse avec réf. : ch. 533, fol. 126), d'après *B*. – *E*. Angers, 101 H 225 bis, p. 92, n° 528 (avec des coupures), d'après *B*. – *F*. Gaignières, t. I, p. 274-275, d'après *B*. – *G*. Duchesne, t. XXII, fol. 415 v° (avec des coupures), avec réf. : fol. 126, d'après *B*.
INDIQUÉ : *C. T.L.*, p. 536 et 552
ANALYSE : J.H. Round, *Calendar of documents*... p. 378, n° 1067, d'après *F*.

Passé à Fontevraud le dimanche (= de Sexagésime) où l'on chante *Exsurge quare*. Postérieur au 8 septembre 1157 (naissance de Richard) et antérieur à 1170, date à partir de laquelle Manassier, sénéchal depuis 1155, a cessé de l'être (v. J. Boussard, *Le gouvernement d'Henri II Plantegenêt*, p. 342 et n. 3 ; p. 365 et n. 4).

D'après *F*, complété en note par *E* et *G*.

Tam presentibus quam futuris notum sit quod ego Manasses, dapifer regis Anglorum[a], et uxor mea Aalix[b], Dei respectu et animarum nostra-

a) Angliae *dans E et G*. – b) Aalix *dans E et G*.

rum salute, damus et concedimus in perpetuum, tam nos quam heredes[c] nostri Deo et ecclesie[d] Fontis Ebraldi XX solidos annuatim reddendos in molendino de Cani ad emendos arengos in Quadragesima predicte ecclesie sanctimonialibus[e] et per singulos annos ad festum Sancti Michaelis predicti XX solidi reddentur. Hoc donum factum fuit in capitulo Fontis Ebraldi, in dominica qua cantatur Exurge quare, astantibus et[f] presentibus Alienorde regina Anglorum[a] que sui appositione sigilli hoc testatur[g] et Ricardo filio suo et Johanne comite Windocinensi[h] et Osberto Martello et Andrea milite meo[i] et Godefredo famulo meo et magistro W[illelmo] Johanne et aliis pluribus[j].

---

c) successores *dans E et G*. – d) et ecclesiae etc. *E qui omet* Fontis Ebraldi. – e) pro sanctimonialibus ejusdem ecclesiae *dans E et G*. – f) *De* Ebraldi *à* et, *omis E*. – g) *De* Anglorum *à* testatur, *omis E*. – h) Vindocinensi, *E*. – i) milite Manassei *dans E et G*. – j) *De* et Godefredo *à la fin, omis E*.

826

[1136]. – Sans doute Poitiers.

Notice relatant l'accord conclu, en présence du légat pontifical Geoffroi [de Lèves] *et de nombreux prélats, clercs et barons, entre Fontevraud et l'Eglise de Poitiers au sujet des pâtures de Born et du bois Saint-Pierre.*

A. Original perdu.

B. Gd. Cart. perdu (ex fol. CXXVI). – *C*. *T.L.*, p. 532 (analyse), d'après *B*. – *D*. *Ste Fam.*, t. III, pp. 191, 192, 193, 196, 197, 198 (simples mentions avec renvoi au fol. 126), p. 183 (court extrait avec réf. : fol. 126) et p. 263-264 (analyse avec réf. : ch. 534, fol. 126), d'après *B*. – *E*. Angers, 101 H 225 bis, p. 92, n° 529 (avec des coupures), d'après *B*. – *G*. Duchesne, t. XXII, fol. 415 v° (avec des coupures), d'après *B*. – *H*. Housseau, t. XII[1], fol. 166 v° (analyse avec réf. : fol. 126 v°), d'après *B*.

a. *Clypeus,* t. I, p. 37 ; t. II, p. 86 (simples extraits) et t. II, pp. 474-475 (avec des coupures), d'après *B*. – *d*. Pavillon, p. 613, preuve n° 196 (extraits), d'après *B*.

INDIQUÉ : *L*. Lardier, *Thrésor de l'Abbaye de Fontevraud*, t. I, fol. 61 r° (Asnière).

Non daté mais très probablement passé à Poitiers à l'occasion de l'important concile tenu en cette ville en mars ou avril 1136.

D'après *E, G* et *a* (t. II, pp. 474-475).

Notum sit tam praesentibus quam futuris quod concordia facta est[a] de discordia quae erat inter Ecclesiam Pictavensem et ecclesiam Fontis

---

a) *Ce mot seulement dans a.*

Ebraldi[b)], scilicet de episcopo et clericis et abbatissa Fontis Ebraldi de pascuis de Born et de bosco Sancti Petri in quibus solebant prius pascere omnia animalia et pecora ancillarum Christi de Fonte Ebraldi[c)] et presentis adhuc, excepta una parva parte quam retinebant sibi clerici de parte terrae etc.[d)] Et[e)] hoc factum est in presentia Gauffredi[f)] Carnotensis episcopi, Sanctae Romanae Sedis legati, et[g)] Gaufredi[h)] Burdegalensis archiepiscopi et[g)] Hugonis Turonensis archiepiscopi et[g)] Willelmi Pictavensis episcopi et[g)] Gosleni de Sionensis[i)] episcopi et[g)] Hamelini Redonensis episcopi et[g)] Willelmi Xantonensis episcopi et B[ricius] Nannetensis episcopi et Pagani Cenomanensis episcopi, Lamberti Ingolemensis episcopi et multorum aliorum episcoporum, clericorum et aliorum baronum.

---

b) Ebraldi, *seulement dans a.* – c) in quibus *à* Ebraldi, *omis dans a.* — d) et praesentis *à* etc, *seulement dans E.* – e) Et, *seulement dans a.* – f) Gaufridi *dans G*, Gaufredi *dans a.* – g) et, *seulement dans a.* – h) Gaufridi *dans G et a.* – i) Suessionensis *dans G.*

827

[1155-1156]

Acte relatant que Geoffroi Vulgrin, avec l'accord de ses deux frères, Engebaud, archevêque de Tours, et Hervé, de son oncle et du fils de celui-ci, a donné à la communauté de Fontevraud la terre dite du Val-Guignebert à l'occasion de l'entrée en religion de l'un de ses fils ; il a néanmoins reçu douze livres blésoises de l'abbesse Audeburge.

A. Original perdu.

B. Gd. Cart. perdu (ex fol. CXXVII). – *D. Ste Fam.*, t. III, p. 354 (analyse avec réf. : ch. 535, fol. 127), d'après *B*.

INDIQUÉ : *C. T.L.*, p. 576 (*Vallis Guinebert*).

Non daté. Passé sous l'abbatiat d'Audeburge de Hautes-Bruyères, donc après le 21 mai 1155, et du vivant de l'archevêque Engebaud, donc avant 1156.

D'après *D*.

[Vulgrin, frère de l'archevêque de Tours, Engebaud] estima tant l'Ordre de F.E. qu'il voulut y vouer un de ses enfans au service de Dieu comme nous explique la charte 535, f. 127 du chartul., où Geoffroy de Vougrins donne en aumosne à l'Eglise de F.E. la terre du Vau Guineber en considération de son fils Maurice. *A[udeburgis] abbatissa in fratre eum recepit* et receut de la charité du monastère 12 livres blaisois. Cette donaison fut faicte avec le consentement de ses frères Hervé et Engebaud, suivant aussi la volonté d'Hervé de Beauvoir son oncle et du jeune Hervé son cousin au fief desquels la dite terre estoit comprise, tesmoins le susdit Ulgrin père de Geoffroy[a)], f. Guiber Pelletier du Brueil, fr. Henry de Villepessey, f. Pierre Guiller religieux de l'Ordre.

---

a) *Sic pour Maurice ?*

828

[1108-1109 ou 1109-1113]. - Fontevraud.

Garsier de Machecoul donne à Robert d'Arbrissel et aux moniales toutes ses « coutumes » de Loire et de mer au profit des pauvres de Fontevraud.

A. Original perdu.
B. Gd. Cart. perdu (ex fol. CXXVII). – *C*. *T.L.*, pp. 533, 539, 542, 548, 554 (simples mentions) et p. 565 (extraits), d'après *B*. – *E*. Angers, 101 H 225 bis, p. 92, n° 531 (avec des coupures), d'après *B*.
a. *Clypeus*, t. I, p. 116 (extrait) et t. II, p. 250, d'après *B*. – *f*. Migne, *Patrologie Latine*, t. 162, col. 1113 D et 1114 A, d'après *a*, t. II, p. 250.
INDIQUÉ : *H*. Housseau, t XII[1], fol. 166 v°, n° 5696, avec réf. : fol. 127 r° – *L*. Lardier, *Thrésor de l'Abbaye de Fontevraud*, fol. 274 r°. – Cosnier, p. 113 (simple mention avec réf. : ch. 536, fol. 127), d'après *B*.

Passé à Fontevraud dans la chapelle Saint-Benoît dite chapelle des malades. Daté du règne de Louis VI, roi de France – donc postérieur au 29 juillet 1108 –, de l'épiscopat de Pierre II, évêque de Poitiers – donc antérieur au 4 avril 1115 – et du règne du comte Foulque d'Anjou ; s'il s'agit de Foulque V, l'acte est postérieur au 14 avril 1109.

D'après *E* et *a* (t. II, p. 250).

Notum fieri volo quod ego Garsirius de Macheco dono Deo et beatissimae Mariae[a)] et domno Roberto de Arbrissello et sanctimonialibus de Fonte Ebraudi[b)] omnes meas consuetudines Ligeris et maris ad proprias res faciendas pauperibus Fontis Ebraldi[c)]. Quod donum supradictum[d)] posuit

---

a) et *à* Mariae, *seulement dans a* ; etc. *E*. – b) *de* Fonte Ebraudi, *seulement dans a*. – c) ad *à* Ebraldi, *seulement dans a* ; etc. *E*. – d) supradictum, *seulement dans a*.

super altare Sancti Benedicti quae ecclesia vocatur capella infirmorum. Hujus doni[e] testes sunt[f] Fulco Andegavensium comes, Salemace Tuerus[g], et[h] Carbonellus de Sancto Michaele et Fulco de Daune. Hoc donum datum est regnante Ludovico Francorum rege, Fulcone Andegavensium comite, Petro Pictavorum pontifice[i].

---

e) Hujus doni, *seulement dans a.* – f) sunt, *seulement dans a.* – g) Salemace Tuerus, *seulement dans E.* – h) et, *seulement dans a.* – i) et Fulco *à la fin, seulement dans a* ; etc. *E.*

829

[1155-1165]

Notice relatant que Jean Maumoine et son épouse ont, avec l'accord de leur fils, fait don d'un cens de douze deniers pour les malades de Saint-Benoît.

A. Original perdu.
B. Gd. Cart. perdu (ex fol. CXXVII). – *E.* Angers, 101 H 225 bis, p. 92, n° 532 (avec des coupures), d'après *B.*
a. *Clypeus*, t. II, p. 250 (avec des coupures), d'après *B.*
INDIQUÉ : *C. T.L.*, p. 593. – *G.* Duchesne, t. XXII, fol. 415 v°.

Datée du temps où une certaine Brigolende était prieure de Saint Benoît. Il s'agit peut-être de la même religieuse que celle mentionnée entre 1165 et 1180, alors que Gillette était grande prieure de Fontevraud, comme étant alors elle-même prieure du prieuré tourangeau de Lencloître en Chaufournois (v. le n° 517). S'il en est ainsi, on pourrait dater cette charte des débuts de l'abbatiat d'Audeburge, entre le 21 mai 1155 et avant 1165.

D'après *E* et *a*.

Notum sit quod Johanes[a] Maumonius, filius Radulfi[b] Maumonii, et uxor ejus Elisabet, concedente Aimerico filio suo[c], dedit infirmis Sancti Benedicti Fontis Ebraudi 12 censuales nummos[d]. Testes sunt Herveus presbiter de Rest et Carvellus suus capellanus et[e] Guillelmus[f] de Domperre[g] et Michael famulus dominarum Sancti Benedicti. In tempore Brigolent quando erat priorissa infirmorum[h].

---

a) Notum sit quod, *omis E* ; Joannes *dans a.* – b) Radulphi *dans a.* – c) Maumonii *à* suo, *seulement dans E.* – d) Fontis *à* nummos, *seulement dans a* ; etc. *E.* – e) sunt *à* et, *seulement dans a.* – f) Willelmus *dans a.* – g) Donperre *dans a.* – h) et Michael *à* infirmorum, *seulement dans a* ; etc. *E.*

830

[1101-1109 ou 1112/1113]

Drusiana et son fils donnent à Robert d'Arbrissel deux « jugères » de pré et un de marais.

A. Original perdu.

B. Gd. Cart. perdu (ex fol. CXXVII). – *C. T.L.*, p. 557 (simple mention) et p. 565 *(extraits)*, d'après *B*.

ANALYSE : Cosnier, p. 166, avec réf. : ch. 538, fol. 127 (analyse sommaire avec le nom de 6 témoins), d'après *B*.

Non daté. Postérieur à la fondation de Fontevraud (1101) et antérieur à la mort d'Hersende (30 novembre 1112/1113 au plus tard).

D'après *C* (p. 565).

Ego Drusiana et Gilbertus filius meus etc. donamus dua jugera pratis (*sic*) et unum jugerum de mareis domno Roberto.

D'après *b*.

Charta 538, fol. 127 quae continet donum prati cujusdam factum sub domino Roberto. Inter testes : Fratres conversi Joannes de Canda, Rainaudus de Chinone, Gaufridus de Cleia, Ivo de Gaina ; Arsendis, Petronilla de Camiliac.

831

[1103/1104 - 1108]

Hubert de Champagne donne à Robert d'Arbrissel et à ses moniales de Fontevraud toutes ses « coutumes » de Loire et de terre et concède la donation d'un bien sis à Courléon faite par sa sœur Hersende [de Montsoreau].

A. Original perdu.

B. Gd. Cart. perdu (ex fol. CXXVII). – *C*. *T.L.*, pp. 539, 548 (simples mentions) et p. 565 (analyse), d'après *B*. – *D*. *Ste Fam.*, t. III, p. 224 (traduction avec réf. : ch. 539, fol. 127), d'après *B*. – *E*. Angers, 101 H 225 bis, p. 92, n° 534 (court extrait), d'après *B*.

a. *Clypeus*, t. II, p. 336-337 (avec des coupures), d'après *B*. – *b*. Cosnier, p. 235, avec réf. : ch. 539, fol.127, d'après *B*.

INDIQUÉ : *L*. Lardier, *Thrésor de l'Abbaye de Fontevraud*, t. I, fol. 274 r°.

V. le n° 183 (autre version plus complète).
Non daté. Passé sous le priorat d'Hersende, donc après 1103/1104, et, ainsi qu'il ressort du n° 184, sous le règne de Philippe Ier, roi de France, donc avant le 29 juillet 1108.

D'après *E, a* et *b*.

Ego Umbertus[a)] de Campania dono Deo et beatae Mariae de Fonte Ebraudi[b)] et domno Roberto cum[c)] sanctimonialibus suis omnes consuetudines meas de Ligeri et de terra in quibuscumque locis habeo et concedo eleemosynam[d)] quam dedit Arsendis, soror mea, in loco qui[e)] dicitur Curtis Leonis[f)] ecclesiae[g)] Sanctae Mariae de Fonte[h)] Ebraudi[i)] et domno Roberto. Testibus Gervasio de Troca et[j)] Amelino fratre suo[k)] et[l)] Ranulpho de Blazon, R[oberto] de Valeia[m)], Arsendi[n)] et[o)] Petronilla.

---

a) Hubertus *dans a*. – b) et beatae *à* Ebraudi, *omis dans E remplacé par* etc. – c) et *dans E*. – d) eleemosinam *dans E*. – e) quae *(sic) dans E*. – f) et domno, *cancellé après ce mot dans E*. – g) ecclesiae *seulement dans E*. – h) Font[is] *dans E*. – i) Ebraudi, *omis dans E*. – j) *Ce* et *ajouté au-dessus de la ligne dans E*. – k) et *à* sua, *omis dans a*. – l) et *seulement dans b*. – m) Roberto de Valeia, *omis dans a*. – n) Arcendi *dans E*. – o) et, *omis dans E*.

832

[Première moitié du XIIe siècle]

Notice relatant que Guillaume L'Archevêque de Parthenay a donné à la communauté de Fontevraud, entre les mains du religieux responsable de l'établissement de Montibœuf, un manse de la terre dite l'Aumônerie.

A. Original perdu.

B. Gd. Cart. perdu (ex fol. CXXVII) – *D*. *Ste Fam.*, t. III, p. 533 (simple extrait avec réf. au fol. 127), d'après *B*. – *E*. Angers, 101 H 225 bis, p. 92, n° 535 (simple extrait), d'après *B*. – *F*. Gaignières, t. II, p. 40, n° 535, d'après *B*. – *G*. Duchesne, t. XXII, fol. 415 r° (simple extrait), d'après *B*.

a. *Clypeus*, t. II, p. 297, d'après *B*.

INDIQUÉ : *C*. *T.L.*, pp. 549 et 555. – *L*. Lardier, *Thrésor de l'Abbaye de Fontevraud*, t. I, fol. 348 r°.

D'après *F* et *a*.

Notum sit quod[a)] Willelmus Archiepiscopus de Partenai[b)] dedit Deo et[c)] sanctae Mariae de[d)] Fonte[e)] Ebraudi[f)] unam masuram terrae quae vocatur Laumoneria pro sua et parentum suorum salute. Testibus Adam sacerdote, Andrea clerico, Ale de Sancto Oine[g)], Fulcherio de Guers[h)]. Hoc donum fuit[i)] factum in manu Willelmi de Montibou qui tunc temporis tenebat donum de Montibou[j)].

a) *Le début seulement dans a.* – b) Partenay *dans a.* – c) Deo et, *seulement dans a* ; etc. *E.* – d) de, *seulement dans a.* – e) Font[is] *dans F.* – f) Ebraudi, *seulement dans a.* – g) Andrea *à* Oine, *seulement dans a.* – h) *De* Ebraudi *à* Guers, *remplacé dans E par* etc. – i) fuit, *seulement dans a.* – j) qui *à* Montibou, *seulement dans F.*

833

[Première moitié du XIIe siècle]

Boson de Fourneaux concède à la communauté de Fontevraud le moulin Achard, alias de La Tourette, sous condition qu'Eustachie, sa dame, en jouisse sa vie durant ; ses quatre frères et les leurs ont donné leur accord.

A. Original perdu.

B. Gd. Cart. perdu (ex fol. CXXVII). – *E.* Angers, 101 H 225 bis, p. 92, n° 536 (avec des coupures), d'après *B*.

INDIQUÉ : *C. T.L.*, p. 531 (*Achaii*) et 576 (*Tourette*). – *D. Ste Fam.*, t. III, p. 202 (avec réf. au fol. 127). – *L.* Lardier, *Thrésor de l'Abbaye de Fontevraud*, t. I, fol. 474 r° (Tourette).

D'après *E*.

Jesus noster Christus, etc. Ego Boso de Fourneis, compunctus etc., molendinum Achard in perpetuum concedo [ecclesiae][a)] Fontis [Ebraldi][a)], cujus redditus Eustachia, domina[b)] mea, habere volo quandiu vixerit. Hoc fratres mei concesserunt, Foillerius videlicet cum uxore sua et filiis et Radulfus cum suis, Petrus et Willelmus clerici. Testes : abbas videlicet Nucariensis, Radulfus de Faia, Raginaudus de Guirchia.

a) *Omis E.* – b) *Ce* domina *au-dessus de la ligne et remplaçant* uxor *cancellé.*

834

[1101-1116]. - Fontevraud, autel de l'église.

Notice relatant que le chevalier Fulbert de Louin a donné à la communauté de Fontevraud le moulin du Jardin et que, lorsqu'il s'est fait moine, ses parents ont conservé sa terre ; lesdits parents, au nombre de cinq, ont concédé sa donation.

A. Original perdu.

B. Gd. Cart. perdu (ex fol. CXXVIII). – *D*. *Ste Fam*., t. III, p. 236 (analyse avec réf. : ch. 542, fol. 128), d'après *B*. – *F*. Gaignières, t. II, p. 40, n° 537, d'après *B*.

INDIQUÉ : *C*. *T.L*., pp. 552 et 554. – *H*. Housseau, t. XII[1], fol. 166 v°, avec réf. : fol. 128 r°.

V. les n°s 26 et 85 (autres versions). Non daté. Sans doute passé du vivant de Robert d'Arbrissel comme les n°s 26 et 85.

D'après *F*.

Fulbertus miles Luensis dedit Sanctae Mariae Fontis [Ebaudi][a)] molendinum de Orto, sex denarios pictavos reddendos de censu ; relinquensque terram suam, factus est monacus et parentes ejus acceperunt eam. Isti vero parentes concesserunt hoc donum. Hi sunt Aimericus Rufus, Hugo de Columbariis, Petrus Trahens Predam, Aimericus de Brolio et Boso de Fornolio qui fecit donum istud super altare sancte Marie. Testes : Gosbertus, Bertrannus.

---

a) Ebraudi, *omis F*.

835

[1115-1116]

Notice relatant la donation à Robert d'Arbrissel et à ses disciples, par Borrel de Saumur et son épouse, de la dîme de la terre donnée par Foulque Fessard.

A. Original perdu.

B. Gd. Cart. perdu (ex fol. CXXVIII). – *C*. *T.L.*, p. 540 (simple mention) et p. 565 (copie partielle), d'après *B*.

INDIQUÉ : *E*. Angers, 101 H 225 bis, p. 93. – *b*. Cosnier, p. 241 (simple mention), d'après *B*.

V. les nos 483 (presque semblable), 178, 198 (autres versions), 182, 756, 776 (donations de Foulque Fessard).

Non daté. Passé sous l'abbatiat de Pétronille de Chemillé, donc après le 28 octobre 1115, et du vivant de Robert d'Arbrissel, donc avant le 25 février 1116. Toutefois – de même que dans le n° 483 – figure aussi comme témoin la prieure Hersende pourtant décédée le 30 novembre 1112 ou 1113 au plus tard. Cosnier (*Fontis Ebraldi Exordium*..., p. 241) a supposé que l'acte, d'abord passé sous le priorat d'Hersende, a été renouvelé ensuite sous l'abbatiat de Pétronille. Plus probablement, il y a eu erreur du scribe qui a écrit : *Arsendis priorissa* pour : *Augardis priorissa*.

D'après *C* (p. 565).

Borrellus de Saumur et Florentia conjux ejus dederunt domino Roberto sibique obedientibus decimam de terra quam Fulco Fessardi dedit domno Roberto. Testes abbatissa Petronilla, Arsendis priorissa[a)].

---

a) *Probablement sic pour :* Augardis priorissa.

836

[1117/1118 - 1123 ou 1124-1130 ou 1135-1140]

Lettre de P[ierre] *Géroire à l'évêque de Poitiers Guillaume par laquelle Pierre déclare donner aux moniales de Fontevraud, entre les mains du prélat, le revenu de la terre du bois du défunt Aimeri de Faye, à savoir quinze setiers et une émine de froment ainsi que onze (ou deux ?) sous payables à la Saint-Michel* [29 novembre], *ce don étant destiné à fournir le réfectoire en pain de froment le jour de la Pentecôte.*

A. Original perdu.

B. Gd. Cart. perdu (ex fol. CXXVIII).

a. *Clypeus*, t. II, p. 364, d'après *B*.

INDIQUÉ : *C*. *T.L.*, pp. 544 et 546.

Lettre écrite entre fin 1117/début 1118 et le 4 août 1123 si le destinataire est l'évêque Guillaume 1er Gilbert, entre le 1er juin 1124 et le 6 octobre 1140, s'il s'agit de Guillaume II Alleaume. Toutefois, dans ce dernier cas, il faut noter que de 1130 à 1135, lors du schisme d'Anaclet, Guillaume II fut écarté de son siège.

D'après *a*, complété en note grâce à *C*.

Domino suo ac merito venerando patri Willelmo, Pictaviensi episcopo, P[etrus] Gerorii semetipsum ut filium obedientissimum. Noscat vestrae Paternitatis sanctitas me hujus saeculi fallacia, divina misericordia ereptum, suavi jugo levique Domini sarcinae collum subdidisse. Nunc igitur animae meae intendens, redditus terrae de bosco Aimerici de Faia[1)] quos mihi, dum adhuc viveret, uterque parens emerat, id est, omni festo Sancti Michaelis, quindecim sextarios et minam frumenti et undecim[2)] solidos, ut omni die Pentecosten in earum refectorio panis triticeus habeatur, per manus vestras monachabus Sanctae Mariae de Fonte Ebraudi sanctione perpetua concedo. Quod si vos, vel aliquem ex parochianis vestris, jam aliquando in aliquo offendi, ut absolvat supplicio.

---

1) Il devait s'agir du bois dit de Fressines, car *C*, p. 544, indique : *Freschenes. Nemus de Frechenes*, 539. – 2) Ou seulement deux, car *C*, p. 546, indique : *Gerorius dat 15 sextaria et minam frumenti et duos solidos, 539.*

837

[1115-avant 1149]

Charte concernant une maison du port de Beauvoir donnée par Guillaume Roscelin.

A. Original perdu.

B. Gd. Cart. perdu (ex fol. CXXVIII). – *D. Ste Fam.*, t. III, p. 310 (analyse avec réf. : ch. 545, fol. 128), d'après *B*.

INDIQUÉ : *C. T.L.*, p. 533.

Non daté. Passé au cours de la première partie de l'abbatiat (28 octobre 1115 - 24 avril 1149) de Pétronille de Chemillé car le témoin Isembard, alors simplement sacristain, devint, dès avant la mort de l'abbesse, sous-prieur (v. le n° 395) puis prieur de Fontevraud (v. les n°s 300, 360, 380, 405 à 408 et 500).

D'après *C*.

Bauverius portus. Domus in porto, 540.

D'après *D*.

Il (= Isembard) estoit prestre, premièrement sacriste comme dit la charte 545, f. 128. Un certain Guill. de Roscelin fait un don sur le port de Beauvoir. Entre les témoins est le frère Isembard, sacriste.

838

[1170-1180]. – Fontevraud.

Notice relatant : 1) *que Simon du château de Saumur a, avec l'accord de son épouse, de ses deux fils et de ses deux filles, donné à la communauté de Fontevraud la moitié de sa part de la dîme de « Vilareis » ;* 2) *que, longtemps après, son fils Geoffroi devenu chevalier et mortellement blessé lors d'une expédition contre le comte d'Angoulême en compagnie d'Henri le Jeune, roi d'Angleterre et fils du roi Henri* [II Plantegenêt], *a, en mourant, fait don de l'autre moitié de cette part de dîme entre les mains de Robert de Blou par lui constitué gardien et défenseur de sa donation en tant que seigneur principal du fief ;* 3) *que la mère et le frère du défunt Geoffroi, venus à Fontevraud après avoir appris son décès, ont confirmé cette donation en présence de l'abbesse Audeburge* [de Hautes-Bruyères] *;* 4) *qu'Aimeri de Joireau qui tenait toute cette dîme en fief de Robert de Blou a aussitôt violemment réagi en la retenant et que, l'abbesse Audeburge et la prieure Gilette en ayant appelé à Robert, le dit Aimeri, convoqué à Fontevraud, a renoncé à ses prétentions, non sans dédommagement financier pour lui et les siens.*

A. Original perdu.

B. Gd. Cart. perdu (ex fol. CXXVIII). – *D*. *Ste Fam.*, t. III, pp. 345-346 (analyse avec réf. : ch. 546, fol. 128). – *F*. Gaignières, t. II, pp. 40-41, n° 541, d'après *B*.

INDIQUÉ : *C*. *T.L.*, p. 541. – *E*. Angers, 101 H 225 bis, p. 93. – *G*. Duchesne, t. XXII, fol. 415 v°.

Non daté. Passé après le 14 juin 1170, date de l'association d'Henri le Jeune au trône d'Angleterre, et avant le 1er juillet 1180, date de la mort de l'abbesse Audeburge.

D'après *F*, complété en note grâce à *D*.

Simon de Chastellum de Salmuro, assensu uxoris sue Agnetis et filiorum suorum Gaufridi et Simonis et filiarum Flandine et Stephane, dedit [ecclesiae][a] Fontis [Ebraudi][a] medietatem sue partis in decima de Vilareis et Gaufridus, filius ejus, longo tempore post factus miles et cum Henrico Juniore, Anglorum rege, filio Henrici regis, adversus comitem Engolismensem in expeditione profectus ibique moriens, domnum Robertum de Blodio ad se revocavit et in manu ejus alteram partem quam in decima suus pater retinerat supradictis monialibus in elemosina dedit et concessit ; eumque, sicut capitalem et majorem illius feodi dominum in quo decima colligebatur, doni sui et elemosine custodem et defensorem constituit et rogavit. Deinde, domina Agnes de Chastellum, audita filii sui morte, Fontem Ebraudi veniens et Simonem filium suum secum adducens, defuncti Gaufredi donum concessit et Simoni filio suo, in presentia domine Audeburgis abbatisse, concedere fecit, istis videntibus : Stephano de Montesorello Andegavensi archidiacono, Hugone de Francia, Willelmo de Gennis[1]. Quo audito, Aimerico de Joireau, de cujus feodo tota decima sub domino Roberto de Blodio erat, utrumque donum calumpniatus est et partem que ad moniales in decima spectabat occupavit[b]. Tunc, domina Audeburgis abbatissa et domna Gilia priorissa, audita ejus violentia, ad dominum Robertum, doni et elemosine custodem et defensorem, recurrerunt et statim Aimericum Fontem Ebraudi venire fecit et eum predictam elemosinam sanctimonialibus et quietam dimittere consulendo monuit et rogavit. Quod dominus Robertus et uxor sua Claritreia et filii eorum, Joslenus et Gedoinus, concesserunt, teste Hugone de Alodio, milite Roberti, Willelmo de Valle serviente ejus. Preterea supradictus Aimericus miles XX solidos de caritate habuit et, facto signo suo in cartula, uxori sue Petronille que 2 solidos et filie sue Eremburgi qui 6 denarios receperunt, signis earum appositis in carta, concedere fecit.

1) Selon l'analyse de D, Halon, prieur de Saint Lazare (de Fontevraud) figurait aussi parmi les témoins.

a) *Omis F*. – b) partem *à* occupavit, *ajouté au-dessus de la ligne dans F*.

839

[1119]. – Fontevraud.

Notice relatant qu'à l'instigation du pape Calixte [II] *venu consacrer l'église abbatiale de Fontevraud, Pierre de Pareds a donné à la communauté la terre de Renaud du Gast et acquis un bois à l'usage des frères et des sœurs ; la donation a été faite entre les mains de Pierre de Lencloître-en-Gironde,* [religieux de l'abbaye].

A. Original perdu.
B. Gd. Cart. perdu (ex fol. CXXIX). – *E*. Angers, 101 H 225 bis, p. 93, n° 542 (avec des coupures), d'après *B*.
a. *Clypeus,* t. II, p. 435, d'après *B*. – *b*. Cosnier, p. 190 (avec des coupures), d'après *B*.
INDIQUÉ : *C. T.L.*, p. 533, 542, 555.

Non daté. La visite de Calixte II à Fontevraud se déroula du 31 août au 2 septembre 1119, la consécration de l'église ayant eu lieu le 31 août (v. Ulysse Robert, *Histoire du pape Calixte II*, Paris, 1891, p. 58).

D'après *E, a* et *b*.

Pateat[a)] omnibus[b)] praesentibus et futuris[c)] quod[d)] Petrus de Alperesio, consilio et submonitione Calixti papae qui ecclesiam Beatae Mariae Fontis Ebraldi[e)] consecravit dedit eidem ecclesiae[f)] quamdam terram de Raginaudo dou Gast et nemus acquisivit ad opus fratrum et sororum Fontis Ebraldi[g)]. Factum in manu Petri de Gironda[h)].

---

a) Pateat, *omis dans b*. – b) Omnibus, *seulement dans E*. – c) praesentibus *à* futuris, *seulement dans a*. – d) quod, *omis dans b*. – e) Ebraldi, *omis dans E*. – f) dedit *à* ecclesiae, *seulement dans E*. – g) et nemus *à* Ebraldi, *omis dans E*. – h) Factum *à la fin, seulement dans b*.

840

[Sans doute 1119, 31 août - 2 septembre]

Notice relatant que, lors de la prise d'habit de sa mère, Aimeri de Saint-Paul [-en-Pareds] *a donné à la communauté de Fontevraud la terre dite des Iles, un certain Morel Pichon et son frère abandonnant, quant à eux, leurs droits sur celle-ci ; la donation a été effectuée entre les mains de Pierre de Lencloître-en-Gironde et de Pierre de Pareds.*

A. Original perdu.

B. Gd. Cart. perdu (ex fol. CXXIX). – *D. Ste Fam.*, t. III, p. 307 (analyse avec réf. : ch. 548, fol. 129), d'après *B.* – *F.* Gaignières, t. II, p. 41, n° 543 (avec des coupures), d'après *B.*

a. *Clypeus*, t. II, p. 327, d'après *B.*

INDIQUÉ : *C. T.L.*, p. 547.

Daté de l'abbatiat de Pétronille de Chemillé (28 octobre 1115 - 24 avril 1149). Probablement, compte tenu de la présence de Pierre de Lencloître et de Pierre de Pareds, du même jour (31 août au 2 septembre 1119) que le précédent (n° 839).

D'après *F* et *a*.

[Notum sit omnibus quod][a)] Aimericus de Sancto Paulo dedit [Deo et sanctae Mariae et][a)] ecclesiae Fontis [Ebraldi][a)] terram de Insulis, [videlicet prata, terram et quidquid ibi habebat], cum matre sua quam fecit monachari in praedicta ecclesia. [Similiter Morellus Pichuns et Geraldus frater ejus dederunt Deo et sanctae Mariae et supradictae ecclesiae quidquid juris habebant in supradicta terra et in pratis][a)]. Testes [sunt][a)] Vivianus de Segorniaco, [Guillelmus Mainardus, Normandus Satanat. Factum est hoc][a)] in manu Petri de Girundia et in tempore Petronillae, primae abbatissae [loci praedicti][a)] et in manu Petri de Alperesio.

---

a) *Les mots entre crochets seulement dans a.*

841

[XIIe siècle]

Acte concernant les terres de La Baillière et du Puy [Le Puy-Main ?].

A. Original perdu.

B. Gd. Cart. perdu (ex fol. CXXIX).

INDIQUÉ : *C. T.L.*, p. 553 et 556.

D'après *C* (p. 533).

Baileria terra, 544.

D'après C (p. 556).

Podio vel Sati terra, 544.

842

[XIIe siècle]

Acte concernant la terre dite Amobia.

A. Original perdu.
B. Gd. Cart. perdu (ex fol. CXXIX).
INDIQUÉ : *C. T.L.*, p. 532.

D'après *C*.

Amobia terra, 545.

843

[1119]

Notice relatant que Pierre de Pareds, à la demande du pape Calixte II et à titre de pénitence, a acquis pour les frères et les sœurs de Fontevraud la terre de La Pignardière.

A. Original perdu.
B. Gd. Cart. perdu (ex fol. CXXIX). – *D. Ste Fam.*, t. III, p. 249 (analyse avec réf. : ch. 551, fol. 129), d'après *B*.

a. *Clypeus*, t. II, p. 435 (avec des coupures), d'après *B*. – *b*. Cosnier, pp. 189-190, avec réf. : ch. 551, fol. 129 (avec des coupures), d'après *B*. – *d*. Pavillon, p. 625 (court extrait), d'après *B*.

INDIQUÉ : *C*. *T.L*., p. 555.

Non daté. Probablement passé le même jour que le n° 839, entre le 31 août et le 2 septembre 1119.

D'après *a* et *b*.

Notum sit cunctis fidelibus quod[a] Petrus de Auperis, auxiliante Spiritu Sancto[b], acquisivit terram in Penarderia ad opus Beatae Mariae Fontis[c] Ebraudi atque fratribus sororibusque[d] manentibus. Et[e] hanc fecit acquisitionem[f] supradictus Petrus jussu et consilio domini Calixti papae qui ei, causa poenitentiae, ut hoc faceret injunxit. Et cum multa admonitione[g] et multa deprecatione exortatus[h] est, manum suam super caput ipsius imponens[i], ut omnibus modis servitoribus ecclesiae Fontis Ebraldi subvenire curaret etc.[j]

---

a) *Le début seulement dans a*. – b) auxiliante *à* Sancto *seulement dans a*. – c) de Fonte *dans a*. – d) et sororibus, *dans a*. – e) Et *omis dans a*. – f) acquisitionem fecit *dans a*. – g) ammonitione *dans a*. – h) exhortatus *dans a*. – i) imponendo *dans a*. – j) etc., *seulement dans a*.

844

[1119 ou peu après]

Acte concernant la donation précédente.

A. Original perdu.

B. Gd. Cart. perdu (ex fol. CXXX).

INDIQUÉ : *C*. *T.L*., p. 555.

Sans doute vers la même date que l'acte précédent ou peu après.

D'après *C*.

Penarderia terra dono Petri de Auperis, 546, 547, 548, 549.
Petrus de Asperesio dat terram Raginaudi dou Gast.

845

[Première moitié du XIIe siècle]

Acte concernant la maison d'un certain Barbotin, la terre de L'Othandière donnée par un certain Grégoire et celle de La Pignardière donnée par Pierre de Pareds.

A. Original perdu.
B. Gd. Cart. perdu (ex fol. CXXX).
INDIQUÉ : *C. T.L.*, p. 542, 554, 555.

Première moitié du XIIe siècle, vers le même temps que les chartes précédentes.

D'après *C* (p. 542).

Domus Barbotini, 548.

D'après *C* (p. 554).

Othanderia terra dono Gregorii, 548.

D'après *C* (p. 555).

Penarderia terra dono Petri de Auperis, 546, 547, 548, 549.

846

[Première moitié du XIIe siècle]

Autre acte concernant la terre de La Pignardière donnée par Pierre de Pareds.

A. Original perdu.
B. Gd. Cart. perdu (ex fol. CXXX).
INDIQUÉ : *C. T.L.*, p. 555.

Sans doute vers le même temps que les chartes précédentes.

D'après *C*.

Penaderia terra, dono Petri de Auperis, 546, 547, 548, 549.

847

[Peut-être 1184]

Acte concernant une chapelle de Baugé dépendant de Fontevraud et un don de cent sous aux Loges par un certain frère Robert.

A. Original perdu.
B. Gd. Cart. perdu (ex fol. CXXXI).
INDIQUÉ : *C*. *T.L.*, p. 533, 536, 548. – *L*. Lardier, *Thrésor de l'Abbaye de Fontevraud*, t. I, fol. 73 r° et 375 r°.

Peut-être de 1184, sous l'abbatiat de Gillette comme la charte suivante, n° 848.

D'après *C* (p. 533).

Baugé. Capellam apud Baugeium, 550, 551.

D'après *C* (p. 536)

Capella apud Baugeium, 550, 551.

D'après *C* (p. 548).

Loges. Frater Robertus dat centum solidos, 550.

D'après *L* (fol. 73 r°)

Chapelle à Baugé, 550, 551.

D'après *L* (fol. 375 r°)

Une chapelle à Baugé dépendant de Fontevrault, 550, 551.

848

[1184]

Charte de l'abbesse Gillette dans laquelle il était question, comme dans la précédente, d'une chapelle de Baugé dépendant de Fontevraud.

A. Original perdu.

B. Gd. Cart. perdu (ex fol. CXXXI). – *D*. *Ste Fam.*, t. III, p. 356 (le début seulement avec réf. : ch. 556, fol. 131), d'après *B*.

INDIQUÉ : *C*. *T.L.*, p. 533 et 536. – *E*. Angers, 101 H 225 bis, p. 93, sous la référence au fol. 131, entre les n°s 552 et 553, d'après *B*. – *G*. Duchesne, t. XXII, fol. 415 v°, d'après *B*. – *L*. Lardier, *Thrésor de l'Abbaye de Fontevraud*, t. I, fol. 73 r° et 375 r°, d'après *B*.

D'après *D*.

Elle (= Gillette) augmenta les biens spirituels et temporels de la compagnie. Nous en voyons un petit rayon dans la charte 556, f. 131 du chartul. qui commence ainsi : « Omnibus Sanctae Matris Ecclesiae filiis, Gilia, Dei gratia Fontis Ebraudi humilis abbatissa totusque ejusdem loci conventus... ».

D'après *C* (p. 533).

Baugé. Capellam apud Baugeium, 550, 551.

D'après *C* (p. 536).

Capella apud Baugeium, 550, 551.

D'après *E* et *G*.

Gillia abbatissa Fontis Ebraudi, 1184.

D'après *L* (fol. 73 r°).

Chapelle à Baugé, 550, 551.

D'après *L* (fol. 375 r°).

Une chapelle à Baugé dépendant de Fontevrault, 550, 551.

849

[XIIe siècle]

Acte concernant une terre dite « Lorne » et des pièces de terre à Mestré.

A. Original perdu.
B. Gd. Cart. perdu (ex fol. CXXXI).
INDIQUÉ : *C*. *T.L.*, p. 549 et 550.

D'après *C* (p. 549).

Lorne terra, 552.

D'après *C* (p. 550).

Maistre. Frustorum terre in calle de Maistre, 552.

850

[1109 ou 1109 - 1112/1113]

Le comte d'Anjou Foulque [V] *le Jeune donne à Robert d'Arbrissel – dont il fait l'éloge – et aux moniales de Fontevraud sa terre du Breuil sise au pont de Chinon avec tous les revenus de celle-ci ainsi que des prés et un cens ; il concède aussi à l'avance tout ce que les Fontevristes pourront recevoir ou acquérir des fiefs mouvant de lui et les « coutumes » de ceux-ci ; ces donations ne devront pas être remises en cause par lui et ses héritiers.*

A. Original perdu.

A¹. Pancarte, Archives Nationales, carton L 1018, pièce 1, n° 1. – *A²*. Id., pièce 2, n° 2. – *A³*. Id., pièce 3, n° 1 (confirmation de 1154). – *B*. Gd. Cart. perdu (ex fol. CXXXII). – *C*. *T.L.*, p. 565 (incomplète) et pp. 535, 538, 576 (simples mentions), d'après *B*. – *E*. Angers, 101 H 225 bis, p. 93, n° 553 (avec des coupures), d'après *B*. – *F*. Gaignières, t. I, p. 321, d'après A². – *G*. Duchesne, t. XXII, fol. 415 v°, avec réf. au fol. 132 (avec des coupures), d'après *B*. – *H*. Housseau, t. XII¹, fol. 166 v°, n° 5697, avec réf. au fol. 132 (avec des coupures), d'après *B*.

x. P. de Fleury, « Pancarte sous forme authentique concernant diverses donations faites à l'Abbaye de Fontevrault au commencement du XIIe siècle » dans *Bulletin de la Société des Antiquaires de l'Ouest*, 1865, p. 189, n° 1, d'après *A²*.

INDIQUÉ : *L*. Lardier, *Thrésor de l'Abbaye de Fontevraud*, t. I, fol. 88 v° (Brueil), 123 r° (Chinon) et 474 r° (Tourette).

V. les nos 153 (semblable) et 204 (autre version). V. également le n° 640.

Passé après le 14 avril 1109 (avènement de Foulque V) et avant le 30 novembre 1109 ou 1112/1113 (mort d'Hersende).

D'après *A¹*, *A²* et *E*.

Omnis[a)] nimirum filiis Sanctę Matris Ęcclesię[b)] universis divina pagina diligenter ostendit ut nos invicem alterutrum diligamus et pre[c)] ceteris virtutibus pocius in nobis caritatem[d)] habeamus, apostolo Paulo attestante qui ait : « Si linguis hominum loquar et angelorum, caritatem[d)] autem non habeamus[e)] »[1)] et cetera. Hujus igitur tante[f)] caritatis[g)] auctoritate, [ego Fulco comes][h)] commonitus [Junior, Fulconis comitis filius, magis celestia[i)] quam terrena desiderans][h)] et videns posse nullum evadere amarissimę[j)] gustum mortis ad horam, [Deo et domno[k)] R[oberto] de Arbruissello, magne[l)] religionis et honestatis viro clarissimo et foeminis[m)] in Christi nomine sibi suppositis[n)]][h)], locum sanctae et monasticae[o)] congregacionis colentibus qui Fons Evraudi vulgali[p)] nomine appellatur, Deo Domino devotissime ibidem militantibus, pro animae meae[q)] parentumque meorum remedio[r)], [terram meam de Bruillio quae[s)] ad pontem Chinonis esse videtur][h)] et omnes terrę illius[t)] explecturas et prata et census[u)] ad predictarum sanctimonialium feminarum necessitates explendas

1) I. Cor., XIII, 1.

a) *L'initiale* O *sur deux lignes n'a pas été tracée sur A²*. – b) *Ce mot omis A¹*. – c) prę *A²*. – d) karitatem *A²*. – e) *Sic*, *corr.* habeam. – f) tamtę *A²*. – g) karitatis *A²*. – h) *Entre crochets carrés, passage reproduit dans E*. – i) cęlestia *A¹*, *A²*. – j) *Sic A¹*, *A²*. – k) domino *A¹*, *A²*. – l) magne *A¹*. – m) feminis *A¹*, *A²*. – n) sibi *omis A¹*, *A²* ; subpositis *A¹*, *A²*. – o) sanctę et monasticę *A¹*, *A²*. – p) vulgari *A¹*. – q) animę meę *A¹*, *A²*. – r) do *avant ce mot dans E*. – s) quę *A¹*. – t) meas (*sic*) terrę illius *A²*. – u) *Le scribe de A² avait écrit* censesus *corr. en* census *par exponctuation*.

ita integre sicut mihi videntur habere dono et in perpetuum concedo, libere, quiete, sine omni calumnia[v] habenda et possidenda. Deinceps vero ejusdem loci predictis[w] sanctimonialibus feminis omnimodam habendi libertatem concedo quicquid in omnibus casamentis meis illis datum fuerit, vel quo quominus[x] habuerint, et etiam omnes costumas meas quę de cunctis casamentis meis exire[y] mihi videntur, si forte vel donatum sibi aliquid aut concessum sive quolibet modo adquisitum in sepedictis casamentis fuerit, integerrime pro Domino Deo ex parte mei habere concedo et absolute in perpetuum dono. Ut hoc autem beneficii mei donum sepedictis monialibus feminis inpensum[z] firmum et illibatum permaneat, ad posteritatis nostrę recordacionem[aa] ita libere et quiete me donasse et concessisse notum facio ut nec mihi nec meis heredibus, me mortuo, hereditarium meum possidentibus, ulterius concessio requiratur, vel cujuslibet rei munus habendi gratia, nominetur aut concessionis aliquid etiam promittatur. [Hujus][h] vero[bb] affirmatione et concessionis donatione [autentici][h] viri [testes][cc] existunt et scriptoris attestatione autentica eorum nomina in hac presenti pagina subnotantur : [Phillippus[dd] frater meus, Borellus[ee] de Salmuro, Petrus de Campocaprerio[ff] Hubertus de Loquio[gg], Robertus Pevrellus, Paganus de Petrofonte, Godefridus Lesgant[hh], Effredus[ii] miles reginae[jj], Richardus pedagogus Phillipi[kk] fratris comitis Andegavensium, Gosbertus de Mortum, Hersindis[mm] priorissa et[nn] Petronilla][h]. Acta carta regnante Ludovico[oo] Francorum rege, Fulcone Andegavensium comite, Radulfo Turonorum archiepiscopo.

---

v) calumpnia *A¹*. – w) predicti (*sic*) *A¹*, *A²*. – x) *Corr. peut-être* quoquomodo. – y) mihi exire *A¹*. – z) inpensum *A²*. – aa) recordationem *A²*. – bb) rei (*sic*) *avant ce mot dans E*. – cc) testes *dans E et A²*, *omis A¹*. – dd) Philippus *A¹*, *A²*. – ee) Borrellus *A¹*, *A²*. – ff) Campo Caprario *A¹*, *A²*. – gg) Locaio *A¹* ; Loquaio *A²*. – kk) Goffredus Lesganz *A¹* ; Goffredus Lesganz *A²*. – ii) Efredus *A²*. – jj) reginę *A¹*, *A²*. – kk) Philippi *A¹*, *A²*. – ll) Mortun *A¹*. – mm) Arsendis *A¹* ; Harsindis *A²*. – nn) et *omis A²*. – oo) Lodovico *A¹*.

851

[1109-1115]. - Fontevraud.

Le comte d'Anjou Foulque [V], *s'étant rendu à Fontevraud et y ayant constaté les besoins des moniales, donne à Robert d'Arbrissel – dont il fait l'éloge – vingt* julla *de prés dans les pâtures de Véron ; il concède en outre la donation du bois de Bouretard et de la terre circumvoisine faite aux fontevristes par son père Foulque* [IV] *et concédée par son frère Geoffroi Martel* [le Jeune].

A. Original perdu.
A^1. Pancarte, Archives Nationales, carton L 1018, pièce 1, n° 2. – A^2. Id., pièce 2, n° 2. – A^3. Id., pièce 3, n° 3 (confirmation de 1154). – *B*. Gd. Cart. perdu (ex fol. CXXXII). – *C*. *T.L.*, p. 565 (avec des coupures) et pp. 534, 557, 578 (simples mentions), d'après *B*. – *E*. Angers, 101 H 225 bis, p. 93, n° 554 (avec des coupures), d'après *B*. – *G*. Duchesne, t. XXII, fol. 415 v°-416 r° (avec des coupures), d'après *B*.
x. P. de Fleury, « Pancarte... » [supra, n° 850] p. 190-191, d'après A^2 (n° 11).
INDIQUÉ : *H*. Housseau, t. XII^1, fol. 166 v°, n° 5698. – *L*. Lardier, *Thrésor de l'Abbaye de Fontevraud*, t. I, fol. 81 v°. – *c*. Nicquet, p. 253 (simple mention avec réf. : ch. 544, *sic* pour 554), d'après *B*.

V. le n° 154 (semblable).

A Fontevraud. Non daté. Passé après le 14 avril 1109 (avènement de Foulque V) et, très probablement, puisque la donation est faite à Robert d'Arbrissel, avant la promotion abbatiale de Pétronille de Chemillé (28 octobre 1115).

D'après A^1, A^2 et *E*.

[Lectio[a] sacri eloquii etc.][b] curam[c] animarum nostrarum habere sub voce modula dulciter nos invitat et, ut secure Salvatorem nostrum expectare vigilemus, invitando nos amicabiliter insinuat, dicens : « Vigilate itaque quia nescitis quando veniet Dominus »[1]. Hujus igitur sacrę exhortacionis[d] dilectione animatus et auctoritate fretus, [ego Fulco[e] Andegavensium comes, Fulconis comitis filius, ardente[f] desiderio mea magna facinora desiderans[g] relaxari, usque ad Fontem Ebraudi[h], magna cordis compunctione, orationis[i] gracia[j], Deo adjuvante, perveni. Qui ergo[k], qualiscumque sum[l], Deum Dominum indesinenti studio suppliciter deprecans et sanctimonialium ejusdem ecclesiae[m] justas[n] multarum necessitates ibidem Deo humilitatis devotione[o] famulantium[p] desiderans[q], ad earum ditationem[r] unam possessionis meae[s] particulam donare invigilavi, ut ante tantum[t] judicem mei peccatoris oratio dignetur exaudiri. Quam domino Roberto de Arbruissello[u], homini scilicet reli-

1) Mat., XXIV, 42.

a) leccio A^2. – b) *Entre crochets carrés, passages reproduits dans E et d'après E*. – c) cura (*sic*) A^1. – d) exortacionis A^2. – e) Fulcho A^1. – f) ardenti A^1, A^2. – g) desideramus (*sic*) A^1. – h) Evraudi A^1, A^2. – i) conpunctione A^1, A^2. – j) oracionis gratia A^2. – k) ego A^1, A^2. – l) *Corr.* sim *en suivant* A^1, A^2. – m) ecclesię A^1, A^2. – n) multas A^1, A^2. – o) devocione A^1, A^2. – p) famulancium A^1. – q) considerans A^1, A^2. – r) ditacionem A^1, A^2. – s) meę A^1, A^2. – t) tamtum A^2. – u) Arbrissel A^1, A^2.

giosissimo, cujus admirabilis doctrina verbo sanctae[v)] predicationis[w)] et tonitruo sanctae exhortationis per totam Ecclesiam[x)] et sua fulget eloquentia[y)], in Christo nominavi et in evum et[z)] illis communi[aa)] integritate et mea promissione donavi, videlicet XX julla pratorum quae[bb)] in pascuis de Verrone mihi videntur habere. Ad hujus rei donationem[cc)] elemosinae[dd)] patris mei concessionem illis sanctimonialibus sepedictis confirmavi, scilicet boscum Rotardi quem pater meus Fulco pro peccatis suis donaverat et frater meus Gauffridus[d'd)] Martelli concesserat][b)], necnon etiam terram illam que[ee)] circa boscum supradictum fuerat. Haec[ff)] autem successoribus meis tenacis scripti memoria notum faciat et conservet memorata, a me libere et quiete data perpetuo et concessa. Ut vero expetit consuetudo hominum[gg)] consuetudinaria, et ut donum magis ratum existat, omni posita longe fallacia, [datum est in istorum virorum audientia[hh)] : Bertreae reginae, Hugonis de Gileo[ii)], Baltonis[jj)] vel Galtonis de Viers, Salmacii, Borelli[kk)] de Salmuro, Gauffredi[ll)] Maimonii][b)] ; de religiosis : Fulcodii[mm)] magistri capellani, Caradoci.

---

v) sanctę *A¹*, *A²*. – w) predicacionis *A¹*, *A²*. – x) ęcclesiam *A¹*. – y) eloquencia *A¹*. – z) et omis *A¹*, *A²*. – aa) *Corr.* cum omni, *en suivant A¹*, *A²*. – bb) quę *A¹*, *A²*. – cc) donacionem *A¹*, *A²*. – dd) elemosinę *A¹*, *A²*. – dd) Gaufredus *A¹*, *A²*. – ee) que *A¹*, *A²*. – ff) Hęc *A¹*. – gg) consueto hominum *A²*. – hh) audiencia *A¹*. – ii) de Gilleio *A¹*, *A²*. – jj) Balthonis *A¹* ; *A²* ; vel Galtonis *omis A²*. – kk) Borrelli *A¹*, *A²* – ll) Gaufredi Maumonii *A¹*, *A²*. – mm) Fulcoii *A¹*.

852

[1109-1115]

Le comte d'Anjou Foulque [V] *le Jeune donne à Robert d'Arbrissel et aux moniales de Fontevraud une fauchée dans les prés de la Longue Ile ; son épouse Aremburge concède ce don.*

A. Original perdu.

A¹. Pancarte, Archives Nationales, carton L 1018, pièce 1, n° 14. – *A²*. Id., pièce 2, n° 13. – *A³*. Id., pièce 3, n° 11 (confirmation de 1154). – *B*. Gd. Cart. perdu (ex fol. CXXXII). – *C*. *T.L.*, p. 565 (avec des coupures) et pp. 557, 558 (simples mentions), d'après *B*. – *E*. Angers, 101 H 225 bis, p. 93-94, n° 555 (avec des coupures), d'après *B*. – *F*. Gaignières, t. I, p. 326, d'après *A²* (avec des coupures). – *G*. Duchesne, t. XXII, fol. 416 r° (avec des coupures), d'après *B*.

d. Pavillon, p. 609, preuve n° 180 (extrait), d'après *B*. – *j*. J. Chartrou, *L'Anjou de 1109 à 1151*, p. 260, Catalogue d'actes n° 29 (analyse) et p. 334, pièce justif. n° 9 bis. – x) P. de Fleury, *Pancarte...* (supra, n° 850), p. 197, n° XIII, d'après *A²*.

Daté des règnes de Louis VI, roi de France, de Foulque V, comte d'Anjou, et de l'épiscopat de Renaud de Martigné, évêque d'Angers. Postérieur à l'avènement de Foulque V (14 avril 1109) et, la donation étant faite à Robert d'Arbrissel, probablement antérieur à la promotion abbatiale de Pétronille de Chemillé (28 octobre 1115).

D'après A^2 et *E*.

Antiquorum patrum sanxit auctoritas ut ea quae ecclesiis concederentur litterarum memoriae traderentur ne oblivionis caligine delerentur. [Notum sit omnibus][a)] tam futuris quam presentibus [quod ego, Fulco Junior, comes Andegavensis, Fulconis comitis filius, ob medelam peccatorum meorum et[b)] remissione[c)] parentum meorum, dono Deo et domno Robert de Arbrissello[d)]][a)] et monacabus in Christi nomine sibi subpositis in ecclesia beatae Mariae de Fonte Evraudi congregatis [unam talliam in pratis[e)] de Longa Islia, concedente uxore mea Eremburge comitissa. Ut autem firmum][a)] et illibatum donum meum permaneret [adfuerunt][a)] isti [testes : Bertrea mater mea, Gauffridus de Ramaforti][a)] et [Radulfus de Gre][a)] et Arcalois et Salmacio. [Acta][a)] carta [regnante Francorum][a)] rege Ludovico, Fulcone Andegavorum comite, Rainaudo Andegavorum pontifice.

---

a) *Seuls les passages entre crochets carrés sont reproduits dans E.* – b) ac *dans* A^2. – c) remissionem *dans* A^2. – d) de Arbrissello *omis dans* A^2. – e) impratis *(sic) dans* A^2.

853

[1109-1115]

Le comte d'Anjou Foulque [V] *donne à Robert d'Arbrissel et aux moniales de Fontevraud les prés qu'il tient à cens, à Guesnes, des moines de Charroux.*

A. Original perdu.

A^1. Pancarte, Archives Nationales, carton L 1018, pièce 1, n° 3. – A^2. Id., pièce 2, n° 3. – A^3. Id., pièce 3, n° 3 (confirmation de 1154). — *B*. Gd. perdu (ex fol. CXXXII). – *C*. *T.L.*, pp. 557 et 565 (analyses), d'après *B*. – *E*. Angers, 101 H 225 bis, p. 94, n° 556 (extraits), d'après *B*. – *F*. Gaignières, t. I, p. 323, d'après A^2 (avec des coupures). – *G*. Duchesne, t. XXII, fol. 416 r° (extraits), d'après *B*.

x. P. de Fleury, *Pancarte...* (supra, n° 850), p. 191, n° III, d'après A^2.

INDIQUÉ : *C. T.L.*, p. 575 (*Terra*).

V. les n°s 155 (semblable) et 238 (concernant ces prés).
Non daté. Même datation que l'acte

D'après A^2 et *E*.

[Pro carnalis etc.][a] intentionibus[b] desiderii, opera misericordię salutare nobis commodum[c] est seminare ut, in tempore messis, fructum laboris nostri metamus juxta illum propheticum : « Venientes autem venient cum exultacione portantes manipulos suos »[1]. [Hac igitur auctoritate prophetica[d] commonitus, ego Fulco, Andegavensium comes, pro salute etc.][a] animę meę et parentum meorum remedio, [dono[e] Deo et domno R[oberto] de Arb[rissello] et ecclesiae[f] etc.][a] Fontis Evraudi[g] sanctimonialibus[h] [prata mea quae[i] de monachis de Carrofio ad censum habebam in Gainam[j], habenda omni tempore][a] et solute possidenda in perpetuum[k] concedo, [sub istorum virorum testimonio : Gauffredi[l] de Claris Vallibus et Pagani fratris ejus, Hugonis Regaudi[m], Drogonis Fetardi[n], Aimerici Flocelli][a].

---

1) Ps. CXXVI (CXXV), 6.

---

a) *Seuls les passages entre crochets carrés sont reproduits dans E.* – b) Pro carnalibus intencionibus A^1 ; [P]ro carnalis intencionibus A^2. – c) conmodum A^1. – d) prophetica auctoritate A^1, A^2. – e) do A^1, A^2. – f) ecclesię A^1, ęcclesię A^2. – g) Evraudi A^2. – h) dono *après* sanctimonialibus A^1, A^2. – i) quę A^1, A^2. – j) *Corr.* Gaina, *en suivant* A^1, A^2. – k) imperpetuum A^2. – l) Gaudredi A^1, A^2. – m) Hugonis Rigaudi A^1 ; Ugonis A^2. – n) Faitardi A^2.

854

[1109 ou 1109 - 1112-1113]

Le comte d'Anjou Foulque [V] *le Jeune donne à Robert d'Arbrissel et aux moniales de Fontevraud deux moulins de Chinon et leur écluse.*

A. Original perdu.
A^1. Pancarte, Archives Nationales, carton L 1018, pièce 1, n° 4. – A^2. Id., pièce 2, n° 4. – A^3. Id., pièce 3, n° 4 (confirmation de 1154). – *B*. Gd. Cart. perdu (ex fol. CXXXII). – *C*. *T.L.*, p. 566 (avec des coupures) et pp. 538, 552 (simples mentions), d'après *B*. – *E*. Angers, 101 H 225 bis, p. 94, n° 557 (extraits), d'après *B*. – *F*. Gaignières, t. I, p. 323 d'après A^1 (avec des coupures). – *G*. Duchesne, t. XXII, fol.416 r° (extraits), d'après *B*.
c. Nicquet, p. 393 (simple mention avec réf. : ch. 557), d'après *B*. – *x* P. de Fleury, *Pancarte*... (supra, n° 850), p. 191-192, n° IV, d'après A^2.
INDIQUÉ : *L*. Lardier, *Thrésor de l'Abbaye de Fontevraud*, t. I, fol. 123 r°.

V. Les n°s 156 (presque semblable) et 858 (autre version).
Passé après le 14 avril 1109 (avènement de Foulque V) et avant le 30 novembre 1109 ou 1112/1113 (mort d'Hersende).

D'après *A1*, *A2* et *E*.

Ego[a)] quoque Fulco Junior Andegavensium comes, Fulconis comitis filius, ob medelam peccatorum meorum][b)] ac remissionem parentum meorum [dono Deo et][b)] domno R[oberto] et monachabus[c)] in Christi nomine sibi[d)] subpositis in aeclesia [beatae Mariae Fontis[e)]][a)] Evraudi congregatis duo [molendina ad Chinonem et[f)] exclusam etc.][a)] ubi molendina existunt, soluta ac quieta in omni posteritate possidenda. Hujus autem elemosinę meę donationem[g)] sepedictis monialibus pro peccatis meis impensam sub istis [testantibus][b)] affirmo atque concedo : [Bertrea regina matre mea, Philippo[i)] fratre meo, Gosberto de Mortum, Roberto Pevrello cui precepi eisdem tradere molendina, Amaurico de Monteforti ; de sororibus Arcendi[j)] priorissa [et[k)] Petronilla[l)]. Acta][b)] carta [regnante Lodovico[m)] Francorum rege, Fulcone Andegavensium comite, Radulfo Turonorum archiepiscopo][b)].

---

a) *Initiale E ajoutée d'une autre main sur A2*. – b) *Seuls les passages entre crochets carrés reproduits dans E*. – c) monacabus *A2*. – d) sibi *omis A1*. – e) ecclesia beatę Marie de Fonte *A1*, *A2*. – f) *Quelques lettres cancellées avant* exclusam. – g) donacionem *A1*. – h) mater *E*. – i) Philipo *A1*. – j) Arsindi *A1* ; *A2*. – k) atque *A1*, *A2*. – l) Petronilla *A1*. – m) Ludovico *A1*, *A2*.

855

[1109 ou 1109-1112/1113]. - Fontevraud.

Les moniales de Fontevraud font savoir qu'après qu'Étienne, fils de Guillaume et d'Hersende de Montsoreau, ait paisiblement détenu, pendant plusieurs années, des biens sis à Candes et acquis par ses parents d'Yvon Leroi, chanoine et chevecier de Saint-Martin [de Candes], *ledit Étienne a donné, avec l'accord de son frère aîné Gautier, ces biens aux Fontevristes quand sa mère, devenue veuve, a pris l'habit à Fontevraud ; cette donation a alors été contestée par Raoul, fils d'Yvon, et par son gendre, Geoffroi Roilled ; finalement, sur sentence du comte d'Anjou Foulque* [V] *venu à Fontevraud, ils ont renoncé à leurs prétentions, un couteau à manche noir servant de symbole.*

A. Original perdu.

A[1]. Pancarte, Archives Nationales, carton L 1018, pièce 1, n° 5. – *A[2]*. *Id*., pièce 2, n° 5. – *A[3]*. *Id*., n° 5. – *B*. Gd. Cart. perdu (ex fol. CXXXII). – *E*. Angers, 101 H 225 *bis*, p. 94, n° 558 (avec des coupures). – *H*. Housseau, t. XII[1], fol. 166 v° – 167 r°, n° 5699 (avec des coupures). – *c*. Nicquet, p. 75 (simple mention avec réf. : ch. 558), d'après *B*.

INDIQUÉ : *C. T.L.*, pp. 536 et 546 – *L*. Lardier, *Thrésor de l'Abbaye de Fontevraud,* t. I, fol. 99 r°.

V. les n°s 157 et 470 (semblables), 219 (semblable sauf la formule de datation), 329 (charte de Gautier de Montsoreau dont la fin évoque cette affaire) et 778 (charte de Foulque V sur le même sujet). Daté du règne de Louis VI et de l'épiscopat de Raoul d'Orléans, archevêque de Tours. Passé après le 14 avril 1109 (avènement de Foulque V) et avant le 30 novembre 1109 ou 1112/1113 (mort d'Hersende).

D'après *A[1]*, *A[2]*, *E* et *H*.

[Quia temporum][a)] volubilitate et humana oblivione interveniente nichil in hoc mundo potest ęternaliter retineri sed per sola litterarum monimenta quę dicuntur vel fiunt ad posterorum, noticiam cognoscuntur posse servari. Unde, ut posteritas omnis agnoscat, nos[b)], humilis grex sanctimonialium apud Fontem Evraudi Deo serventium[c)] scripto statuimus annotari, [quia Guillelmus[d)] de Monte Sorello[e)] et uxor ejus][a)] Arsindis[f)] [ab Ivone Rege, Sancti Martini canonico et capicerio, omnem possessionem quam habebat in villa Sancti Martini Candatensis][a)] possidebat[g)] [emerunt et[h)] Stephano filio suo][a)] eam [dederunt[i)]][a)] et sicut eam ipsi possederant, ita Stephanus, eorum filius, eam pluribus annis quiete possedit[j)]. Denique, [Guillelmo mortuo[k)], uxor ejus Arsindis[l)] apud Fontem][a)] Evraudi [religionis habitum accepit. Pro cujus anima filius ejus Stephanus][a)] prefatam[m)] possessionem quam ei et pater suus et mater dimiserant[n)], Deo et beatę Marię[o)] et[p)] sanctimonialibus ibidem Deo servientibus[q)] donavit et [fratri[r)]][a)] suo primogenito [Gauterio][a)] concedere[s)] fecit. [Verum Radulfus, Ivonis filius, et gener ejus Gaufredus Roillatus[t)] donationem hanc[u)] calumpniati sunt. [Denique veniens[v)]][a)] ad Fontem Evraudi[w)] Fulco comes, Fulconis comitis filius[x)], hujus negocii in sua statuit audiencia pertractari. Nolens autem comes causam istam diucius

---

a) *Entre crochets carrés, passage reproduit dans E*. – b) nox *(sic) A[1]*. – c) servencium *A[2]*. - d) Willelmus *E, H*. – e) Sorelli *E*. – f) Hersindis *H*. – g) possidebat *seulement dans A[2]* - h) emerunt et *omis H*. – i) *Le scribe avait d'abord écrit* dedederunt *qu'il a corrigé*. – j) *De* et eam *à* possedit *seulement dans A[2]*. – k) et *superflu dans E*. – l) Hersindis *E, H*. – m) dedit *avant* prefatam *dans E*. – n) *De* quam ei *à* dimiserant *seulement dans A[2]*. – o) Deo et beate Marie *omis H*. – p) et *seulement dans A[2]*. – q) *De* ibidem *à* servientibus *seulement dans A[2]*. – r) fratre *E*. – s) concedente *E*. – t) Gauffridus Roillard *E*. – u) donationem hanc *A[2]*. – v) veniens denique *A[2] et E*. – w) apud Fontem Evraudi *A[2]*. - x) filius *suivi de* qui *dans E*. –

prolongari, cum predictis calumpniatoribus[y] talem [concordiam fecit[a]], quod in manu comitis suam calumpniam cum cultello nigri manubrii dimiserunt, et cum eodem cultello comes ipse predictam possessionem super altare beatę Marię[z] posuit et donavit. [Presentibus : Petro de Camilleaco[aa], Hucberto de Campania[bb]][a], Mauricio de Reunnardo[cc], [Roberto de Blodo, Amaurico[dd] de Monte Forti comitis ipsius avunculo, Borrello[ee] de Salmuro, Aimerico de Averio, Rainaudo[ff] de Salmunciaco, Alone Girbaudo, Stephano de Monte Sorelli, Petro filio Orrici, Tetbaldo[gg] de Luciaco][a], Rainaudo Canuto et de fratribus loci : Christiano Anglico, Christiano de Mirembello, Adelelmo de Salmuro[hh], [Hersinde priorissa[ii]][a]. Acta carta[jj] regnante Ludovico rege Francorum, Radulfo archiepiscopo Turonorum existente.

---

y) *De* hujus negocii *à* calumpniatoribus *seulement dans* A^2. – z) beate Marie A^2. – aa) Chamilliaco A^2 ; Camilliaco *E*. – bb) Hucberto de Campania, A^2 ; Huberto de Champagnia *E*. – cc) Roignardo A^2. – dd) Aimerico *E*. – ee) Borello. *E*. – ff) Rainaldo *H*. – gg) Tetbaldo A^2. – hh) Adelelmo de Salmuro *seulement H* (?). – ii) Hersinde priorissa *omis H*. – jj) Acta carta *seulement dans* A^2.

856

[1109 ou 1115 ou 1116]

Le comte d'Anjou Foulque [V] *le Jeune donne à Robert d'Arbrissel et aux moniales de Fontevraud, vivant loin du siècle dans l'église Notre-Dame, toutes ses métairies de Borane et les prés ayant jadis appartenu à son prédécesseur Geoffroi Martel.*

A. Original perdu.

A^2. Pancarte, Archives Nationales, carton L 1018, pièce 2, n° 6. – *B*. Gd. Cart. perdu (ex fol. CXXXIII). – C. *T.L.*, p. 534 (simple mention) et p. 566 (avec des coupures), d'après *B*. – *E*. Angers, 101 H 225 *bis*, p. 94, n° 559 (avec des coupures) d'après *B*. – *X*. P. de Fleury, *Pancarte*..., p. 193, n° 6, d'après A^2.

V. les n°s 158 (presque semblable sauf le préambule) et 203 (autre version). Passé après le 14 avril 1109 (avènement de Foulque) et du vivant de Robert d'Arbrissel, donc avant le 25 février 1116. Sans doute antérieur à la promotion abbatiale de Pétronille de Chemillé (28 octobre 1116).

D'après A^2 et *E*.

[Notum sit etc.][a] omnibus tam futuris quam presentibus [quod ego, Fulco Junior, Andegavensium comes, Fulconis comitis filius, dono Deo][a] omnipotenti [et][a] domno [Roberto de Arbruissello[b] et sanctimonialibus][a] sibi subpositis apud Fontem Evraudi, in ęcclesia beatę Marię semper virginis, feminis de luxu seculi ad monasticę religionis observanciam revocatis, [omnes medietarias de Borenna et omnia prata quę Gaufridus[c] Martellus Senior, comes Andegavensis, meus antecessor, antiquitus habuit etc.], ita ea ad usum earum libera et[d] quieta cum omni integritate habenda et possidenda in eternum concedo, sicut ipse libere et quiete longiturnitate temporum possedit, ut spacium verę penitentię divina Dei omnipotentis clemencia mihi conferat et locum refrigerii antecessoribus meis habere concedat. Ut autem hujus elemosine mee donatio et concessio firma permaneat, sub istis [testibus][a] facta est : [abba de Brioleio etc.][a], Borello[e] de Salmuro, Arcaloio, Radulfo de Gre. [Acta][a] karta, regnante [Francorum rege Ludovico[f], Radulfo Turonorum archiepiscopo][a], Raimundo Andegavensium episcopo.

---

a) *Entre crochets carrés, passage reproduit dans E.* – b) R. de Arbr. A^2, R. de A. *E*. – c) Gauffredus *E*. – d) ac *E*. – e) Borelo *E*. – f)Ludovico Francorum rege *E*.

857

[1116-1129 puis avant 1151]

Le comte d'Anjou Foulque [V] *le Jeune fait don à la communauté de Fontevraud du panage de toutes ses forêts, donation ensuite confirmée par son fils et successeur Geoffroi Plantegenêt.*

A. Original perdu.

A^1. Pancarte, Archives Nationales, carton L 1018, pièce 1, n° 14. - A^2. *Id.*, pièce 2, n° 12. – A^3. *Id.*, pièce 3, n° 12 (confirmation de 1154). – A^4. Vidimus pour le sceau du roi à Chinon, 1342, présenté le 10 novembre 1452 à la Chambre des Comptes d'Angers, Archives Nationales, P 1334[5], fol. 131 r°. – *B*. Gd. Cart. perdu (ex fol. CXXXIII). – *C*. *T.L.*, p. 555 (analyse) d'après *B*. – *E*. Angers, 101 H 225 *bis*, p. 94, n° 560 (extraits), d'après *B*. – *F*. Gaignières, t. I, p. 131 (d'après *B*) et 326 (d'après A^1).

d. Pavillon, p. 603, preuve n° 156, d'après *B*. – *j*. Chartrou, *L'Anjou...*, catalogue d'actes, n° 92 (analyse) et p. 373-374, pièce justificative n° 41 (d'après toutes les sources sauf *C* et *E*. – *x*. P. de Fleury, *Pancarte...*, p. 197, n° 14, d'après A^2.

Non datée. Robert d'Arbrissel n'étant pas mentionné, la charte de Foulque doit être postérieure à sa mort (25 février 1116) ; elle est antérieure au début de 1129, date du départ définitif de Foulque pour la Terre Sainte. La confirmation de Geoffroi est postérieure à cette dernière date et antérieure à la mort de ce dernier (7 septembre 1151).

D'après *A*[1], *A*[2], *A*[3], *A*[4] et *E*.

[Ego quoque][a)] Fulco [comes Junior Andegavensis][a)], pro animę meę et parentum meorum remedio, dono[b)] Deo et ecclesię beate Marię[c)] Fontis Evraudi [pasnagium omnium forestarum mearum[d)]][a)], solidum et quietum, videntibus et audientibus istis : [Gaufrido de Ramaforti, Gervasio de Troea[e)], Radulfo de Gre, Archalaio[f)], Roberto Ragot[g)]. Et ego quoque Gaufridus, Andegavensis comes, filius ejusdem Fulconis, suprascriptam donationem concessi et mei sigilli testimonio confirmavi. Teste G. Sine Terra et Gofferio de Brueriis et Archenoldo[h)].

———

a) *Entre crochets carrés, passage reproduit dans E.* - b) dono *A*[2], *E*. – c) et ecclesie beate Marie *A*[1]. - d) Archalaio, Radulfo de Gre *A*[2]. – e) *De* Gaufrido *à* Troea, *omis dans A*[3]. – f) Archalaio, Radulfo de Gre *A*[2]. – g) Roberto Ragot *seulement dans A*[3]. – h) *De* Et ego *à la fin seulement dans A*[4].

858

[1109 ou 1109-1112/1113]

Le comte d'Anjou Foulque [V] *le Jeune donne à Robert d'Arbrissel et aux moniales de Fontevraud deux moulins du pont de Chinon avec leur écluse ainsi que son bois de Teillé.*

A. Original perdu.

A[1]. Pancarte, Archives Nationales, carton L 1018, pièce 1, n° 16. – *A*[2]. Pancarte, Archives Nationales, carton L 1018, pièce 2, n° 13 – *B*. Gd Cart. perdu (ex fol. CXXXIII). – *E*. Angers, 101 H 225 *bis*, p. 94, n° 561 (extraits), d'après *B*.

INDIQUÉ : *C. T.L.*, pp. 534 et 552 – *d*. Pavillon, p. 608, preuve n° 173 (incomplète), d'après *B*. – *X*. P. de Fleury, *Pancarte...*, p. 198, n° XVI, d'après *A*[2].

ANALYSÉ : J. Chartrou, *L'Anjou...*, p. 261 (Catalogue d'actes n° 31, analyse).

V. les n°s 156 et 854 (autres versions).
Passé, comme les n°s 156 et 854 après le 14 avril 1109 (avènement de Foulque V) et avant le 30 novembre 1109 ou 1112/1113 (mort de la prieure Hersende mentionnée dans les n°s 156 et 854).

D'après *A*2 et *E*.

[Sacra[a)] docente Seriptura][b)] didicimus quia qui bona faciet mercedem accipiet[1)]. Eapropter [ego Fulco Junior, Fulconis filius][b)], Andegavensium comes, [pro salute animę meę[c)] parentumque meorum remedio, dono[d)] Deo et domno [Roberto de Arbressello et sanctimonialibus][b)] Fontis Evraudi [duo molendina et exclusam][b)] ubi molendina existunt [ad Chinonem[e)] et boscum meum de Tiglliaco[f)] ad earum opera facienda et necessitates earum complendas, soluta ac[g)] quieta in omni posteritate concedo possidenda. Et ut firmum et ratum permaneat, scribi voluimus et sigilli nostri robore confirmari[h)] precepimus sub [testibus][b)] istis : [Bertrea regina matre mea, Philipo fratre[i)] meo], Gosberto de Mortum, Roberto Peurelli, Amaurico de Monteforti. Acta karta[j)] regnante Ludovico Francorum rege, Fulcone Andegavensium comite, Radulfo Turonorum archiepiscopo.

---

1) Mt. X, 42.

---

a) *Initiale* S *omise A*2. – b) *Entre crochets carrés, passage reproduit dans E.* – c) animae meae *E*. – d) dono *E*. – e) de Chinone *E*. – f) Tilliaco *E*. – g) ac *A*2, *E*. – h) firmari *A*2. – i) fratre *(sic) E*. – j) carta *A*2, *E*.

859

[1115-1126 puis 1127]

Le comte d'Anjou Foulque [V] *le Jeune et son épouse Eremburge, fille d'Hélie, donnent aux moniales de Fontevraud, entre les mains de l'abbesse Pétronille* [de Chemillé], *le pont de Chinon en retenant toutefois « l'obole » ; celle-ci est donnée ultérieurement avec l'accord de Geoffroi, fils de Foulque* [V].

A. Original perdu.

A1. Pancarte, Archives Nationales, carton L 1018, pièce 2, n° 14. – *B*. Gd. Cart. perdu (ex fol. CXXXIII). – *E*. Angers, 101 H 225 *bis*, p. 94, n° 562 (extraits), d'après *B*.

j. Chartrou, *L'Anjou*, p. 274, Catalogue d'actes n° 76 (analyse) et p. 357-358, pièce justif. n° 30 (d'après A1).

INDIQUÉ : *C. T.L.*, p. 538 – *L*. Lardier, *Thrésor de L'Abbaye de Fontevraud*, fol. 123 r°.

V. les n° 734 et la charte suivante, n° 860 (donation de l'obole). Non daté. La donation du pont a eu lieu entre la promotion abbatiale de Pétronille (28 octobre 1115) et la mort de la comtesse Eremburge (1126) ; celle de l'obole a suivi de peu ce décès.

D'après A^1 et *E*.

[Quia post mortem][a] patris filii ceteris intenti sunt negociis quam animabus patrum benefaciendum, ego, Fulco Junior, Andegavensium comes, et Erem[burgis], uxor mea, Helie filia, donamus][a] et concedimus Domino [Deo][a] et sanctę Marię [et sanctimonialibus][a] Domino servientibus, [in manum[b] Petronillę primę] Fontis Ebraudi abbatissę, pontem de Chinone][a], sicut mihi ex antiquitate patrurn habere videtur, [retento][a] tamen [obolo quodam][a] quem postea dedimus eisdem supradictis, concedente filio nostro Gaufredo, istis videntibus : Gaufrido de Ramoforti, Gervasio de Troeia, Gaufrido Guarini filio.

---

a) *Entre crochets carrés, passages reproduits dans E.* – b) in manu *E*.

860

[1127]

Le comte d'Anjou Foulque [V] *le Jeune donne aux moniales de Fontevraud, entre les mains de l'abbesse Pétronille, « l'obole »* [du pont de Chinon] *qu'il avait auparavant retenue, et ce afin que soit célébré l'anniversaire mortuaire de son épouse Eremburge ; son fils Geoffroi concède cette donation.*

A. Original perdu.

A^1. Pancarte, Archives Nationales, carton L 1018, pièce 2, n° 15. – *B*. Gd Cart. perdu (ex fol. CXXXIII). – *E*. Angers, 101 H 225 *bis*, p. 95, n° 563, d'après *B*.

j. Chartrou, *L'Anjou...*, p. 363-364, p. j. n° 36, d'après A^1.

INDIQUÉ : *C. T..L.*, p. 538. – D. *Ste Fam.*, t. III, p. 201, avec réf. : fol. 133. – *L*. Lardier, *Thrésor de l'Abbaye de Fontevraud,* t. I, fol. 123 r°.

D'après A^1 et *E*.

Quia in necessitatibus amici et medici probantur[a], ego Fulco Junior, Andegavensium comes[b], pro anima mea et salute uxoris meę

---

a) amici et predicti probantur, *omis E qui met* etc. – b) et uxor mea Erem. dono et co. *can*

Eremburgis[c] dono et concedo Deo, ecclesię[d] Fontis Ebraudi[f] et sanctę Marię sanctimonialibus Domino servientibus[g], in manu Petronillę primę Fontis Ebraudi abbatissę, illum obolum quem retinueram mihi et volo ut anniversarium uxoris meę Eremburgis inde fiat et sanctimoniales in die anniversarii ejus procurentur[i]. Concessit hoc libentissime[j] filius meus Gaufredus[k]. Viderunt et audierunt[l] Johannes[m] abbas Sancti Nicholai[n], Goffredus[o] de Ramoforti, Gervasius de Troeia.

---

cellé après ce mot dans E. – c) pro salute animae suae et uxoris suae Erem. *E.* – d) do *E.* – f) ecclesiae *E ; on ne signalera plus la variante sur la diphtongue.* – g) *De* et *à* servientibus *omis E.* – h) Fontis Ebraudi *omis E.* – i) *De* et volo *à* procurentur *omis E.* – j) libentissime *omis E.* – k) Goffridus *E.* – l) Audierunt et viderunt *E.* – m) Joannes *E.* – n) Nicolai *E.* – o) Gauffredus *E.*

861

[1115, avant oct. 28]

Jean Pignon, de concert avec son épouse et son fils, vend, pour dix mille sous, à Robert d'Arbrissel et aux moniales de Fontevraud tout ce que le comte d'Anjou Foulque [V] *lui a vendu, donné ou concédé dans la terre de Verrières* [alias La Pignonnière] *ainsi que ce qu'il avait acquis par la suite ; si son petit-fils meurt sans héritier légitime, les moniales recevront également la partie de cette terre par lui donnée à sa fille quand celle-ci a épousé Arnoul de Nevers ; peu après, le comte d'Anjou Foulque* [V] *le jeune a concédé cette vente, la terre en question mouvant de lui.*

A. Original perdu.

A¹. Pancarte, Archives Nationales, carton L 1018, pièce 1, n° 7. – *A²*. *Id.*, pièce 2, n° 7. – *B*. Gd. Cart. perdu (ex fol. CXXXIV). – *C*. *T.L.*, p. 566 (extrait) et p. 578 (simple mention), d'après *B*. – *E*. Angers, 101 H 225 *bis*, p. 95, n° 565 (avec des coupures), d'après *B*. – *F*. Gaignières, t. I, p. 324, d'après *A¹* (extrait).

x. P de Fleury, *Pancarte...*, p. 193-194, d'après *A²*.

INDIQUÉ : *H*. Housseau, t. XII¹, fol. 167 r°, n° 5700, avec réf. : fol. 134 r°.

D'après *A¹*, *A²*, *E*, complété grâce au n° 159 (v. *supra*)

Antiquorum[a] sanccitum est patrum industria modernorumque compro-

---

a) *A initial ajouté d'une main très postérieure.* – b) sollercia *A¹*. - c) *Passage reproduit*

batur sollertia[b] res in statu firmo permansuras scripto commendare ne amplius subdola adversariorum impugnatione possint titubare. Quorum quidem exemplo][c], ego Johannes Pignonus et Ermengardis uxor mea et Garsius, filius meus, [ut firmum et stabile perpetuo maneat[d], istius[e] scripti memoriae[f] tradidimus][c] me vendidisse domno Roberto de Arbrissello[g] et sanctimonialibus [Fontis Evraudi[h]][c] quicquid Fulco, Andegavorum[i] comes, pater Fulconis Junioris comitis, mihi Johani[j] vendiderat et[k] dederat aut [concesserat][c] in terra quod[l] Verreria appellatur, [et quicquid aliquo modo ibi adquisiveram. Verum etiam[m] partem illam quam de hac eadem terra dederam filiae meae[n] quando nupsit Ernulfo[o] Nevernecensi, eo tamen tenore ut, si filius filiae meae[n] mortuus fuerit sine herede quem de legitima uxore habeat, redeat illa pars cum supradicta vendicione in possessione sanctimonialium Fontis Ebraudi[h], itaque a nobis[p] libere et quiete sine aliqua contradicionis[q] occasione cum omni integritate habeant et in aeternum[r] possideant sepedictae sanctimoniales feminae[s]. Cujus[t] autem vendicionis precium tale est X[u] mille solidos quos inde ab eis accepimus. Et ut haec[v] nostra vendicio firma et stabilis perpetuo maneat, scriptum inde fieri precepimus[w] ego et uxor Ermengardis[x] et noster filius Garsius. Deinde vero Fulco Junior, nobilis Andegavensium comes, Fulconis comitis filius, monialibus supradicti loci hoc ex sua parte diligenter concessit ex cujus feodo jure erat. Hujus rei][c] testes [sunt[y]][c]: ipse Fulco comes [et[z]][c] Goscelinus Roignardus, Borrellus de Salmuro, [Arcaloius, Hugo[aa] Turonensis][c], Petrus de Monte Sainberti, [Guillelmus[bb] de Lochis, Gaufredus Orsellus, Gaufredus Canterellus[cc] et Bertrada[dd] mater comitis, Labertus[ee] de Super Pontem, Alenodus, Glahuardus, Radulfus Belotinus, Aubertus de Merau[ff]][c], Herveus Canterellus, [Mauritius[gg] et Johannes filius ejus. De fratribus][c] : Giraudus de Bria, Renaudus[hh] de Meduana, [Guihummarus Brito[ii]][c]. Acta carta[jj] anno [ab incarnatione Domini][c] MCXV, [regnante Ludovico rege Francorum, Fulcone comite Andegavorum., Raginaudo Andegavensium episcopo][c].

---

dans le n° 159. – d) permaneat A^1. – e) isti A^1. – f) memorię A^1. – g) R. de Arbruissello A^1. – h) Evraudi A^1. – i) Andegavensium A^1. – j) Johanni A^1. – k) vel A^1. – l) *Corr.* quę *en suivant* A^1. – m) eciam A^1. – n) filię meę A^1. – o) Arnulfo A^1. – p) a nobis *omis* A^2. – q) contradictionis A^1. – r) ęternum A^1. – s) sepedictę... feminę, A^1. – t) hujus A^1. – u) tale est precium decem A^1. – v) hec A^1 ; hęc A^2. – w) precepimus A^1. - x) et uxor mea Ermengardis A^1. – y) Hujus rei sunt testes A^2 ; sunt *omis* A^1. – z) et *omis* A^1. – aa) Ugo A^1. – bb) Willelmus A^1. – cc) Boterellus A^1. – dd) B. A^1 ; Bertrea A^2. – ee) Libertus A^1. – ff) Merallo A^1. – gg) Mauricius A^1. – hh) Rainaudus A^1. – ii) *Ce nom omis* A^1, A^2. – ii) karta A^2.

862

[1116-1125]

Le comte d'Anjou Foulque [V] *donne aux moniales de Fontevraud les Ponts-de-Cé avec la viguerie, y compris pour les affaires de vol et de sang, et ses droits héréditaires ; son épouse Eremburge – au douaire de laquelle ces ponts appartenaient – et son jeune fils Geoffroi concèdent cette donation dont l'abbesse est investie avec un couteau à manche noir la symbolisant.*

A. Original perdu.

A[1]. Pancarte, Archives Nationales, carton L 1018, pièce 2, n° 8. – *B*. Gd. Cart. perdu (ex fol. CXXXIV). – *C*. *T.L.*, p. 556 (analyse), d'après *B*. – *E*. Angers, 101 H 225 *bis*, p. 95, n° 565 (avec des coupures) d'après *B*. – *G*. Duchesne, t. XXII, fol. 416 r°, avec réf. : fol. 134 (avec des coupures) d'après *B*.

x. P. de Fleury, *Pancarte...*, p. 194-195, d'après *A*[1].

INDIQUÉ : *L*. Lardier, *Thrésor de l'Abbaye de Fontevraud*, t. I, fol. 360 r°. Acte mentionné dans la confirmation d'Henri II en 1154, Archives Nationales, carton L 1018, pièce 3.

V. les n°s 168 (autre version), 865 (don d'une écluse de ces ponts par Foulque V), 880 et 881 (confirmation des « coutumes » de ces ponts par Henri II Plantegenêt).
Passé après la promotion abbatiale de Pétronille de Chemillé (28 octobre 1115) et, ainsi que l'indique la formule de datation, sous l'épiscopat de Renaud [de Martigné], évêque d'Angers, donc avant 1125, alors que Geoffroi, fils de Foulque V né en 1113, était encore un jeune enfant. Sans doute postérieur au 25 février 1116, date de la mort de Robert d'Abrissel qui n'apparaît pas dans l'acte.

D'après *A*[1], *A*[2], *E* et *G*.

[Quicquid respectu][a)] pietatis agitur et in presenti et in futuro auctorem suum adjuvat. Quapropter [ego Fulco, Andegavensium comes, dono et concedo Deo et beatę][a)] semper virgini Marię et sanctimonialibus Fontis Evraudi, pro salute animę meę parentumque meorum remedio, [pontem][a)] scilicet [Sagei et vigeriam ejusdem pontis, furtum atque sanguinem][a)], totum ad integrum sanctimonialibus de Fonte Evraudi concedo. Dono itaque illis solidum atque quietum cum omnibus explecturis quas ibi antecessores mei habuerunt, quę mihi ex ereditario jure videntur habere, cum omni utilitate, videlicet commoditate quę jam inibi apparet vel emelioranda est et nemo donum meum violare aut inquietare presumat. Hujus autem elemosinę meę donationem[b)] concessit Aremburgis comitissa, uxor mea, ex cujus dote erat, atque[c)] Gofredus[d)] puerulus,

---

a) *Entre crochets carrés passage reproduit dans E* (*qui ajoute* etc.) *et dans G*. – b) *De* Hujus *à* donationem *remplacé par* hoc *dans E et G*. – c) atque *omis G*. – d) Goffredus *E, G*.

filius meus, et revestivimus dominam Petronillam abbatissam cum cultello nigri manubrii. Ut autem firmum[e)]][a)] et illibatum donum meum permaneat, [affuerunt isti testes : Lisiardus de Sablileio[f)], Hucbertus[g)] de Campania, Florius frater comitis][a)], Canutus[h)], Simon Crispinus, Papabovem de Reilleio[i)], Arcaloius[j)]][a)], Achardus de Escharbot, Herveus Rabelli. De canonicis Sancti Laudi : Radulfus de Sancto Ylario, [Goscelinus Rorgnardi, Guillelmus de Molendinis, Barbotinus de Ramaforti][k)], [Goffredus[l)] Caifas, Odo de Sancto Florentio. Regnante Ludovico[m)] Francorum rege, Fulcone Andegavensium comite, Rainaudo Andegavensium pontifice][a)].

e) Ut autem firmum *omis G.* – f) Sablileio *E, G.* – g) Hubertus *E, G.* – h) Canutus *seulement dans G.* – i) *Corr. peut-être* Papillone de Rilleio *en suivant E, G.* – j) Airoloius *E, G.* – k) *De* Goscelinus *à* Ramaforti *seulement dans E.* – l) Gauffredus *E,* Gaufredus *G.* – m) Lodovico *E, G.*

863

[1109-1115 ou 1116]

Le comte d'Anjou Foulque [V] *le jeune donne à Robert d'Arbrissel et aux moniales de Fontevraud la « terre des Francs » dite Barbeneuve ; son épouse Eremburge concède de don.*

A. Original perdu.

A[1]. Pancarte, Archives Nationales, carton L 1018, pièce 1, n° 9. – *A[2]. Id.*, pièce 2, n° 9. – *A[3]. Id.*, pièce 3 n° 9. – *B.* Gd. Cart. perdu (ex fol. CXXXIV). – *C. T.L.*, p. 533 (analyse), d'après *B.* – *E.* Angers, 101 H 225 *bis*, p. 95, n° 566 (avec des coupures), d'après *B.*

d. Pavillon, p. 605, preuve n° 166 (extrait), d'après *B.* – *x.* P. de Fleury, *Pancarte...*, p. 195-196, n° IX, d'après *B.*

INDIQUÉ : *H.* Housseau, t. XII[1], fol. 167 r°, n° 5701. – *L.* Lardier, *Thrésor de l'Abbaye de Fontevraud,* t. I, fol. 71 r°.

Non daté. Passé à Tours entre le 14 avril 1109 (avènement de Foulque V) et la 25 février 1116 (mort de Robert d'Abrissel). Probablement antérieur au 28 octobre 1115, date de la promotion abbatiale de Pétronille de Chemillé, non mentionnée.

D'après *A[1], A[2], A[3], E*

[Dum[a)] unusquisque[b)]][c)] in hoc seculo consistit et ad intelligibilem pervenit ętatem, meditari debet de futuro die judicii et sibi qualemcumque

a) *L'initiale* D *ajoutée sur la pancarte A[1] d'une main très postérieure* ; cum E. – b) unusquisquis *E.* – c) *Entre crochets carrés, passage reproduit dans E, qui ajoute* etc. – d) et *E.*

peccatorum medelam providere, vel[d] cum ei necessitate naturę humanę debitus finis[e] obvenerit, aliqua benefactorum pociatur retribucione et delictorum gaudeat remissione, ne illud quod in evangelio de divite legitur sicut dicatur : « Amen dico tibi[f], recepisti bona in vita tua »[1]. [Igitur ego Fulco comes[g] Junior Andegavensium, nimis mole peccaminum adgravatus, notum facio omnibus][c] tam futuris quam presentibus universis Sanctę Dei Ęcclesię fidelibus, quod[h] Deo et [domno R(oberto) de Arbr(uissello) et feminis[i] sub monastica disciplina loco qui[j] Fons Evraudi[k]][c] vulgaliter vocatur in Christi nomine sibi subpositis, pro salute animę meę parentumque meorum remedio, [terram Francorum[l] quę Barbanova appellatur[m]][c], ad explendas earum necessitates et ad usus proprios, solidam ac quietam dono et perpetuo jure possidendam concedo, [concedente uxore mea Eremburge comitissa apud civitatem[n] Turonis, videntibus][c] et audientibus Odone decano Sancti Martini, Jagelino[o] nepote suo, Arnulfo[p] de Montegomarico, Reginaudo[q] de Salmunciaco, Gofredo[r] Garini filio, Petro Locha.

---

e) finis debitus *E.* – f) tibi dico *E.* – h) comitis *(sic) E.* – h) *Corr. par l'addition de* do, *en suivant E.* – i) foeminis *E.* – j) dicitur *cancellé après* qui *dans E.* – k) Evraldi *E.* – l) Francorum *omis E.* – m) vocatur A[1], A[2], A[3] ; appellatur *E.* – n) *Mot difficile à lire en raison de surcharges.* – o) Jaquelino *E.* – P) Arnolfo *E.* – q) Rachinaudo *E.* – r) Goffredo *E.*

---

1) Lc. XVI, 25.

864

[1109-1115]. - Fontevraud.

Le comte d'Anjou Foulque [V], *venu visiter Fontevraud, donne aux moniales, entre les mains de Robert d'Abrissel, un moulin et des prés au lieu dit* « Compignae » *en forêt de Monnais ainsi que l'eau de la Vienne* [en fait, du bras sud de la Loire] *qu'il détient à Saumur en vue d'y établir une écluse et des moulins.*

A. Original perdu.

A[1]. Pancarte, Archives Nationales, carton L 1018, pièce 1, n° 10. – *A[2]*. *Id.*, pièce 2, n° 16. – *A[3]*. *Id.*, pièce 3, n° 16 (confirmation de 1154). – *B.* Gd. Cart. perdu (ex fol. CXXXIV). – *B[1]*. « Grand cahier de parchemin » perdu. – *C. T.L.*, p. 566 (extraits) et p. 539, 551, 553, 574 (simples mentions), d'après *B.* – *E.* Angers, 101 H 225 *bis*, p. 95, n° 567 (avec des coupures), d'après *B.* – *F.* Gaignières, t. I, p. 89-90 d'après *A* (avec des coupures) et t. II, p. 455 (analyse d'après *B[1]*).

d. Pavillon, p. 608, preuve n° 178 (extraits), d'après *B*. - *x*. P. de Fleury, *Pancarte...*, p. 196, n° 10, d'après A^2.

INDIQUÉ : *D. Ste Fam.*, t. III, p. 490 avec réf. : Fol. 134 – *L.* Lardier, *Thrésor de l'Abbaye de Fontevraud,* t. I, fol. 442 v°.

V. le n° 170 (semblable). Passé à Fontevraud entre le 14 avril 1109 (avènement de Foulque V) et le 4 avril 1115 (mort de l'évêque Pierre II).

D'après A^1, A^2, A^3, *E* et *F* (t. I, p. 89-90)

Notum sit omnibus[a)] tam futuris quam presentibus[b)] quod ego Fulco Junior, comes Andegavensis, Fulconis comitis filius, causam orationum[c)] apud Fontem Evraudi[d)] veniens, pro animę meę et parentum meorum remedio[e)], dono[f)] et in perpetuum habendum concedo[g)] Deo et beatę Marię et sanctimonialibus Fontis Evraudi, in manu domni[h)] Roberti de Arbruissello[i)] molendinum et prata omnia quę sunt[j)] apud[k)] Compignas[l)] in nemore Molnesio[m)] et aquam Vigennę[n)] quam habeo apud Salmurum ad exclusam et molendina[o)] facienda, videntibus et presentibus istis[p)] : Bertrea matre[q)] mea, Petro Pictavensi episcopo, Rainerio capicerio, Petro de Castello Airaudi, Petro de Sancto Saturnino, et de militibus : Galganio[r)] de Chimilliaco[s)], Griscia de Montesorelli[t)] et Goffredo de Doeto[u)], ejus filio, Goscelino Rougnardo[v)], Borrello[w)] de Salmuro, Pagano Borrello, Aimerico[x)] de Averio, Archaloio. [Acta][y)] regnante Ludovico Francorum rege, Fulcone Andegavensium comite, Rainaudo[z)] Andegavorum presule[aa)].

---

a) omnibus *omis* F. – b) *De* tam *à* presentibus *omis F*. – c) oracionum *E*, etc. – d) Evraldum *E* ; Evraldi *F*. – e) *De* et parentum *à* remedio *omis F*. – f) do E. – g) *De* et in *à* concedo *omis E*. – h) domni *ajouté en interligne dans E*. – i) Arbressello *E*. – j) sunt *omis E*. – k) ad *E*. - l) Conpignas A^2. – m) Monnesio *F*. – n) Vigeanae *F*. – o) molendinum A^2. – P) videntibus istis et audientibus A^1 ; et presentibus istis *omis E*. – q) *Le scribe de* A^1 *avait écrit* matrea *qu'il a corrigé par exponctuation*. – r) Galgano *E* ; Galvanio *F*. – s) Cmiliaco (*sic*) *corr. en* Chamiliaco. – t) *Corr.* Montesorello *en suivant F*. – u) Doato E. – v) Roignardo *E* ; Reonnardo *F*. – w) Borello *E*. – x) Haimerico *F*. – y) Acta *seulement dans E*. – z) Raginaudo *E, F*. – aa) pontifice *E* ; *de* regnante *à la fin omis dans E*.

865

[1109-1115]

Le comte d'Anjou Foulque [V], *donne aux moniales de Fontevraud et à Robert d'Abrissel son écluse des Ponts-de-Cé.*

A. Original perdu.

A[1]. Pancarte, Archives Nationales, carton L 1018, pièce 1, n° 11. – *A[2]*. *Id.*, pièce 2, n° 10. – *A[3]*. *Id.*, pièce 3, n° 10 (confirmation de 1154). – *B*. Gd. Cart. perdu (ex fol. CXXXIV). – *C*. *T.L.*, p. 556 et 566 (analyses) d'après *B*. – *E*. Angers, 101 H 225 *bis*, p. 95, n° 568 (simple extrait) d'après *B*. – *F*. Gaignières, t. I, p. 325, d'après *A*. – *J*. Chartrou, *L'Anjou...*, p. 259 (analyse, catalogue d'actes n° 24) et p. 327 (pièce justif. n° 6 *bis*, d'après *A[1]*, *A[2]*, *A[3]*). – *x*. P. de Fleury, *Pancarte...*, p. 196 n° XI, d'après *A[2]*.

INDIQUÉ : *L*. Lardier, *Thrésor de l'Abbaye de Fontevraud*, t. I, fol. 360 r°.

V. les n°s 168 et 862 (donation des Ponts-de-Cé par Foulque V).

Non daté. Passé entre l'avènement de Foulque V (14 avril 1109) et la mort de Robert d'Abrissel (25 février 1116). Probablement antérieur à l'avènement abbatial (28 octobre 1115) de Pétronille de Chemillé non mentionnée.

D'après *A[1]*, *A[2]*, *A[3]*, *E*

Edocet nos evangelicus sermo dicens ita : « Thesaurizate vobis thesauros in celo, ut ergo thesaurizare valeam in celo[1)] ». Ego Fulco, comes Andegavensium[a)], dono domno Deo et beate Marie et sanctimonialibus Fontis Evraudi et domno R[oberto] de Arb[rissello] exclusam[b)] meam quam habeo ad[c)] pontem de Sagei[d)], videntibus et audientibus istis : Petro de Campo Caprario, Borrello de Salmuro et Bertrea, matre mea et[e)] Herfredo, ejus milite[f)].

---

1) Mt., VI, 20 ; Lc, XII, 33.

---

a) Andegavensis *A[1]*. – b) *Le scribe avait d'abord écrit* ecclusam *qu'il a corrigé en* exclusam *par exponctuation du premier* c *et addition d'un* x *en interligne*. – c) apud *A[3]*. – d) *Corr.* pontem Sagei *en suivant A[1], A[3]*. – e) et *omis A[2]*. – f) Herfredus, miles ejus, simul fuit cum videntibus, *A[3]*, *F*.

866

[1118]

Le comte d'Anjou Foulque [V] *le Jeune donne aux moniales fontevristes du prieuré de Hautes-Bruyères un moulin situé à la tête du pont de Chinon, devant Saint-Jacques, pour qu'elles puissent, avec son revenu, acheter des pelisses et des surcots ; son épouse Eremburge concède ce don.*

A. Original perdu.

A1. Pancarte, Archives Nationales, carton L 1018, pièce 1, n° 12. – *A2*. *Id*., pièce 3, n° 17.
B. Gd. Cart. perdu (ex fol. CXXXIV). – *C*. *T.L*., pp. 538 et 546 (analyses) et p. 552 (simple mention) d'après *B*. – E. Angers, 101 H 225 *bis*, p. 96, n° 569 (avec des coupures), d'après *B*. – G. Duchesne, t. XXII, fol. 416 r° (avec des coupures) d'après *B*.

a. Pavillon, p. 619, preuve n° 218 (extrait), d'après *B*. – *x*. P. de Fleury, *Pancarte*..., p. 196-197 n° XII, d'après *A1*.

INDIQUÉ : *H*. Housseau, t. XII[1], fol. 167 r°, n° 5702 avec réf. : fol. 134 – *L*. Lardier, *Thrésor de l'Abbaye de Fontevraud*, t. I, fol. 360 r°.

V. les n° 253 (semblable mais sans formule de datation).

D'après *A1*, *A2*, *E* et *G*

Notum[a)] sit omnibus tam futuris quam presentibus[b)] quod ego Fulco Junior, comes Andegavensis, molendinum quod situm est ad caput[c)] pontis de Chinone ante Sanctum Jacobum, sicut ego[d)] possidebam[e)], sine calumpnia dono et in perpetuum concedo Deo et sanctę Marię[f)] et sanctimonialibus Fontis Evraudi[g)] quę habitent in loco que dicitur Altabrueria[h)], ut inde possint pellicias et tunicas emere, concedente comitissa Eremburge, uxore mea, quę hoc donum affirmavit et[i)] prefecit[j)]. Hujus doni[k)] testes existunt[l)] : Robertus de Blodo, Seibrandus de Ucei, Gaufredus[m)] de Ramaforti, Gervasius de Troea[n)], Gerisius de Escharboth[o)], Ogerius Batferrum[p)] de Chinone, Guillelmus de Mairei, Tebaldus[q)] de Chalignei[r)], in presentia fratris Bernardi et sororum Bertę et Aledis ; Calixto secundo papa, regnante Ludovico Francorum rege, Gisleberto archiepiscopo existente[s)]. Anno ab incarnatione Domini M° C° VIII° X°.

---

a) Initiale N *ajoutée d'une autre main dans A1*. – b) *De* omnibus *à* presentibus *omis E et G*. – c) caput *A2*. – d) ego *seulement dans A1*, *A2*. – e) do *après ce mot dans E, G qui omettent les mots qui suivent jusqu'à* concedo. – f) sancte Marie *omis E, G*. – g) Fontis Evraudi *omis E, G*. – h) Altabrugeria *A2*. – i) affirmavit et *omis A2*. – j) *Corr. peut-être* perfecit ; concessit *E, G*. – k) Hujus doni *omis E, G* – l) sunt *A2*. – m) Gauffredus *E*. – n) Troeia *A2*. – o) Descharbot *A2*. – p) Batfer *A2*. – q) Tetbaldus *E, G*. – r) Chalvignei *A2*. – s) *De* Ogerius *à* existente *omis E, G*.

867

[1120, *sic* pour 1129]. - Fontevraud.

Le comte d'Anjou Foulque [V], *le Jeune, partant pour Jérusalem et visitant Fontevraud où sa fille Mathilde,* [la future abbesse], *a récem-*

ment pris le voile, confirme aux moniales tous les dons qu'il leur a faits ; ses deux fils et son autre fille, Sibylle, investissent l'abbesse Pétronille de cette confirmation avec la règle de saint Benoît.

A. Original perdu.

A¹. Pancarte, Archives Nationales, carton L 1018, pièce 2, n° 18. — *B.* Gd. Cart. perdu (ex fol. CXXXIV). – *E.* Angers, 101 H 225 *bis*, p. 95, n° 570 (court extrait) d'après *B.* – *H.* Housseau, t. IV, n° 1398, d'après *B.*

a. *Clypeus*, t. II, pp. 218-219 (avec des coupures) d'après *B.* – *c.* Nicquet, p. 317, avec réf. : ch. 570 (simple extrait) d'après *B.* – *d.* Pavillon, p. 619, preuve n° 218 (extrait), d'après *B.* – *j.* Chartrou, *L'Anjou de 1109 à 1159*, p. 278-279 (analyse, catalogue d'actes n° 90 et pp. 372-373, p.j. n° 40, d'après A¹ et H).

INDIQUÉ : *C. T.L.*, p. 550.

Passé à Fontevraud au début de 1129 bien que daté par erreur de 1120. L'acte ne peut avoir été promulgué à cette date de 1120 qui est celle du premier des deux départs de Foulque pour Jérusalem puisqu'on y voit figurer sa fille Mathilde qui n'était pas encore moniale lors de ce premier départ, Hildebert de Lavardin archevêque de Tours promu à ce siège au début de 1125 et Ulger consacré évêque d'Angers le 20 septembre de cette dernière année. Il s'agit donc du second et définitif départ de Foulque qui eut lieu au début de 1129 (V. J. Chartrou, *L'Anjou de 1109 à 1151*, p. 24).

D'après *A¹*, *H* et *a*

Posteris nostris notificare volumus[a)] quod ego Fulco Junior, Andegavensis[b)] comes, Fulconis comitis filius, ire volens Jherusalem, conventum sanctimonialium Fontis Evraudi expetii. Adfuerunt etiam ibi filii mei, Gaufredus, Helias et filię meę[c)] Matildis[d)] et Sibilla, quarum una, id est Matildis[d)], paulo ante pro Dei amore se velari fecerat. Rogaverunt itaque sanctimoniales et abbatissa ut ea quę[e)] illis donaveram et concesseram in presencia[f)] omnium donarem et concederem. Quod ego, libentissime faciens, donavi et concessi eisdem sanctimonialibus, donante et concedente[g)] Gaufrido filio meo, Helia et filia mea Sibilla[h)], omnia quęcumque eis donaveram et concesseram. Et ut hoc donum meum et filiorum meorum concessio magis firma videretur, Gaufredus, filius meus, et Helias et Sibilla, cum regula sancti Benedicti, Petronillam abbatissam Fontis Ebraudi[i)] primam revestierunt, videntibus istis et audientibus[j)] : Gaufrido de Ramaforti, Gervasio de Trohea[k)], Adam de Rochaforti, Rolendo[l)] de Monte Rebel, Haimerico[m)] de Losdun, Roberto

---

a) Notum esse posteris nostris volumus *dans a.* – b) Andegavensium *H, a.* – c) filiae meae *H, a.* – d) Mathildis *H, a.* – e) quae *H, a.* – f) presentia *H, a.* – g) ut qua illis donaveram ... concederem, quod feci *a.* – h) *Ce nom suivi de qui dans a, qui omet la suite de* omnia *à* Sibilla. – i) Fontis Ebraldi *H, a.* –j) videntibus et audientibus istis *H ;* videntibus *à istis omis a.* – k) Troea *a.* – l) Rolendo, *H, a.* – m) Aimerico *H, a.* – n) de clericis *omis a.*

Ragot ; de clericis[n] : Raginaudo[o] de Doena, Roberto de Greco ; de laicis[p] : Gaufrido de Lineriis, Gaufrido de Cleia. Et ne infringi donum nostrum possit, nostri robore sigilli precipimus firmari sanctimoniales vero et res sanctimonialium in tutela[q] [et] in custodia sua, prae ceteris omnibus[r], Gaufridus suscepit et eas et earum res custodiri precepit. Acta carta[s] apud Fontem Ebraudi per manum Roberti de Gre[t], regnante Ludovico[u], Ildeberto Turonorum archiepiscopo, Ulgerio Andegavorum episcopo, anno incarnatione Domini M° C° XX°[v].

---

o) Rachinaudo *H, a.* – p) de laicis *omis a.* – q) in tutela *omis H, a.* – r) rebus *H, a.* – s) charta *H, a.* – t) Greco *H, a.* – Ludovico rege *a.* – v) M° C° XX° *a.*

868

1135. - Angers.

Notice relatant que le comte d'Anjou Geoffroi [IV Plantegenêt] *a donné à la communauté de Fontevraud la viguerie, y compris pour les affaires de vol et de sang, et toutes ses autres « coutumes » sur les moulins de l'abbaye établis sur la Loire et sur toutes autres eaux ainsi que sur ceux qu'elle pourrait acquérir ; il a investi l'abbesse Pétronille de ce don au château d'Angers.*

A. Original perdu.

B. Gd. Cart. perdu (ex fol. CXXXV). – *E.* Angers, 101 H 225 *bis*, p. 96, n° 571, d'après *B.* – *H.* Housseau, t. XII[1], fol. 167 r°, n° 5703 avc réf. : Fol. 135 r° (la fin seulement), d'après *B.*

a. *Clypeus,* t. I, p. 60 (extraits) et t. II, pp. 226-227, d'après *B.* – *b.* Cosnier, p. 183, avec réf. : ch. 576, fol. 135 (avec des coupures), d'après *B.* – *j.* Chartrou, *L'Anjou...*, p. 286 (catalogue d'actes n° 118, analyse) et p. 379-380 (p.j. n° 47, d'après *a* et *b*).

INDIQUÉ : *C. T.L,* p. 552 – *D. Ste Fam.*, t. III, p. 202 (avec réf. : fol. 135) et p. 235 (avec réf. : ch. 576) – *G.* Duchesne, t. XXII, fol. 405 v°.

D'après *E, a* et *b*

Notum sit omnibus[a] etc.[b] quod[c] Gauffridus Andegavorum comes, Fulconis[d] venerabilis regis Jerosolimitanorum[e] filius, donavit in perpe-

---

a) Notum sit omnibus, *omis dans b.* – b) etc., *seulement dans E.* – c) quod, *omis dans b* ; ego *barré après* quod *dans E.* – d) Fulchonis *dans b.* – e) Jerosolymitanorum *dans a.*

tuum abbatiae[f] beatae Mariae de Fonte Ebraudi villicationem, furtum et[g] sanguinem, omnesque alias consuetudines suas quas habere debebat de molendinis ejusdem abbatiae quae sunt in fluvie Ligeris, sive in quacumque aqua, similiter et omnes consuetudines omnium molendinorum cujuscumque aquae abbatia illa quoquo modo a quibuscumque[h] adquirere[h] poterit. Sciendum est autem Petronillam, primam praedicti[j] monasterii abbatissam, a predicto comite hoc dono[k] fuisse investitam juxta principalem Andegavis aulam in camera quae vulgo appellatur Estima, octava videlicet[l] die Resurrectionis dominicae, anno ab incarnatione ejusdem Domini Nostri Jesu Christ[m] MCXXXV, Innocentio secundo Sanctae Romanae Sedis universali pontifice, Ulgerio Andegavorum presule, regnantibus Ludovico in Francia, Henrico in Anglia. Huic investiturae[n] interfuerunt Fulco[o] abbas Pontis Doctrinae, Thomas capellanus, Tebaudus[p] de Blazone, Galganus de Camiliaco[q], Johannes[r] de Bello Monte, Paganus de Claris Vallibus et Belotus frater ejus, Guillelmus de Talnai[s], Absalon, Aimericus de Trevis, Pipinus praepositus[t], Paganus Gallus[u].

---

f) abbatissae dans *a* et *b*. – g) et, *seulement dans a*. – h) *De* similiter *à* poterit *remplacé dans E par* etc. ; *de* similiter *à* quibuscumque *omis dans b et remplacé par* vel que. – i) acquirere *dans b*. – j) praedicti, *omis dans E*. – k) hoc dono, *omis dans E*. – l) videlicet, *omis dans b*. – m) *De* ab incarnatione *à* Christi, *seulement dans a*. – n) *De* Innocentio *à* investiturae, *omis dans E*. – o) Fulcho *dans b*. – p) Thebaudus *dans b*. – q) Camilliaco *dans a* et *b*. – r) Joannes *dans b*. – s) Tailnai, *dans a*. – t) Pipinus prepositus, *omis dans e*. – u) Paganus Gallus, *seulement dans b*.

869

[1155-1169].

Par une lettre adressée à l'archevêque de Chichester [Hilaire] *et à tous ses fidèles et hommes de France et d'Angleterre H*[enri II Plantegenêt] *concède le don fait à l'abbaye de Fontevraud, par Guillaume de Saint-Jean-*[le-Thomas] *et son frère Robert, d'une rente annuelle de dix livres sterling sur le manoir de Compton pour la durée de la vie de leur mère, rente qui, après le décès de celle-ci, sera transformée en trois marcs d'argent.*

A. Original autrefois scellé sur double queue, restes de cordon rouge. Trous aux lignes 2, 3 et 4, plus importants à gauche qu'à droite. Hauteur, 164-170 mm ; largeur, 156-

158 mm. Archives départementales de Maine-et-Loire 242 H 1, n° 23. Au dos : Carta de confinnatione [...] de dono Willelmi de Sancto Johanne. – L 1. n° 27 – (Au crayon) : Cantona n° 27, Angleterre. – *Confirmatio regis H. de dono Guillelmi de Sancto Johanne de tribus marchis apud Cint.*

B. Gd. Cart. Paris, fol. 23 r°. – *E*. Angers, 101 H 225 bis, p. 100, n° 635, d'après *B*. – *F*. Gaignières, t. I, p. 266, d'après *A*. – *G*. Duchesne, t. XXII, fol. 416 r°, d'après *B*.

a. L. Delisle et É. Berger, *Recueil des actes de Henri II...*, t. I, p. 430, n° CCLXXXII, d'après *A*.

ANALYSE : J. H. Round, *Calendar of Documents preserved in France*, t. I, n° 1071, p.379.

INDIQUÉ : *C. T. L.*, p. 539 (*Cantona*).

V. le n° 871 (autre confirmation, ultérieure).

Passé à Tours entre 1155 et 1169, du vivant d'Hilaire, évêque de Chichester, ainsi que L. Delisle l'a établi.

D'après *A* et *B*.

/1/ H[enricus], rex A[nglorum, et dux Normannorum[a] et Aquit]anorum et comes Andegavorum, archiepiscopo C[icestrensi et /2/ justiciis et] comitibus, vicecomitibus, baronibus, ministris et omnibus hominibus suis /3/ [Francis et Anglis, salutem. S]ciatis quod ego concedo donacionem quam Willelmus /4/ [de Sancto Johan]ne et Robertus, frater suus, donaverunt abbatię de Fronte[b] Ebraldi /5/ et carta mea presenti confirmo, videlicet X libras sterlingorum annuatim /6/ in manerio de Contona[c] quamdiu mater eorum vixerit et, post [mortem] /7/ matris eorum, de illis X libris habebit abbatia predicta tantum tres marchas /8/ argenti, sed illas habebit annuatim in perpetuam elemosinam. in eodem /9/ manerio. Quare volo et firmiter precipio quod hec donatio firmiter /10/ et indiscusse teneatur sicut carta Willelmi et Roberti testatur. Testibus : Symone /11/ de Castellione, Gastinel camerario, Symone de Tornebu, Raginaldo de Cortenaio. Apud TURONUM.

---

a) *Fin de la ligne restée en blanc, B.* – b) *Sic, corr.* Fonte *en suivant B.* – c) *Corr. peut-être* Cantona.

870

[1155-1172/1173]. - La Flèche.

Par une lettre adressée à tous ses sénéchaux, prévôts et sergents H[enri II Plantegenêt] *confirme à la communauté de Fontevraud :*

1) la donation par Jean dit le Comte [Consul] *du four de Vihiers et de l'exemption des coutumes pour ses fourniers, hormis un cens annuel de 6 deniers ;*
2) celle, faite par Constance, épouse de Renaud le Poissonnier, d'une maison de Vihiers exempte de toutes coutumes.

A. Original scellé sur double queue de cire brune. Parchemin déchiré au début de la première ligne. Hauteur, 403-405 mm ; largeur, 228-235 mm. Archives départementales de Maine-et-Loire, 101 H 55, n° 10. Au dos : *Testamentum Joannae reginae Anglorum* – L 2 – [au crayon] : Fontevraud. Titres anciens n° 43 – [Au crayon] : Copiée. 1172-1199 – Charte donnée aux Archives de Maine-et-Loire par M. Deville, correspondant de l'Institut, receveur général de l'Orne (n° 4 d et sa lettre d'envoi). Angers, 27 septembre 1850. [Signé] P. Marchegay[1].

B. Gd. Cart. Paris, fol. 23 r. – *E.* Angers, 101 H 225 *bis*, p. 100, n° 236, d'après *B.* – F. Gaignières, t. I, p. 109, d'après *A* (extrait). – *G.* Duchesne, t. XXII, fol. 416 r°-v° (extraits).

a. L. Delisle et Élie Berger, *Recueil des actes de Henri II...*, t. I, p. 491, n° CCCLI, d'après *A* ; reproduction photographique de l'original, *Atlas*, pl. XVI.

INDIQUÉ : P. Marchegay, *Chartes et titres concernant les possessions de l'abbaye de Savigny à Angers*, Angers, 1852, p. 12.

V. le n° 891 (donation de Jean le Comte).
Passée à La Flèche. Sans doute postérieure à 1165 - date à partir de laquelle apparaît comme sénéchal d'Anjou Étienne de Marçay (v. J. Boussard, *Le gouvernement d'Henri II Plantegenêt*, p. 357, n. 2) ici témoin – et antérieure à 1172/1173 (v. Delisle et Berger, *op. cit.*, t. I, p. 491.

D'après *A* et *B*.

/1/ Henricus[a)] rex Anglorum et dux Normannorum et Aquitanorum et comes Andegavorum, omnibus dapiferis suis et pre-/2/-positis de Viariis et omnibus servientibus suis, salutem. Sciatis me concessisse et presenti carta con-/3/-firmasse ecclesie Sancte Marie de Fonte Ebraudi et monialibus ibidem Deo et sancte Marie servientibus, pro animabus /4/ patris mei et amite mee Matill[dis][b)] abbatisse Fontis Ebraudi et antecessorum meorum et pro salute anime mee, quoddam /5/ furnillum de Viariis datum eis in perpetuam elemosinam a Johanne cognomento Consule et homines in eo satio-/6/-narios quietos ab omni exercitu et expeditione et taillata et omni consuetudine, preter rectum censum quam illud /7/ furnillum reddere solet, scilicet solummodo[c)] VI denarios annuatim.

1) Nous remercions Madame Élisabeth Verry, Directeur des Archives départementales de Maine-et-Loire, qui a bien voulu nous communiquer les mentions dorsales de l'acte.

a) *Déchirure A, restitué d'après B.* - b) *Corr.* Mathildis, en suivant B. – c) solummodo

Preterea, confirmo eis domum illam de Viariis quam eis /8/ dedit in elemosinam Constancia, uxor Raginaldi venditoris piscium, liberam et quietam ab omnibus consue-/9/-tudinibus et serviciis. Quare volo et firmiter precipio quod jam dicte moniales habeant et teneant bene et in pace /10/ et libere et quiete predictum furnillum cum hominibus in co stacionariis et domum quam eis dedit prefata Constancia /11/ in Viariis. Testibus : Willelmo de Sancto Johanne, Rad[ulffo] de Faia, Stephano de Marchai, senescallo Andegavensi. Apud Fissam[d)].

---

omis B. – d) Aput *B* ; *la ligne suivante laissée en blanc dans B*.

871

[1172/1173-1178, 18 janvier]. - Gisors.

Par une lettre adressée à tous ses dignitaires et fidèles de part et d'autre de la mer H[enri II Plantegenêt] *confirme à l'abbesse et aux moniales de Fontevraud le don, fait par Guillaume de Saint-Jean-*[le-Thomas], *de trois marcs d'argent annuels percevables le jour de la Saint-Michel* [29 septembre] *sur les revenus du manoir de Compton et ce pour une réfection des religieuses le jour de la Saint-Benoît* [21 mars], *anniversaire de la mort de sa mère.*

A. Original scellé sur double queue, mutilé par un large trou sur les cinq premières lignes. Hauteur, 196 mm ; largeur, 157 mm. Archives départementales de Maine-et-Loire, 242 H 1, n° 12 (ex 23).

B. Gd. Cart. Paris, fol. 23 r°-v°, sous la rubrique *De Cramptona* ajoutée après coup à la fin de la ligne. – *E*. Angers, 101 H 225 *bis*, p. 100, n° 637, d'après *B*. – *F*. Gaignières, t. I, p. 269, d'après *A* (extrait).

a. L. Delisle et E. Berger, *Recueil des actes de Henri II*, Introduction, p. 264, et t. II, p. 81-82, n° DXVIII, d'après *A*.

ANALYSE : J. H. Round, *Calendar of Documents preserved in France* ..., t. I, p. 379, n° 1073 (analyse, d'après *F*).

V. le n° 869 (autre confirmation, antérieure à la mort de la mère de Guillaume).

Passé à Gisors entre 1172/1173 et le 18 janvier 1178 (date de la mort de l'évêque d'Angers Geoffroi la Mouche qui figure parmi les témoins).

D'après *A* et *B*.

DE CRAMPTONE

/1/ H[enricus], Dei gratia rex A[nglorum et dux Normanorum et Aquit]anorum et comes Andegavorum, /2/ archiepiscopis, [abbatibus comitibus, baronibus, justiciis, vicecomit][a)]ibus et omnibus /3/ minist[ris et fidelibus suis tociu][a)]s terre s[ue][a)] citra mare et ultra, salutem. /4/ Sciatis [me concessisse et presenti][a)] carta confirmasse abbatisse et monia-/5/-libus Fontis Ebraudi [donationem][a)] quam Willelmus de Sancto Johanne, pro anima matris /6/ sue et antecessorum suorum, eis fecit de tribus marcis argenti singulis an[nis][b)] /7/ habendis de redditu suo Cuntone[c)] de termino Sancti Michaelis ut, die sancti /8/ Benedicti qua mater sua obiit, moniales inde refitiantur. Quare volo et /9/ firmiter precipio quod predicte moniales habeant bene et in pace et integre illas /10/ tres marcas singulis annis de redditu jam dicti manerii ad prenominatum terminum /11/ sicut carta Willelmi de Sancto Johanne quam inde habent testatur. T[estibus] : R[otrodo] archiepiscopo Rothomagensi, /12/ W[illelmo] episcopo Cenomanensi, G[aufrido] episcopo Andegavensi, comite W[illelmo] de Man[devilla], Hugone de Laci, Seihe-/13/-ro de Quinci, Reginaldo de Paveilli, Roberto de Stu[tevilla], Apud Gisorcium.

---

a) *Lacune* A, *restitué d'après B*. – b) *Parchemin troué en fin de ligne, restitué d'après B*.– c) Contone *B*. – d) Stut *A, restitué d'après B*.

872

[1165 ou 1167-1172/1173]. - Chinon.

Par une lettre adressée à l'évêque d'Angers [Geoffroi III la Mouche] *et à tous ses dignitaires et fidèles d'Anjou Henri[II Plantegenêt] confirme pour l'âme de son père Geoffroi, comte d'Anjou, et de sa mère l'impératrice Mathilde, sa donation à la communauté de Fontevraud de son minage d'Angers et de Saumur ainsi que celle d'emplacements, en chacune de ces deux villes, en vue d'édifier des greniers pour entreposer ce minage.*

A. Original perdu.

A[1]. Copie de 1547, perdue.– *B*. Gd. Cart. Paris, fol. 23 v°, ex CLVII, *sic* pour CLVIII. – D. *Ste Fam*., t. III, p. 368, d'après *B* (extraits). – *E*. Angers, 101 H 225 *bis*, pp. 100-101, n° 638, d'après *B*. – *F*. Gaignières, t. I, p. 84, d'après *A*, et t. II, p. 49 (extraits). – *G*. Duchesne, t. XXII, fol. 416 v° (extraits), d'après B. – L. Copie de 1649 d'après A[1], Arch. dép. de Maine-et-Loire, 224 H, n° 1 ; les noms des témoins y sont en grande partie de défigurés.

a. L. Delisle et É. Berger, *Recueil des actes de Henri II...*, t. I, Introduction, p. 291 (partielle) et p. 540-541, n° CCCCXIII d'après *F*) et p. 542, n° CCCCXIV, d'après *L*.

ANALYSE : J.H. Round, *Calendar of Documents preserved in France*, t. I, p. 378, n° 1068 (analyse d'après *F*, t. I, p. 84).

INDIQUÉ : *C. T.L.*, p. 532, 550, 574 ; L. Lardier, *Trésor de l'Abbaye de Fontevraud,* t. I, fol. 53 r°, 301 et 442 v°.

D'après *B*.

CONFIRMACIO MINAGIORUM DE ANDEGAVIA ET DE SALMURO[a].

H[enricus], Dei gratia rex Anglorum et dux Normannorum et Aquitanorum et comes Andegavorum, episcopo Andegavensi, comitibus baronibus, justiciis, vicecomitibus et omnibus ministris et fidelibus suis totius Andegavie, salutem. Sciatis me concessisse et dedisse in perpetuam elemosinam et presenti carta confirmasse Deo et sancte Marie et ecclesie de Fonte Ebraudi et monialibus ibidem Deo et gloriose Virgini Marie servientibus, pro anima domini patris mei G[aufridi] comitis Andegavorum et domine matris mee M[athildis] imperatricis et omnium antecessorum meorum et pro remedio anime mee, minagium in civitate Andegavis et minagium in Salmuro quod me contingit. Preterea, in civitate Andegavis placiam unam et in Salmuro similiter unam ad faciendum granarium ubi minagium reponant[b]. Et ideo volo et firmiter precipio quod predicta ecclesia et moniales jam dicte habeant in perpetuum minagium in predictis locis, ita bene et in pace et libere et quiete et integre et plenarie sicut ego melius et liberius et plenius habui aliquo tempore. Quicumque igitur huic donationi et elemosine mee in aliquo contradixerit vel eam impedire voluerit Dei omnipotentis et gloriose virginis Marie et omnium sanctorum et meam incurrat maledictionem. Testibus : A[lienorde] regina Anglorum, Raginaldo[c] archidiacono Saresbiriensi, Johanne decano Saresbiriensi, Ricardo de Humetis constabulario, Unfrido de Bohun constabulario, Willelmo de Sancto Johanne, Raginaldo[a] de Curtenai, Willelmo Lanvalleio[d], Stephano de Turonis tunc senescallo Andegavie, Roberto de Stutevilla, Willelmo de Stutevilla, Hugone de Laci et Lancelmo filio comitis Vendocinensis et Alwredo de Sancto Martino et Willemo de Ostilli. Apud Chinon.

---

a) *Le début de la ligne laissé en blanc ; rubrique ajoutée après coup en fin de ligne.* – d) Sic *pour* Reponat. – c) Reginaldo *dans F.* – d) Lanvaleio *dans F.*

873

[1172/1173 - 1178 ou vers 1178]. - Chinon.

Par une lettre adressée à ses dignitaires et fidèles Henri [II Plantegenêt] *confirme à la communauté de Fontevraud le don fait, en sa présence, par*

Païen de Mange, son épouse et ses deux fils, du tiers de leur revenu provenant du maigre et de l'eau de Saumur ; Païen et ses fils conserveront les deux autres tiers qu'ils ne pourront affermer à quiconque si ce n'est aux moniales, lesquelles, cependant, percevront sur eux la dîme par elle reçue d'hervé Rabel.

A. Original perdu.

A[1]. Copie de 1547, perdue.– *B*. Gd. Cart. Paris, fol. 24 r°, ex CLVIII, *sic* pour CLIX. – *D*. *Ste Fam.*, t. III, pp. 495-496, d'après *B*, et (simple mention) p. 527 avec réf. fol. 158. – *E*. Angers, 101 H 225 *bis*, pp. 100-101, n° 639, d'après *B*. – *F*. Gaignières, t. I, p. 74, d'après *A*, et t. II, p. 49 (extraits d'après *B*). – *H*. Housseau, t. XII[1], fol. 157 v° - 158 r°, n° 5636, d'après *B*. – *L*. Copie (en grande partie fautive) de 1649 d'après A[1], Arch. dép. de Maine-et-Loire, 224 H, n° 2.

x. J. H. Round, *Calendar of Documents preserved in France illustrative of the History of Great Britain and Ireland*, t. I, Londres, p. 379, n° 1074 (analyse d'après *F*, t. I, p. 74) - L. Delisle et É. Berger, *Recueil des actes de Henri II*, t. II, p. 79-80, n° DXVI, d'après *F*, t. I, p. 74 et *id*., p. 80-81, n° DXVII, d'après *A*.

INDIQUÉ : *C. T.L.*, p. 550 et 574 ; L[1]. Lardier, *Thrésor de l'Abbaye de Fontevraud*, t. I, fol. 301 et 442 v°.

V. le n° précédent. 873 (don du minage à Fontevraud par Henri II). Non daté. Passé à Chinon. Daté de 1172/1173-1178, ou – ce qu'ils considèrent comme moins certain — de vers 1178 par L. Delisle et É. Berger.

D'après *B*.

H[enricus], Dei gratia rex Anglie[a)], dux Normannorum et Aquitannorum et comes Andegavorum, archiepiscopis, episcopis, abbatibus, comitibus, justiciis, vicecomitibus, ministris et omnibus fidelibus suis, salutem. Sciatis me concessisse et presenti carta mea confirmasse Deo et ecclesie beate Marie de Fonte Ebraudi et monialibus ibidem Deo servientibus tertiam partem omnium reddituum Pagani de Mange et Dionisie, uxoris sue, in minagio suo Salmuri, et in aqua in perpetuam elemosinam. Quam terciam partem reddituum et aque, idem Paganus et ipsa Dionisia, uxor ejus, et Willelmus et Philippus, filii eorum, dederunt eidem ecclesie et monialibus predictis in presentia mea et in perpetuam elemosinam concesserunt, ita quod prefatus Paganus et filii sui habebunt duas partes, in quibus ecclesia prefata habebit decimam quiete et pacifice quam prius possidebat in elemosina, sibi ab Herveio[c)] Rabel data et legitime concessa, de omnibus redditibus ipsius Pagani, et[d)] ita etiam quod iste due partes non tradantur ad firmam alicui nisi monialibus, quamdiu ipse tantumdem dabunt quantum alius aliquis pro eis rationabiliter daret. Quare

a) Anglorum *dans F, t. I, p. 74*. – b) ejus *dans F*. – c) Herveo *dans F*. – d) *Cet* et *omis dans*

volo et firmiter precipio quod eadem ecclesia et moniales predicte redditum prenominatum et aquam habeant et teneant bene et in pace, libere et quiete, integre et plenarie et honorifice, sicut prenominatus Paganus et Dionisia uxor ejus et filii eorum ea ipsi dederunt et concesserunt in presentia mea et sicut hec carta mea testatur. Testibus : Stephano de Turonis senescallo[e] Andegavensi, Mauricio de Croun, Roorgio de Koech[f], Nivardo de Rocheforti, Nicolao de Sancto Paerno presposito Salmuri. Apud ChinoNem.

———

e) Seneschallo *dans F.* – f) *Roero de Roech dans F.*

874

[1129]. - Rouen.

Henri [Ier Beauclerc], *roi d'Angleterre, fait don, pour la rémission de ses péchés et pour le salut de l'âme de son père et de sa père, à la communauté de Fontevraud de cent livres rouennaises annuelles sur le cens de la monnaie de Rouen, de trente marcs d'argent sur son revenu de la ferme de la cité de Londres et de vingt marcs d'argent sur celle de la cité de Winchester.*

A. Original perdu.

B. Gd. Cart. Paris, fol. 24 r°, ex CLVIII, *sic* pour CLIX. – D. *Ste Fam.*, t. III, p. 369, (analyse d'après *B* ; Lardier attribue fautivement cette charte à Henri II Plantegenêt de même que le copiste du cartulaire qui l'a reproduite par erreur parmi les actes de ce dernier souverain). – *E*. Angers, 101 H 225 *bis*, p. 101, d'après *B*. – *G*. Duchesne, t. XXII, fol. 416, v°, d'après *B*.

Indiqué : *C. T.L.*, p. 579.

Passé à Rouen en 1129. Non daté mais la date est indiquée dans une autre version de cette charte dont l'original, perdu, à été recopié par Gaignières (t. I, p. 275-276) et publié par Pavillon, p. 616-617, preuve n° 210 (original aux Arch. dép. de Maine-et-Loire, 242 H 1, n° 1 ; J. H. Round, *Calendar of Documents preserved in France...*, t. I, Londres, p. 373, n° 1053).

D'après *B*.

H[enricus], rex Anglorum, abbatisse et toti conventui sanctimonialium de Fonte Ebraudi salutem. Sciatis quoniam ego Henricus, in remissionem peccatorum meorum et pro salute animarum patris et matris mee et fratrum, et parentum et predecessorum meorum dono et concedo et in sempiternum confirmo Deo et ecclesie vestre et vobis quoque anno C libras de Rothomago in moneta mea de Rothomago de censu ejusdem monete, et XXX marcas argenti de redditu meo Lundrie de firma civitatis et XX marcas argenti de firma civitatis Wintonie. Hanc igitur donationem meam confirmo et regia auctoritate ecclesie vestre obtinendam in perpetuum inconcussam et integram corroboro. Testibus : Turstino archiepiscopo Eboracensi et Oino fratre suo episcopo Ebroicensi et G[aufrido] cancellario et Roberto de sigillo. Apud Rothomagum.

875

[1155-1172/1173]. - Chinon.

Par une lettre adressée à l'évêque d'Angers [Mathieu de Loudun ou Geoffroi III la Mouche] *et à ses juges et baillis d'Anjou, Henri* [II Plantegenêt] *fait don à la communauté de Fontevraud de tout de qu'il possède dans l'île de Chouzé dite Lenges.*

A. Original autrefois scellé sur double queue. Archives départementes de Maine-et-Loire, 101 H 55.

B. Gd. Cart. Paris, fol. 24 v°. – *E*. Angers, 101 H 225 *bis*, p. 101, n° 645 (extraits). – *F*. Gaignières, t. I, p. 367, d'après *A*.

a. L. Delisle et É. Berger, *Recueil des actes de Henri II*..., t. I, p. 409, n° CCCXLVIII, d'après *A* et Atlas, pl. XV (reproduction photographique de *A*).

ANALYSE : J. H. Round, *Calendar of Documents preserved in France*..., t. I, p. 377, n° 1063, d'après *F*.

INDIQUÉ : INDIQUÉ : *C. T.L.*, p. 544 ; *L.* Lardier, *Thrésor de l'Abbaye de Fontevraud*, t. I, fol. 262 v°[1].

D'après *A* et *B*.

/1/ H[enricus], rex Anglorum et dux Normannorum[a] et Aquitanorum et comes Andegavorum, episcopo Andegavensi et /2/ justiciis et baillivis suis totius Andegavie, salutem. Sciatis me dedisse et concessise Deo /3/ et abbatie de Fonte Ewerardi[b] et monialibus ibidem Deo servientibus, in

1) La numérotation de Lardier saute par erreur de 640 à 645.

a) *La fin de la ligne laissée en blanc dans B*. – b) Ebraudi, *B*.–

perpetuam elemo-/4/-sinam, quicquid habeo in insula de Choze que vocatur Lenges, sicut homines mei eam dira-/5/-tionaverunt coram me. Quare volo et firmiter precipio quod eam habeant et teneant bene et in /6/ pace, libere et quiete, honorifice et plenarie. Et prohibeo quod nullus eis inde injuriam faciat /7/ vel contumeliam. Testibus : Josl[eno] de Tur[onis] et Oggi Savari et Ernaldo[c)] de Pariliaco et Bene-/8/-dicto de Eres. Apud Chin[onem][d)].

---

c) Ernaudo *B*. – d) *La ligne suivante laissé en blanc en B.*

876

[1151 ou 1152-1153]. - Baugé.

Henri [II Plantegenêt] *concède à sa tante, l'abbesse Mathilde* [I d'Anjou] *et à la communauté de Fontevraud en perpétuelle aumône, pour l'âme de son père Geoffroi et pour son propre salut une maison de Saumur relevant de son domaine et autrefois saisie par son père ainsi que seize autres maisons de Saumur données par ses hommes, étant réservés ses droits et « coutumes » héréditaires sur ces seize maisons et entendu que s'il est reconnu qu'elles relèvent de son domaine elles y feront retour ; il leur concède aussi le droit d'installer dans la maison de leur four de Saumur dix hommes qui ne soient pas de ses coutumiers et qui seront exempts de toute obligation militaire et de toute taille.*

A. Original perdu. Décrit par Gaignières, il éait scellé en cire blanche sur lacs de cuir portant à l'avers l'image d'un cavalier armé d'une lance et le nom HERIC..., au revers un cavalier armé d'une épée avec le fragment de légende : ... ANORUM.

B. Gd. Cart. Paris, fol. 24 v° ex CLVIII, *sic* pour CLIX. – *E*. Angers, 101 H 225 *bis*, p. 101, n° 646 (extraits) d'après *B*. – *F*. t. I, p. 72, d'après *A*, et t. II, p. 49, n° 646, d'après *B*. – *G*. Duchesne, t. XXII, fol. 416 v° (extrait), d'après *B*.

c. Nicquet, p. 409 (simple extrait), d'après *B*. – *x*. J.H. Round, *Calendar of documents preserved in France...*, t. I, Londres, p. 375, n° 1059, d'après *F*, t. I, p. 72 (analyse). *x'*. – L. Delisle et É. Berger, *Recueil des actes de Henri II*, t. I, pp. 37-38, n° XXX, d'après *F*, t. I, p. 72. – *x''*. P. Marchegay et A. Salmon, *Chronique des comtes d'Anjou*, Introduction, p. XVII, n° 1 (extrait).

INDIQUÉ : *C. T.L.*, p. 544 et 574 ; *L*. Lardier, *Thrésor de l'abbaye de Fontevraud*, t. I, fol. 442 v°, d'après *B*.

Passé à Baugé entre septembre 1151 (mort de Geoffroi Plantegenêt) et janvier 1153. Cette charte – dans laquelle Henri s'intitule simplement duc de Normandie et comte d'Anjou –

paut cependant être postérieure à son mariage avec Aliénor d'Aquitaine (18 mai 1152) car, ainsi que L. Delisle l'a démontré (*Recueil des actes de Henri II*, Introduction, pp. 127 ss.), il n'a pris le titre de duc d'Aquitaine qu'à partir de janvier 1153.

D'après *B*.

Sciant tam presentes quam futuri quod ego Henricus, dux Normannorum et comes Andegavorum, do et concedo in perpetuam elemosinam, pro anima patris mei G[aufridi] Andegavensis comitis et pro mea meorumque[a] salute, Matildi abbatisse, amite mee, et toti conventui Fontis Ebraudi domum de Salmuro que de meo dominio erat et quam pater meus saisierat, quietam. Et preter hoc sexdecim domos in villa de Salmuro, quas homines mei eis dederunt, similiter eis concedo, salvis rectitudinibus et consuetudinibus meis quas antecessores mei in illis habuerunt. Et, si aliqua istarum supradictarum sexdecim domuum recognita fuerit esse de meo dominio, ad meum dominium redeat. Concedo similiter eis ut ponant in domo furni sui de Salmuro decem homines qui non sint consuetudinarii mei. Et sint quieti de omni exercitu et expeditione et de omni taillagio. Teste[b] : Thoma decano[c] de Lochis, Josleno de Turoni, Ugoni de Claiers, Willelmo filio Hamonis, Johanne de Buche de Lup, Raginaudo Gislart. Apud Baugeium.

---

a) *Le* que *final de ce mot ajouté au-dessus de la ligne.* – b) Sic *pour* : Testibus. – c) Dechano *dans F, t. I, p. 72.*

877

[1156-1172/1173]. - Angers.

Henri [II Plantegenêt] *libère de toutes obligations envers lui quatre hommes du four des religieuses de Fontevraud à Loudun.*

A. Original perdu.

B. Gd. Cart. Paris, fol. 24 v° ex CLVIII, *sic* pour CLIX. – *E*. Angers, 101 H 225 *bis*, p. 101, n° 647 (extraits) d'après *B*.

x. L. Delisle et É. Berger, *Recueil des actes de Henri II*, t. I, p. 476-472, n° CCCXXX, d'après *B*.

INDIQUÉ : *C. T.L.*, p. 549 ; *L*. Lardier, *Thrésor de l'abbaye de Fontevraud*, t. I, fol. 275.

Passé à Angers entre 1156 et 1172/1173 selon L. Delisle et É Berger.

D'après *B*.

[Henricus][a], rex Anglorum et dux Normannorum et Aquitanorum et comes Andegavorum[b], baronibus, justiciis et omnibus ministris suis Andegavie et nominatim prepositis et burgensibus Losdunii salutem. Sciatis me concessisse et dedisse ecclesie et monialibus Fontis Ebraudi, in perpetuam elemosinam, quatuor homines in furnillo earum quod est in castello Losdunii, quietos et liberos ab omni exercitu et equitatu et omni consuetudine que ad me pertinet. Teste[c] : Stephano de Turoni, Willelmo de Ostilli et Radulfo filio Stephani. Apud Andegavim.

---

a) *Le nom manque dans B.* – b) *La fin de cette ligne laissée en blanc.* – c) *Sic* pour *: Testibus.*

878

[1156-1172/1173]. - Saumur.

Par une lettre adressée aux évêques de Poitiers et d'Angers et à tous ses fidèles d'Anjou et de Poitou Henri [II, Plantegenêt] *confirme aux moniales de Fontevraud la terre de Guesnes et les prés que Guillaume de Lussay leur a vendus sous forme de donation en pure aumône en recevant d'elles trente-quatre livres angevines et dix sous.*

A. Original perdu.
B. Gd. Cart. Paris, fol. 24 v° et 25 r°, ex fol. CLVIII, *sic* pour CLIX, et CLIX, *sic* pour CLX. – *E*. Angers, 101 H 225 *bis*, p. 102, n° 648 (extrait) d'après *B*.
x. L. Delisle et É. Berger, *Recueil des actes de Henri II*, t. I, p. 512, n° CCCLXXVIII, d'après *B*.
INDIQUÉ : *C. T.L.*, p. 545.

Passé à Saumur entre 1156 et 1172/1173 selon L. Delisle et É. Berger.

D'après *B*.

[Henricus], rex Anglorum et dux Normannorum[a] et Aquitanorum et comes Andegavorum, episcopo Pictavensi et episcopo Andegavensi et comitibus et baronibus et justiciis et vicecomitibus et omnibus ministris et fidelibus suis Pictavie et Andegavie salutem. Sciatis me concessisse et

---

a) *La fin de cette ligne laissée en blanc.*

hac carta mea confirmasse monialibus de Fonte Ebraudi terram de Gaina et prata que Willelmus de Lucheio eis dedit in elemosinam, cui ipse dederunt pro hac donatione XXXIIII libras andegavensium et X solidos. Quare volo et firmiter precipio quod predicte moniales terram illam et prata illa habeant et teneant bene et in pace, integre et libere et honorifice cum pertinenciis suis. Testibus : Radulfo de Faia et Raginaldo de Curtenai et Willelmo de Lanvalleio, Stephano de Turoni et Gisleberto Garderobe et Willelmo de Ostilli. Apud Salmurum[b].

---

b) *La ligne suivante laissée en blanc.*

879

[1169-1173 ; p-e 1179]. - Saint-Jean-d'Angély.

Par lettre à tous les dignitaires et fidèles d'Aquitaine la reine Aliénor confirme à la communauté de Fontevraud et à son prieuré des Soussis la terre de Belleville donnée par Guillaume Board ; elle concède aussi aux frères et aux sœurs des Soussis les droits d'usage dans le bois dit « Argathum » [= d'Argenson] *ainsi qu'il en était au temps de son père* [le duc Guillaume X].

A. Original jadis scellé. Hauteur, 142-145 mm ; largeur, 105-119 mm (pli déplié de 29 mm. Archives de Maine-et-Loire, 215 H 2, n° 1. Au dos : Adélaïde (*sic*) reine d'Angleterre, duchesse de Guyenne et Normandie, comtesse d'Anjou, donne a l'églize de Fontevraud la terre que Guillot Boart avait acquise dans le territoire de Belleville laquelle laquelle (*sic*) terre le grand chemin qui conduit de Belleville a Chesec fait la séparation en tant [mots effacés ou grattés]. Elle donne aussy le chaufage et pour faire des maisons dans le bois d'Argathum. [Entre la 8e et la 9e l. : *Carta de terra Guillelmi Boardi*]. [Au dessous] : Piece de 2, sac 2, fenestre 4. Fontevrault. [Perpendiculairement à ces mentions dorsales, d'une main du XIVe (?) siècle] : *Cartha de terra Guillelmi Boardi* [2 ou 3 mots effacés] *de Sumsiz et terra Guillelmi Boardi.* [Au crayon] : copiée [semble de la main de P. Marchegay]. – *B*. Gd. Cart. Paris, fol. 25 r°, ex CLIX, *sic* pour CLX.

E. Angers, 101 H 225 *bis*, p. 102, n° 649 (extraits) d'après *B*. – *F*. Gaignières, t. I, p. 25, d'après *A*. – *G*. Duchesne, t. XXII, fol. 416 v° (extrait), d'après *B*.

x. P. Marchegay, *Notices et pièces historiques*..., Angers, 1857, d'après *B*. – *x'*. Le même, « Chartes de Fontevraud », *Bibliothèque École des chartes*, t. XIX, p. 329, d'après l'original jadis scellé, extrait du chartrier de Saint-Bibien. – *x''*. L. Delisle et É. Berger, *Recueil des actes de Henri II*, *Introduction*, p. 436, d'après *F*. M. Hyvergneaux, *Catalogue des chartes éditées d'Aliénor d'Aquitaine*, Mém. maîtrise [dactyl.], Université de Paris XII-Val-de-Marne, n° 32, d'après x'.

INDIQUÉ : *C. T.L.*, p. 532 (Argateus), 533 (Belleville), 538 (Chosetum) et 574 (Subsidiis) ; *D. Ste Fam.*, t. III, p. 196 et 199 avec réf. fautive au fol. 158 (sic pour 159) ; *L*. Lardier, *Thrésor de l'Abbaye de Fontevraud*, t. I, fol. 456 v°.

Passé à Saint-Jean-d'Angély, non daté. Postérieur à 1169 puisque l'évêque Pierre de Périgueux est témoin, et antérieur à l'automne 1173, début de la longue disgrâce d'Aliénor. A. Richard, dans son *Histoire des comtes de Poitou* (2 vol., Paris 1903), t. II, p. 154, a suggéré avec vraisemblance que la reine a pu promulger cette charte en 1170 alors que, se dirigeant vers le Midi, elle accompagnait sa fille Aliénor allant épouser Alphonse VIII de Castille.

D'après *A*.

/1/ A[lienordis], regina Anglorum et ducissa Aquitanorum et Normannorum et comitissa Andegavorum, archiepiscopis, episcopis, comitibus, baronibus, justiciis, prepositis, ballivis, ministris et omnibus fidelibus /2/ regis et suis totius Aquitanię, salutem. Sciatis quod ego pro salute domini mei regis et mea filiorumque nostrorum atque patris mei et antecessorum meorum necnon et pro remedio /3/ nostrarum animarum dedi et concessi et presenti carta confirmavi Domino Deo et ęcclesię beatę Marię de Fonte Ebraudi atque domui suę de Subsidiis totam terram illam /4/ quam Guillotus Boardi in territorio Belleville sibi acquisierat et eidem ęcclesię, jamdudum donare, disposuerat, quam videlicet terram illa via regia quę ducit de Bellavilla /5/ ad Chesecum dividit et determinat. Concessi etiam domui predictę de Subsidiis et fratribus atque sororibus ibidem Deo famulantibus calfagium et usagium suum ad /6/ domos suas faciendas in bosco de Argathum, sicut habuerunt tempore patris mei ac postea et sicut debent habere. Quare mando et firmiter precipio quod ęcclesia de Fon-/7/-te Ebraudi et domus ejus de Subsidiis et fratres atque sorores ibidem Deo servientes habeant in perpetuum et teneant prenominata bene et in pace et honorifice et quiete. Et /8/ prohibeo ne quis ballivorum vel prepositorum aut aliquorum. aliorum aliquam inferat eis in injuriam vel contumeliam. Testibus : P. Engolismensi, P. Petragoricensi episcopis, R. /9/ de Faia tunc senescallo Aquitanie, Willelmo Maingot, Gaufrido de Taunaio, Saldebrolio constabulario, Petro capellano, Jordano clerico et notario. Apud Sanctum Johannem Angliacensem.

880

[1172/1173-1177, probablement 1177]. - Angers.

Henri [II Plantegenêt] *confirme à la communauté de Fontevraud : 1) Les Ponts-de-Cé avec leur viguerie – le roi retenant toutefois, par l'intermédiaire de ses baillis, l'exécution de la justice « de vie et de membres » – et les coutumes, dûment détaillées, de ces ponts, à savoir les droits de péage et les « charités coutumières » que les sergents desdits ponts reçoivent à certaines fêtes des diverses églises d'Angers ; 2) les coutumes, également dûment détaillées de Brissac, coutumes autrefois données aux moniales par le seigneur Archalois*[1)].

A. Original, Paris, Archives Nationales, Trésor des Chartes, J 184, Fontevrault, n° 1. Scellé en cire verte sur tresse de soie jaune et rouge.

A[1]. Original, Arch. dép. de Maine-et-Loire, 201 H 1 n° 3. Scellé sur tresse de soie rouge et jaune. Partie gauche de la pièce rongée par l'humidité. Au dos : « Confirmation du pont de Sae avec expression des coustumes dudit passage ». C'est l'original. 2e P., Sac 1er. – *A*[2]. Copie authentique délivrée par Michel, évêque d'Angers, sans date, Arch. Nationales, J 178, Anjou, n° 49. – *B*. Gd. Cart. Paris, fol. 25 r° à 26 v°, ex CLIX *sic* pour CLX et CLX *sic* pour CLXI, sous le titre : *De ponte Sagei*. – *D*. *Ste Fam.*, t. III, p. 369 (analyse d'après *B*) et p. 194, 195, 196, 550 (simples mentions). – *E*. Angers, 101 H 225 *bis*, p. 102, n° 650 (court extrait), d'après *B*. – *F*. Gaignières, t. I, p. 399, d'après *A*. - *G*. Duchesne, t. XXII, fol. 416 v° (court extrait), d'après *B*.

a. P. Marchegay, *Archives d'Anjou* (3 vol. Angers, 1843-1854), t. II, p. 255, d'après *A*[1]. – *b*. J.B. Teulet, *Layettes du Trésor des Chartes*, t. I, p. 116, n° 284, d'après *A*. – *c*. J.H. Round, *Calendar of documents*, t. I, n° 1288. – *d*. L. Delisle et É. Berger, *Recueil des actes de Henri II*, Introduction, p. 262 (extrait) ; t. II, p. 53 à 57, n° DIII, d'après *A*. Reproduction photographique de *A* dans *Atlas*, planche XX.

INDIQUÉ : *C. T.L.*, p. 556 ; *L*. Lardier, *Thrésor de l'Abbaye de Fontevraud*, t. I, fol. 360 r°.

V. les nos 168 et 862 (donation des Ponts-de-Cé par le comte d'Anjou Foulque V). Passé à Angers entre 1172/1173 et 1177, probablement en 1177 selon L. Delisle et É. Berger.

D'après *A*, *A*[1] et *B*.

/1/ H[enricus], Dei gratia rex Anglorum et dux Normanorum et Aquitanorum[a)] et comes Andegavorum, archiepiscopis, episcopis, abbatibus, comitibus, baronibus, justiciis, vicecomitibus, ministris et omnibus fidelibus suis salutem. Sciatis me concessisse et dedisse[a')] et /2/ presenti carta mea confirmasse Deo et ęcclesię beatę Dei genitricis Marię[b)] de

---

1) Ainsi que nous l'avons démontré par ailleurs (v. J.-M. Bienvenu, « Recherches sur les péages angevins aux XIe et XIIe siècles », dans *Le Moyen Age*, 1957, spécialement p. 438 ss.), cette charte d'Henri II est en réalité l'amalgame de plusieurs actes antérieurs plus ou moins habilement raccordés entre eux. Le désordre évident que l'on constate dans l'énumération des droits de péage frappant les diverses marchandises nous semble aussi indiquer que le scribe a rédigé sa charte sous la dictée d'un sergent lui indiquant ces droits au fur et à mesure que ceux-ci se présentaient à son esprit.

---

a) *Tout le début manque dans A*[1]. – a') dedisse et concessisse, *A*[1]. – b) *De* concessisse *à* Ma[rię] *manque A*[1].

Fonte Ebraudi et monialibus ibidem Deo servientibus, pro salute anime mee et antecessorum et successorum meorum, pontem Saeii, ita liberum /3/ et quietum sicut aliquis antecessorum meorum eundem pontem ipsi ęcclesie[c] melius et liberius concessit habere. Vicariam etiam ejusdem pontis, cum omnibus libertatibus et liberis consuetudinibus ad comitem Andegavorum pertinentibus concedo eis et confirmo. /4/ De furto autem et sanguine et raptu et de aliis omnibus[d] forisfactis concedo eis justiciam et omnem questum, retenta mihi per baillivos[d] meos exsecutione justicie[e], de vita et membris, cujus questum omnimodum dono eisdem et concedo. /5/ Et id mihi non retinui nisi quia non est religiosarum personarum de vita vel membris quemquam judicare. Sunt autem he consuetudines ejusdem pontis : pro equo et bove et vacca que trans pontem ad pascua ducuntur, excepta /6/ valeia comitis[g], solvet pertransiens unum denarium et quieta erit per annum integrum et unum diem. Concedo etiam eis consuetudinarias caritates quas servientes Fontis Ebraudi ad pontem Saeii residentes de urbe /7/ Andegavis[h] et de aliis locis ab ęcclesiis quibusdam et aliis locis percipere solent et debent, scilicet : de Sancto Mauricio, in tribus festis, Pasche videlicet[i], Omnium sanctorum et Natalis Domini, in unoquoque festo, duos panes, lagenam[j] vini et /8/ duos denarios et tres minas frumenti pro mestiva apud Daocias. De Sancto Albino, in predictis tribus festis, similiter duos panes, unam lagenam vini /9/ et II denarios et pro mestiva unum sextarium frumenti apud[k] Mairon, apud /9/ Allodia I sextarium frumenti, apud Chaugeium[l] unam minam siliginis, apud Sanctum Remigium de Varenna I sextarium siliginis. De Sancto Nicolao[m], in eisdem festis, II panes, lagenam vini et[n] II[o] denarios et pro mestiva /10/ unum[p] sextarium frumenti apud Mosterolium Berlai, et in Landa Verchei I minam siliginis. De Sancta Trinitate Aquarie[q], in /11/ tribus festis predictis, duos[q'] panes[r], lagenam vini et II denarios et pro mestiva I minam frumenti apud Sanctum /11/ Saturninum in Tertro. De Sancto Laudo, in singulis jam dictis festis, II panes, lagenam vini et II denarios et pro mestiva I minam[s] frumenti apud Listreium, de eo quod ibi tenebat Gaufridus Mainerii. De Sancta

---

c) *De* quietum *à* melius, *manque* A^1. – d) *De* et confirmo *à* omnibus, *manque* A^1, omnibus aliis, *B*. – d') ballivos, *B*, A^2. – e) justicię A^1. – f) *De* questum *à* quia *manque* A^1. – g) *De* que *à* solvet, *manque* A^1. – g') Saei A^1, *B*. – h) *De* servientes *à* Andegavis *manque* A^1. – i) videlicet et, A^1. – j) *De* Natalis *à* lagenam *manque* A^1. – k) *De* vini *à* Mairon, *manque* A^1. – e) Changeium, *B*. – m) Nicholao, *B*. – n) *De* siliginis *à* et *manque* A^1. – o) duos, A^1. – p) I, A^1. – q) Aquarie, A^1. – q') II, A^1. – r) *De* Agrię in *à* panes, *manque* A^1. – s) *De* lagenam *à* minam, *manque* A^1.

Maria /12/ tantumdem panis et vini, et nummorum in supradictis singulis festis et pro mestiva apud Orginneium[t] I sextarium frumenti. De Sancto Martino, in sepedictis festis, III denarios et lagenam vini. De Sancto Johanne, pro mestiva, ad boscum[u] Briccii I sextarium frumenti. De Sancto Sergio, in antedictis singulis festis, II panes, lagenam vini et II denarios et pro mestiva apud Sanctum Melanium I minam frumenti et apud Martinau I minam siliginis. De Sancto /14/ Petro, pro mestiva apud Charceium, I sextarium frumenti. In omnibus aliis[w], tam in burgensibus quam in ceteris, capiunt sanctimoniales consuetudines suas libere in ponte. Nec ullus liber est a consuetudine nisi sit de domo et mensa /15/ comitis. A Beira autem crescente usque ad Beiram Israel, quicquid ex transverso aque transierit, talem reddet consuetudinem qualem redderet si per pontem transiret. De modio vini redduntur IIII denarios. Quadriga onusta, undecumque fuerit, /16/ duos reddet[z] denarios[aa], Judeus XII denarios. Concedo etiam eis confirmo consuetudines de Brachesach quas dominus Arcalos[bb] dedit ipse ecclesie[cc] Fontis Ebraudi pro anima sua, concedente comite Fulcone : de omnibus[dd] rebus transe-/17/-untibus extra corpus castelli de Brachesach, talis reddetur consuetudo ecclesie Fontis Ebraudi qualis redderetur domino comiti si per castrum transiret. Pro equo de Hispania XII denarios transiens persolvet. Pro omni alio equo IIII denarios. Pro equa II denarios. /18/ De asino obolum. De porco bove et vacca, pro singulis, obolum. In tribus nundinis, scilicet ad Angevinam, ad Sanctum Nicolaum, ad Anditum, pro bove et vacca I denarium. Pro tribus ovibus I denarium. Pro tribus arietibus[gg] I denarium. Pro tribus capris I denarium. Pro pipere XII denarios. /19/ Pro cymino[hh] XII denarios. Pro omni specie aromatica XII denarios. Pro serica XII denarios. Pro pellibus omnium silvestrium animalium XII denarios. Pro panno in Grana tincto XII denarios. Pro corduano XII denarios[ii]. Pro bazana VIII denarios. Carca cere VIII denarios. Pro pannis de Francia /20/ VIII denarios de singulis trosellis. Pro tacra coriorum IIII denarios. Pro corio tanato I obolum. Pro pellitaria parata, de singulis trossellis IIII denarios. De cruda I denarium. Si asinus tulerit[kk] I obolum. Summa olei IIII

---

t) *De* singulis *à* Orginneium, *manque* A^1. – u) Boschum, *B*. – v) *De* Sergio in *à* lagenam, *manque* A^1. – w) *De* Charceium *à* tam, *manque* A^1. – x) *De* comitis *à* Israel, *manque* A^1. – y) aquę A^1. – z) *De* Qua *à* red *manque* A^1. – aa) *Une déchirure en* A^1 *empêche de lire les dernières lettres de* denarios – bb) Archalois, A^1, *B*. – cc) ecclesię, A^1. – dd) *De* concedente *à* omnibus, *manque* A^1. – ee) ecclesię, A^1. – ff) *De* Hispania *à* [a]lio, *manque* A^1. – gg) *De* bove *à* ar[ietibus], *manque* A^1. – hh) cimino, *B*. – ii) *De* pro *à* corduan[o], *manque* A^1. – jj) *De* pro *à* trosellis, *manque* A^1. – kk) tulit, *B*.

denarios. Onus melli IIII denarios, ostrearum[ll)] IIII denarios. Summa balene /21/ IIII denarios. De omni pisce marino, summa IIII denarios, exceptis arentiis, sepiis[mm)] et anguillis quorum singula millenaria IIII denarios reddent. Pro filtro tincto, trossellus[nn)] VIII denarios. Trossellus albi I denarium si portaverit equus, si portaverit asinus obolum. Pro trossello de /22/ pannis Partiniaci[oo)] IIII denarios[pp)] ; si post tergum equitantis trossatum fuerit, II denarios. Pro trossello pannorum de Berceria, II denarios ; si post tergum equitantis I denarium. Pro trossello burellorum I denarium ; si asinus portaverit I obolum. Trossellus pannorum lineorum I[qq)] denarium ; si asinus tulerit I obolum. /23/ De quadrigata salis II denarios. De quadrigata vini vel bladi II denarios. De equo onerato I denarium, de asino obolum. De trossello fustanii VIII denarios. De caseis si quadriga tulerit II denarios ; si equus I[rr)] denarium ; si asinus obolum. De baconibus similiter. De ferro et /24/ acerio et kamba[ss)] et lana et lino et mairamento lignorum dolatorum similiter. De culcitra IIII denarios. Si mulier pergens ad maritum suum secum culcitram[tt)] portaverit ita quod possit eam videre, nichil reddet. Si absque ea fuerit inventa, ante /25/ vel retro, IIII reddet denarios. Si aliquis proprio collo sua mercimonia tulerit nichil inde reddet. Si conductus[uu)] portaverit quasi summarius reddet. Et quicquid extra castrum prefatum transierit, talem, predictum est, reddet consue-/26/-tudinem qualem si per medium transiret. He sunt iterum consuetudines pontis Saeii que subscripte sunt, quas cum suprascriptis consuetudinibus ejusdem pontis ipsi ecclesie[ww)] et sanctimonialibus concedo et confirmo /27/ : quadriga quicquid defera reddet ad pontem II denarios ; et vacua I denarium.Omnis summarius vel equus oneratus I denarium ; vacuus, si ad lucrandum proficiscitur, I obolum. Cum vero redierit oneratus, alium exsolvet. Mestiva alicujus messoris non reddet nisi obolum a festo sancti Johannis usque ad festum sancti[yy)] Michaelis, nisi obolun quadriga deferatur, quia tunc reddet II denarios. Equus vel equa, bos vel vacca, I denarium ; asinus, porcus, I obolum. Quatuor oves vel arietes vel capre I denarium. Omnes burgenses civitatis infra /29/ muros vel extra[zz)] manentes eandem reddent consuetudinem de omnibus rebus quam alii, his exceptis : de XI deneriatis panis et de volucribus quas

---

ll) hostrearum, A^1. – *De* marino *à* [sep]iis, *manque* A^1. – nn) trosellus A^1. – oo) Parteniaci, A^1, *B*. – pp) *De* pro *à* denarios, *manque* A^1. – qq) *De* portaverit *à* I, *manque* A^1. – rr) *De* De *à* denarium, *manque* A^1. – ss) kanba, A^1. – tt) *De* Si *à* culcitram, *manque* A^1. – uu) *De* merci *à* [con]ductus, *manque* A^1. – vv) *De* medium *à* consuetudines, *manque* A^1. – ww) çcclesie *dans* A^1. – xx) *De* deferat *à* [denari]um, *manque* A^1. – yy) *De* reddet *à* sancti, *manque* A^1. – zz) *De* denarium *à* [extr]a, *manque* A^1.

aliquis amico suo detulerit vel miserit nichil reddetur. De summa napium[aaa)] et de his /30/ que aliquis homo transligerinus[bbb)], miles vel alius, dans mestivam ponti, amico suo citra pontem miserit, accepta fiducia ab eo qui detulerit quod dono mittatur, nichil. De summa etiam fabe[ccc)] vel alterius leguminis et de his que aliquis /31/ filio suo ad victum pertinentia miserit, carne videlicet mortua, pane, volucribus, data inde fide, nichil. De porcis etiam qui ad pasnagium comitis solummodo transibunt, nec de bestiis que sola guerra comitis vel violentia /32/ alia transierint, nisi plus mense uno ultra pontem moram fecerint, nichil. In omnibus aliis capiunt sanctimoniales consuetudines suas[ggg)] libere in ponte. Quare volo et firmiter precipio quod ipsa ecclesia[hhh)] Fontis Ebraudi et sanctimonia-/33/-les in ea Deo servientes omnia predicta habeant et teneant, bene et in pace, libere et quiete, integre et plenarie et honorifice, cum omnibus libertatibus et liberis consuetudinibus suis, sicut ea ipsis concessi, et /34/ carta mea confirmavi. Testibus : Guillelmo Cenomannensi, G[aufrido] Andegavensi, R[oberto][jjj)] Nannetensi, Ste[ephano] Redonensi episcopis ; Ric[ardo] et G[aufrido][kkk)] filiis meis, comite W[illelmo] de Mand[evilla], Fulcone[lll)] de Mastach senescallo Pictavie, St[ephano] de Turonis seneschallo[mmm)] Andegavie, Maur[icio] de /35/ Croun, Pag[ano]de Vegg[e], Gaufr[ido] Perticensi, Petro filio Guid[onis], Willelmo de Ostilli, Durando pincerna, Gilleeto Guarderobba[ooo)]. Apud Andegavim.

———

aaa) *De* detu à et, *manque* A^1. – bbb) transliggerimus (*sic*), A^1. – ccc) *De* ab eo *à* [fab]e, *manque* A^1. – ddd) de aliquis filio, *B*. – eee) *De* data à comitis, *manque* A^1. – fff) quę, A^1. – ggg) *De* fecerint *à* suas, *manque* A^1. – hhh) ęcclesia, A^1. – iii) *De* ha *à* et, *manque* A^1. – jjj) *De* Guillelmo *à* [R]oberto, *manque* A^1. – kkk) Richardo et Gaufrido, A^1. – lll) Fulchone, A^1. – mmm) *De* Mastach *à* seneschallo, *manque* A^1. – nnn) *Corr.* Creor, *en suivant* A^1. – ooo) Guisleberto, Guardarobba, A^1. Gisleberto Gardarobba, *B* ; *la fin manque dans* A^1. *En B, la ligne qui suit le texte est restée en blanc.*

881

[1166]. - Thouars.

Par une lettre au sénéchal et à ses fidèles d'Anjou, Henri [II Plantegenêt] *confirme à l'abbaye de Fontevraud les « coutumes » des Ponts-de-Cé telles qu'elles ont été rédigées en présence du sénéchal Goslin de Tours.*

A. Original autrefois scelllé sur double queue, Arch. Dép. de Maine-et-Loire, 201 H 1, n° 4. Hauteur, 203-214 mm ; largeur, 105-119 (pli déplié de 29 mm); Au dos : *Confirmatio H. Regis et consuetudinibus Pontis Sai* – 3e pièce du sac 2 fenestre 24. *Carta confirmationis H. Regis Anglorum de consuetudinibus Pontis Sagi*.

B. Gd. Cart. Paris, fol. 26 v°. – *E*. Angers, 101 H 225 *bis*, p. 102, n° 651 (extraits). *G*. Duchesne, t XXII, fol. 417 r° (extraits).

a. P. Marchegay, *Archives d'Anjou* t. II, Introduction, p. 13, d'après *A*. – *b*. L. Delisle et É. Berger, *Recueil des actes de Henri II*..., t. I, p. 406, n° CCLX (d'après *A*) et *Atlas*, planche VIII (reproduction photographique de *A*).

INDIQUÉ : *C. T.L.*, p. 556 ; L. Lardier, *Thrésor de l'Abbaye de Fontevraud*, t. I, fol. 360 r°.

V. l'acte précédent, n° 880, détaillant ces « coutumes ».
Passé à Thouars. Non daté mais de 1166, comme l'ont établi L. Delisle et É. Berger.

D'après *A* et *B*.

H[enricus], rex Anglorum et dux Normannorum et Aquitanorum et comes Andegavorum /2/ dapifero suo de Andegavia et ministris et omnibus hominibus /3/ et fidelibus suis totius Andegaviȩ salutem. Sciatis me conces-/4/-sisse et carta mea confirmasse abbatiȩ Fontis Ebraudi /5/ consuetudines pontis Saeii, sicut recordatȩ et divise fuerunt coram Gosleno de Turonis, dapifero meo, et Hugone /7/ de Cleers et Bientio[a)] de Martineio et Symone de Castellione /8/ et sicut carta ejusdem Gosleni testatur. Quare volo et /9/ firmiter precipio quod predicta abbatia teneat consuetudines /10/ pontis ejusdem bene et in pace, et quiete, et sicut carta /11/ Gosleni de Turonis[b)] dapiferi testatur. Testibus : Willelmo Johanne, Willelmo /12/ filio Hamonis, Symone[c)] de Castellione, Rogone de Coeio. /13/ APUD TOARCUM[d)].

---

a) *Corr*. Brientio *suivant B*. – b) de Turonis *omis B*. – c) Simone *B*. – d) *La dernière ligne de A en lettres allongées ; en B, la ligne suivante laissée en blanc.*

882

[1165-1172/1173]. - Saumur.

Par une lettre adressée à ses agents et à ses fidèles d'Anjou, du Maine et de Touraine. Henri [II Plantegenêt] *place sous sa garde et protection les possessions des religieuses de Fontevraud, spécialement leurs biens et leurs hommes des Roches et enjoint aux destinataires de se comporter en conséquence.*

A. Original perdu.
B. Gd. Cart. Paris, fol. 26 v° et 27 r°, ex CLX, *sic* pour CLXI, et CLXI, *sic* pour CLXII. – *E*. Angers, 101 H 225 *bis*, p. 102, n° 652 (extrait) d'après *B*.
a. L. Delisle et É. Berger, *Recueil des actes de Henri II*, t. I, p. 554-555, n° CCCCLXXIV, d'après *B*.

Passé à Saumur. Non daté. Entre 1165 et 1172/1175 selon L. Delisle et É. Berger.

D'après *B*.

H[enricus], rex Anglorum et dux Normannorum et Aquitanorum et comes Andegavorum, justiciis et omnibus ministris et fidelibus suis Andegavie, Cenomannie et Turonie, salutem. Sciatis quod omnes res et possesiones monialium de Fonte Ebraudi et nominatim homines et omnes res sue de Rupibus sunt in mea manu et custodia et protectione. Et ideo volo et firmiter precipio quod omnes res et possessiones earundem sanctimonialium et nominatim homines suos de Rupibus et res eorum[a] custodiatis et manuteneatis et protegatis, ita quod nullam eis vel rebus suis injuriam vel contumeliam faciatis nec fieri permittatis. Et si quis eis super hoc in aliquo forisfecerit, plenariam eis inde sine dilatione justiciam faciatis. Teste Gaufrido archidacono Cantuariensi. Apud Salmurum.

---

a) *Sic. pour* earum.

883

[Première moitié du XIIe siècle ?]

Notice relatant que Jean le Forgeron et son épouse ont donné sept sétérées de terre à la communauté de Fontevraud qui les a admis dans sa fraternité ; leurs enfants et plusieurs personnes de leur parenté et de leurs relations ont concédé et confirmé ce don de leur terre dont la localisation est précisée en fin d'acte.

A. Original perdu.
B. Gd. Cart. Paris, fol. 27 r°, ex CLXI, *sic* pour CLXII.
INDIQUÉ : *C. T.L.*, p. 552 et 577.

D'après *B*.

QUONIAM[a].

Quoniam oblivioni traduntur per presentia scripta memorie reducuntur, per hujus cartule presentiam hominibus tam[b] futuris quam presentibus notificare volumus quod Johannes Faber et uxor sua nomine Christina, divina admonitione admoniti, pro remedio animarum suarum et parentum suorum, Deo et ecclesie Fontis Ebraudi, ad opus sanctimonialium septem sextarias terre dederunt. Ipse vero sanctimoniales predictum Johannem et Christinam uxorem suam in fratres receperunt. Hoc vero donum Osanna et Maria, Johannis et Christine[c] filie, ad quas terra pertinebat hereditali jure, voluerunt et concesserunt et testimonio Peregrini clerici et Aimerici capellani de Dente et G. Fabri et Petri Fabri confirmaverunt. Item hoc donum Fauco et Galeis et Gauterius, Petri Audeberti filius qui eorum nepos erat, et Philippa predictorum neptis et Gaufridus Bobinus et Raginaudus Bobinus, Philippe maritus, de quorum feodo predicta terra erat, concesserunt. Horum concessionem audierunt Aimericus sacerdos, Petrus de Taconeria, Simon Garatinus, Enjobaudus, Guillelmus Grossin, Rollandus de Bune, Arnaudus Guito. Hec predicta terra est in Valle Benaam et ad Codrellum. Altera vero pars terre est juxta colles molendini Petri Audeberti.

---

a) *Ce* Quoniam *abrégé écrit par erreur au début de la ligne prévue comme devant être laissée en blanc pour recevoir une rubrique.* – b) *Ce* tam *ajouté au-dessus de la ligne.* – c) et Christine *ajouté au-dessus de la ligne.*

884

[Seconde moitié du XIIe siècle, après 1160].

Notice relatant que Guillaume de Villegué a fait don à la communauté de Fontevraud de tout ce que lui-même, son épouse et ses héritiers avaient dans le fief de l'Alleu, à la tête du pont de Saumur ; son épouse et ses fils ont concédé ce don.

A. Original perdu.

B. Gd. Cart. Paris, fol. 27 r°, ex CLXI, *sic* pour CLXII. – *E*. Angers, 101 H 225 *bis*, p. 102, n° 654 (extraits) d'après *B*.

INDIQUÉ : *C*. T. L., p. 532, 534, 574 ; L. Lardier, *Thrésor de l'Abbaye de Fontevraud*, t. I, fol. 442 v°.

Non daté. Seconde moitié du XIIe siècle, postérieur à 1160 environ, date de la construction du pont de Saumur (V. L. Delisle et É. Berger, *Recueil des actes de Henri II*, t. I, n° CCXXVI, acte de Henri II Plantegenêt relatif à ce nouveau pont, 1162). D'une plume plus fine que les folios précédents du cartulaire.

D'après *B*.

Noverint universi presentem paginam inspecturi quod dominus Guillelmus de Villeguer dedit et concessit Deo et ecclesie beate Marie Fontis Ebraudi et monialibus ibidem Domino famulantibus, pro amore Dei et remedio anime sue et suorum, quicquid habebat vel habere poterat ipse, uxor sua et heredes sui in feodo Alodii, sito apud Samurium in capite pontis. Hoc concessit et donavit domina[a)] (*blanc*)uxor sua ; similiter et filii sui[a)] (*blanc*) concesserunt et dederunt. Hec viderunt et audierunt isti : Petrus de Brocia sacerdos, Gaufridus Chapaut, Philippus de Canda, Ernaudus Potier fratres Fontis Ebraudi, Matheus de Valeres miles, Hugo Gaulier, Matheus de Lavau, Gaufridus *du Bochet*[b)].

---

a) *Blanc sur le manuscrit.* – b) *Six lignes demeurées inutilisées à la fin du folio 27 r°.*

*
* *

Le verso du fol. 27 du Grand cartulaire, fragment de Paris (ex CLXI, *sic* pour CLXII) et le fol 28 r°-v° (ex CLXII, *sic* pour CLXIII) sont primitivement demeurés blancs et n'ont été remplis qu'au XIVe siècle, v. ci-après, n°s 943 à 945.

*
* *

Le fol. 29 r°-v° du fragment de Paris du cartulaire (ex CLXIII, *sic* pour CLXIV) est demeuré blanc, inutilisé.

*
* *

Le folio qui faisait suite à l'ex CLXIII, *sic* pour CLXIV à disparu. Dernier d'un quaternion, il n'a jamais été numéroté car, demeuré blanc, il a été arraché dès avant la première reliure du cartulaire, v. étude introductive, p. XVIII.

*
* *

885

1135. - Asnières, Fontevraud et Loudun.

Charte de l'abbesse Pétronille [de Chemillé] *relatant l'accord par elle conclu avec Philippe, fils de Barthélemi de Bizay, et sa mère au sujet du moulin d'Asnières édifié à l'initiative de l'abbesse et par eux déclaré nuisible à leurs propres moulin et pêcherie ; Pétronille les a, dans un esprit de conciliation, dédommagés en leur donnant quarante sous ; il a également été convenu qu'elle-même et Philippe aménageraient, chacun pour sa part, l'abée de ce moulin d'Asnières ; le beau-frère de Philippe, Yves de Saix, puis ses deux sœurs ont concédé cet accord de même qu'ensuite Geoffroi Fulcroi puis Simon, frère de Philippe et chevalier dudit Geoffroi.*

A. Original perdu.

B. Gd. Cart. Paris, fol. 1 r°-v° (ex CXXXVI). – *D*. *Ste Fam.*, t. III, p. 261 (analyse avec réf. : ch. 577, fol. 136), d'après *B*. – *E*. Angers, 101 H 225 *bis*, p. 572 (partielle), d'après *B*. – *F*. Gaignières, t. II, p. 42, n° 572 (partielle), d'après *B*.

INDIQUÉ : *C*. *T.L.*, p. 532 et 551 ; *L*. Lardier, *Thrésor de l'Abbaye de Fontevraud,* t. I, fol. 61 r°.

Daté de 1135. L'accord avec Philippe de Bizay et la concession des trois premiers concédants ont eu pour cadre l'église du prieuré d'Asnières, celle de Geoffroi Fulcroi l'abbaye de Fontevraud et celle de Simon Loudun.

D'après *B*.

Philipi filii Bartholomei de Bisai et Fillete matris Philipi de concordia molendini de Asneriis[a].

Tempore labente labitur ipsa fides. Eapropter ego PETRONILLA, prima de Fonte Ebraudi abbatissa, memorię commendare curavi quomodo concordiam feci cum Philipo, filio Bartholomei de Bisai, et matre sua Filleta. Dicebant Philipus et mater sua quia molendinum illud quod fieri apud Asnerias preceperam molendino et piscaturę eorum ita nocivum erat ut piscaturam omnino eis auferret. Ego vero, nulli nocere cupiens sed si possem omnibus prodesse volens, pro dampno quod molendinum illud noviter constructum eis dicebant facturum quadraginta solidos eis donavi, ipsique imperpetuum molendinum in loco illo quo factum fuerat per-

a) *Rubrique sur deux lignes ajoutée au dessus de l'acte.*

manere sine aliqua calumpnia concesserunt. Hęc concessio facta fuit in ęcclesia apud Asnerias. Concessionis hujus testes sunt isti : Bernardus serviens Gaufridi Fulcreii, Rainerius molnerius, Ivo de Seiis qui habebat in uxorem quamdam de sororibus Philipi, qui eciam Ivo hoc concessit, Bernardus armiger Philipi. Concessioni vero quam fecit soror Philipi Guiburgis interfuerunt : Bernardus supradictus, Audebranz de Seios. Concessioni alterius sororis Mabillę scilicet interfuerunt : Ivo supradictus et ipse Philipus. Quodam autem die interposito, Gaufridus Fulcreii apud Fontem Ebraudi venit et, sicut prius concesserat Philipus, ita ante eum concessit. Hoc viderunt et audierunt[b)] Gaufridus Fulcreii, Peloquinus de Gena, Gaufridus de Gena, Normandus de Sancto Florencio, Raginaudus Panis, Gaufridus Rabaste. Actum est istud anno ab incarnacione Domini M° C° XXX° V°, Innocencio papa apud Pisam commorante, Lodovico in Francia regnante, Gaufrido Juniore Andegavensium comite. Fuit autem convencio inter me et Philipum ut ego ex parte mea bedum bene prepararem et ipse similiter ex sua. Quando convencio ista facta fuit noN erat ibi Simon frater Philipi. Tempore autem non multo post, venit Gaufridus Fulcreii apud Losdunum, cujus armiger erat Simon, et submonicione domini sui et precibus concessit Simon rem, sicut frater ejus concesserat Philipus. Concessionis istius sunt testes : Rollandus frater Garnerii et ipse Garnerius, Paganus Osmundi, Haimerius de Prischai, Gaufridus Fulcreii cujus precibus factum est, Robertus de Gre qui hoc scripsit.

---

b) *Cette fin de mot ajoutée au-dessous de la dernière ligne, en bas de page et à droite.*

886

1135. - Loudun et Moncontour.

Charte de l'abbesse Pétronille relatant qu'Étienne d'Andrezé a donné à la communauté de Fontevraud sa terre d'Andrezé et a renoncé, entre les mains de l'évêque de Poitiers Guillaume [II Alleaume], *à ses prétentions sur les terres de La Place ; son fils Pierre le Roux – le scribe, Robert de Grez, ignorant son nom, ne l'a écrit qu'après coup dans un espace d'abord laissé en blanc sur l'acte – a concédé le don paternel ; la concession de l'épouse d'Étienne et de ses deux autres fils, Aimeri et Pierre d'Andrezé* (bâtard) *est intervenue quelques jours plus tard.*

A. Original perdu.

B. Gd. Cart. Paris, fol. 1 r°-2 v°, ex CXXXVI et CXXXVII. – *D*. *Ste Fam*., t. III, p. 183 (simple mention) et p. 262 (analyse avec réf. : ch. 578, fol. 137). – *E*. Angers, 101 H 225 *bis*, p. 573 (extraits). – *F*. Gaignières, t. II, p. 42, n° 573 (partielle).

INDIQUÉ : *C*. *T.L*., pp. 532 et 555.

Daté de 1135. Donation et première concession effectuées à Loudun ; concessions ultérieures effectuées à Moncontour.

D'après *B*.

Stephani de Andreza de tota terra illa quam habebat apud Andreza et de calumpnia terrarum de Platea[a].

Quoniam hominum est mori et non diu durare, ideo ego PETRONILLA de Fonte Ebraudi prima abbatissa, scripto annotari studui quod StephanuS de Andreza totam terram illam quam habebat apud Andreza donavit Deo et sanctę Marię et sanctimonialibus ibidem Summo Patri militantibus, calumpniamque quam in terris sanctimonialium de Platea faciebat[b] omnino dimisit et sanctimoniales quiete possidere permisit. Quę si possent plus terrę invenire quam ipse non colebanT Stephanus aquitaret. Sperabat enim et dicebat Stephanus quia rustici terrę suę vicini aliquamtam partem terrę furati essent. Hoc donum et hęc convencio facta fuerunt in manu Guillelmi episcopi Pictavensis apud Losdunum. Quod donum concessit filius ejus qui ibi presens erat. Inde sunt testes : Gaufridus Fulcreii, Rollandus frater Garnerii et ipse Garnerius, Paganus Osmundi, Josbertus Pictavensis decanus, magister Arnaudus, Johannes, Tebaudus, Robertus de Greco qui hanc scripsit cartam. Quia vero filii presentis nomen nesciebat, Robertus[c] (*blanc*), hunc locum vacuum reliquit. Nomine autem cognito, scripsit R[obertus] nomen ejus quod est Petrus Rufus. Quibusdam postea diebus interpositis, Stephanus apud Montem Cantorium fecit conjugem suam[c] (*blanc*) et filios suos, Haimericum et Petrum de Andreza filium bastardum, sicut donaverat et concesserat, imperpetuum concedere. Hujus concessionis sunt testes : Paganus Bodoriz et filius ejus Alonus, Guillelmus de Vindocino, Haimericus de Cauceia, Haimericus de Lusai. Anno ab incarnatione Domini M. centesimo tricesimo quinto

---

a) *Rubrique insérée après coup entre les lignes (11) et (13) du folio.* – b) *Ce mot ajouté au-dessus de la ligne.* – c) *Blanc sur le manuscrit.*

887

1135

Aubri de Montjean fait savoir qu'il a donné et concédé aux moniales de Fontevraud divers biens dûment énumérés, dont quarante huit jugères de terre inculte à Saint-Martin-de-Mâcon. Se continuant en forme de notice, l'acte relate qu'après le décès d'Aubri sa sœur, son beau-frère Abbon de Briollay et leurs enfants, voyant que cette terre, désormais cultivée, avait pris de la valeur, ont émis des prétentions sur elle ; ils y ont finalement renoncé entre les mains de l'abbesse Pétronille et concédé la donation d'Aubri ; leur concession a été approuvée par l'une des belles-filles d'Abbon, Burgunde, et par les enfants de celle-ci ; Abbon et les siens l'ont eux-mêmes renouvelée, en retenant cependant un cens de six sous et demi dû par les moniales auxquelles ils ont fait remise de cinq autres sous.

A. Original perdu.

B. Gd. Cart. Paris, fol. 2 r° à 3 r°, ex CXXXVII et CXXXVIII. – *D*. *Ste Fam.*, t. III, p. 261 (analyse avec réf. au fol. 138), d'après *B*. – *E*. Angers, 101 H 225 *bis*, p. 96, n° 574 (court extrait), d'après *B*. – *F*. Gaignières, t. II, p. 42-43, n° 574 (avec des coupures), d'après *B*.

INDIQUÉ : *C*. *T.L.*, p. 532, 543 546, 547, 550 ; *G*. Duchesne, t. XXII, fol. 405 v° (avec réf. inexacte au fol. 140) ; *H*. Housseau, t. XII[1], fol. 167 r°, n° 5704 avec réf : fol. 138 r°.

V. les n°s 323 (presque semblable), 602 (même teneur mais plus bref) et 256 (donations d'Aubri de Montjean).

D'après *B*.

Auberici de Monte Johannis de quadraginta et VIII[to] jugeribus terre in parrochia Sancti Martini de Mauchaio et de pluribus aliis terris et de calumpnia Agnetis uxoris Abbonis de Brioleio[a)].

Notum sit omnibus tam futuris quam presentibus quia Aubericus de Monte Johannis dominus, frater Agnetis uxoris Abbonis de Brioleio, pro animę męę et parentum meoRum remedio, donavi Deo et sanctę Marię et sanctimonialibus de Fonte Evraudi terram meam, videlicet quadraginta et VIII jugera, quę terra scilicet est in parrochia Sancti MARTINI de

a) *Rubrique insérée après coup entre deux lignes*

Mauchaio, et omnes terras censivas quaS homines liberi quę[b] de feodo meo erant et dederunt eisdem sanctimonialibus concessi, et terram Gaufridi Judicis, cultam et incultam quę est ad tuscam Tebaudi Saunerii, et prata quę sunt apud Pozeios, et terram quę est in Grandi Valle quę dicitur Terra Gruellę, et esconcium quod est juxta viam Lausduni, et terram Guillelmi Baiardi, videlicet III junctos terrę et unam operam. Item concessi terram Fulconis Vecerii quam Fulco dedit eisdem sanctimonialibus cum filia sua, quę vocatur terra Gaufridi Rufi, et lacum Busardi. Auberico vero defuncto, Agnes soror Auberici et Abbo ejusdem maritus Agnetis et filii eorum donum illud calumpniati sunt. Qui, videntes terram incultam illam bene aptari et optime excoli, suam non esse doluerunt et clamores multos fecerunt. Tandem divino moniti oraculo, Agnes et Abbo et filii dicente : « Quod uni ex minimis meis fecistis mihi fecistis »[1], calumpniam illam dimiserunt et in perpetuum sanctimonialibus possidenda voluerunt. Hęc autem sunt nomina eorum. Agnes et Abbo qui hęc dederunt, et hęc sunt nomina eorum qui concesserunt, Petrus, Ingelgerius, Hugo, Gaufridus, Rollandus, Oliverius, Abbo minor, Auxendis, hii sunt filii Abbonis et filia. Hujus doni et concessionis sunt testes : Guillelmus, Raginaudus Saglerius, Radulfus, Haimericus Planchum, Aurenus, Haimericus de Daneia, Gaufridus Blanchart, Guarinus Bodart. Preterea concessit hęc Burgundia, uxor Petri filii Abbonis, et Agnetis et filii et filia, scilicet Robertus, Mauricius, Placencia. Hujus rei testes sunt ipse Abbo et Hugo filius Abbonis, frater Petri. Postea vero concessit iterum Agnes et Abbo et omnes isti supradicti concesserunt et sanctimonialibus inperpetuum quiete et pacifice possidenda et habenda confirmaverunt. De his omnibus terris supradictis quas sanctimonialibus in elemosinam dedimus reddunt nobis sanctimoniales VI solidos et dimidium de censu et quinque condonavimus. Actum est anno ab incarnatione Domini M° centesimo XXX quinto, regnante Francorum rege Lodovico, Guillelmo Pictavensi episcopo exulante, Gaufrido Juniore Andegavensium comite, Ulgerio pontificatum Andegavensem gubernante. Factum est istud in manu PETRONILLE primę Fontis Ebraudi abbatissę. Robertus de Greco scripsit hanc cartam et dictavit eamdem.

---

b) *Sic pour* : qui.

---

1) Mt, XXV, 40.

888

[1135-1136]. - Fontevraud.

Notice relatant que l'abbesse Pétronille a cédé à Raoul Bursard, à son épouse et à ses héritiers une maison sise à Candes avec liberté de la donner ou de la vendre contre un cens annuel de seize deniers, les moniales bénéficiant d'une réduction de cinq sous en cas de vente à elles plutôt qu'à d'autres acquéreurs ; Raoul Bursard, lorsque l'abbesse fera effectuer des travaux à Fontevraud, sera tenu, sa vie durant, d'y participer contre une rétribution de quatre deniers par jour ; cet accord a été confirmé peu après au chapitre de l'abbaye.

A. Original sur parchemin jadis scellé. Hauteur, 260 mm, largeur, 30 mm, Arch. dép. de Maine-et-Loire, 189 H I. *Au dos :* Carta Radulfi Bursart de domo apud Candam. (*D'époque moderne :*) Il paroist par cet acte que Fontevraud avoit donné Radulfe Bursario une maison a Cande pour en payer 16 d. et a condition que s'il la vendoit, l'acquereur en payeroit 5 s. - Fontevraud vingt. (*XIXe s. :*) Fontevraud 11.

B. Gd. Cart. Paris, fol. 3 r°-v°, sous la rubrique, ajouté dans la marge de droite : *Radulfi Borsardi de domo Candatis quam dedit ei P[etronilla] abbatissa pro censu XVI denariorum*. – *F*. Gaignières, t. I, p. 175-176, d'après *A*. –

INDIQUÉ : *C. T.L.*, p. 536 et 542.

Acte confirmé au chapitre de l'abbaye. Passé entre 1133 et 1136 environ puisque daté, entre autres notations, de l'archiépiscopat d'Hugue de Chartres, *alias* de La Ferté, archevêque de Tours à partir de 1133, et faisant mention, parmi les témoins, de Renaud de Cossé, prieur de Fontevraud, apparaissant pour la dernière fois en cette qualité en 1136 (Arch. dép. de Maine-de-Loire, 231 H 1).

D'après *A*.

/1/ Notum. sit omnibus tam futuris quam presentibus quoniam P[etRoNILLA][a], prima de Fonte Ebraudi /2/ abbatissa, dedit Radulfo Bursardi et uxori ejus Aremburgi et heredibus suis quamdam do-/3/-mum quam ipsa habebat apud Candatum ut ipse Radulfus quicquid vellet de ea fa-/4/-ceret, seu dare, seu vendere. Tali siquidem pacto, ut quamdiu Radulfus vixerit, si abbatissa /5/ aliquod opus in corpore Fontis Ebraudi facere voluerit, pro precio IIII^{or} denariorum, ipsa /6/ Radulfum per unumquemque diem quo in opere Fontis Ebraudi manserit habebit. Ipse vero Radulfus /7/ reddet ecclesię Fontis Ebraudi annuatim XVI dena-

---

a) *Restitué d'après B.*

rios de censu. Quam videlicet do-/8/-mum, si Radulfus vendere voluerit vel heredes sui, sanctimoniales pro minori precio, videlicet V /9/ solidorum quam alia ęcclesia vel aliqua gens alia, habebunt. Hoc primum donum viderunt et /10/ audierunt Rachinaudus de Cocceio prior, Bertrandus de Monte Cantorio, Sainfredus /11/ sacerdos, Gaufridus frater ejus, Bucardus frater, Michael sacerdos, Isenbardus sacerdos, Josbertus frater, Robertus de /12/ Chinone, Haimericus Manus Curva. Tempore autem[b)] brevi interposito, donum quod Ra-/13/-dulfo primo abbatissa fecerat, postea in capitulo confirmavit. Sanctimoniales vero conceden-/14/-tes, dixerunt : Amen. Hoc viderunt et audierunt Robertus de Greco, Johannes Garnaudus, Stephanus /15/ Bodart, Menardus Joszo. Actum est istud Lodovico in Fran-/15/-tia regnante, Gaufrido Juniore comite Andegavensium, Ulgerio Andegavensium episcopo, Hugone[c)] Carnoten-/16/-si Turonorum archiepiscopo.

———

b) autem *suivi de* par. (parvo ?) *dans A ;* autem brevi interposito, *B.* – c) Turonorum *écrit par erreur dans B.*

889

1112. - Nanteuil, chapitre.

Charte de Pierre [II], *évêque de Poitiers, relatant que le lieu de Tusson, forestier et désert, où ne se voyaient que les ruines d'une ancienne église, ayant été donné par un certain Foulque Frénicard à Robert d'Arbrissel en vue d'y établir un monastère de moniales, Robert n'a d'abord rien voulu entreprendre sans l'accord de l'évêque et n'a commencé les travaux qu'auprès que Foulque fût allé trouver ce dernier ; les moines de Nanteuil ayant alors fait savoir que l'église en ruine de Tusson leur avait appartenu sans pouvoir cependant en fournir la preuve, Pierre* [II] *a incité Robert à s'y maintenir mais celui-ci a fermement refusé à moins qu'un accord ne fût conclu ; l'évêque s'est donc rendu à Nanteuil avec Foulque Frénicard et l'abbé Gautier a finalement renoncé à ses prétentions sur Tusson au profit de Robert et de ses moniales qui en ont été investis.*

A. Original scellé du sceau de Pierre II, perdu.

B. Gd. Cart. Paris, fol. 3 v° à 5 r°, ex CXXXVIII. – *C. T.L.* p. 566 (extraits) et p. 576 (simple mention), d'après *B.* – *F.* Gaignières, t. II, p. 43-45, n° 576, d'après *B.*

a. *Clypeus*, t. I, p. 140-143, d'après *B*. – *b*. Cosnier, p. 221, avec réf. : n° 581, fol. 139-140, d'après *B*. – *d*. Pavillon, p. 606, preuve n° 170, d'après *B*. – *e*. Chasteigner, p. 160-162, avec réf. : ch. 581, fol. 139, d'après *B*. – *f*. *Patrologie latine*, t. 162, col. 1093-1094, d'après *a*.

V. le n° 722 (même objet). Daté de 1112.

D'après *B*.

Petri Pictavorum episcopi de calumpnia ecclesie quam faciebant monachi Nantolienses et de concordia Tutionis inde facta[a)].

Ego Petrus, Dei gratia Pictovorum episcopus, universis chatholicis notum fieri volo et apicibus presentis paginę denuncio quam diligenti racione, ad honorem Dei et sanctę religionis observationem, locus qui a vulgo Tucio nominatur, nostro et canonicorum nostre sedis communi asensu[b)] atque consilio, fuerit edificatus. Locus namque Tucionensis olim vasta silvarum solitudine desolatus, spinarum et veprium dempsitate confertus, diu inhabitabilis extitit, in quo tamen vetustissima cujusdam ęcclesię vestigia apparebant[c)]. Cum itaque vir quidam magnę religionis et bonę opinionis, nomine Robertus de Arbruissello, loca solitaria et divinis cultibus ideonea vigilanti cura diligenter inquireret in quibus sanctimoniales feminas quas ad serviendum Deo Viventi congregaverat collocare valeret, quidam vir illustris qui Fulcaudus Frenicardi vocabatur ad eum accessit ipsumque obnixis precibus exoravit ut in supradicto loco ęcclesiam edificare dignaretur. Erat enim locus ille suę possessionis ejusque subditus potestati. Verumptamen vir Robertus predictus statim precibus Fulcaudi non adquievit sed nec hunc neque alium in nostro episcopatu locum nisi nostro et clericorum nostrorum consilio se edificaturum sive suscepturum asseruit. Predictus igitur Fulcaudus ardenti desiderio locum Tucionensem domno Roberto et sanctimonialibus feminis quę sub ejus disciplina in loco qui dicitur Fons Eubraudi Deo devotissime serviebant dare cupiens, ad nos accessit, rogans et obsecrans quatinus sepedictum locum prenominato viro, domno scilicet ROBERTO, concederemus et ei ut ibidem ęcclesiam edifficaret persuaderemus. His ita transactis, cum prefatus ille Robertus nostris persuasionibus adquiescens, in prescripto loco ęcclesiam et officinas edifficare jussisset, Namtolienses monachi, solo ut rei exitus probavit invidia excitati, locum illum domno Roberto calumpniati sunt, dicentes quia vetus ęcclesia cujus vestigia, ut supradictum[d)]

---

a) *Rubrique insérée après coup entre les lignes, au début de l'alinéa.* – b) Sic *pour* assensu. – c) *Ce mot ajouté en-dessous de la dernière ligne de la page, à droite.* – d) *Cette fin*

est, ibi apparebant de jure Namtoliensis monasterii antiquitus fuerat. Inquisitis igitur super hac re diligenter monachorum racionibus, cum aliquam possessionem sive investituram de hac ęcclesia se habuisse nobis nullatenus possent ostendere nec aliqua inde munimenta haberent, domnum Robertum ut ab incepto non desisteret monuimus. Ipse vero, nostris nolens adquiescere monitis, obstinato animo nobis respondit se nichil amplius ibi facturum donec monachorum calumpnia pacifice sedaretur. Nos ergo, una cum clericis nostris et Fulcaudo Frenicardi ad Namtoliense monasterium accessimus et de predicta calumpnia cum abbate et monachis ejusdem loci in communi eorum capitulo concordiam fęcimus[e]. Fulcaudus etenim Frenicardi dedit pro hac concordia Namtoliensibus monachis quatuor annonę sextarios in decima Sancti Medardi de Vertolio qui eis annis singulis redduntur. Abbas itaque Namtoliensis nomine Gauterius in capitulo Namtoliensis ęcclesię nobis presentibus, consilio et assensu monachoRum suorum, calumpniam illam penitus absolvit atque dimisit et ęcclesiam Tucionensis loci ipsumque locum ex integro domno Roberto et predictis sanctimonialibus earumque successoribus quiete ac perpetuo possidendam concessit. His itaque Deo auctore pacificatis, Tucionensem locum cum ipsa veteri ęcclesia cujus ibidem, ut sepedictum est, vestigia eminebant, Deo et sanctę Marię de Fonte Ebraudi et domno Roberto et sepedictis sanctimonialibus consilio clericorum nostrorum dedimus et ut quiete et inconcusse perpetuo possiderent concessimus. Concessimus quoque pari tenore ut omnia quę in nostro episcopatu collatione fidelium legitime adquirere possent eis firma et illibata perpetualiter permanerent. Statuimus quoque ut quicumque hanc nostram institucionem perturbare aut inquietare presumeret vel contra eam temere venire temptaret, secundo terciove commonitus, tamdiu anatematis vinculo cogeretur, donec digne de perpetrata iniquitate satisfaceret. Ut autem hęc donacio atque concessio firma et illibata in perpetuum permaneret, eam scripto tradere curavimus et propria subscriptione firmavimus nostroque sigillo muniri precepimus. Huic autem prescriptę concordię atque donationi affuerunt Willelmus Radulfi Pictavensis ęcclesię scolasticus, Petrus de Sancto Saturnino ejusdem ęcclesię canonicus, Ademarus Namtoliensis ęcclesię prior, Petrus Fulcherii, Unbertus de Vertolio, Aimericus Candidus, Arnaudus Airins et multi alii Namtolienses monachi, Fulcaudus Frenicardi, Ademarus frater ejus, Aimericus de Pindrac et multi alii tam clerici quam laici. Facta est hęc concordia atque concessio in capitulo Namtoliensi, anno ab incarnacione Domini millesimo centesimo XII, indictione quinta.

---

de mot ajoutée en dessous de la dernière ligne de la page à droite. – e) Sic, *corr.* fecimus.

890

[1137-1146]

Béatrice de Romorantin donne à la communauté de Fontevraud tout ce qu'elle possède à Chaussy, les fiefs exceptés ; sa donation est concédée par son fils et sa fille ainsi que par le roi de France Louis [VII] *le Jeune et l'évêque d'Orléans Hélie en présence de l'évêque d'Auxerre et de l'abbé de Bouras.*

A. Original perdu.

B. Gd. Cart. Paris, fol. 5 r°-v°, ex CXL. – *E.* Angers, 101 H 225 *bis*, p. 97, n° 577, d'après *B.* – *F.* Gaignières, t. II, p. 45, n° 577, d'après *B.* – *G.* Duchesne, t. XXII, fol. 405 v° (extrait), d'après *B.*

a. Clypeus, t. II, p. 155 et 290 (extraits), d'après *B.*

INDIQUÉ : *C. T.L..*, p. 537; *D. Ste Fam.*, t. III, p. 197 et 201 avec réf. : fol. 140 ; p. 310 avec réf. : ch. 582, fol. 140 ; *H.* Housseau, t. XII[1], fol. 167 v° (en marge) ; *L.* Lardier, *Thrésor de l'Abbaye de Fontevraud,* t. I, fol. 115 r°.

V. le n° 741 (autres donations de Béatrice à Chaussy).
Non daté. Passé entre 1137 et 1146, époque de l'épiscopat d'Hélie.

D'après *B.*

Beatricis de Remorentino de dono rerum suarum[a)] exceptis casamentis in loco qui dicitur Chauci.

Scriptum hoc legentibus[b)] notum fieri volo quod ego Beatrix de Remorentino quicquid habebam in loco qui dicitur Chauci dedi Deo et sanctę Marię Fontis Evraldi, solute et quiete, pro salute animę meę et remedio antecessorum meorum, in perpetuum possidendum, exceptis casamentis que de meo feodo tenentur ibi. Huic donationi prebuerunt assensum Albericus filius meus et Agnes filia mea. Et Ludovicus rex Francię Junior cum Elia Aurelianensium episcopo, de cujus feodo idem locus habetur, similiter concesserunt, presente Hugone venerabili Autissiodorensium episcopo et Gaufrido abbate de Bosratio. Testes subcripti : Helias Pulens, Galerannus patruus Alberici, Geoffridus Bulucam de Castellandum, Goffridus de Porta, Teobaldus clericus, Garinus presbiter, Ligerius clericus, Bernardus de Curia.

---

a) *Ce début de la rubrique inséré après coup entre les lignes.* – d) *Le début de la ligne occupé par les premiers mots de l'acte ; la fin par les derniers mots de la rubrique ajoutée après coup.*

891

[1155-1158]

Notice relatant que Jean le Comte [Consul] *a donné à la communauté de Fontevraud tout ce qu'il possédait dans la terre du Mesnil, à savoir la dîme, les moulins exceptés, ainsi que le four de Vihiers, sous condition que l'abbesse Audeburge accueille deux moniales.*

A. Original perdu.

B. Gd. Cart. Paris, fol. 5, v° et 6 r°, ex CXL et CXLI. – *D. Ste Fam.*, t. III, p. 185 (simple mention avec réf. : fol. 140) et p. 352 (analyse avec réf. : ch. 583, fol. 140), d'après *B*. – *E*. Angers, 101 H 225 *bis*, p. 97, n° 578 (partielle), d'après *B*. – *G*. Duchesne, t. XXII, fol. 405 v° (extrait), d'après *B*.

INDIQUÉ : *C. T.L.*, p. 542 et 550.

V. le n° 870 (confirmation d'Henri II Plantegenêt).
Passé sous l'abbatiat d'Audeburge, donc postérieur au 21 mai 1155, et daté, notamment, de l'épiscopat de Chalon, évêque de Poitiers, donc antérieur au 5 novembre 1158.

D'après *B*.

Carta[a)] Johannis consulis de Viers de hoc quod habebat in terra de Masnilio et de furno et de tota decima exceptis molendinis[b)].
Notum sit omnibus tam presentibus quam futuris Johannes quod Consul[c)] dat Deo et ecclesie sancte Marie Fontis Ebraudi, pro remedio patris sui et matris et sua videlicet totaque progenie sua, hoc totum quod habet in terra que dicitur de Masnilio et quicquid ad supradictam pertinet, totam decimam scilicet, exceptis molendinis, insuper et furnum de Viers. Hoc concessum fuit in tempore domne Audeburgis abbatisse, tali pacto quod supradicta abbatissa duas sanctimoniales in Dei servicio manciparet. Testibus de hoc Briencius[d)] de Martiniaco et Johannes[e)] cognomine de Ore Lupi et Rachinaudo[f)] de Troca et magistrum Garnerium[g)] et dominum Adam de Mosteriolo et fratrem Mauricium de Coron et Johannes de Postauges. Regnante domno Lodovico rege Francorum et dompnum Caslonem Pictaviensium pontificem[h)]. ††† Hoc donum supradicte decime Aimericus Ermenardus.

———

a) *Début de ligne occupé par le dernier mot de l'acte précédent.* – b) *Cette fin de la rubrique (ajoutée après coup) insérée entre les lignes.*– c) Sic *pour :* quod Johannes Consul. – d) Sic *pour :* Briencio. – d) Sic *pour :* Brienco. – e) Sic *pour :* Johanne. – f) Rachinaudus (*ou* Rachinaudum ?) *corrigé en* Rachinaudo. – g) Sic *pour :* magistro Garnerio. *Les noms de trois témoins suivants sont de même fautivement accordés à* testibus. – h) Sic *pour :* dompno Caslone Pictavensium pontifice.

892

[Seconde moitié du XIIe siècle].

Guillaume Lisuie, lors de l'entrée de quatre de ses filles à Fontevraud, donne à la communauté sa terre de Pezou ; ses deux fils et cinq autres personnes concèdent ce don fait en présence de Jean, comte de Vendôme.

A. Original perdu.

B. Gd. Cart. Paris, fol. 6 r°-v°, ex CXLI. – *D*. *Ste Fam*., t. III, p. 352 (analyse avec réf. : ch. 584), d'après *B*. – *E*. Angers, 101 H 225 *bis*, p. 97 (extrait), d'après *B*.

INDIQUÉ : *C. T.L.*, p. 578.

D'après *B*.

Karta[a] Willermi Lisuie[b].

Willelmi Lisuie de dono terre de villa Pesse cum quatuor filiabus suis[c].

Rerum gestarum historice relatio ne a scriniis memorie funditus elabatur noticiæ posterorum calamo[d] scriptoris tradi. Hac igitur intentione ego Willermus Lisuie donum quod feci tam futuris quam presentibus propalare disposui. Dedi namque ecclesie Sancte Marie de Fonte Ebraudi, pro salute anime mee antecessorumque meorum et progeniei, terram meam de villa Pessei cum quatuor de filiabus meis, Petronilla, Odelina, Guiburge, Amelina, volens eas sanctimoniales predicte ecclesie fieri. Hoc donum concesserunt libentissime filii mei Frodo et Guibertus, ejusdem doni se esse patronos ex omni posse suo asserentes. Terram predictam concesserunt ecclesie supra nominate Sancte Marie de Fonte Ebraudi Teobaudus de Greva et filiis[e] ejus nomine Gaufredus. Hergo de Caresino et filius ejus Garnaudus, Archenbaudus Peladaelo[f]. Hujus rei testes sunt Johannes comes Vindocinensis, in cujus presentia donum factum fuit, Guillermus Roillet, Johannes filius ejus, Petrus Torel, Buchardus de Malavoa, Hergo Bucel, Buchardus frater ejus. Ex parte ecclesie, Hernaudus Bozonel, Robertus de Monte Petroso, Girardus de Granga, Garnerius de Faia, Goscermus de villa Pessei, Gofridus frater ejus. Testis est etiam Gauterius Orrici qui hanc cartam conposuit[g].

---

a) *Début de la ligne occupé par les deux derniers mots de l'acte précédent*. – b) *Rubrique de la même main que le texte*.– c) *Seconde rubrique ajoutée après coup entre les lignes (2) et (4) dans l'alinéa de la ligne* (3).– d) calamo *ajouté au-dessus de la ligne*. – e) Sic *pour :* filius. – f) Peradaelo *corrigé en* : Peladaelo. – g) Conpossuit. *Il semble bien que le second* s *a été exponctué*.

893

[1165-1180]. - Guesnes et Martaizé.

Notice relatant que Jean Valentin et son frère Guillaume ont vendu, sous forme de donation, à la communauté de Fontevraud la terre qu'ils avaient à La Place en recevant soixante cinq sous et quatre moutons ; l'épouse et les enfants de Jean ont concédé cette vente confirmée peu après les mains de l'abbesse Audeburge et de la prieure Gillette ; de leur côté, plusieurs autres personnes ont également fait abandon de leur terre de La Place en recevant soixante sous et deux moutons.

A. Original perdu.

B. Gd. Cart. Paris, fol. 6 v°, ex CXLI. – *E*. Angers, 101 H 225 *bis*, p. 97, n° 580, d'après *B*.

Indiqué : *C. T.L.*, p. 545 et 555.

Non daté. Passé sous l'abbatiat d'Audeburge (de Hautes-Bruyères), donc avant 1180, et sous le priorat de Gillette, donc après 1165, date à laquelle cette dernière apparait pour la première fois en cette qualité (V. le n° 503). la vente par Jean et son frère a eu lieu sur l'autel de Guesnes, la concession de l'épouse et des enfants de Jean à Martaizé, la « donation » des autres personnes sans doute à Guesnes.

D'après *B*.

Johannis Valentini et Willelmi fratris ejus de dono terre quam habebat ad Plateam[a].

Tam presentibus quam futuris notum sit quod Johannes Valetis et W[illelmus] frater ejus dederunt Deo et sancte Marię et ecclesie Fontis Ebraudi omnem terram quam habebant a La Placa et quicquid inibi habebant. Hoc donum fuit factum super altare de Gaina. Et hoc dono habuerunt ex caritate LX et V solidos et III oves. Facto hoc dono in Gaina, perrexerunt ex inde fratris[b] nostri Aimericus de la Placa et Petrus de Losdu a Martese et ibi habuerunt concessionem uxoris supradicti Johannis et omnium infantium eorum. Hujus rei testes fuerunt Petrus capellanus de Martese et Johannes Botareus et etiam omnes homines illius ville qui ad vesperas convenerant. Hoc donum fuit factum in manu Audeburgis abbatisse Fontis Ebraudi et G[illie] priorisse, testibus S[tephano] de Chavanai, Aimerico de La Placa, Petro de Losdu et aliis pluribus. Simili modo uxor Bruni servientis, Groula nomine, et W[illelmus] de Croal, gener ejus et infantes ejus et infantes Aimerici Bardoneu omnem terram quam habebant a La Placa dederunt et concesserunt Deo et ęcclesię Fontis Ebraudi et habuerunt ex caritate LX solidos et duas oves. Hujus rei testes fuerunt supradicti et W[illelmus] Donai sacerdos et clericus ejus et sacerdos d'Anglers, W[illelmus] et Aimericus Rabaste et uxor sua Clemencia et Bertrandus Giroes et Gaufridus frater ejus et omnis parrochia.

---

a) *Rubrique insérée après coup entre les lignes 1 et 3 dans l'alinéa de la ligne 2.* – b) Sic *pour :* fratres.

894

[XIIe siècle]

Notice relatant qu'une maison sise au Port-Bûcher a été donnée par Adélaïde de Saint-Mars à la communauté de Fontevraud, laquelle l'a cédée à un certain Pierre Mengerat contre un cens annuel de douze sous payable à la Saint-Jean [24 juin] *; si le dit Pierre ou ses héritiers la vendent ou la donnent, Fontevraud recevra soixante sous pour prix de son accord tout en continuant de percevoir le cens annuel de douze sous ; il en ira de même pour tout détenteur ultérieur de la maison.*

A. Original perdu.
B. Gd. Cart. Paris, fol. 7 r°, ex CXLII.– *E.* Angers, 101 H 225 *bis*, p. 97, n° 581 (court extrait), d'après *B*.
INDIQUÉ : *C. T.L.*, p. 535 et 542.

D'après *B*.

Adelaidis de Sancto Medardo de domo in portu Buscheret de feodo consulis[a)].
Nostris successoribus ad memoriam scripsimus quatinus Adelaidis de Santo Medardo dedit Deo et sancte Marię et ęcclesię Fontis Ebraldi unam domum in portu Buscherez de feodo consulis quam nos dedimus Petro Mengerato et suo heredi et exinde duodecim solidos censuales habemus in festivitate sancti Johannis in omni anno. Et si ipse Petrus

---

a) *Rubrique ajoutée après coup en marge, à droite.* –

predictam domum, vel per donum, vel per venditionem, a se removerit, vel alicui parentum suorum, vel in vita vel in morte, donaverit, ęcclesia Fontis Ębraldi ab ipso qui domum possessurus est sexaginta solidos pro concessione sua ex caritate habebit et duodecim supradictos solidos annuatim. Et quicumque supradictam domum, vel per donum, vel per vendicionem, vel per successionem a possessore susceperit, ęcclesię Fontis Ebraldi LX solidos, sicut dictum est, donabit et domus consuetudines. Domus vero predicta est inter domum Constantini Qui non ridet et domum Aimonis[b)].

---

b) *Ligne se continuant par le début de l'acte suivant.*

895

[XIIe siècle]

Notice relatant que Girard Paunier doit à la communauté de Fontevraud, pour une maison ayant autrefois appartenu à Bernard dit Chef d'Oeuvre, un cens de quinze sous payable pour moitié à la Saint-Florent [22 septembre], *pour moitié à la Nativité de saint Jean* [24 juin].

A. Original perdu.
B. Gd. Cart. Paris, fol. 7 r°, ex CXLII.
INDIQUÉ : *C. T.L.*, p. 538.

D'après *B*.

Census quem debet Girardus Paunerius[a)].
Omnibus[b)] notum facimus quod Girardus Paunerius debet quindecim solidos annuatim ęcclesię Fontis Ebraldi de domo que fuit Bernardi cognomento Caput Operis et est juxta domun Michahelis Joscelini, VIItem solidos et dimidium ad Sanctum Florentium et VIItem solidos et dimidium ad natale sancti Johannis.

---

a) *Rubrique ajoutée après coup en marge, à droite* – b) *Début de ligne occupé par les derniers mots de l'acte précédent.*

896

[Seconde moitié du XIIe s.].

Censier concernant les cens dûs à Fontevraud pour les maisons de Saumur et deux vignes.

A. Original perdu.
B. Gd. Cart. Paris, fol. 7 r° à 8 r°, ex CXLII et CXLIII.
INDIQUÉ : *C. T.L.*, pp. 558, 542 et 574 ; *L.* Lardier, *Thrésor de l'Abbaye de Fontevraud*, t. I, fol. 442 v°.

D'après *B.*

Hunc censum debet Willelmus de Antoniaco[a].
Guillelmus de Antoniaco debet XX^ti solidos de domo que fuit Aenis de Foro et est juxta domum Guidonis de Baignos, ad natale sancti Johannis et hospitiale tam fratribus quam sororibus ex more. Hylarius Escarruffle debet XX^ti solidos ęcclesię Fontis Ebraldi[b] de domo que fuit Johannis Stulti ad portam ubi pisces venduntur et consuetudines sunt abbatisse, census ad nathale sancti Johannis. Symon de Castellione XX^ti II^os solidos, census ad Sanctum Florentium de domo que est in Bislengia juxta domum Guillelmi de Codreio ; sunt XX^ti solidos et duo solidi de domo que est ante furnum supradicti Symonis. Boschetus et Vaslinus Escot debent X^em et VII^tem solidos de censu ecclesię Fontis Ebraldi ad Sanctum Johannem de domo Blancheborne quam dedit Aadelaidis de Sancto Medardo ecclesię F[ontis] E[braldi] juxta furnum Lausdunensię . Garinus Minerii debet XVI^cim solidos de censu ecclesię Fontis E[braldi] ad Sanctum Johannem de domo que est in portu annonario. Goslenus de Seiis V solidos ad Sanctum Johannem de domo in qua habitat Ivo Claveurer, V solidos de censu ad Sanctum Florentium de domo que est de feodo Audeberti militis. Robertus Parvus debet VII^tem solidos ad Sanctum Florentium de domo que est de feodo ejusdem Audeberti et est juxta domum Henrici Granerii. Aimericus Coquee V solidos et VI denarios ad Sanctum Johannem de domo que est de feodo Aimerici Gandrillum et est in cimiterio Sancte Marie ad caput ecclesię et consuetudines sunt abbatissę. Constantinus filius Pagani de Lentigneio V solidos ad Sanctum Florentium de domo que est in Bislengia et fuit

a) *Rubrique (n'indiquant que le premier des censitaires) ajoutée après coup à droite, en marge.* – b) *Ce mot ajouté en dessous de la dernière ligne de la page, à droite.*

Archenbaudi Aubespin de qua ipse Constantinus est tutor et defensor ecclesię Fontis E[braldi] et consuetudines sunt abbatisse. Umaut II^{os} solidos ecclesie Fontis E[braldi] ad Sanctum Florentium[c] de domo que est juxta furnum abbatissę et consuetudines sunt abbatisse. Radulphus Constantini et Villanus frater ejus debent II^{os} solidos ecclesię Fontis E[braldi] ad Sanctum Florentium de domo que est juxta furnum abbatisse et consuetudines sunt abbatisse. Agnes uxor Hallionis debet II^{os} solidos ad Sanctum Florentium de domo que est juxta furnum abbatisse et sciendum est quia domus haec serviet furnum ex parta sua de goteria et consuetudines sunt abbatisse. Rennulphus carnifex debet III^{s} solidos de censu ecclesię Fontis E[braldi] ad medium augustum de quadam vinea que fuit Herveii Gue. Paganus Harduni debet XII^{cim} denarios ecclesię Fontis E[braldi] ad Sanctum Florentium de domo que fuit Roberti Pascentis viatorem et est juxta furnum ejusdem Pagani Arduini. Tebaldus de Monte Sorellii debet XII^{cim} denarios de censu quamdiu coquet in furno ; in quo si non coquerit II^{os} solidos reddet ad Sanctum Florentium[c] et est hic census de domo que est ante furnum. Laurentius saunerius debet IX denarios de census ad Sanctum Florentium de domo que est juxta domum Teobaldi de Monte Sorelli et consuetudines sunt abbatisse. Galterius de Toarcio debet VI denarios ecclesie Fontis E[braldi] dum vixerit ; post obitum vero ejus, tam domus quam consuetudines ejus in dominium ad ecclesiam revertentur. Lausdunesia debet VIII^{to} denarios de censu ad Sanctum Florentium ecclesie Fontis E[braldi] de domo que fuit Gormit et est juxta domum ejusdem Lausdunesiae. Teobaldus de Bleis debet VI denarios ad Sanctum Florentium de domo que fuit Rovindelli et Galterii Graterville. Achardus Briencii debet VII^{tem} denarios et obolum ad Sanctum Florentium de domo que est juxta suam retro. Petrus Aurifaber debet II^{os} denarios et obolum ad Sanctum Florentium de domo que est retro suam. Matheus sellarius debet II^{os} denarios ad Sanctum Florentium de domo que est post suam. Joscelinus Michaelis debet II denarios ad Sanctum Florentium de domo que est retro secus suam. Nicholaus de Sancto Spaerio debet VI denarios ecclesie Fontis E[braldi] ad Sanctum Florentium de domo que est secus domum Stephanis Parvi. Thomas de Lapeireria debet ecclesie Fontis E[braldi] V^{que} minas frumenti in Assumptione sancte Marie de quadam vinea. Roauz cementarius debet ecclesie Fontis E[braldi] unam minam frumenti in Assumptione sancte Marie. Uxor Artuis tenet aliam terram de qua reddit ecclesie Fontis E[braldi] quartam partem. Summa istius census est VIIII^{vem} librarum et XII[d] (*blanc*) denariorum[e].

---

c) Ad Sanctum Florentium *ajouté au-dessus de la ligne*. – d) *Blanc de 2 cm sur le manuscrit*. – e) *Fin de ligne occupée par début de l'acte suivant.*

897

[1155-1165]. - Fontevraud.

Notice relatant que Péan de Clairvaux ayant abandonné à la communauté de Fontevraud un cens de quatre sous sur un four de Saumur qui appartenait aux moniales, son frère Geoffroi de Clairvaux, après la mort dudit Péan, a contesté et repris cette donation mais que, venu à Fontevraud, il l'a finalement confirmée moyennant un marc d'argent, entre les mains de l'abbesse Audeburge [de Hautes-Bruyères] *et avec l'accord de son fils, Hubert de Champagne.*

A. Original perdu.

B. Gd. Cart. Paris, fol. 8 r°-v°, ex CXLIII. – *D*. *Ste Fam*., t. III, p. 225 (analyse avec réf. : ch. 587), d'après *B*. – *E*. Angers, 101 H 225 *bis*, p. 98, n° 583 (*sic* pour 584) (extrait), d'après *B*.

b. Cosnier, p. 235 (analyse avec réf. : ch. 587, fol. 143), d'après *B*.

INDIQUÉ : *C*. *T.L*., p. 574 ; *L*. Lardier, *Thrésor de l'Abbaye de Fontevraud*, t. I, fol. 442 v°.

V. le n° 803 (semblable).
Non daté. Passé à Fontevraud sous l'abbatiat d'Audeburge, donc après le 21 mai 1155, et sous le priorat d'Isembard dont le successeur, Benoît, est mentionné en 1165 (v. le n° 503).

D'après *B*.

Pagani de Claris Vallibus de IIII solidis census[a)].
Notum[b)] sit presentibus et futuris quod Paganus de Claris Vallibus, pro anime sue et antecessorum suorum salute, dedit Deo et beate Marię Fontis Ebraldi apud Salmurum in quodam furno qui proprie sanctimonialium est quatuor solidos censuales, quos in supradicto furno habebat. Post mortem vero ipsius, Gaufridus frater ejus de Claris videlicet Vallibus, qui in her[e]ditate illius heres successit, hoc donum calumpniavit et abstulit. Sed, cum forte Fonti Ebraudi quadam die venisset, accepta unius marcae argenti caritate, donum sicut dominus Paganus frater ejus dederat, in manu domine Audeburgis abbatisse et concessit et confirmavit et hoc idem filius ejus Hubertus de Campenia concessit et confirmavit. Hujus rei testes sunt Aimericus de Curciaco, Siguinus de Lafa, Gaudinus de Beignos, Hugo Rigaudus, Vivianus de Romonis, Acelinus, Giraudus sacerdos Sacrocesariensis, Isembardus prior, Herveus de Salmuro.

---

a) *Rubrique ajoutée après coup en marge, à droite.* – b) *Début de cette ligne occupé par la fin de l'acte précédent.*

898

[1155-1165]

Étienne Josche de Saumur, lors de l'entrée de sa fille à Fontevraud, a donné à la communauté une maison sur la boire de Saumur tout en la conservant sa vie durant contre un cens annuel de vingt-cinq sous ; son épouse et son fils ont concédé ce don ; celui-ci a ensuite été contesté par un certain Aimeri Gandrilon mais il a finalement renoncé à ses prétentions, avec l'accord de son épouse et de son fils, en recevant soixante-et-un sous de l'abbesse Audeburge et une rente annuelle de six deniers.

A. Original perdu.
B. Gd. Cart. Paris, fol. 8 v°, ex CXLIII.
INDIQUÉ : *C. T.L.*, p. 574.

V. le n° 727 (donation d'Étienne).
Non daté. Même époque (1155-1165) que l'acte précédent).

D'après *B*.

Stephani Jochii de domo super beiram apud Salmurium data[a)].
Notum[b)] sit omnibus christianis fidelibus quod ego Stephanus Joscho de Salmurio dedi ecclesie Fontis Ebraudi cum filia mea quamdam domum ad Salmurium super beiram juxta domum Pagani Bovim. Et ego Stephanus dum vivam servabo domum et persolvam de censu per singulos annos ecclesie Fontis Ebraudi XX[ti] V[que] solidos. Et uxor mea Audeburgis et Petrus filius meus id concesserunt. Et ego Stephanus sum plegius de omnibus quitanciis. Testibus istis : Guillelmo Hermitello, Raginaudo de Baugeio, Pagano de Lentineio, Johanne prioris nepote et Harveio de Salmurio fratre et pluribus aliis. Hoc donum calumpniavit Aimericus Gandriluns. Abbatissa vero Audeburgis pacem fecit super hoc cum ipso, dando ei LX[a]I solidos pro caritate, statuendo etiam ei VI mummos[b)] per annum de servitio sine ulla alia prorsus obnoxietate vel servitio, concedente ejusdem Aimerici uxore et filio. Hujus autem doni et concessionis testes sunt : Petrus Vaslinus prepositus Salmuri et Simon de Castellione et Briencius de Martigne et Galterius de Toartio et Johannes de Puzauges et Isembardus ejusdem ecclesie prior et Odo Torcho et plures alii.

---

a) *Rubrique après coup à l'extrémité de la ligne.* – b) Sic *pour* : nummos.

899

[1169-1174 ou 1175-1180]

Notice relatant que Bouchard de Saint-Amand, partant pour Jérusalem, a confirmé entre les mains de l'abbesse Audeburge le don de la terre de Fressines fait par son père Eude à la communauté de Fontevraud et a reçu dix livres en échange..

A. Original perdu.

B. Gd. Cart. Paris, fol. 17 r°, ex CLI *sic* pour CLII. – *E.* Angers, 101 H 225 *bis*, p. 98, n° 612 (extraits), d'après *B.* – *F.* Gaignières, t. II, p. 48, d'après *B.*

INDIQUÉ : *C. T.L.*, p. 544.

V. les n°s 463 (semblable mais moins complet), 608 (donation d'Eude), 609 et 610 (confirmation de cette dernière donation).
Non daté. Passé sous l'abbatiat d'Audeburge (après le 21 mai 1155 - 1er juillet 1180). Si le sous-prieur Jean, témoin, est Jean de Véron, ensuite prieur à partir de 1174 au plus tard (v. le n° 707), l'acte, antérieur à cette dernière date, est postérieur, au plus tard, au 25 avril 1169, date où il était sous-prieur (v. le n° 714). Mais, au temps de son priorat – qui se prolongea jusqu'en 1187 –, un autre Jean, mentionné en 1175 (v. le n° 796), fut à son tour sous-prieur ; s'il s'agit du témoin de la présente charte, celle-ci est à dater de 1175 au 1er juillet 1180 au plus tard.

D'après *B.*

Buchardi filii Odonis de Sancto Amando dono terre de Freschenes[a)].
Sciant tam presentes quam futuri quod Buchardus filius Odonis Sancti Amandi dedit et concessit, sicut et pater ejus fecerat, terram de Freschesnes in manu domine Audeburgis abbatisse Fontis Ebraudi. Testibus : Ate de Rivire et Robberto de Montenazes, magistro Willelmo Johanne, Johanne subpriore, Johanne de Puzaujes, Amauger, Amiet, Petro hospitalari, Torgis, Girmundo, Rainaudo de Brino. Hoc donum quod pater ejus prius fecerat concessit cum vellet adire Jerosolimitanas partes, et domina abbatissa dedit ei pro caritate X libras.

---

a) *Rubrique ajoutée après coup en marge, à droite.*

900

[1169-1174 ou 1175-1180]. - Fontevraud.

Notice relatant que Jean Maumoine, à l'occasion de la prise d'habit de deux de ces filles, a donné à l'abbesse [Audeburge] *sa dîme de Montsoreau en échange du cens que celle-ci y percevait ; Aimeri d'Avoir, seigneur du fief, ses fils et ses filles ont concédé ce don ; Jean Maumoine s'étant ensuite rendu à Fontevraud pour y remettre ses deux filles à l'abbesse, son fils et une autre de ses filles ont aussi concédé cette donation.*

A. Original perdu.
B. Gd. Cart. Paris, fol. 17 r°, ex CLI, *sic* pour CLII. – *D*. *Ste Fam.*, t. III, p. 352 (analyse avec réf. : ch. 618), d'après *B*. – *E*. Angers, 101 H 225 *bis*, p. 98-99, n° 613, d'après *B*. – *F*. Gaignières, t. II, p. 48, d'après *B*.
INDIQUÉ : *L*. Lardier, *Thrésor de l'Abbaye de Fontevraud,* t. I, fol. 99 r° et 307 r°.

V. le n° 464 (semblable mais moins complet).
Passé dans la main d'Aimeri d'Avoir puis à Fontevraud. Non daté. Même époque que l'acte précédent, le sous-prieur Jean étant témoin.

D'après *B*.

Johannis Mali Monachi de data decima quam habebat apud Montem Sorel pro censu abbatisse[a)].
Notum sit tam presentibus quam futuris quod Johannes Malus Monachus dedit et concessit, cum duabus filiabus suis monachatis, Deo et sancte Marię et ecclesie Fontis Ebraudi omnem decimam quam habebat apud Montem Sorel et abbatissa ei census suos quos ibidem habebat. Hoc donum Johannis concessit Aimericus d'Aver de quo movere videbatur et filii et filie ipsius, in cujus domo factum est hoc donum. Testibus Johanne subpriore et Aimerico diacono et Gaufrido Vinario fratre et R[adulfo] Malo Monacho et duobus generibus Aimerici[b)] d'Aver, Eo et Bartholomeo de Sancto Medardo et Nivardo de Rochafort et Fulcone de Molierne et Rainaudo Charitet et Garino Bobechet et fratre ejus Johanne. Postea idem Johannes Malus Monachus venit Fontem Ebraudi et duas filias suas reddidit Deo et abbatisse et secundo predictam decimam concessit et Johanne[c)] filius suus, Flandina quoque filia ejus. Testibus :

---

a) *Rubrique ajoutée après coup en marge, à droite.* – b) Aimerico *corrigé en* : Aimerici *par surcharge.* – c) Sic *pour* : Johannes.

W[illelmo] de Monte Sorel, Pagano Bloi, Pagano de Sancto Martino, W[illelmo] de Dompere, magistro Willelmo, Johanne subpriore, Johanne de Puzaujes, Petro hospitalari, Torgis, Bumundo et pluribus aliis.

901 [1)]

XIIe siècle

Acte concernant la Barre de la Leue et dont seule la rubrique figure ici[2)].

B. Gd. Cart. Paris, fol. 17 r°, ex CLI, *sic* pour CLII.

D'après *B*.

De Barra Luciaci[a)].

1) Acte non numéroté antérieurement. – 2) Il s'agissait peut-être de l'acte n° 917 pr. éd. recopié plus loin dans le Cartulaire au fol. CLIV (*Sic* pour CLV).

a) *Rubrique isolée et d'une autre main que celle du copiste des actes et lisible en bas de la page, à gauche.*

902

[Avant 1125]

Censier de Rest concernant les cens communs à l'abbaye de Fontevraud et à Aimeri d'Avoir, cens payable le 31 mars.

A. Original perdu.
B. Gd. Cart. Paris, fol. 17 v° et 18 r° (ex CLI - *sic* pour CLII - et CLII, *sic* pour CLIII).
INDIQUÉ : *C. T.L.*, p. 538 et 559.

Sans date. XIIe siècle mais sans doute antérieur à 1125 car l'un des censitaires, « maitre » Ulger, doit être le futur évêque d'Angers promu en 1125 et maître de l'école cathédrale avant cette promotion.

D'après *B*.

Hic censiva de Resto continetur inter ecclesiam Fontis Ebraudi et Aimericum de Aveir communis[a].

Hii sunt census de Resto quorum medietas est ecclesie Fontis Ebraudi, altera vero medietas est Aimerici de Aveir, ultimo die marcii reddendi. Gauterius de Monte Sorello debet de hoc censu III solidos et X denarios et I obolum. Gaufridus Malus Monachus VII solidos et IX denarios. Hugo de Gisius III solidos. Robbertus de Matefelon II solidos. Magister Ulgerius II solidos. Aimericus Senglerius XIX denarios. Sicherius Bofa XIII denarios et I obolum. Beleth uxor defuncti Bruni villici IIII denarios. Stephanus pontunnarius V denarios. Groffinus de Mota I denarium. Garinus Gorbeilla VII denarios et I obolum. Benedicta uxor Aimerici Balbi defuncti II denarios. Savaricus Rufus IIII denarios. Berengarius piscator IIII denarios et obolum. Clemens Gue IIII denarios. Raginaudus Rex III obolos. Avitus cantor et Aimericus pelliparius VI denarios. Aimericus Frotgerii IIII denarios. Martinus Beraudi II denarios. Fulcherius Gastasal II denarios. Durandus Balbus IIII denarios. Aimericus de Lagroa III obolos. Tebaudus de Lagroa III obolos. Aimericus de Lugre XV denarios. Aimericus Morels II denarios. Arveus Gue XIIII denarios. Garnerius regraterius IIII denarios. Girorius piscator III obolos. Benedictus Rosellus V obolos. Raginaudus Mestivers XIII denarios. Audebertus de Porta XVIII denarios et obolum. Audebrandus VII obolos, Arnaudus Beraudus III obolos. Juliana filia defuncti Primaudi I denarium. Bernerius de Torquan XVIII denarios. Loellus camerarius XII denarios. Normandus Arenberti IX denarios[b]. Henricus pontonarius VI denarios. Robbertus Oggerii II. Paganus Motonel VII denarios. Aremburgis de Rochis VI denarios. Durandus Pretor II denarios. Judicaelis Comes III denarios. Thebaudus Francus II denarios. Garinus Boaterius III obolos. Vasletus villicus XI denarios. Monachus de capella III denarios. Willelmus de Rest IX denarios. David Comes III denarios. Aimericus Copape VII denarios. Monacus de Rest XII denarios. Gauterius Marcoardi II denarios. Gauterius de Moranis III denarios. Rainaldus Rauscherus II denarios. Gifardus VII denarios. Fulcherius pontonarius II denarios. Bartholomeus I denarium. Confratres Sancti Petri IIII denarios. Giraudus de Arcemala VI denarios. Ecclesia Fontis Ebraudi II solidos et VIII denarios. Enricus frater Villici V denarios. Aimericus fornerius I obolum. Boso Marcoardi XVII denarios. Ecclesia de Resto IIII denarios. Philippus Gibaudi V denarios. Arnaudus

---

a) *Rubrique ajoutée après coup au-dessus de la ligne.* – b) d[enarios] *ajouté au-dessus de*

Orenna III obolos. Popotus[c] sutor IIII denarios. Richildis filia Rannulfi II denarios. Reginaudus de Canda IIII denarios. Ugo de Luen VI denarios. Gaufridus Roil et ejus frater II denarios. Gauterius Auferand I denarium. Alaardus furnerius II denarios. Enjobaudus filius Garnerii II denarios. Groffinus molendinarius III obolos. Robbertus gener Dodonis filii Auto V denarios. Rainaldus Balbus II denarios. Johannes[d] de Corcellis sororius Rainardi II solidos et II denarios et obolum. Acardus I denarium. Rainodus VII denarios. Bernerius Batalla IIII denarios. Aleelmus Redoe VI denarios. Garnerius Raboi II denarios.

---

la ligne. – c) Popatus *corrigé en :* Popotus *par o suscrit.* – d) Sic *pour* : Johannes. *Dans l'abréviation du nom le s final a été remplacé par un c (le s grec).*

903

[Avant 1125]

Censier concernant les cens, payables le 31 mars, donnés à la communauté de Fontevraud par Guillaume de Rest.

A. Original perdu.
B. Gd. Cart. Paris, fol. 18 r° (ex CLII, *sic* pour CLIII).
INDIQUÉ : *C. T.L.*, p. 538 et 559.

Non daté. Même époque que le précédent, à en juger par le nom de certains des censitaires.

D'après *B*.

Hii sunt de dono Willelmi de Rest[a].
Hii sunt census quos W[illelmus] de Resto dedit ecclesie Fontis Ebraldi, extremo die marcii reddendi. Gilaius II denarios. Jaleel II denarios. Clemens Gue I denarium. Isembardus Beraud III denarios Arveus Gue X denarios et obolum. Dous filius Auto II denarios. Bernerius nepos Berengarii camerarii V obolos. Thebaudus[b] de La Groa I denarium. Durandus Pretor III denarios et obolum. Audebrandus I denarium. Gaufridus Roil II denarios. Ecclesia Fontis Ebraldi IIII denarios et obolum. Marcoardus I denarium. Bartholomeus IIII denarios. Acardus I denarium[c].

---

a) *Rubrique insérée après coup entre les lignes.* – b) *Ce nom ajouté au-dessus de la ligne.* – c) *Cette ligne se continue par le début de l'acte suivant.*

904

[Avant 1125]

Censier concernant les cens donnés à la communauté de Fontevraud par Aimeri Païen.

A. Original perdu.
B. Gd. Cart. Paris, fol. 18 r°, ex CLII, *sic* pour CLIII.
INDIQUÉ : *C. T.L.*, p. 538 et 559.

Même époque que les précédents.

D'après *B*.

Hos census dedit Aimericus Pagani[a].
Et[b] hii sunt census quos dedit Aimericus Paganus ecclesie Fontis Ebraldi. Fulcreius VIII denarios. Renelmus filius Giraudi Segreti IIII denarios et decimam vinee. Alaardus furnerius et Willelmus Boselli VI denarios. Arnaldus faber II denarios Alaardus furnerius debet reddere pro Johanne Martino IIII denarios[c].

———

a) *Rubrique insérée après coup entre les lignes.* – b) *Début de ligne occupé par la fin de l'acte précédent.* – c) *Fin de cette ligne occupée par le début de l'acte suivant.*

905

[Avant 1125]

Censier concernant les cens payables à Candes par l'abbaye de Fontevraud le jour de l'octave [11 juillet] *de la Saint-Martin d'été et la moitié du service d'un homme pour la fenaison.*

A. Original perdu.
B. Gd. Cart. Paris, fol. 18 r°, ex CLII, *sic* pour CLIII.
INDIQUÉ : *C. T.L.*, p. 536.

Non daté. Même époque que les précédents.

D'après *B*.

Hec[a] sunt nomina hominum quibus ecclesia Fontis Ebraldi apud Candas reddit censum in octavis Sancti Martini estivalis. Huoni canonico X denarios et obolum. Matheo canonico VII denarios et obolum. Archiepiscopo Turonensi XIII denarios. Ricardo Salvo Lupum IIII denarios. Erveo Gue VIII denarios[b]. Magistro Ulgerio I obolum. Beatrici II denarios et I pullum galline et medietatem mercedis unius hominis ad fenandum in pratum[c].

---

a) *Début de ligne occupé par les derniers mots de l'acte précédent.* – b) d[enarios] *ajouté au-dessus de la ligne.* – c) *Fin de ligne occupée par le début de l'acte suivant.*

906

[Avant 1125]

Censier concernant les cens de Candes dus à l'abbaye de Fontevraud le jour de l'octave (11 juillet) de la Saint-Martin d'été.

A. Original perdu.
B. Gd. Cart. Paris, fol. 18 r° et v°, ex CLII, *sic* pour CLIII.
INDIQUÉ : *C. T.L.*, p. 536.

Non daté. Même époque que les précédents.

D'après *B*.

Renardus[a] de Bertegnola debet ecclesie Fontis Ebraldi III denarios de censu in octavis Sancti Martini estivalis. Gaudinus I denarium. Gaufridus IIII denarios. Canonici de Canda I obolum. Lisiuno Espiotd I obolum. Uxor defuncti Petri uncterii II denarios[b].

---

a) *Début de ligne occupé par les derniers mots de l'acte précédent.* – b) *Fin de ligne occupée par la rubrique de l'acte suivant.*

907

[Avant 1125]

Censier concernant les cens [de Rest] *donnés à l'abbaye de Fontevraud par Aimeri Sanglier, son épouse, ses deux fils, sa fille et son frère Hugues et payables en mars.*

A. Original perdu.
B. Gd. Cart. Paris, fol. 18 v°, ex CLII, *sic* pour CLIII. – *E.* Angers, 101 H 225 *bis*, p. 99, (le début seulement), d'après *B*.
INDIQUÉ : *C. T.L.*, p. 538.

Non daté. Sans doute même époque que les précédents.

D'après *B*.

De dono Aimerici Sengler[a)].
Isti census quos Aimericus Sanglers et Ugo frater ejus donavit ęcclesie Fontis Ebraldi reddendi in marcio. Reginaudus mestiverius III denarios. Savaricus Rufus V denarios. Aimericus de Lugre IIII denarios. Durandus Pretor IIII denarios et obolum. Paganus Montenellus IIII denarios. Sicherius Bofa III obolos. Enricus pontonarius III obolos. Stephanus pontonarius VI denarios et obolum. Vasletus Barberaus XVIII denarios. Rainodus unum obolum. Fulcheius pontonarius III denarios et ad augmentum hujus doni VI denarios in prato Goscelini. Hoc concessit Aimericus Senglers et Audeardis uxor ejus, Ugo et Aimericus filii ejus et Adelaidis filia ejus et Ugo Senglerius. Hoc vidit et audivit Gislebertus Bevin et Fulco vigerius et Bertrandus de Creve.

---

a) *Rubrique ajoutée après coup à la fin de la ligne.*

908

[Avant 1125]

Censier du Clos-Bellay concernant des cens payables en mars et partagés par moitié entre Fontevraud et Béatrice de Candes.

A. Original perdu.
B. Gd. Cart. Paris, fol. 18 v°, ex CLII, *sic* pour CLIII. – *E*. Angers, 101 H 225 *bis*, p. 99, (le début seulement), d'après *B*.
INDIQUÉ : *C. T.L.*, p. 538.

Non daté. Sans doute même époque que les précédents.

D'après *B*.

De Closo Berlaii[a].
Hii sunt census de Closo Berlaii qui redduntur in marcio, quorum una medietas est ecclesie Fontis Ebraldi, altera vero est Beatricis de Canda. Botellerius III denarios. Arbertus Bodini III denarios. Girardus Rambaudi debet in uno anno I denarium et in alio I obolum. Christoforus de Monte I denarium et idem Christoforus et Gauterius carpentarius III obolos. Gaufridus Peural II denarios. Rancherius Pictavis III obolos. Gauterius carpentarius et Airois III obolos. Odo furnerius I denarium. Assailla II denarios. Gaufridus Jerosolimitanus III obolos. Josbertus Ollerius III obolos. Brictius faber IIII denarios et obolum. Audebertus filius Alescherpele III obolos. Petrus soldearius V denarios. Arveus Nero III obolos. Hubertus de Bosco Claro III denarios. Paganus Minajodans II denarios. Erardus II denarios. Audois Lapelee I denarium. Aubertus de Porta II denarios. Uxor Aimerici Balbi I denarium. Gaufridus Malus Monachus VIII denarios. Vasletus villicus III denarios. Durandus Pretor X denarios. Ecclesia Fontis Ebraldi XI denarios. Gaufridus Rufus II denarios[b].

---

a) *Rubrique insérée après coup entre les lignes.* – b) *Fin de ligne occupée par le début de l'acte suivant.*

909

[Avant 1125]

Censier concernant les cens donnés à la communauté de Fontevraud par un certain Fulcroi.

A. Original perdu.
B. Gd. Cart. Paris, fol. 18 v° et 19 r°, ex CLII, (*sic* pour CLIII) et CLIII (*sic* pour CLIV).
INDIQUÉ : *C. T.L.*, pp. 538 et 552.

Non daté. Sans doute même époque que les précédents.

D'après *B*.

Fulcreii[a].

Hec[b] est censiva Fulcreii quam dedit ecclesie Fontis Ebraldi pro salute animę suę et antecessorum suorum. Sicherius II denarios. Papotus II denarios. Gaufridus Guiomardi I denarium. Hubertus Rufus I denarium. Martinus Beraut I denarium. Aubertus unum denarium. Herveus Gue IIII denarios de maceriis et II denarios et obolum de terra que est super closum Petri Letardi. Robertus de Forche I denarium de una opera. Bonum Opus judeus unum denarium de una opera. Gaufridus Roil IIII denarios de Albugiis. Isembardus Beraudi III denarios de Albugiis. Aremburgis Segrededia II denarios et I obolum de terra de Albugiis. Paganus mestiverius I denarium de Albugiis. Hubertus Rufus II denarios de vinea Laleel. Bartholomeus IIII denarios de prato Boamunt subtus Villebrenum. Raboinus II denarios de Albugiis super castro. Acardus I denarium de terra que est super molendinum de Rabaste. Ecclesia Fontis Ebraldi IIII denarios et obolum. Aimericus Durandi III denarios et obolum de salicibus Rabaste et de ortis ante saxum Monte Sorelli. Herveus Gue de domo Petri pelliparii de Resto II denarios[c].

---

a) *Rubrique insérée après coup entre les lignes au centre.* – b) *Début de ligne occupé par les derniers mots de l'acte précédent.* – c) *Fin de ligne occupée par le début de l'acte suivant.*

910

[Avant 1125]

Censier concernant d'autres cens donnés à la communauté de Fontevraud par Fulcroi.

A. Original perdu.

B. Gd. Cart. Paris, fol. 19 r°, ex CLIII, *sic* pour CLIV.

INDIQUÉ : *C. T.L.*, p. 538 et 558. – *L.* Lardier, *Thrésor de l'Abbaye de Fontevraud*, t. I, fol. 839 r°.

Non daté. Même époque que les précédents.

D'après *B*.

Fulcreii[a].

Hec[b] est censiva Fulcreii quam dedit ecclesie Fontis Ebraldi pro salute animę suę et antecessorum suorum. Sicherius Bofa II denarios de rupe sua. Papotus II denarios de vinea que est super castro. Aubertus de Porta I denarium de portiuncula vineę. Martinus Beraut I denarium de portiuncula vinee. Hubertus Rufus I denarium de terra Borneis. Gaufridus Guiomardi I denarium de terra Glaii.

a) *Rubrique ajoutée après coup entre les ligne au-dessus des deux premiers mots de l'acte.* – b) *Début de ligne occupé par les derniers mots de l'acte précdent.*

911

[Avant 1125]

Censier concernant les cens donnés à la communauté de Fontevraud par Aimeri Païen.

A. Original perdu.

B. Gd. Cart. Paris, fol. 19 r°, ex fol. CLIII.

INDIQUÉ : *C. T.L.*, p. 536, 541, 552 et 558. – *L.* Lardier, *Thrésor de l'Abbaye de Fontevraud*, t. I, fol. 389 r°.

Non daté. Même époque que les précédents.

D'après *B*.

Aimerici Pagani[a].

Hii sunt census quos dedit Aimericus Paganus ecclesie Fontis Ebraldi. Henricus IIII denarios de domo Bernerii. Fulcreius II denarios de terra Borneis et de domo sua IIII denarios et de orto capitis ville II denarios et de terra molendini de Rabaste II denarios. Alaardus furnerius et W[illelmus] Boissel VI denarios de eodem furno[b]. Johannes Martini IIII denarios de rupe sua. Arnaudus faber II denarios de terra de Lapide. Renelmus filius Giraudi IIII denarios de vinea de Cantolupo et decimam vineę.

a) *Rubrique ajoutée après coup entre les ligne, au centre.* – b) de eodem *laisse supposer que le copiste du cartulaire a omis de copier auparavant le ou le noms du ou des censitaires devant également un cens pour le four en question.*

912

[XIIe siècle]

Notice relatant un accord conclu entre Fontevraud et Geoffroi Armener au sujet de sa tenure. Ce dernier recoit, moyennant le versement de 2 deniers annuels, un petit pré situé derrière sa maison et il devra payer, pour l'ensemble de ce qu'il détient, 6 deniers et un chapon le lendemain de Noël.

A. Original perdu.
B. Gd. Cart. Paris, fol. 19 v°, ex CLIII, *sic* pour CLIV.

Non daté. XIIe siècle.

D'après *B.*

Contentio fuit inter Fontem Ebraudi et Gaufridum Armener de tenemento ipsius. Que contentio taliter pacificata fuit quia concessum est ei pratellum quod est post domum ipsius pro quo tenetur reddere II denarios anuales[a)] et, ita tam de hoc quam de alia teneura sua, VI denarios et unum caponem persolvet annuatim sequenti die a Natali Domini.

---

a) Sic *pour :* annuales.

913

[XIIe siècle]

Notice concernant le don en perpétuelle aumône fait pour son salut à la communauté de Fontevraud, par Guillaume David de Chinon, d'un cens de cinq sous qu'il avait reçu de son seigneur Aales, lequel, avec son héritier, a concédé ce don entre les mains d'un frère de Fontevraud nommé Guillaume.

A. Original perdu.
B. Gd. Cart. Paris, fol. 19 v°, ex CLIII, *sic* pour CLIV.

D'après *B*.

Notum sit tam presentibus quam futuris quod dominus Willelmus David de Chinone dedit Deo et ecclesie Fontis Ebraudi in perpetuam elemosinam, pro salute anime sue, V solidos census quos dominus Aales de Morte sibi pro servitio suo dederat. Ipse vero Aales miles et heres suus Deo et ecclesie predicte, pro animarum suarum salute[a] simili modo concesserunt et dederunt libere et quiete absque omni querela. Hiis testibus : Willelmo fratre in cujus manu Aales et heres suus hanc concessionem fecerunt et donum istud, Galfrido de Louduno apud Chinonem commorante, Radulfo Surdo, Ernardo serviente de ponte Chinonis.

---

a) *Ce mot ajouté au-dessus de la ligne.*

914

[Seconde moitié du XIIe siècle]

Notice relatant que Pierre Travers a donné à la communauté de Fontevraud ce qu'il avait dans la terre du Vigau, près du prieuré de La Leue, à savoir la coutume et le cens sur les essarts ; il a reçu en échange trois quartauts de froment.

A. Original perdu.

B. Gd. Cart. Paris, fol. 19 v°, ex fol. CLIII, *sic* pour CLIV. – *x*. « Cartulaire du prieuré de Libaud », éd. P. MARCHEGAY, dans *Archives Historiques du Poitou,* t. I, 1873, p. 58, n° VI, d'après *B*.

INDIQUÉ : *C. T.L.*, p. 540. – *L*. Lardier, *Thrésor de l'Abbaye de Fontevraud,* t. I, fol. 270 v°.

D'après *B*.

Petrus Travers dedit Deo ecclesie Fontis Ebraudi quicquid habebat in terra dau Vigau *endret la maisun* de Lucaio, videlicet cosdumam et rupturam. De terra vero que est supra viam tantummodo rupturam dedit ; idcirco habuit tria quarteria frumenti. Hujus rei testes sunt Raginaudus de Grua, Orris, Petrus Beidererei, Renaldus Chiruns.

915

[Seconde moitié du XIIe siècle]

Notice relatant que Pierre Barboteau et Ménard d'Ougnette ont donné à la communauté de Fontevraud, le cens des essarts (rupturam) *de deux terres incultes proches du prieuré de La Leue en recevant chacun cinq sous de charité ; par la suite, Guillaume Barboteau, héritier de Pierre, et Aimeri Ménard ont donné l'un le sixième, l'autre la moitié du fief de ces deux terres.*

A. Original perdu.

B. Gd. Cart. Paris, fol. 19 v°, ex CLIII, *sic* pour CLIV. – *x*. « Cartulaire du prieuré de Libaud », p. 58, n° VII, d'après *B*.

INDIQUÉ : *C. T.L.*, p. 541.

D'après *B*.

Petrus Barboteas et Menardus de Ognetis dederunt Deo et prefate ecclesie rupturam duorum desertorum que erant juxta domum de Lucaio, unum extra fossa juxta Podium Beraudi, alterum vero infra eadem fossa ex parte domus, et idcirco habuit uterque illorum V solidos in karitate. Hujus rei testes sunt Giraudus de Gruia, Petrus Bedareren, Renaldus Chiruns, Orris et alii plures. Post aliquantum vero temporis, Guillelmus Barboteas heres predicti Petri Barbotea dedit Deo et prefate ecclesie sextam partem de feodo predictorum desertorum. Hujus doni testes sunt Michael capellanus Sancti Georgii, Johannes de Motis, Stephanus Grundini, Paganus Ragoini, frater Simon. Item Aimericus Menardi dedit Deo et prefate ecclesie medietatem feodi predictorum desertorum. Hujus doni testes sunt Michael de Poaut, Stephanus Grundini, frater Simon, Arnaudus vigerius, Arnaudus de Faolia et uxor ejus Marsilia, soror predicti Aimerici, qui hoc idem concesserunt et ideo habuerunt duos solidos.

916

[Seconde moitié du XIIe siècle]

Notice relatant que : 1) Guillaume Barboteau a donné (tout en recevant cinq sous) le fief et le cens des essarts (roturam), *de la part qu'il avait de la terre de Lambert Papin ; 2) Raoul Poers a donné quant à lui (en recevant dix sous) le cens des essarts de sa part de cette même terre – ce avec l'accord de Guillaume Poers – puis, alors qu'il partait en pèlerinage pour Rocamadour, le fief de ladite terre en recevant de Renaud Gautier,* [prieur de Libaud et de La Leue], *un palefroi avec selle et mors : 3) Le même Raoul a donné en même temps sa part des pâtures de « Cancholia » avec l'accord de Guillaume Poers et des siens qui ont reçu une compensation.*

A. Original perdu.
B. Gd. Cart. Paris, fol. 19 v°, ex CLIII, (*sic* pour CLIV) et CLIV (*sic* pour CLV). – *x.* « Cartulaire du prieuré de Libaud », p. 59, n° VIII, d'après *B*.
INDIQUÉ : *C. T.L.*, pp. 536, 544 et 576.

D'après *B*.

Guillelmus Barboteas dedit Deo et ecclesie Fontis Ebraldi feodum et roturam partis sue quam habebat in terra Lamberti Papini et idcirco habuit quinque solidos. Hujus rei testes sunt Aimericus de Rocha, Guillelmus de Monte, Andreas Filluns. Radulphus vero Poers roturam partis sue quam in eadem terra habebat Deo et prefate ecclesie atribuit[a)] et idcirco habuit X solidos caritative. Hoc concessit Guillelmus Poers. Hujus doni testes sunt Simon decanus, Malus Sangis. Postea vero voluit Radulphus Poers ire apud Rocham Amatoris peregrinationis causa et dedit ei Renaudus Galterii quemdam palefredum cum sella et freno et ipse Radulphus Poers dedit Deo et prefate ecclesie feodum terre Lamberti Papini de qua, ut supradiximus, rupturam dederat. Dedit iterum partem quam habebat in pascuis de Cancholia que participant cum Guillelmo Barbotea et Reinerio et de Chaumetta. Hoc concessit Guillelmus Poers et mater ejus et Katerina que quandam helemosinariam propter hujus doni concessum habuit. Hujus doni testes sunt Paganus Raganers, Renulfus Ferrerius, frater Simon, Evroinus, Arnaudus et plures alii.

---

a) *Sic,* corr. attribuit.

917

[Seconde moitié du XIIe siècle]

Notice relatant que Guillaume Barboteau a donné à la communauté de Fontevraud le fief d'une terre sise à Mortevieille, d'une autre à La Barre et d'une autre aux Chirons.

A. Original perdu.
B. Gd. Cart. Paris, fol. 20 r°, ex CLIV, *sic* pour CLV. – *x*. « Cartulaire du prieuré de Libaud », p. 59, n° IX, d'après *B*.
INDIQUÉ : *C. T.L.*, p. 539, 544 et 578.

D'après *B*.

Guillelmus Barboteas dedit Deo et ecclesie Fontis Ebraldi feodum terre que participat cum Coennea ad Vetulam Mortuam et feodum terre que est extra Barram a sinistra parte *endreit la maisun*, et feodum terre que est *aus Chiruns*, que est ultra fossa et fuit[a] de terra Coennea. Hujus rei testes sunt Michael de Poaut, Johannes de Motis, Petrus grenarius, Andreas Fillun, frater Simon, Arnaudus decanus, Willelmus Tabaris.

a) i *suscrit*.

918

[Seconde moitié du XIIe siècle]

Notice relatant que Pierre Troneau a donné à la communauté de Fontevraud la maison de Libaud et ses dépendances dûment délimitées par des bornes ainsi que divers autres biens, à savoir : 1) les tailles que le seigneur de Sainte-Hermine levait sur les terres cultivées par les Fontevristes ; 2) ce que les mêmes Fontevristes pourront acquérir de cette terre de Sainte-Hermine ; Hervé de Mareuil-[sur-Lay] et son fils Thibaud Chabot ont concédé ces donations.

A. Original perdu.
B. Gd. Cart. Paris, fol. 20 r°, ex CLIV, *sic* pour CLV. – *x*. « Cartulaire du prieuré de Libaud », p. 60, n° X, d'après *B*.
INDIQUÉ : *C. T.L.*, p. 537 et 546.

D'après *B*.

Petrus Troneas dedit Deo et ecclesie Fontis Ebraldi domum de castro Lebaudi et nemus et planum sicut dominus ipse eciam metas posuit. Iterum dedit omnes collectas quas dominus Sancti Herminii habebat in terra quam colunt sanctimoniales vel earum fratres, illam videlicet collectam que pertinet ad dominum, ubicumque vero sit cultura. Iterum dedit et concessit quicquid sanctimoniales vel earum fratres in terra Sancti Herminii acquirere recte possent. Hujus rei testes sunt Gaufridus de Brulvet, Gaufridus Ascelin, Petrus Bruns, Josbertus Barboteas et plures alii. Hoc idem donum concessit Herveus de Marolio et Teobaudus Chabot filius ejus, audiente Savarico Segebrant, Girardo mercatore, Pagano Triqueng, Bruno de Marolio, Thoma, Pagano Bodin [cum][a] pluribus aliis.

---

a) cum *omis par le copiste.*

919

[Seconde moitié du XIIe siècle]

Notice relatant que Renaud Gautier [prieur de Libaud] *a échangé avec Aimeri Grinbert, homme des moniales et leur devant un cens annuel de douze deniers ainsi que la dîme de tous ses animaux, le quart d'un pré et la moitié d'un autre contre la moitié d'une autre terre ; Renaud Gautier s'engage à garantir l'échange.*

A. Original perdu.
B. Gd. Cart. Paris, fol. 20 r°, ex CLIV. – *x.* « Cartulaire du prieuré de Libaud », p. 60, n° XI, d'après *B.*
INDIQUÉ : *C. T.L.*, pp. 537, 557 et 576.

D'après *B.*

Aimericus Grinberti fuit homo sanctimonialium, reddendo annuatim XII denarios censuales et decimam omnium bestiarum suarum. Renaldus fecit mutuum cum Aimerico Grinberti et dedit ei quartam partem prati de Traol et medietatem prati de Chaumetta pro medietate terre de Querqu, tali conditione ut Renaldus Gauterii et ejus successores custodiant et defendant Aimerico Grinberti commercium sin autem quisque quod prius tenebat.

920

[Seconde moitié du XIIe siècle]

Notice relatant que Boer Grinbert est devenu frère de Fontevraud en faisant don à la communauté de sa personne et du quart du fief des Grinbert.

A. Original perdu.
B. Gd. Cart. Paris, fol. 20 r°, ex CLIV. – *x*. « Cartulaire du prieuré de Libaud », p. 60, n° XI (à la suite du précédent), d'après *B*.

D'après *B*.

Boers Grinberti dedit Deo et ecclesie Fontis Ebraldi se ipsum et quartam partem feodi Grinbertinorum et fuit frater Fontis Ebraldi.

921

[Seconde moitié du XIIe siècle]

Notice relatant que Raoul Poers, Aimeri Ménard et Guillaume Barboteau ont donné à la communauté de Fontevraud 1) ce qu'ils avaient d'une ouche jouxtant la terre de Pierre Travers sur la route de Sainte-Hermine ; 2) ce qu'ils avaient de la terre de Chirons.

A. Original perdu.
B. Gd. Cart. Paris, fol. 20 r°, ex CLIV, *sic* pour CLV. – *x*. « Cartulaire du prieuré de Libaud », p. 61, n° XII, d'après *B*. – *L*. Lardier, *Thrésor de l'Abbaye de Fontevraud*, t. I, fol. 270 v°
INDIQUÉ : *C. T.L.*, p. 538 et 554.

D'après *B*.

Radulfus Poers et Aimericus Menardi et Willelmus Barboteas dederunt Deo et ecclesie Fontis Ebraldi quiquid[a] habebant in ooca que partitur

a) Sic *pour :* quicquid.

cum terra P[etri] Travers, intra fossa et viam Sancti Herminii, et quicquid habebant extra fossa in terra de Chiruns. Hujus rei testes sunt Michael de Poaut et Johannes de Motis et Stephanus Grundins et Johannes Conens et Petrus Travers et filii ejus.

922

[Seconde moitié du XIIe siècle]

Notice relatant : 1) qu'Hervé de Mareuil [-sur-Lay] *et son fils Thibaud Chabot ont donné à la communauté de Fontevraud et à un frère de celle-ci nommé Guillaume de* « Sarberge »[1] *la maison de La Leue libre de tout service en concédant au même Guillaume ce qui lui-même ou les autres religieux pourraient acquérir de la terre de Sainte-Hermine, ce que ces derniers possédaient déjà de la terre des Grinbert et tout ce que Raoul Grinbert avait donné en prenant l'habit fontevriste, à savoir les terres de Sous-les-Noyers, Sous-le-Poirier et de « Bottentret », le tout concédé par Guillaume et Pierre Travers ; 2) que la terre de* « Bottentret » *ayant été, en raison de la négligence des frères, accaparée et longtemps cultivée par un certain Gautier Gorrin, Renaud Gautier, prieur de Libaud et de La Leue, a traîné, témoins à l'appui, Gautier Gorrin devant la cour de l'archiprêtre de Pareds et s'est vu confirmer la possession de ladite terre ; 3) que Renaud Boschene, cousin de Gautier Gorrin, ayant à son tour émis des prétentions sur cette terre de « Bottentret », Renaud Gautier en a appelé à Hunfroi, archidiacre de Thouars et que, celui-ci ayant prescrit à l'archiprêtre de Pareds de mettre Renaud Boschene sous le coup de la justice ecclésiastique, ledit Renaud, redoutant cette sanction, s'est présenté au jour fixé devant l'archiprêtre avec le prieur qui s'est vu reconnaître la terre tout en lui donnant un dédommagement de quinze sous.*

A. Original perdu.

B. Gd. Cart. Paris, fol. 20 r° et v°, ex CLIV, *sic* pour CLV. – *x.* « Cartulaire du prieuré de Libaud », p. 61-62, n° XIII, d'après *B*.

INDIQUÉ : *C. T.L.*, p. 535, 542, 548, 549 ; *L.* Lardier, *Thrésor de l'Abbaye de Fontevraud,* t. I, fol. 270 v° et 280 v°.

---

1) *Il s'agit peut-être du premier prieur du Libaud.*

D'après *B*.

Res geste nisi scribantur vix ab oblivionis interitu defenduntur[a]. Ideoque memorie scripti mandamus quod Arveus de Marolio et Teobaudus Chabot, filius ejus, dederunt Deo et ecclesie Fontis Ebraldi et fratri Guillelmo de Sarberge, qui frater Petri Tronea dicebatur, domum de Luchaio libere et quiete, remoto omni servicio. Insuper concesserunt eidem Willelmo quicquid in terra Sancti Herminii vel ipse vel alii fratres prefate ecclesie recte adquirere possent. Quicquid vero in feodo Grinbertinorum habebant Deo et ecclesie supradicte concesserunt. Illud vero quod Radulfus Grinberti Deo et ecclesie Fontis Ebraldi dederat[b] quando se ipsum ordini et religioni ecclesie prefate tradidit, videlicet terram de Sub les Noers et de Sub Piro et terram de Bottentret, hoc totum concesserunt Arveus de Marolio et Theobaudus, filius ejus. Hoc idem concessit Willelmus Travers et etiam Petrus Travers. Hujus rei testes sunt Aimericus Grinberti, Radulfus Grinberti, Renaudus Grinberti et omnes Grinbertini. Et sciendun est quod prefata terra de Bottentret, propter ignorantiam et negligentiam fratrum jamdicte ecclesie, Gauterius Gorrini diu excoluit et sibi appropriavit : quod cum Renaudus Gauterii, prior de Castro Lebaudi et de Luchaio, per prefatos testes, videlicet Aimericum Grinberti et Renaudun Grinberti et Johannem Grinberti, cognovisset jamdictum Gauterium Gorrini in curia archipresbiteri de Auperesio, videlicet Gauterii Aigret, traxit et prefatam terram prenominatorun testium examinationem in presentia predicti archipresbiteri adquisivit. Postea vero Renaldus Boscheneas, consanguineus ejusdem Gauterii Gorrini, predictam terram de Bottentret Renaudo Gauterii calumpniavit. Ideoque conquestus est Renaldus Gauterii domino Hunfredo Toarcensi archiepiscopodiacono[c] qui predictum Renaldum Boschenea Gauterio archipresbitero sub justicia ponere precepit. Cum vero Renaldus Boscheneas sub justicia poni erubesceret, Renaldo Gauterii in curia archipresbiteri se responsurum obtulit. Archipresbiter vero disceptationis diem utrique assignauit. Veniens ergo Renaldus Gauterii ad prefixum[d] diem, testes idoneos protulit quorum unus, scilicet Johannes Grinberti, juramento in eadem curia examinatus est et cum tuitu tocius curie predictam adquisivit terram. Et ut pacifice et quiete de cetero terram possideret, XV solidos Renaudo de Boscheneia dedit. Hujus rei testes Gauterius archipresbiter, Aimericus nepos ejus, prior Sancti Medardi, Anterius capellanus de Calleria, Josdoinus Sancti Hilarii capellanus, Guillelmus Charruns, Gaufridus foresterius, Guillelmus Segebrandi, Gaufridus Colez pluresque alii.

---

a) defendantur *corrigé en :* defenduntur. – b) *Ce mot ajouté au-dessus de la ligne.* – c) Sic *pour :* archidiacono. – d) *fi suscrit.*

923

[Seconde moitié du XIIe siècle]

Notice relatant : 1) que Pierre Barboteau et Ménard d'Ougnette ont donné à la communauté de Fontevraud le fief d'une terre proche du puits de la Leue, Pierre recevant vingt sous – tout en concédant une terre voisine du lieu dit les Noues, son épouse des bottes, Ménard d'Ougnette deux setiers de froment et une charrette, son épouse douze deniers et son fils trois deniers pour acheter un couteau et sa gaine ; 2) qu'Aimeri Coenneau a, quant à lui, donné à la communauté, entre les mains du doyen Constantin, le cens (roturam) *des essarts de la terre dont le fief avait été donné par Pierre et Ménard et, en outre, la moitié d'une autre en recevant de Renaud Gautier* [prieur de Libaud] *quinze sous et une émine de fèves.*

A. Original perdu.

B. Gd. Cart. Paris, fol. 20 r°, ex CLIV, *sic* pour CLV. – *x.* « Cartulaire du prieuré de Libaud », p. 62-63, n° XIV, d'après *B*. – *L.* Lardier, *Thrésor de l'Abbaye de Fontevraud*, t. I, fol. 280 v°

Non daté. Seconde moitié du XIIe siècle. Le vicomte Aimeri, témoin, ne peut être qu'Aimeri VII, vicomte de Thouars de 1173 à 1226 (v. « Cartulaire de Libaud », éd. cit., p. 54, n. 1)

D'après *B*.

Petrus Barboteas et Menardus de Ognetis dederunt Deo et ecclesie Fontis Ebraldi feodum terre quę est juxta puteum de Luchaio ex utraque parte vie et est longitudo istius terre, usque ad prata. Propter hoc donum habuit Petrus Barboteas XX solidos et uxor ejus Estreveria quasdam bottas in karitate et propter hanc caritatem concessit terram de juxta *les Noes*. Menardus vero de Ognetis habuit propter idem donum duo sexteria frumenti et unam quadrigam et uxor ejus XII denarios et filius ejus Aimericus tres denarios ad emendum cultrum et vaginam. Hoc vidit et audivit Petrus Travers, Boscheneas, Aimericus vicecomes et duos fratres de domo, Simon et Orris, et alii. Iterum sciendum est quod Aimericus Coeneas dedit Deo et ecclesie Fontis Ebraudi roturam supradicte terre de

---

a) t[er]re *cancellé après ce mot.*

qua P[etrus] Barboteas et M[enardus] de Ognetis dederant feodum et dedit insuper medietatem terre que est extra fossa et propter hoc donum dedit ei Raginaudus Gauters XV solidos et unam minam fabarum. Hoc donum fuit factum in manu Constantini decani, audiente Johanne mercatore et Renaldo cappellano Sancti Herminii et Willelmo Airaudi et Stephano Martini et Petro de Tire, Willelmo de Sancto Georgio et Radulfo Poer et Petro Travers et Giraudo milite et Thoma et Amblardo et Girardo. Et sciendum est quod tres *bosselees* terre que sunt infra Barram a dextra sunt *de la Longai* que est usque ad prata.

924

[1162-1182]

Notice relatant qu'Audéarde La Baude ayant donné à la communauté de Fontevraud ses possessions de La Leue, de La Barette, de Saint-Juire de La Chaumette et du Quarroi, celle-ci et ses enfants ont ensuite contesté ce don ; Renaud Gautier [prieur de Libaud] *les a frappés d'excommunication de sorte que l'une des filles d'Audéarde venue à décéder a été inhumée dans son jardin ; La Baude s'est alors présentée devant l'évêque de Poitiers, Jean aux Belles Mains, auquel le prieur a confirmé, témoins à l'appui, la réalité de sa donation ; l'accord définitif a été conclu à Saint-Juire entre les mains du doyen Biscard : La Baude et ses enfants ont renoncé à leurs prétentions en recevant du prieur la tenure du Quarroi et un denier chacun ; par la suite, Audéarde La Baude et son fils Geoffroi étant décédés, Bonin Baudez, fils de Geoffroi, a abandonné à Fontevraud la tenure précédemment reçue du prieur, donation concédée par sa mère, qui l'avait eue en douaire, et qui a reçu une émine de seigle ainsi que par son oncle, qui a reçu un quartaut également de seigle.*

A. Original perdu.

B. Gd. Cart. Paris, fol. 20 v° et 21 r°, ex CLIV, (*sic* pour CLV) et CLV (*sic* pour CLVI).– *x*. « Cartulaire du prieuré de Libaud », p. 63-64, n° XV, d'après *B*.

INDIQUÉ : *C. T.L.*, p. 537, 540, 549, 556, 558 – *D. Sainte Famille*, t. III, p. 186 avec réf. : ch. 63 (*sic* pour 633) ; *L*. Lardier, *Thrésor de l'Abbaye de Fontevraud*, t. I, fol. 275 v°.

D'après *B*.

Audeart Labaudeia dedit Deo et ecclesie Fontis Ebrardi quicquid habebat in vinea que est ad puteum de Luchaio et quidquid habebat *au vigau de La* Baretta et in *grois* que sunt super pontem Sancti Georgii et quicquid habebat in prato desuper la Chaumettem et *lo masurau* de Quadruvio. Sed sciendum est quod postea fuit querela inter Renaudum Gauterii e[a] la Baudeiam et pueros ejus quia in supradictis calumpniam fecerunt. Raginaudus Gauterii vero ecclesiastica justicia eos coegit ita quod quedam filia jamdicte Baudeie sub sententia mortua est et post ejus domum in orto sepulta. Tali modo vero coacta venit coram episcopo Johanne Pulchras Manus. Illuc namque veniens Raginaudus Gauterii, testes idoneos secum adduxit, videlicet Stephanum Martini et Audebertum Posdrea, qui in presentia domini episcopi juraverunt quod ipsa mulier prefata illud donum fecisset. Postea vero, jussu domini episcopi, facta est concordia inter Raginaudum Gauterii e[a] La Baudeiem et ejus infantes, in ecclesia Sancti Georgii, in manu Biscardi decani, et, ut de cetero non esset inter eos querela, reliquit ei R[aginaudus] Gauters *lo masurau* de Quadruvio. Hanc pacem concessit tenendam la Baudeia et filii ejus et unusquisque habuit unum denarium. Hujus rei testes sunt ipse decanus, Johannes mercator, Stephanus Martini, Guillelmus de Sancto Georgio. Post mortem vero Audeart la Baudeie et post mortem Gaufridi Baude, filii sui, dedit Deo et ecclesie Fontis Ebrardi Boninus Baudez filius Gaufridi Baude *lo masurau* de Quadruvio quod supradiximus. Hoc concessit Plentiva mater Bonini, que habebat illud in dote, et ob hoc dedit eis Raginaudus Gauterii in karitate unam minam siliginis. Hoc concessit Petrus Baudez, avunculus Bonini supradicti, et ideo habuit unum quarterium siliginis. Hujus rei testes sunt Petrus Travers, Gaufridus Gauvegneas, frater Simon, Martinus de Arbergamento, Radulfus cultor, Guillelmus li Petit, Arnaudus Vigerii et plures alii.

---

a) *Sic, corr.* et.

925

[Seconde moitié du XIIe siècle]

Notice relatant l'achat à Guillaume Gouin, pour quinze sous, par Renaud Gautier [prieur de Libaud] *du cens* (rupturam) *des essarts d'une terre proche de La Barette, achat concédé par Pierre Travers du fief duquel elle relevait.*

A. Original perdu.
B. Gd. Cart. Paris, fol. 21 r°, ex CLV, *sic* pour CLVI. – *x*. « Cartulaire du prieuré de Libaud », p. 65 n° XVI, d'après *B*.
INDIQUÉ : *C. T.L.*, p. 533.

D'après *B*.

Raginaudus Gauterii emit de Willelmo Govini rupturam illius terre que est extra Barrettam XV solidis. Hoc concessit Petrus Travers de cujus feodo erat. Hujus rei testes sunt frater Simon decanus. Petrus Bedarrerem.

926

[Seconde moitié du XIIe siècle]

Notice relatant que Pierre Travers a donné à la communauté de Fontevraud une terre sise à L'Épinée ; il a reçu de Renaud Gautier [prieur de Libaud] *une somme de vingt sous et son épouse des bottes pour avoir concédé cette vente.*

A. Original perdu.
B. Gd. Cart. Paris, fol. 21 r°, ex CLV, *sic* pour CLVI. – *x*. « Cartulaire du prieuré de Libaud », p. 65 n° XVI (à la suite du précédent), d'après *B*.
INDIQUÉ : *C. T.L.*, p. 548.

D'après *B*.

Petrus Travers dedit Deo et ecclesie Fontis Ebrardi terram que est *a l'Espinee* et ob hoc dedit ei Raginaudus Gauterii XX solidos in caritate et uxori sue que concessit quasdam botas. Hujus rei testes sunt Giraudus de Grua et Orris, Petrus Beidarrere.

927

[Seconde moitié du XIIe siècle]

Notice relatant que Guillaume Villain, partant pour Jérusalem, a donné à la communauté de Fontevraud le cens des essarts d'une minée de terre.

A. Original perdu.
B. Gd. Cart. Paris, fol. 21 r°, ex CLV, *sic* pour CLVI. – *x.* « Cartulaire du prieuré de Libaud », p. 65 n° XVII, d'après *B.*

D'après *B.*

Guillelmus Villani dedit Deo et ecclesie Fontis Ebrardi quando perrexit Jherosolimam[a)] rupturam cujusdam minete terre que participat cum terra in qua sunt li noer. Hujus doni testes sunt Michael de Poaut, Petrus Chalantuns, Stephanus Grundini, frater Simon, Martinus de Arbergamento, Radulfus cultor, Arnaudus Vigerii.

a) Jhelosolimam *corrigé en* : Jherosolimam.

928

[Seconde moitié du XIIe siècle]

Notice relatant que Bonette, épouse de Jean Maréchal, a donné en fief à la communauté de Fontevraud, entre les mains de Chabot de Nieul et de Guillaume Chabot, seigneurs du fief, cinq quarterées de terre sises dans la terre du Cormier, quarterées n'étant pas sous gage et rapportant chaque année à Noël un cens d'un denier ; l'époux, le fils et la fille de Bonette ont concédé ce don ainsi que Chabot et Guillaume ; Renaud Gautier [prieur de Libaud] *a fait remise à Bonette et à son mari d'une dette de quatre livres sur leurs terres et leurs vignes et a donné cinq sous aux seigneurs concédants.*

A. Original perdu.
B. Gd. Cart. Paris, fol. 21 r°, ex CLV, *sic* pour CLVI. – *x.* « Cartulaire du prieuré de Libaud », p. 65-66 n° XVIII, d'après *B.*
INDIQUÉ : *C. T.L.*, p. 539 et 575.

D'après *B*.

Boneta, uxor Johannis Mareschalli, que erat justus heres terre Garini Ravau dedit Deo et ecclesie Fontis Ebrardi quinque quarterias terre in feodo juxta terram de Cormerio, reddendo annuatim ad Natale unum denarium censualem, vadimonium non ferentem. Hoc concessit Johannes Mareschallus, vir Bonete. Hoc idem concessit filius et filia Bonete. Ideoque quiptavit Raginaudus Gauterii Bonete et marito suo omne debitum quod debebant ei super terras suas et vineas, scilicet IIII[or] libras. Hoc factum fuit in manu Chabot de Niolio et Guillelmi Chabot qui erant domini istius feodi, qui hanc terram concesserunt Deo et ecclesie Fontis Ebrardi et ob hoc dedit eis R[aginaudus] Gauterii V solidos. Hujus rei testes sunt R[adulfus] Poerii, A[imericus] Poerii, Gauf[ridus] Poerii, Willelmus Ropardi, Giraudus Morandi, Gi[raudus] clericus.

929

[Seconde moitié du XIIe siècle]

Notice relatant qu'Arembour la Chotharde, son fils Thibaud, ses filles et ses gendres ont donné à la communauté de Fontevraud un vignoble jouxtant la terre de La Barrette ; Pierre Travers, Geoffroi Baude et Pierre Baude, seigneurs du fief, ont concédé ce don et ont reçu douze deniers chacun de Renaud Gautier [prieur de Libaud et de La Leue] *; ce dernier devra toutefois verser deux deniers quand un service sera requis dans le fief.*

A. Original perdu.

B. Gd. Cart. Paris, fol. 21 r°, ex fol. CLV, *sic* pour CLVI. – *x*. « Cartulaire du prieuré de Libaud », p. 66 n° XIX, d'après *B*.

D'après *B*.

Arenbors la Chotharde et Theobaudus filius ejus et filie sue et mariti earum dederunt Deo et ecclesie Fontis Ebrardi *lo vignau* quod est juxta terram *de La Barrette*. Hoc concessit Petrus Travers de cujus feodo erat et ideo dedit ei R[aginaudus] Gauterii XII denarios et Gaufrido Baude alios XII denarios qui concessit hoc idem, quia de ejus feodo erat,et Petro Baude alios XII denarios qui concessit hoc idem, quia de suo feodo erat. Sed sciendum est quod prior de Luchaio reddet II denarios de servitio quando servitium requiretur in feodo. Hujus rei testes sunt frater Simon, Arnaudus Vigerius, Arnaudus de Faiolia, Giraudus Morandi, Stephanus Briceas, Martinus de Arbergamento, Radulfus Bubulcus et plures alii.

930

[Seconde moitié du XIIe siècle]

Notice relatant que Pierre Villain a donné à la communauté de Fontevraud le cens des essarts de deux sétérées de terre sises aux Plantes et devant chaque année, au choix du prieur, un chapon ou trois deniers la veille ou le jour de Noël ; le prieur Renaud Gautier a donné deux setiers de froment à Pierre et un quartaut de fèves à son épouse Lucie ; Aimeri, Geoffroi et Raoul Poers, seigneurs liges du fief ont concédé comme Lucie, le don de Pierre et reçu du prieur douze deniers chacun.

A. Original perdu.

B. Gd. Cart. Paris, fol. 21 v°, ex fol. CLV, *sic* pour CLVI. – *x*. « Cartulaire du prieuré de Libaud », p. 66-67 n° XX, d'après *B*.

INDIQUÉ : *C. T.L.*, p. 556.

V. le n° 939 (autre don de Pierre).

D'après *B*.

P[etrus] Villani dedit Deo et ecclesie Fontis Ebrardi rupturam duarum sexteriarum terre ad Plantas, reddendo annuatim in vigilia Natalis vel in die unum caponem vel III denarios et hoc erit in electione prioris[1]. Et ob

---

1) L'éditeur du « Cartulaire de Libaud » a estimé (p. 66, note 1) qu'il y avait « évidemment ici une faute de copie car deux droits étaient établis, l'un de cens annuel, l'autre de rachat par la mutation du prieur. Le chapon était sans doute le premier et les trois derniers le second ». Mais nous pensons, quant à nous, que *in electione prioris* doit tout simplement se comprendre : « au choix du prieur » exigeant à son gré soit le chapon, soit les deniers, ce qui exclut toute faute de copie.

hoc dedit ei R[aginaudus] Gauterii duo sexteria frumenti et Lucie uxori sue que concessit unum quarterium fabarum. Hoc concessit A[imericus] Poerii et Gaufridus Poerii et R[adulfus] Poerii de quorum ligantia erat et ob hoc dedit eis R[aginaudus] Gauterii III solidos, unicuique XIII denarios. Hujus doni testes sunt Stephanus Grundini, Petrus Travers, frater Simon, Arnaudus Vigerius, Giraudus Moranz, Stephanus Briceas, Radulfus Bubulcus, Martinus de Arbergamento et plures alii.

931

[Seconde moitié du XIIe siècle]

Notice relatant que Geoffroi Gauvegneau et son épouse ont donné à la communauté de Fontevraud le cens, avec une des gerbes, des essarts du Vignau près de La Barrette, moyennant un denier annuel ; le prieur [de Libaud] *Renaud Gautier, entre les mains duquel ce don a été effectué par Pierre Travers, a remis, à l'instigation de ce dernier, un setier de froment aux donateurs.*

A. Original perdu.

B. Gd. Cart. Paris, fol. 21 v°, ex CLV, *sic* pour CLVI. – *x*. « Cartulaire du prieuré de Libaud », p. 67 n° XXI, d'après *B*.

D'après *B*.

Gaufridus Gauvegneas et Marquisia uxor ejus[a)] dederunt Deo et ecclesie Fontis Ebrardi rupturam cum una gerbarum *dau Vignau* in quo fuit nemus et est inter vineas et terram *de La Barrete,* ad censum unius denarii ad Natale sine gagio. Et ob hoc dedit eis R[aginaudus] Gauterii unum sextarium frumenti in karitate. Hujus rei testes sunt Petrus Travers qui hoc fecit facere priori et in manu ejus fecit ; frater Simon est testis, Arnaudus Vigerius, Radulfus Bubulcus, Martinus de Arbergamento et plures alii.

---

1) *La fin de cette ligne laissée en blanc.*

932

[Seconde moitié du XIIe siècle]

Notice relatant que Pierre Baude s'est donné à la communauté de Fontevraud avec tout ce qu'il avait dans le fief des Grinbert ainsi que douze deniers de cens sur un pré dus par la famille d'Aimeri Grinbert ; il a été entendu qu'il serait admis comme religieux quand il le voudrait, lui-même se chargeant d'acquérir l'étoffe [sans doute de son habit] *; six personnes ont concédé ce don parmi lesquelles Bonin, neveu de Jean Grinbert, qui a reçu un surcot et Pierre Travers, seigneur du fief, qui a reçu cinq sous.*

A. Original perdu.

B. Gd. Cart. Paris, fol. 21 v°, ex CLV, *sic* pour CLVI. – *x*. « Cartulaire du prieuré de Libaud », p. 67-68, n° XXII, d'après *B*.

INDIQUÉ : *C. T.L.*, p. 544 et 546.

V. les n° 937 (même teneur mais moins complet).

D'après *B*.

Notum sit omnibus quod Petrus Baudet dedit Deo et ecclesie Fontis Ebrardi se ipsum et omnia que habebat in feodo Grinberterie et XII denarios censuales in quodam prato, quosdam reddit familia Aimerici Grinberti. Et est conditio talis quod, quando voluerit accipere habitum religionis, recipietur in fratrem, sed ipse de suo proprio censu pannos perquiret et emet. Hoc concessit Gaufridus Megne et Auberga mater ejus. Hoc concessit Raginaudus Grinberti et Johannes Grinberti et Boninus nepos ejus qui habuit quandam tunicam propter concessum. Hoc concessit Petrus Travers de cujus feodo erat et ideo habuit V solidos. Hoc vidit et audivit Gaufridus Gauvegneas, Arnaudus Vigerius, Radulfus Bubulcus, Willelmus Jambuez, frater Simon, Constantinus monachus et plures alii.

933

[Seconde moitié du XIIe siècle]

Notice relatant que Pierre Travers a donné à la communauté de Fontevraud ce qu'il avait sur la terre de Guillaume Gouin, à savoir le terrage, la dîme et deux harnais à titre de cens ; son fils Guillaume a concédé ce don.

A. Original perdu.
B. Gd. Cart. Paris, fol. 21 v°, ex CLV, *sic* pour CLVI. – *x*. « Cartulaire du prieuré de Libaud », p. 68 n° XXIII, d'après *B*.
INDIQUÉ : *C. T.L.*, p. 575.

D'après *B*.

Petrus Travers dedit Deo et ecclesie Fontis Ebrardi quicquid habebat in terra Guillelmi Gouin, scilicet terragium et decimam et duo atilia de censu. Hoc concessit Willelmus Travers filius ejus. Hoc vidit et audivit frater Simon. Constantinus monachus, Radulfus Bubulcus, Arnaudus Vigerius, Willelmus Jambuez et plures alii.

934

[Seconde moitié du XIIe siècle]

Notice relatant que Geoffroi Gauvegneau et son épouse ont donné à la communauté de Fontevraud une minée de terre rassemblant une vigne (vinetum) *et un bois à défricher ; la prieur de La Leue en a le cens des essarts et la dîme, les deux donateurs conservant le terrage et deux deniers de cens.*

A. Original perdu.
B. Gd. Cart. Paris, fol. 21 v°, ex CLV, *sic* pour CLVI. – *x*. « Cartulaire du prieuré de Libaud », p. 68 n° XXIV, d'après *B*.

D'après *B*.

Notum sit omnibus quod Gaufridus Gauvegneas et Marquisia uxor ejus dederunt Deo et ecclesie Fontis Ebrardi quoddam vinetum et quoddam nemus ad extirpandum. Hec duo dona simul conjuncta quandam minetam terre faciunt. In hac terra habet prior de *Lucai* rupturam et decimam ; domina Marquisia et vir ejus habent terragium et duos denarios de censu. Hoc vidit et audivit Petrus Travers, frater Simon, Renus *Li Ferruns*, Arnaudus Vigerius, Radulfus Bubulcus, Willelmus Jambuez et plures alii.

935

[Seconde moitié du XIIe siècle]

Notice relatant que Renaud Gautier [prieur de Libaud et de La Leue] *a acheté à Payen Raguener, à son épouse et à ses fils une vigne sise à Mont-Béraud, derrière sa maison ; le seigneur du fief a concédé cet achat et reçu douze derniers.*

A. Original perdu.

B. Gd. Cart. Paris, fol. 21 v°, ex CLV, *sic* pour CLVI. – *x*. « Cartulaire du prieuré de Libaud », p. 68-69 n° XXV, d'après *B*.

INDIQUÉ : *C. T.L.*, p. 553.

D'après *B*.

Raginaudus Gauterii emit de Pagano Raguener et de uxore sua et filiis eorum quamdam vineam que est in Monte Beraudi post suam domum. Hoc concessit Petrus de Torgne de cujus deodo erat et ideo habuit XII denarios. Hoc audivit Renus *li Ferruns* et uxor ejus et *Truanz* frater ejus, frater Simon.

936

[Seconde moitié du XIIe siècle]

Acte [dont la fin seule a été recopiée dans le cartulaire][1] *mentionnant le consentement, moyennant un quartier de froment, de B. et Arnaud Bernier à une concession* [faite à la communauté de Fontevraud] *; leurs trois enfants* (pueri) *ont reçu trois deniers.*

---

1) L'éditeur du « Cartulaire de Libaud », estimant sans doute que ces lignes continuaient l'acte précédent, les a imprimées avec celui-ci. Mais, dans le Grand Cartulaire, un alinéa les sépare de ce qui précède et nous pensons donc qu'il s'agit de la fin d'une autre charte dont le copiste a omis par erreur de reproduire le début.

A. Original perdu.

B. Gd. Cart. Paris, fol. 21 v°, ex CLV, *sic* pour CLVI. – *x*. « Cartulaire du prieuré de Libaud », p. 69 n° XXV, à la suite du précédent, d'après *B*.

D'après *B*.

B. et Arnaudus Berners et Maximilla uxor ejus qui pro horum concessu unum quarterium frumenti habuit et tres pueri ejus habuerunt IIIes denarios. Hoc etiam concessit Alienordis uxor R[adulfi] Poer et Willelmus filius ejus, Katerina filia ejus. Hoc etiam viderunt frater Simon et Gaufridus Orris et Gaufridus Baudez et multi alii.

937

[Seconde moitié du XIIe siècle]

Notice relatant que Pierre Baude s'est donné à la communauté de Fontevraud avec tout ce qu'il avait dans le fief des Grinbert et douze deniers de cens.

A. Original perdu.

B. Gd. Cart. Paris, fol. 22 r°, ex CLVI, *sic* pour CLVII. – *x*. « Cartulaire du prieuré de Libaud », p. 69 n° XXV (indûment rattaché aux deux précédents)[1], d'après *B*.

INDIQUÉ : *C. T.L.*, p. 544 et 546.

V. le n° 932 (même teneur mais plus détaillé).

D'après *B*.

Notum sit omnibus quod Petrus Baudez dedit Deo et ecclesie Fontis Ebraldi se ipsum et omnia que habebat in feodo Grinberterie et XII denarios censuales.

---

1) *Cette phrase étant absolument semblable à celle par laquelle commence le n° 932 pr. éd. – à ces seules différences qu'on y lit* Baudez (*et non* Baudet), Fontis Ebraldi (*et non* Fontis Ebrardi) –, *il peut s'agir du même acte ; le copiste, réalisant qu'il l'avait déjà transcrit, n'aurait pas poursuivi une seconde copie jugée inutile.*

938

[Seconde moitié du XIIe siècle]

Notice relatant qu'Aimeri et Geoffroi Poer, en violent conflit avec Renaud Gautier, prieur de La Leue, se sont emparés de cinq setiers de ses blés, mi-froment, mi-seigle, d'un porc valant quinze sous et ont incendié sa maison de La Leue, ce pour quoi ils ont été excommuniés ; pour faire la paix, ils ont donné à la communauté de Fontevraud trois quartiers de terre à Joaneres, *pour lesquels le prieur leur devra un denier de cens à la Saint-Georges* [23 avril], *somme doublée si le cens n'est pas acquitté au jour dit ; en outre, Renaud Gautier a donné vingt sous à Aimeri et à Geoffroi ainsi que trois autres à leur neveu Guillaume qui a approuvé cet accord.*

A. Original perdu.

B. Gd. Cart. Paris, fol. 22 r°, ex CLVI, *sic* pour CLVII. – *x*. « Cartulaire du prieuré de Libaud », p. 69-70 n° XXVI, d'après *B*.

INDIQUÉ : *C. T.L.*, pp. 542, 547 et 549.

D'après *B*.

Notum sit omnibus hominibus presentibus et futuris quod inter Gauterium[a)] et Aimericum Poer et Gaufridus Poer fuit lis quondam, et ipsi ceperunt de segetibus Reginaudi Gauterii V sextaria, unam medietatem frumenti et alteram secule et unum porcum qui XV solidos valebat et domum suam de *Luchai* arserunt et de isto forifacto erant excumunicati. Et propter pacem de isto forifacto dederunt ad ecclesiam de *Fontevau* ad Joaneres, juxta vineam sacerdotis, tres quarterias terre ad unum nummum[b)] censu quem debet prior de *Luchai* reddere in die festi sancti Georgii ; et si non reddet in die prior nummum, post diem festi erunt duo nummi, sine alio vagio. Scilicet quod de hac condicione dedit Raginaudus Gauterii Aimerico Poer et Gaufrido Poer XX solidos et Willelmo Poer, nepoti eorum, III solidos, quia annuit hoc pactum et hoc donum. Audientibus et videntibus Michaele sacerdote de Sancto Jurio et suo cappellano, Willelmo Landri et Evroino et Giraudo Renoarz et Gautero Bechet et Stephano Grinberto clerico, Johanne decano clerico et plures alii.

---

a) Sic *pour* : Reginaudum Gauterii. – b) *Corr.* nummum de censu.

939

[Seconde moitié du XIIe siècle]

Notice relatant que Pierre le Paysan[1] *a donné à la communauté de Fontevraud deux sétérées de terre aux Plantes et tout ce qu'il tenait en fief, à savoir le cens* (roturam) *des essarts et la moitié du fief ; ce don a été approuvé par Aimeri et Raoul Poers, seigneurs liges de Pierre, recevant de lui trois deniers de cens, et par la mère et le demi-frère de Pierre qui revendiquaient le tiers de cette terre ; Renaud Gautier,* [prieur de Libaud et de La Leue], *a donné audit Pierre, quand il a fait sa donation, deux setiers et deux boisseaux de froment.*

A. Original perdu.

B. Gd. Cart. Paris, fol. 22 r°, ex CLVI, *sic* pour CLVII. – *x*. « Cartulaire du prieuré de Libaud », p. 70 n° XXVII, d'après *B*.

INDIQUÉ : *C. T.L.*, p. 556.

V. le n° 930 (autre don de Pierre).

D'après *B*.

Notum sit omnibus hominibus quod Petrus Rusticus dedit Deo et de[a] ecclesie de *Fontevau* II sextarias terre ad Plantas, omne hoc quod habebat in feodo, roturam et medietatem scilicet feodi, et hoc annuit Aimericus Poer et Radulfus Poer qui erant domini sui lige[b] ad III nummos census sine vuagio et sine duplicacione. Et hanc helemosinam annuit Petronilla mater ejus et Andreas filius suus de *sum parastre* qui *par oscle* clamabant tertiam partem terre. Et hoc sciatis quod Raginaudus Gauterii dedit Petro Rustico duos sextarios frumenti et duos boisellos in caritate quando ipse P[etrus] R[usticus] dedit helemosinam. Hoc vidit et audivit Gaufridus Poers, Aimericus Poers, R[adulfus] Poers[c] qui debent esse garitores et defensores de helemosina ad ecclesiam de *Frontevau*. Hoc vidit et audit[d] Michael sacerdos de Sancto Georgio et Johannes de Motas suus capellanus et frater Simon de Barra de *Luchai* et Martinus de *l'Erbergement* et Hernaudus Veieraus, Guillelmus Jambuez et frater ejus Petrus Barba Rufa et plures alii.

---

a) *Ce* de *écrit par erreur par le copiste*. – b) Sic, *corr*. ligii. – c) R[adulfus] Poers *ajouté au-dessus de la ligne*. – d) Sic *pour* : audivit.

---

1) *alias* Villain, v. n° 930.

940

[Seconde moitié du XIIe siècle]

Notice relatant que Pierre Travers a donné à la communauté de Fontevraud une minée de terre à La Barrette et un essart en fief avec le cens (roturam) *de celui-ci, don concédé par son épouse et ses fils ; Renaud Gautier,* [prieur de Libaud et de La Leue], *lui a donné une ânesse blanche en échange de la minée de La Barrette et du fief, et, en échange de deux chapons de cens que ledit Pierre percevait à titre de cens sur la minée, un chapon dont le même Pierre a fait remise au prieur.*

A. Original perdu.
B. Gd. Cart. Paris, fol. 22 r°, ex CLVI, *sic* pour CLVII. – *x*. « Cartulaire du prieuré de Libaud », p. 70-71, n° XXVIII, d'après *B*.
INDIQUÉ : *C. T.L.*, p. 548.

D'après *B*.

Notum sit omnibus tam presentibus quam futuris quod Petrus Travers dedit Deo et ecclesie de *Frontevau* unam minetam terre a *La Barrete, l'essart* Willelmi Geoz in feodum totum et roturam cum annicione uxoris sue et filiorum suorum. Hoc vidit et audivit Michael sacerdos et Willelmus Landri suus capellanus, Hernaudus Veerax et frater Simon, Willelmus Jambuet, Radulfus de Barra et plures alii. Et insuper R[eginaudus] Gauterii dedit Petro Traverso, propter hanc helemosinam, unam elemosinam, unam asinam albam, propter minetam terre de *La Barrete* et propter feodus[a] et, propter duos *chapuns* quos Petrus Travers habebat de censu in mineta terre, I *chapuns* quos[b] ipse P[etrus] Travers dedit R[eginaudo] Gauterio cum elemosina terre.

a) Sic *corr.* feodum. – b) Sic *pour* quem.

941

[Seconde moitié du XIIe siècle]

Notice relatant que Suzanne, dame de La Réorthe, a donné en aumône en mourant à la communauté de Fontevraud un quartaut de froment à La Bretonnière.

A. Original perdu.

B. Gd. Cart. Paris, fol. 22 r°, ex CLVI, *sic* pour CLVII. – *x*. « Cartulaire du prieuré de Libaud », p. 71, n° XXIX, d'après *B*.

INDIQUÉ : *C. T.L.*, p. 535.

D'après *B*.

Sciendum est quod domina Susanna que fuit domina de *La Roote* dedit ecclesie de *Frontevau* I quarterium frumenti in elemosinam in villa de *La Bretunnere*. Hoc vidit Willelmus Brunet capellanus de *La Roote* et Petrus Couez sacerdos, Gaufridus Charbunnel sacerdos qui ad suam absolutionem fuerunt.

942

1150. - Fontevraud.

Les évêques Gilbert [de La Porrée] *de Poitiers, Hugues d'Angoulême et Raimond de Périgueux mettent fin, en présence de l'archevêque de Bordeaux Geoffroi* [du Loroux] *à la querelle à nouveau surgie entre Mathilde* [I d'Anjou], *abbesse de Fontevraud, et Jules, abbé de La Couronne, à propos du lieu d'Agudelle en confirmant l'accord conclu antérieurement à ce sujet en présence de Guillaume* [II], *évêque de Poitiers, de Guillaume évêque de Saintes et de Jean, évêque de Sées.*

A. Original perdu.

B. Gd. Cart. Paris, fol. 22 v°, ex CLVI, *sic* pour CLVII. – *C. T.L.* p. 531 (analyse), d'après *B*. – *D*. *Ste Fam*., t. III, p. 185 (analyse avec réf. : ch. 653, fol. 156) et p. 183, 192, 196, 197, 198, 201, 202 (simples mentions), d'après *B*. – *F*. Gaignières, t. II, p. 48, n° 634 (extraits), d'après *B*. – *G*. Duchesne, t. XXII, fol. 405 v° (extrait), d'après *B*.

a. *Clypeus*, t. II, p. 86-87 (extraits) et p. 487-488, d'après *B*. – *x*. J. de La Martinière, « Une falsification de documents... », dans *Le Moyen Age*, 2e série, t. XV, 1911, p. 46-47, n° VIII, d'après *B*.

INDIQUÉ : Housseau, t. XII[1], fol. 167 v°, n° 5706.

V. le n° 453 (premier accord de 1129).

D'après *B*.

De Corona, Confirmacio episcoporum[a)].

G[ilebertus] Pictavensis Hu[go] Engolismensis, R[aimundus] Petragoricensis per Dei gratiam episcopi universis ecclesie Dei fidelibus

---

a) *Rubrique inscrite en haut de la page.*

tam presentibus quam per succedentia tempora post futuris in perpetuum. Quociens postulatur quod racioni consentaneum est et ad pacem ecclesiarum pertinere dinoscitur, ad concedendum moram facere non opportet nec justa desideria que magis fovenda sunt differi videantur. Eapropter noverit universitas vestra dilectam nobis in Christo Matildim, abbatissam Fontis Ebraudi, necnon et dilectum in Domino fratrem nostrum Julium, abbatem de Corona, communi consilio et assensu capituli utriusque ecclesie sue, sopita invicem omni querela que de novo inter se suborta fuerat super loco de Agudella, concessisse in manu et in presencia nostra et sigillis scriptis vicissim confirmasse, ut concordia quam olim factam fuisse inter utramque ecclesiam super eodem loco de Agudella, testimonio multorum, et ex scriptis earumdem ecclesiarum novimus, consilio venerabilium episcoporum bone memorie Willelmi Pictavensis, W[illelmi] Xanctonensis, Johannis Sagiensis aliorumque plurium religiosorum virorum qui interfuerunt, inconcussa et illibata futuris semper temporibus diligenter observetur, ita videlicet ut ecclesia de Corona eumdem locum de Agudella, dono et concessione ecclesie Fontis Ebraudi, habeat et possideat libere et quiete quantum ad ecclesiam Fontis Ebraudi spectat, sub pensione unius marce argenti ad justum pondus censualiter per singulos annos in Assumpcione beate Marie persolvende a sepedicto loco de Agudella ecclesie Fontis Ebraudi. Nos quoque, precibus utriusque partis inclinati, eamdem concordiam confirmantes, per presentem paginam sigillorum nostrorum robore communitam, ut in sua semper stabilitate permaneat, nec aliorum temeritate frangatur, memorie commendandam, hoc decrevimus. Non autem pretermittendum duximus quod utrique parti complacitum fuit ut, si forte super hoc amplius discordarent, ad nullum nisi ad dominum Burdegalensem archiepiscopum hinc vel inde recursum haberent, mandatum ejus exinde sine omni reclamacione semper observaturi. Quod si pars altera, pro contradicione alterius partis necessitate compulsa, aliquam majorem audienciam adiret, convenerunt ad invicem ante nos ut racionabiles expensas illi ex integro pars adversa persolveret. Factum est autem hoc apud Fontem Ebraudi in manu domini G[aufridi] Burdegalensis archiepiscopi qui et ipse hoc idem vice metropolitana[b] et sigillatis litteris suis confirmavit, presentibus nobis et Bernerio Nucariensi, P[etro] Sancti Amancii abbatibus, P[etro] Pictavensi, Elia Lemovicensi archidiaconis, R[aginaudo] priore Sancte Radegundis. Anno ab incarnatione Domini MCL, indicione tercia X[a], epacta XX, Eugenio III romano pontifice, regnante L[udovico] rege Francorum et

---

b) Sic *pour* : jure metropolitano.

duce Aquitanie. Ego Wgilebertus[c] Pictavensis episcopus subscripsi +. Ego Hugo Engolismensis episcopus subscripsi +. Ego Rainmundus Petragoracensis episcopus subscripsi +. Signum Bernerii Nucariensis abbatis. Signum Petri abbatis Sancti Amancii. Signum P[etri] Pictavensis archidiaconi. Signum Helie Lemovicensis archidiaconi. Signum Raginaudi prioris Sancte Radegundis.

---

c) *Sic, corr.* Gilebertus.

III

Troisième partie du Cartulaire

(Adjonctions du XIVe siècle)

943

1322, 26 décembre. - Bois Rahier.

Jean, prieur du prieuré de Bois-Rahier de l'Ordre de Grandmont, et sa communauté relatent l'accord intervenu entre eux et les religieuses de Fontevraud au sujet d'une maison proche du pont de Chinon ; ils reconnaissent la tenir des moniales auxquelles ils verseront un cens annuel de dix livres tournois, à savoir cent sous à la Saint Jean-Baptiste [24 juin] *et cent sous à Noël, le premier versement devant intervenir à la prochaine Saint-Jean* (= celle de 1323).

A. Original perdu.
B. Gd. Cart. Paris, fol. 27 v°, ex CLXI, *sic* pour CLXII.
INDIQUÉ : *C. T.L.*, p. 103 ; *E*. Angers, 101 H 225 *bis*, p. 103, n° 655 ; *L*. Lardier, *Thrésor de l'Abbaye de Fontevraud*, t. I, fol. 123 r°.

D'après *B*.

Universis[a] presentes litteras inspecturis et audituris frater Johannes, prior prioratus de Bosco Raherii prope Turonis, ordinis Grandimontis, et ejusdem loci conventus, salutem et[b] presentibus dare fidem. Noveritis quod nos, predicti prior et conventus, considerata et inspecta utilitate prioratus nostri, lis et contencio essent mota inter nos ex una parte et religiosas dominas abbatissam et conventum Fontis Ebraudi super infrascriptis cerciorati in omnibus de jure nostro, accepimus a religiosis dominabus abbatissa et conventu monasterii Fontis Ebraudi predictis et nos accepisse et tenere de eisdem publice confitemur domum suam, contiguam domui nostre de minagio ex una parte et ad[c] pontem Caynonis ex altera, quam olim tenuit ab eisdem dominabus Guillelmus dictus Comtour et promittimus eisdem dominabus pro dicta domo reddere eisdem annuatim perpetuum censum decem librarum monete currentis, videlicet centum solidos in quolibet festo Nativitatis beati Johannis Baptiste et centum solidos in quolibet festo Nativitatis Domini. Et debet incipere prima solucio census predicti in primo festo Nativitatis beati Johannis Baptiste proximo venturo, et sic deinceps quolibet anno. Pro quibus omnibus premissis et singulis adimplendis et solvendis, nos predicti prior et conven-

a) *Lettres allongées.* – b) *Cet* et *ajouté au-dessus de la ligne.* – c) *Cet* ad *ajouté au-dessus de la ligne.*

tus obbligamus predictis dominabus predictam domum et omnia bona prioratus nostri predicti, volentes quod, secundum consuetudinem Caynonis, pro dicto censu super dictis bonis et domo, dicte domine se possint revengare, si in solucione predicta nos continguat in toto defficere vel in parte, et predicta omnia et singula pro nobis et successoribus nostris bona fide promittimus perpetuo observare. Ita quod si ratione commissi feodalis vel alterius contractus contingeret in domo predicta ab aliquo contra nos in posterum aliquid peti vel questionem suboriri ob deffectum vel culpam predictarum dominarum vel alicujus ad ipsas pertinentis et ab omnibus impedimentis[d], obligacionibus, deveriis, et honeribus quibuscumque, nos et successores nostros liberare tenentur in omni eventu, secundum jus et consuetudinem patrie, solvendo dictas decem libras in terminis supradictis, salvo dictis dominabus feodo suo in domo predicta. In quorum premissorum testimonium presentibus litteris sigillum nostrum quo nos prior et conventus predicti commuiter unico utimur duximus apponendo. Datum in prioratu de Bosco Raherii die dominica in crastinum Nativitatis Domini, anno ejusdem millesimo trecentesimo vicesimo secundo.

---

d) et ab omnibus impedimentis *ensuite recopié une seconde fois par erreur.*

944

1322. - Grandmont.

Vidimus de la charte précédente promulgué, le second jour du chapitre général tenu à l'Ascension de 1323, par Guillaume abbé de Grandmont et par les prieurs Bertrand du prieuré de Deffés, Gui du prieuré de Sermaize, Martin du prieuré de Raveau, Guillaume du prieuré de Rouen, Hugues du prieuré de Bercey, Géraud du prieuré de Saint-Maurice, Raymond du prieuré de Villiers et Gassinde du prieuré de Viaye, et ce avec l'accord du chapitre général.

A. Original perdu.

B. Gd. Cart. Paris, fol. 27 v° - 28 r°, ex CLXI, (*sic* pour CLXII) et CLXII (*sic* pour CLXIII).

INDIQUÉ : *C. T.L.*, p. 534, 538, 542 ; *D. Ste Fam.* t. III, p. 201 ; *E.* Angers, 101 H 225 *bis*, p. 103 ; *L.* Lardier, *Thrésor de l'Abbaye de Fontevraud,* t. I, fol. 123 r°.

D'après *B*.

Universis[a] presentes litteras inspecturis. Guillelmus, misericordia divina abbas ordinis Grandimontis et fratres Bertrandus de Deffenso Agennensis, Guido de Sarmazia Xanctonensis, Martinus de Revello Engolismensis, Guillelmus de Rothomago Rothomagensis, Hugo de Burteyo Cenomanensis, Geraldus de Sancto Mauricio Senonensis, Raymondus de Vileriis Turonensis, Galhardus de Viaya Aniciensis dyocesarum prioratuum priores ordinis predicti ac diffinitores capituli generalis celebrati in monasterio Grandimontis, Lemovicensis dyocesis, in festo Ascencionis Domini, anno ejusdem millesimo trecentesimo vicesimo tertio, salutem in Domino sempiternam. Noverit universitas vestra nos vidisse et de verbo ad verbum diligenter inspexisse litteras prioris et conventus prioratus de Bosco Raherii, Turonensis dyocesis, ordinis nostri predicti, quarum tenor sequitur. Hec verba[b].. : « Universis presentes litteras inspecturis et audituris frater Johannes, prior prioratus de Bosco Raherii propre Turonis, ordinis Grandimontis, et ejusdem loci conventus, salutem et presentibus dare fidem. Noveritis quod nos, predicti prior et conventus, considerata et inspecta utilitate prioratus nostri predicti, licet contencio essent mota inter nos ex una parte et religiosas dominas abbatissam et conventun Fontis Ebraudi super infrascriptis cerciorati in omnibus de jure nostro, accepimus a religiosis dominabus abbatissa et conventu Fontis Ebraudi predictis et nos accepisse et tenere de eisdem[c] publice confitemur domum suam, contiguam domui nostre de minagio ex una parte et ad pontem Caynonis ex altera, quam olim tenuit ab eisdem dominabus Guillelmus dictus Comtour et promittimus eisdem dominabus pro dicta domo reddere eisdem annuatim perpetuum censum decem librarum[d], videlicet centum solidos in quolibet festo Nativitatis beati Johannis Baptiste et centum solidos in quolibet festo Nativitatis Domini. Et debet incipere prima solucio census predicti in primo festo Nativitatis beati Johannis Baptiste proximo venturo, et sic deinceps in quolibet anno ; pro quibus omnibus premissis et singulis adimplendis et solvendis. nos predicti prior et conventus obbligamus predictis dominabus predictam domum et omnia bona prioratus nostri predicti, volentes quod, secundum consuetudinem Caynonis, pro dicto censu super predictis bonis et domo dicte domine se possint revengare, si in solucione predic-

---

a) *Deux lignes laissées en blanc après l'acte précédent.* – b) *Ces deux mots commençant la ligne sans réserver la marge.* – c) de eisdem *ajouté au-dessus de la ligne.* – d) monete currentis *omis par le copiste (v. l'acte précédent).*

ta nos contingat in toto defficere vel in parte ; et predicta omnia et singula pro nobis et successoribus nostris bona fide promittimus perpetuo observare. Ita quod si ratione commissi feodi vel alterius contractus contingerit in domo predicta ab aliquo contra nos in posterum aliquid peti vel questionem suboriri ob deffectum vel culpam dictarum dominarum vel alicujus ad ipsas pertinentis et ab omnibus impedimentis, obbligacionibus, deveriis et honeribus quibuscumque, nos et successores nostros liberare tenentur in omni eventu, secundum jus et consuetudinem patrie solvendo dictas decem libras terminis supradictis, salvo dictis dominabus feodo suo in domo predicta. In quorum premissorum testimonium, presentibus litteris sigillum nostrum quo nos prior et conventus predicti communiter unico utimur duximus apponendo. Datum in prioratu de Bosco Raherii die dominica in crastinum Natalis Domini, anno ejusdem millesimo trecentesimo vicesimo secundo ». Que omnia et singula premissa et prout in predictis litteris continentur visa diligenter et intellecta, habita diligenti deliberatione super ipsis, ratificamus, confirmamus et in quantum possumus pro nobis et successoribus nostris perpetuo et effectualiter approbamus. In quorum testimonium, nos abbas et diffinitores capituli generalis predicti sigilla nostra presentibus duximus apponenda. Datum in monasterio Grandimontis die veneris, in crastinum Ascencionis Domini, annuente dicto capitulo generali, anno incarnacionis Dominice supradicto, videlicet millesimo trecentesimo vicesimo tercio.

945

1323, 25 janvier et 4 février (n. st.) - Fontevraud puis Chinon.

L'abbesse de Fontevraud Aliénor de Bretagne et sa communauté font connaître l'accord conclu avec les Grandmontains du prieuré de Bois-Rahier ; cet acte a, peu après, été scellé du sceau du roi de France [Charles IV le Bel].

A. Original perdu.

B. Gd. Cart. Paris, fol. 28 r°, ex CLXII, *sic* pour CLXIII.

INDIQUÉ : *C. T.L.*, p. 534, 538, 542 ; *E*. Angers, 101 H 225 *bis*, p. 103 ; *L*. Lardier, *Thrésor de l'Abbaye de Fontevraud*, t. I, fol. 123 r°.

V. les n[os] précédents, 943 et 944.

A Fontevraud le lundi 25 janvier 1323 (n. st.) puis à Chinon le jeudi 4 février.

D'après *B*.

Transcriptum. Universis presentes litteras inspecturis soror Alienordis de Britannia, divina commissine Fontis Ebraudi humilis abbatissa, et ejusdem loci conventus salutem in Domino et presentibus dare fidem. Noveritis quod nos predicta abbatissa, considerata ecclesie nostre utilitate, tradidimus et concessimus et nos tradidisse et concessisse confitemur publice religiosis viris priori et conventui prioratus de Bosco Raherii prope Turonis, Grandimontensis ordinis, inter quos ex una parte et nos ex altera super infrascriptis lis et contencio erant mota, domum nostram contiguam domui predictorum fratrum vulgariter appellate *le Minage* ex una parte et ponti de Caynone ex altera, quam olim a nobis tenuit dictus Guillelmus Cantour, cum fundo, proprietate et domenio ad annuum et perpetuum censum decem librarum monete currentis ecclesie nostre apud Caynonem perpetuo ab eisdem viris religiosis quolibet anno solvendarum, videlicet centum solidos in festo Nativitatis beati Johannis Baptiste et centum solidos in festo Nativitatis Domini, cujus census prima solucio debet incipere in festo Nativitatis beati Johannis Baptiste proximo venturo et sic deinceps perpetuo quolibet anno ; promictentes nos predicti abbatissa et conventus predictam domum cum fundo, proprietate et possessione, garantire secundum jus et consuetudinem patrie dictis religiosis et ab omnibus impedimentis et obligacionibus, deveriis, censibus et aliis debitis liberare, solvendo nobis dictas decem libras in terminis supradictis, salvo nobis feodo nostro in domo predicta. Et etiam adhuc promittimus nos abbatissa et conventus predictus bona fide pro nobis successoribusque nostris omnia et singula in perpetuum observare et in contrarium non venire. In quorum omnium et singulorum testimonium premissorum, nos abbatissa et conventus presentibus litteris sigillum nostrum quo unico pro nobis et membris nostris in omnibus utimur duximus apponendum. Datum die lune post festum beati Vincentii martiris, anno Domini millesimo trecentesimo vicesimo secundo. Datum hujusmodi transcriptum sub sigillo domini regis quo utitur apud Caynonem, die Jovis post festum Purificationis beate Marie virginis, anno ut supra[a].

---

a) *La fin de la page (17 lignes tracées à l'avance) laissée en blanc.*

946[1)]

---

1) Cet acte original a été découvert après la parution du premier volume du *Grand Cartulaire de Fontevraud*. Nous remercions Madeleine Salette qui a eu l'obligeance de nous en signaler l'existence.

[1140-1149][2)]

Notice relatant que Mathieu de Chizé a échangé avec les moniales de Fontevraud la moitié d'un arpent de vigne contre la terre que Brun de Coussay avait donnée lors de l'entrée de sa fille au monastère et dont Mathieu de Chizé avait besoin pour la construction d'un étang.

A. Archives départementales de Maine-et-Loire, 101 H 70/2. Parchemin. Hauteur 178 mm ; largeur : 94 mm. Manque l'angle supérieur gauche sur quatre lignes. Chirographe par : [CHIR]OGRAPHUM. *Au dos* : Transcripta in VIIII quaterno novo. Carta Mathei de Chezinaco. *D'une écriture du* XVIIe *ou* XVIIIe *siècle* : Mathieu de Chezinaco donne demy arpent de vigne. *Au crayon, sans doute de la main de Paul Marchegay* : Cop[ié]. *D'une main récente* : Fontevraud : XIIe s.

B. Gd. Cart. perdu (ex fol. LXX). – *E*. Angers, 101 H 225 bis, p. 56, n° 250, d'après *B*. L'analyse du manuscrit d'Angers a été publiée au tome I, n° 549, p. 533.

INDIQUÉ : *C. T.L.*, p. 539.

/1/ [Notum sit prese]ntibus et futuris quod Matheus de Chezinaco canniavit /2/ [cum dominabus Fontis] Ebraldi dimidium arpenti vinee que[a)] terram pro quadam /3/ [...] terre quam Brunus de Cuzeio dedit, cum filia sua, prefatis /4/ [dominabus i]n metas quas mensuraverunt Gereis et Audebertus fratres, que /5/ particula prefato Matheo necessaria erat ad stagnum construendum. Et ut res /6/ hec firmiter teneretur, in communi capitulo Fontis Ebraldi, abbatissa et supra-/7/-dictus Matheus confirmaverunt. Sub his testibus : Gere et Audebertus, /8/ Johannes de Rupe, et Grossinus, et Johannes ejus frater, aliique plurimi qui adfuerunt.

2) L'acte est antérieur à la donation de Brun effectuée entre 1140 et 1149 (v. n° 300).

a) Sic, *corr. peut-être à* et.

947

Depuis la parution du premier volume et la composition du second volume du *Grand cartulaire de Fontevraud*, le classement du fonds de cette abbaye aux Archives départementales du Maine-et-Loire par Madeleine Salette a permis de découvrir un manuscrit de la fin du XVe siècle sur parchemin (cote provisoire 101 H 70 / 12) contenant la copie de quelques actes du cartulaire qui avait échappé aux recherches de J.-M. Bienvenu. Voici l'analyse des deux collations : *Ces copies ont été collationnées sur le cartulaire, le 28 juin 1498, en présence de maître Arthus Martin, procureur de Jeanne Chabot, dame de Montsoreau, par vertu de lettres de commission de la cour des requêtes du roi à Paris, du 11 mai 1498, obtenues par l'abbesse et les religieuses de Fontevraud. La collation a été faite par Gilles Hubert, lieutenant à Saumur et au ressort du juge ordinaire d'Anjou, commissaire en cette partie, appelé avec lui François Joulain, praticien en cour laie. Le 11 septembre 1498, ils ont fait ensemble une nouvelle collation, en vertu d'autres lettres de commission du 22 août, en présence d'Arthus Martin, procureur de Jean de Chambes, chevalier.*

Les actes ont été numérotés dans l'ordre où ils ont été copiés. Les copies sont parfois incomplètes, souvent médiocres et comportent de nombreuses erreurs, notamment sur les noms de lieux et de personnes. Pour les actes déjà connus, on s'est contenté de donner le texte de la copie du XVe siècle, en suggérant quelques corrections et le lecteur est prié de se reporter à l'édition dont le n° est indiqué entre crochets carrés.

947 (1)

[*ca.* 1124-*ante* 1149]

Guillaume de Tuillé donne à Fontevraud, avec le consentement de son épouse, moyennant une charité de cent sous, un bois voisin du bois que les moniales tenaient dudit Guillaume jusqu'à la clôture de pierre.

A. Original perdu.

B. Copie dans le *Grand cartulaire* (fol. XIX), perdue. – *C*. Copie de la fin du XVe siècle. Archives du Maine-et-Loire, cote provisoire 101 H 70 / 12.

Guillaume de Tuillé ou de Tillé figure dans une vente des années 1129 et dans une donation faite à l'abbesse Pétronille, donc avant 1149.

D'après *C*.

Notum sit omnibus tan[a] presentibus quam futuris quod Guilleelmus de Tuillero[b] dedit Deo et Sancte Marie et sanctimonialibus ecclesie Fontisebraudi boscum suum qui erat vicinus bosco Fontisebraudi quem habebant ab ipso Guillelmo usque ad claustruram lapidum, concedente uxore sua Hersendi. Hujus rei sunt testes : Petrus Letardi, Riolaundus de Lausduno, Aimericus de Bolorth, Orgerius[c] de Sancto Martino,

---

a) *Corr.* tam. – b) *Corr. sans doute Tuilleio.* – c) *Lire peut-être Otgerius.*

Aimericus de Ripa, Hugo de Lardadino, Robertus de Greco, Hugo Ferus, Paganus de Choset, Gaufridus Monachus. Concessionis Gau[...]elli et doni ipsius sunt isti homines supradicti et dominus Gauterius de Montesorelli. De caritate habuit C solidos ipse Guillelmus de Tuille.

947 (2)

[1109-1129]

Payen du Pont[1] *et Richilde, son épouse, abandonnant leurs contestations antérieures, ont concédé à Fontevraud pour le salut de leur âme la terre de* Dagriera *et les prés de Véron donnés par Foulque Fessard.*

A. Original perdu.

B. *Grand cartulaire*, 22e feuillet, perdu. – *C.* Copie du XVe siècle, Archives du Maine-et-Loire, cote provisoire 101 H 70 / 12, sous la mention : *Et ou XXIIe fueillet dud. livre et cartullaire en la premiere pagee d'icelluy est escript ce qui s'ensuyt.*

La fourchette correspond aux dates du gouvernement de l'Anjou par Foulque le Jeune.

D'après *C*.

[Be]neficium[a] Christi pauperibus pro Christo inpensum quantum faciendi proficiat Jhesus filius sic ac aperte demonstrat dicens quod elemosina cum homine qui eam dedit resurget[b] cumque ab inimicis suis deffendet. Hujus rei gracia, ego Paganus de Ponte et uxor mea Richildis, pro animarum nostrarum salute, concedimus in perpetuum Deo et Beate Marie et ecclesie Fontisebraudi terram de Dagreria et prata de Verrone que ei donavit Fulco Fexardi, et eciam quicquid preter predictum donavit, dimissa omnino calumpnia quam faciebamus de supradictis. Cujus concessionis testes sunt : Orgerius[c] de Sancto Martino et Gervasius, filius ejus, Gallebertus de La Tallia, Gastinellus de Tuilleio, Guillelmus de Rest et Aimericus ejus filius, et ipsemet Fulco Fexardi. Acta carta Fonti Ebraudo[d], Ludovico Francie rege, Fulcone Andegavis comite.

---

1) Payen du Pont figure dans les actes nos 225, 230, 304, 341, 417, 493.

---

a) *Trou empêchant de lire les premières lettres.* – b) *Allusion à* Mt 25, 31-40. – c) *Lire peut-être* Otgerius – d) *Corr.* Ebraudi.

947 (3) - [cf. 711]

[Peu avant 1149]

Pierre de Bournan, à l'occasion de la prise de voile de sa fille Pétronille, donne des terres à l'abbaye de Fontevraud ainsi que tous les droits qu'il revendiquait à Rest ; la donation est confirmée par sa femme, par ses deux fils et ses deux filles.

A. Original perdu.

B. Grand cartulaire de Fontevraud, 104ᵉ feuillet, perdu. – *C.* Copie du XVᵉ siècle, Archives du Maine-et-Loire, cote provisoire 101 H 70 / 12, sous la mention *: Et ou CIIIᵉ fueillet dud. livre et cartullaire, en la seconde pagee dud. livre est escript ce qui s'ensuit.*

D'après *C.*

Ne mortalium contraire presumat sed indubitanter verum esse credat quod Petrus de Borney[a)], tradens filiam suam Petronillam ecclesie Sancte Marie de Fontebraudi sacro velamine velandam, didit[b)] cum illa terram a bosco Garini usque ad domum Veteris Mentis[c)] sitam sicut mete posite demonstrant et terram de lacu Rogerii quemadmodum habebat cum ipse Petrus, et quod apud Restium[d)] clamabat quicquid videlicet juris ibi habebat, et dimidium junctum prati ante molendinum monachi de Rosi[e)] constituti, solute et libere deincers[f)] [si]ne ulla callunpnia possidendum[g)]. Concess[er]u[n]t hoc Boschera uxor ejus et filii eorum Fromundus et Petrus et due filie eorum, Milisendis et Hersendis. Testes : Hubertus de Belorth[h)], Gaufridus Potet, Gaufridus Potols, miles domine abbatisse, Bonnus filius Losibele de Roca, Portenius Aribar[i)]. Ex fratribus ecclesie Fontisebraudi : Isemberdus[j)] prior, Rafinerus[k)], Raginaudus de Mallai, Guillelmus de Michat[l)]. Actum jussu et industria dicte domine Petronille prefati loci Dei gratia prime venerabilis abbatisse.

---

a) *Corr. sans doute Bornen.* – b) *Corr.* dedit. – c) *Corr.* Montis. – d) *Corr. sans doute* Restum. – e) *Corr. sans doute* Resto. – f) *Corr.* deinceps. – g) *De* et dimidium *à* possidendum, *ne figure dans aucun des manuscrits ayant servi à l'établissement du n° 711.* – h) *Corr. Volort.* – i) Brunus filius Josberti de Roca, Poitevins Aribart, *n° 711.* – j) Isembardus, *n° 711.* – k) Rafinus, *n° 711.* – l) Inchai, *n° 711.*

947 (4)

[1115-1123]

Jean Borrel donne à Fontevraud, moyennant une charité de dix livres, le bois de Bour *qu'il partage avec Foulque Fessard, dont Payen du Pont avait donné sa part à l'abbaye lors de la prise de voile de ses deux filles ; la donation est confirmée par Florence, son épouse, Borrel, son fils, qui a reçu six livres des moniales et Philippe son frère ; parmi les témoins mentionnés Thibaud de Permenaio a reçu quelques deniers.*

A. Original perdu.

B. Grand cartulaire, 114ᵉ feuillet, perdu. – *C.* Copie du xv, Archives du Maine-et-Loire, cote provisoire 101 H 70 / 12, sous la mention : *Et ou* CXIIIIᵉ *fueillet dud. livre et cartullaire, en la premiere pagee d'icellui est escript ce qui s'ensuyt.*

Le seul élément qui permette de dater cet acte est la mention de *Bicherius, famulus abbatisse*. Ce dernier figure en effet parmi les témoins du n° 658 comme *serviens* de l'abbesse.

D'après *C.*

Notum sit omnibus fidelibus quod ego Johannes Borrellus do Deo et ecclesie Fontisebraudi boscum de Bour quod parciebar cum nemore Folquerii Fessardi, de quo nemore Paganus de Ponte didit[a)] suam partem ecclesie Fontisebraudi cum duabus filiis suis. Quod boscum est situm inter ravum Gelduini et Montem Petrosum, sicut cruces fuerunt posite. Et inde habui X libras de caritate. Et hoc concessit Corincia[c)] uxor mea et Borrellus filius meus qui ex concessione habuit VI libras et Philipus frater meus. Isti vero sunt testes : Bolguerellus famulus Johannis, Bicherius famulus abbatisse, Fulco Viator, Guillelmus Pilans Rusticum, Andreas de Salmunceio, Terbaudus de Permenaio[d)] qui recepit denarios.

---

a) *Sic pour* dedit. – b) *Sic.* – c) *Corr. Florincia.* – d) *Corr. peut-être* Tetbaudus de Parmenaio.

947 (5) - [cf. 760bis]

[1131-1144]

Pétronille, première abbesse de Fontevraud, concède à Eudes, fils de Mansella, un bien moyennant un cens annuel de vingt-huit sous ; l'acte a été confirmé dans les mains de Geoffroy, comte d'Anjou, fils du roi de Jérusalem, seigneur de fief.

A. Original perdu.
B. *Grand cartulaire*, 104e feuillet, perdu. – *C*. Copie du XVe siècle, Archives du Maine-et-Loire, cote provisoire 101 H 70 / 12, d'après *B*.

D'après *C*.

Ego P[etronilla], Dei gracia Fontisebraudi prima abbatissa, cum consillio et assensu tocius capituli nostri, dedi et concessi Odoni filio Manselle et hereditariis illius jure[a)] succedentibus, ita ne[b)] ipsi vinginti et octo solidos in die dominice seve per singulos annos censive reddant[c)]. Quod, si predictum censum reddere distullerunt, ecclesia Beate Marie Fontisebraudi ad elemosinam suam jam superius prescriptam revertetur[d)]. Hoc donum fermatum[e)] est in manu donni Gauffridi Andegavensum comitis, regis Jerusalem filii, ipso eodem que concedente et confirmante de cujus feido[f)] movebatur. Hujus rei sunt testes : Gauvanus de Camiliaco, Paganus de Claris Valibus, Robertus filius Reginaudi[g)], Pipinus Andegavensis prefectus, Tomas cappellanus comitis Andegavensis.

---

a) sive, *n° 760*. – b) *Corr.* ut. – c) *Texte plus complet que dans les manuscrits qui ont servi à éditer le n° 760*. – d) *La phrase manque dans les manuscrits qui ont servi à l'édition du n° 760*. – e) *Corr.* firmatum. – f) *Sic pour* feodo. – g) Robertus filius Reginaudi *manque dans les manuscrits qui ont servi à éditer le n° 760*.

947 (6) - [cf. 411]

[1110 ou 1112/1113 - 1115]

Audeburge de Montreuil, pour son salut et celui des siens, a donné à Fontevraud dans les mains de R[obert d'Arbrissel], *le bois de* Vau Suchard, *en même temps que deux femmes auxquelles elle a fait revêtir l'habit monastique dans l'église de Fontevraud ; la donation a été confirmée par ses deux frères, Gaudin et Buchard Espechau, ainsi que par plusieurs autres membres de sa famille.*

A. Original perdu.

B. *Grand cartulaire*, 114ᵉ feuillet, perdu. – *C*. Copie de la fin du xvᵉ Archives du Maine-et-Loire, cote provisoire 101 H 70 / 12, sous la mention : *et oudit CXIIIᵉ fueillet dudit livre et cartullaire et en ladite premiere page dudit livre est aussi escript ce qui s'ensuyt.*

D'après *C*.

Posteritati nostre notum fieri volumus quod Audeburgis de Monsterello, pro anime sue suorumque salute, dedit Deo et Beate Marie et sanctimonialibus Fontisebraudi, in manu donni[a)] Roberti, nemus quod est apud Vallem Sichardi[b)] et omnia quicumque[c)] ab ea ibi jure possidebantur, cum duabus feminis quas in ecclesia Fontisebraudi sub sanctimoniali habitu Deo serviente constituit. Hoc donum concesserunt duo fratris[d)] ejus Gaudinus Especaus et Buchardus Espechaus. Simul eciam Mansellu[e)] filia ejus Audeburgis et Odo filius Mancelle et Aramburgis soror ejus et Hubertus de Borleio nepos supradicte Aramburgis hoc donum concesserunt et in perpetuum possidendum confirmaverunt hoc donum vel elemosinam nostram.

---

a) *Sic pour* domni. – b) *Corr.* Suchardi. – c) *Corr.* quecumque. – d) *Corr.* fratres. – e) *Corr.* Mansella.

947 (7) - [cf. 225]

[1115-1124]

Berlai de Montreuil, son épouse, son fils et un des ses hommes, Renard, donnent aux moniales de Fontevraud, en vue de son défrichement, la forêt de Grécie et le bois d'alentour. Une fois que la terre semée rapportera, les religieuses de Fontevraud donneront à Berlai et à Renard un cens annuel en mars pour chaque jugère de terre cultivée, ainsi que le terrage ; la dîme entière restera à Fontevraud.

A. Original perdu.

B. *Grand cartulaire*, perdu. – *C*. Copie de la fin du xvᵉ siècle, Archives du Maine-et-Loire, cote provisoire 101 H 70 / 12, d'après *B*, sous la mention : *Et ou IXˣˣ VIIᵉ fueillet dud. livre et cartullaire en la segonde pagee dud. livre est escript ce qui s'ensuyt* [avec suite au feuillet suivant] : *IXˣˣ VIIIᵉ fueillet.*

D'après *C*.

Fidelium racioni patet quoniam temporam volubilitate[a] et humana oblivione interveniente nichil in hoc mundo potest eternaliter retineri sed per sola litterarum monumenta que dicuntur vel fiunt ad posterorum noticiam cognoscuntur posse salvari, unde ut posteritas omnis agnoscat scribi neccesse est quod ego Berlaius de Monsterello et Borgulosa[b], uxor mea, filiusque meus Giraudus et Rainardus, filius Hugonis filii Gregorii, homo meus, pro animarum nostrarum parentumque nostrorum salute, donamus Deo et Beate Marie et sanctimonialibus Fontisebraudi totam illam silvam que forestia Griscie dicitur et totum illud nemus quod habemus circa eamdem forestam Griscie, ca[c] scilicet condicione ne in tole[d] Fontisebraudi erradessent eam et extirpant et collant[e] et nemus ardeant vel[f] quicquid voluerint faciant. Posquam[g] vero predicta terra exculta et seminatu[h] et messis de ca[i] collecta fuerit, sanctimoniales Fontisebraudi reddant mihi atque Rainardo pro uno quoque jugere terre quem colluerint et seminaverint II denarras[j] de censu in mense marcii et talle terragium qualem et deiimam[k] et de XI gerbam de tarragio[l] nobis reddant. Decima vero tolu[m] ecclesia[n] Fontisebraudi erit. Cujus concessionis testes sunt : Americus atque Gaufridus Dedo eo[o] filii Grisve fratres predicti Guillelmi Freschet et Beringuet.

---

a) *Corr.* temporum volubilitate. – b) *Sic pour* Horgulosia. – c) *Sic* pour ea. – d) *Sic pour* tale (?). – e) *Sic pour* colant. – f) vel *répété*. – g) *Corr.* Postquam. – h) *Sic pour* seminata. – i) *Sic pour* ea. – j) *Sic pour* denarios. – k) *Sic pour* decimam. – l) *Sic pour* terragio. – m) *Sic pour* tota. – n) *Corr.* ecclesie. – o) *Sic pour* et.

947 (8)

[1109-1125] - Fontevraud, 13 avril.

Berlai de Montreuil, avec l'accord d'Orgueilleuse, sa femme, et de son fils, de sa sœur et de son neveu, donne pour son salut et celui de ses parents aux moniales de Fontevraud tout ce qu'il possédait en domaine dans la cour de Meistreio *et dans le clos de Berlai ; en retour l'abbesse Pétronille lui a offert mille sous et un palefroi.*

A. Original perdu.

B. *Grand cartulaire*, perdu. – *C*. Copie du XVe siècle, Archives du Maine-et-Loire, cote provisoire 101 H 70 / 12, d'après *B*, *sous la mention : Et ou IX[xx] IXe fueillet en la premiere pagee dud. livre et cartullaire est escript ce qui s'ensuyt.*

La date est comprise entre l'avènement du comte d'Anjou Foulques le Jeune en 1109 et son départ pour la Terre sainte en 1129. La présence de Gilbert, archevêque de Tours (1118-1125) permet de rétrécir la fourchette aux années 1109-1125.

D'après *C*.

Consulta volubilitas temporii[a)], morsque inevitabilis homini, scripto nec obliviscatur cogit nos commendare quicquid posterorum nostrorum utillitati in perpetuum volumus conservare, sed quia ambiciosa malorum fraudulentia instuitu[b)] diaboli ecclesiasticis possessionibus insidiatur easque ad dempnacionem[c)] sui vendicare sibi sub dole machinatur, necesse est ut eis cartarum clipeus obiciatur et justa vulgi proverbium male arborum nodo fortis civicus[d)] adhiebatur, et ergo tocius calumpnie conjunctum in sempiternum pereat cuntis[e)] sancte ecclesie filiis hujus cartu[l]a auctoritate notum fiat quod ego Berlaius de Monsterello pro anime mee parentumque meorum salute sine ulla contradicione et liberum atque quietum semper hoc concedo Deo et Beate Marie et sanctimonialibus Fontisebraudi totam dominicaturam mean[f)] quam habebam in curia de Maistreio et in closo Berlaii et in Fonte Evraudi : terras scilicet et vineas, prata, nemus, sensus, vinagium, complantum.vel quaslibet alias res cum omni integritate, exeptis[g)] solummodo casamentis, volentibus hoc atque concedentibus Orgulosia uxore mea, Jeraudo filio nostro, Griscia sorore mea, Guillelmo de Montesorello ejus filio. Hoc donum fecit ipse Berlaius et Jeraudus ejus filius ante magnum altare Sancte Marie de Fonte Ebraudi, ponentes super altare pro mensigno[h)] unum cultellam[i)] sine cuspide, cujus menbrum varium erat, in presencia Petronille prime Fontisebraudi abbatisse, que pro hoc ei donav[i]t ter mile[j)] solidos et unum pallefredum et in audiencia fratrum et sororum Fontisebraudi, Fulqueii de Coceio, Gaufridi de Clera Berte et Roscee. Hujus dont[k)] sunt testes : Guido de Gisoys, Oliverius de Maisnels, Guido, filius Laureneii[l)], Haimericus de Archaio, Aimericus Galve, Guido Lirrebors, Reginaudus Calv[...][m)], Ainardus de Montesorello, Paganus de Toarecio, Guillelmus de Resto, Dous filius Aujo[n)]. Actum apud Fontemebraudi idus aprilis, Gisilberto Turonensium archipontifice, Ludovico Francorum rege, Fulione[o)] Andegavensum comite.

---

a) *Corr.* temporis. – b) *Sic pour* intuitu. – c) *Sic pour* dampnacionem . – d) *Proverbe non identifié.* – e) *Corr.* cunctis – f) *Sic pour* meam. – g) *Sic pour* exceptis. – h) *Corr.* insigno. – i) *Corr.* cultellum. – j) *lire* mille. – k) *Corr.* doni. – l) *Corr.* peut-être Laurencii. – m) *Quelques lettres illisibles en fin de ligne.* – n) *Lecture peu sûre.* – o) *Sic pour* Fulcone.

A la suite du folio précédent

Gd. Cart. Paris, fol. 29 r°-v°, ex CLXIII, *sic* pour CLXIV.
Folio inutilisé laissé en blanc.

A la suite du folio précédent

Folio demeuré blanc, dernier d'un quoternion arraché avant la reliure et non numéroté (v. Étude introductive, p. XVIII).

Fol. CCLXXIV (*sic* pour CCLXXVI) r° et v°

Folio blanc, perdu, qui, en fin de volume, faisait pendant au folio I, hors cahier comme lui et portant le titre.

(Fin du cartulaire)

INDICES

Les *indices locorum et personarum* sont l'œuvre de Robert Favreau et Georges Pon qui prient les lecteurs d'excuser les erreurs qu'ils pourraient avoir commises. La tâche était difficile en raison du nombre des personnes citées dans les actes du cartulaire et de la variété des graphies utilisées pour les noms et prénoms d'une même personne. Nous avons rattaché les filiations aux pères, pour nous conformer aux usages d'une société patrilinéaire. Que les moniales de Fontevraud, dont le prénom est souvent inconnu, veuillent bien nous le pardonner !

L'emploi des italiques est réservé aux noms figurant dans les analyses anciennes en français d'actes disparus.

Les chiffres renvoient aux numéros des actes du *Grand Cartulaire*.

F. E. est l'abréviation de Fontevraud, Robert d'A. de Robert d'Arbrissel.

L'index thématique reprend le travail fait par J.-M. Bienvenu.

INDEX LOCORUM

A

B

C

D

E

F

G

H

I

J

L

M

N

O

P

Q

R

S

T

U

V

W

X

Y

INDEX PERSONARUM

A

B

C

D

E

F

G

H

I

J

K

L

M

N

O

P

Q

R

S

T

U

V

W

Y - Z

INDEX THÉMATIQUE[1]

A

1) J.-M. Bienvenu avait laissé le manuscrit d'un index thématique très développé, en français. Plutôt que de faire un *index rerum*, nous l'avons repris en le simplifiant par endroits.

B

C

D

E

F

G

H

I

J

L

M

N

O

P

Q

R

S

T

V

Table des tomes I et II

Achevé d'imprimer
par OUDIN Imprimeur
Poitiers (France)

Dépôt légal
Mai 2005